Qualitätstransparenz für ambulante und stationäre Gesundheitsleistungen

Studien zur Wirtschaftspolitik
Herausgegeben vom
Forschungsinstitut für Wirtschaftspolitik
an der Universität Mainz e.V.

Band 81

PETER LANG
Frankfurt am Main · Berlin · Bern · Bruxelles · New York · Oxford · Wien

Michael Mörsch

Qualitätstransparenz für ambulante und stationäre Gesundheitsleistungen

Wirtschaftspolitische Handlungsempfehlungen zur Ergänzung der wettbewerblichen Selbststeuerung

PETER LANG
Europäischer Verlag der Wissenschaften

Bibliografische Information Der Deutschen Bibliothek
Die Deutsche Bibliothek verzeichnet diese Publikation in der Deutschen Nationalbibliografie; detaillierte bibliografische Daten sind im Internet über <http://dnb.ddb.de> abrufbar.

Zugl.: Mainz, Univ., Diss., 2004

D 77
ISSN 1438-7433
ISBN 3-631-53124-9

www.peterlang.de

Meiner Frau und
den beiden nettesten Kindern der Welt

Vorwort

Die vorliegende Studie entstand während meiner Zeit als wissenschaftlicher Mitarbeiter an der Johannes Gutenberg-Universität Mainz und wurde im Sommersemester 2004 vom Fachbereich Rechts- und Wirtschaftswissenschaften als Dissertation angenommen. Für die Veröffentlichung sind einige aktuelle Entwicklungen und Präzisierungsvorschläge der beiden Gutachter aufgegriffen.

An der Entstehung dieser Arbeit waren viele Personen direkt oder indirekt beteiligt, denen hier mein Dank gebührt: An erster Stelle gilt mein Dank meinem Doktorvater, Herrn Univ.-Prof. Dr. Hartwig Bartling, sowohl für die wertvollen und anregenden Diskussionen als auch für die großen Freiräume, die er mir stets gewährt hat. Herrn Univ.-Prof. Dr. Werner Zohlnhöfer danke ich für die Mitwirkung am Promotionsverfahren als Zweitgutachter und Vorsitzender der Prüfungskommission. Besonders herzlich bedanke ich mich bei meinen Kolleginnen und Kollegen, Dr. Frank Fichert, Katja Mohr, Jutta Sack, Stephanie Schüller, Dr. Hans-Peter Seitel sowie Anne Sohns. Weiterhin haben mir Sascha Vinogradic, Sabine Weber sowie Seher Yildirim hilfreiche Dienste geleistet.

Zu guter Letzt danke ich meinen Eltern, Horst und Christa Mörsch, für ihre Hilfe und Unterstützung in allen Lebenslagen sowie Melanie, Lea und Malte für so manche Aufmunterung und Ablenkung während der Zeit, in der ich diese Studie verfasst habe. Ihnen ist diese Arbeit gewidmet.

Mainz, Juni 2004 — Michael Mörsch

Inhaltsverzeichnis

Abbildungsverzeichnis

Tabellenverzeichnis

Abkürzungsverzeichnis

AGV	Arbeitsgemeinschaft der Verbraucherverbände
AHRQ	Agency for Health Care Research and Quality
AKG	Arbeitskreis Kunstfehler in der Geburtshilfe e.V.
AOK	Allgemeine Ortskrankenkassen
AWMF	Arbeitsgemeinschaft der Wissenschaftlichen Medizinischen Fachgesellschaften
ÄZQ	Ärztliche Zentralstelle für Qualitätssicherung
BAGP	Bundesarbeitsgemeinschaft der PatientInnenstellen
BÄK	Bundesärztekammer
BOÄÄ-RLP	Berufsordnung für die Ärztinnen und Ärzte in Rheinland-Pfalz
BIG	Bundesinteressengemeinschaft Geburtshilfegeschädigter
BIP	Bruttoinlandsprodukt
BLK	Bundesverband der landwirtschaftlichen Krankenkassen
BMGS	Bundesministerium für Gesundheit und Soziale Sicherung
BMV-Ä	Bundesmantelvertrag - Ärzte
BQS	Bundesgeschäftsstelle Qualitätssicherung gGmbH
bzw.	Beziehungsweise
CAHPS	Consumer Assessment of Health Plans
c. p.	ceteris paribus
d. h.	das heißt
DAK	Deutsche Angestellten Krankenkasse
DGB	Deutscher Gewerkschaftsbund
DIN e.V.	Deutsches Institut für Normung e.V.
DIN	Deutsche Industrienorm
DKG	Deutsche Krankenhausgesellschaft

DPR	Deutscher Pflegerat
DRG	Diagnosis Related Groups
EBM	Einheitlicher Bewertungsmaßstab
EN	Europäische Norm
f./ff.	folgende/fortfolgende
FACCT	Foundation for Accountability
FPG	Gesetz zur Einführung des diagnose-orientierten Fallpauschalensystems für Krankenhäuser (Fallpauschalengesetz)
Gebera	Gesellschaft für betriebswirtschaftliche Beratung mbH
GKV	Gesetzliche Krankenversicherung
GKV-NOG	GKV-Neuordnungsgesetz
GSG	Gesetz zur Sicherung und Strukturverbesserung der gesetzlichen Krankenversicherung (Gesundheitsstrukturgesetz)
HEDIS	Health Plan Employer Data and Information Set
HeilBG	Heilberufsgesetz Rheinland-Pfalz
HMO	Health Maintenance Organization
Hrsg.	Herausgeber
HWG	Gesetz über die Werbung auf dem Gebiete des Heilwesens (Heilmittelwerbegesetz)
IKK	Innungskrankenkasse(n)
INFAS	Institut für angewandte Sozialwissenschaft
ISO	International Organization for Standardization
JCAHO	Joint Commission on Accreditation of Health Care Organizations
KBV	Kassenärztliche Bundesvereinigung
KHG	Gesetz zur wirtschaftlichen Sicherung der Krankenhäuser und zur Regelung der Krankenhauspflegesätze Krankenhausfinanzierungsgesetz

KTQ	Kooperation für Transparenz und Qualität im Krankenhaus gGmbH
KVen	Kassenärztliche Vereinigungen
LBK	Landesbetrieb Krankenhäuser
LKG	Landeskrankenhausgesetz Rheinland-Pfalz
MBO-Ä	(Muster-)Berufsordnung für Ärzte
MCO	Managed Care Organization
NAKOS	Nationale Kontakt- und Informationsstelle zur Anregung und Unterstützung von Selbsthilfegruppen
NCQA	National Committee for Quality Assurance
o. V.	ohne Verfasser
POS	Point of Service Plan
PPO	Preferred Provider Organization
Psych-PV	Verordnung über die Maßstäbe und Grundsätze für den Personalbedarf in der stationären Psychiatrie
QMK	Qualitätsmodell Krankenhaus
S.	Seite
SGB V	Fünftes Buch des Sozialgesetzbuches
SKHGRLP	Satzung der Krankenhausgesellschaft Rheinland-Pfalz e.V.
SMR	Standardisierte Mortalitätsraten
SVR	Sachverständigenrat zur Begutachtung der gesamtwirtschaftlichen Entwicklung
SVRKAiG	Sachverständigenrat für die Konzertierte Aktion im Gesundheitswesen
SWT	Stiftung Warentest
u. a.	unter anderem
u. U.	unter Umständen
VdAK	Verband der Angestellten-Krankenkassen e.V.

vgl.	Vergleiche
VZBV	Verbraucherzentrale Bundesverband e.V.
VZHH	Verbraucherzentrale Hamburg
WHO	Weltgesundheitsorganisation
WIdO	Wissenschaftliches Institut der AOK
z. B.	zum Beispiel
ZI	Zentralinstitut für die kassenärztliche Versorgung

Einleitende Bemerkungen

1 Problemüberblick und Untersuchungsziel

Die moderne Medizin bietet Ärzten und Patienten teils für Laien kaum vorstellbare Diagnose- und Therapiemöglichkeiten. Herzoperationen bei Ungeborenen[1] und die gendiagnostische Früherkennung bestimmter Erbkrankheiten[2] seien hier nur als Beispiele genannt. Eine Verlangsamung des rasanten medizinisch-technischen Fortschritts ist derzeit nicht absehbar. Insbesondere die Erkenntniszuwächse im Bereich der Transplantationschirurgie, Humangenetik und Molekularbiologie lassen vielmehr auf eine weitere „Explosion des Machbaren" schließen.[3]

Das Ziel „Erhaltung und Wiederherstellung der Gesundheit" nimmt in Umfragen, die die Wünsche der Deutschen untersuchen, regelmäßig eine Spitzenposition ein.[4] In breiten Schichten der Bevölkerung ist darüber hinaus ein steigendes Gesundheitsbewusstsein zu beobachten. Die verbesserten Diagnose- und Therapiemöglichkeiten und der hohe Stellenwert, den die Gesundheit innerhalb der Präferenzen der Bürger einnimmt, spiegeln sich sowohl in steigenden Gesundheitsausgaben der öffentlichen und privaten Haushalte als auch in der zunehmenden Zahl der im Gesundheitswesen Beschäftigten deutlich wider.[5] Nicht zuletzt aufgrund der für Deutschland prognostizierten demografischen Entwick-

---

1 Die weltweit erste erfolgreiche Herzklappensprengung bei einem Fötus in der 27. Schwangerschaftswoche wurde im Oktober 2000 in Österreich durchgeführt; vgl. FRAUENKLINIK LINZ [2003].

2 So ist es beispielsweise erst seit dem Jahr 1993 möglich, die krankheitsauslösende Genveränderung bei Morbus Huntington nachzuweisen; vgl. EPPLEN, J. T., PRZUNTEK, H. [1998].

3 Zu den finanziellen Auswirkungen des medizinischen Fortschritts auf die Gesetzliche Krankenversicherung vgl. z. B. KOPETSCH, T. [2001].

4 Vgl. R+V VERSICHERUNG [2001].

5 So stiegen die nominalen Gesundheitsausgaben in Deutschland - trotz der in einigen Bereichen der GKV eingeführten Ausgabenbudgetierung - zwischen den Jahren 1992 und 2002 von 163,2 auf 234,2 Mrd. €. Dies entspricht einem Anteil von 10,0 bzw. 11,1 % am Bruttoinlandsprodukt. Aufgrund unterschiedlicher Abgrenzungen in den Statistiken ist ein entsprechender Vergleich für die Zahl der Beschäftigten nicht möglich. Für das Jahr 2002 schätzt das statistische Bundesamt die Anzahl der im Gesundheitswesen Beschäftigten auf rund 4,2 Millionen, vgl. dazu STATISTISCHES BUNDESAMT [2004a-c].

lung ist davon auszugehen, dass sich diese Entwicklung in Zukunft nicht nur fortsetzen, sondern vielmehr noch verstärken wird.[6]

In marktwirtschaftlich organisierten Wirtschaftssystemen wird der Institution „Wettbewerb" üblicherweise die Aufgabe der Gewährleistung von Allokationseffizienz anvertraut.[7] Im deutschen Gesundheitswesen - und insbesondere im System der Gesetzlichen Krankenversicherung (GKV) - spielt der Wettbewerb trotz der schon heute hohen gesamtwirtschaftlichen Bedeutung und des immensen Wachstumspotenzials dieses Sektors bislang allenfalls eine untergeordnete Rolle. Neben einer erfolgreichen Lobbyarbeit der Interessensverbände sind dafür in erster Linie die vor allem in der Ärzteschaft offenbar weit verbreitete Überzeugung über die Unvereinbarkeit ärztlichen Handelns und ökonomischen Kalküls sowie verteilungspolitische Bedenken seitens der wirtschaftspolitischen Entscheidungsträger verantwortlich zu machen.

Seit Beginn der 1990er-Jahre ist allerdings zumindest in Ansätzen ein Umdenken auf politischer Ebene zu beobachten. Deutlichster Wendepunkt der Gesundheitspolitik in Richtung mehr Wettbewerb im Gesundheitswesen ist das Gesundheitsstrukturgesetz (GSG) aus dem Jahr 1992.[8] Durch die Einführung einer weitgehenden Kassenwahlfreiheit und eines kassenartenübergreifenden, bundesweiten Risikostrukturausgleichs schuf es die ersten Voraussetzungen für Wettbewerb innerhalb des GKV-Systems.[9] Dass der angestrebte Wettbewerb zwischen den gesetzlichen Krankenkassen, zwischen den Krankenhäusern und zwischen den niedergelassenen Ärzten die Erwartungen derzeit dennoch nicht

---

6 Zu den prognostizierten Auswirkungen des demografischen Wandels auf die Gesundheitsausgaben und die zunehmende gesamtwirtschaftliche Bedeutung des Gesundheitswesen vgl. z. B. OBERENDER, P., HEBBORN, A., ZERTH, J. [2002] oder KNAPPE, E. [2001]. Zum kausalen Zusammenhang zwischen demografischer Entwicklung, medizinisch-technischem Fortschritt und den Wirkungen auf die Ausgaben der Gesetzlichen Krankenversicherung vgl. BORCHARDT, K., FARHAUER, O. [2003].

7 Im Einzelnen soll diese durch eine Lenkung der Produktionsfaktoren in die produktivste Verwendung, die Zusammensetzung des Güterangebots entsprechend den Konsumentenpräferenzen und die Verwirklichung von Innovationen und Imitationen gewährleistet werden. Darüber hinaus wird vom Wettbewerb die Erfüllung der so genannten klassisch-politischen Wettbewerbsfunktionen erwartet. Vgl. dazu z. B. BARTLING, H., LUZIUS, F. [2002], S. 45 f.

8 Vgl. dazu LAMPERT, H., ALTHAMMER, J. [2001], S. 251 f. sowie FACK-ASMUTH, W., ROBBERS, J. [1993].

9 Vgl. LAMPERT, H., ALTHAMMER, J. [2001], S. 251 ff.

erfüllt, hat viele Gründe. Die zwischen Krankenkassen, Leistungserbringern[10] und Patienten (bzw. Versicherten) auftretenden Informationsasymmetrien sind unbestritten eine der Hauptursachen.[11]

Moral Hazard[12] und *adverse Selektion*[13] auf Seiten der Leistungserbringer und Versicherten sind die Gefahren, die mit den verschiedenen Ausprägungen der asymmetrischen Informationsverteilung einhergehen können und gegebenenfalls negativ auf die Effizienz der Wettbewerbsprozesse wirken. Derzeit konzentrieren sich die Maßnahmen, mit denen innerhalb des deutschen GKV-Systems versucht wird, Moral Hazard und adverser Selektion entgegen zu wirken, im Wesentlichen auf drei Ansatzpunkte. Erstens wird versucht, die *Vergütungssysteme* so auszugestalten, dass Ärzte und Kliniken einen Anreiz haben, bei der Behandlung ihrer Patienten unnötige Kosten zu vermeiden.[14] Zweitens sollen die Versicherten über eine *finanzielle Beteiligung an den Behandlungskosten* und über *Bonussysteme* zu einer sparsamen Inanspruchnahme von GKV-Leistungen sowie zu

---

[10] In Anlehnung an den Sprachgebrauch innerhalb des SGB V werden die zur Teilnahme an der stationären und ambulanten Versorgung berechtigten Krankenhäuser und Ärzte im Folgenden unter dem Begriff „Leistungserbringer" zusammengefasst. Zur genauen Abgrenzung der im SGB V als „Leistungserbringer" eingestuften Anbieter von Gesundheitsdienstleistungen vgl. § 69 SGB V.

[11] Grundsätzlich sind zwei Typen von Informationsmängeln zu unterscheiden: Unkenntnis und Unsicherheit. ***Unkenntnis*** liegt vor, wenn die Marktteilnehmer zwar unvollständig informiert sind, es ihnen aber prinzipiell offen steht, sich das von ihnen gewünschte Wissen zu beschaffen. Unter ***Unsicherheit*** ist dies hingegen selbst unter großem Aufwand nicht möglich. So stellt der Begriff der Unsicherheit stets auf Ereignisse oder Entwicklungen ab, die in der Zukunft liegen und daher prognostiziert werden müssen. Innerhalb der Informationsmängel i. S. von Unkenntnis sind im Wesentlichen drei Typen zu unterscheiden. ***Qualitätsunkenntnis*** liegt vor, wenn die Nachfrager die für sie qualitätsrelevanten Merkmale des gehandelten Gutes allenfalls begrenzt beobachten und bewerten können. Beim Auftreten von ***Nutzenunkenntnis*** sind die Nachfrager zwar über die Qualität der angebotenen Güter informiert; sie schätzen deren Nutzen aber falsch ein. Dies kann dazu führen, dass sie - aus einzel- und gesamtwirtschaftlicher Sicht - eine im Vergleich zur Situation der Nutzenkenntnis zu geringe oder zu große Menge des Gutes konsumieren. Bei Vorliegen von ***Preisunkenntnis*** haben Anbieter und Nachfrager hingegen Probleme bei der Bestimmung des markträumenden Preises. Dies kann dauerhafte Angebots- oder Nachfrageüberhänge zur Folge haben. Vgl. dazu FRITSCH, M., WEIN, T., EWERS, H.-J. [2003], S. 278 f.

[12] Zur Definition von Moral Hazard und den Problemen, die aus einem Moral Hazard-Verhalten resultieren können, vgl. BREYER, F., ZWEIFEL, P. S., KIFMANN, M. [2003], S. 208 f. sowie FOLLAND, S., GOODMAN, A. C., STANO, M. [2004], S. 151 ff.

[13] Zu den Ursachen und Gefahren adverser Selektion vgl. BREYER, F., ZWEIFEL, P. S., KIFMANN, M. [2003], S. 178 sowie FOLLAND, S., GOODMAN, A. C., STANO, M. [2004], S. 193 ff.

[14] Zur gesetzlichen Regelung der Vergütung vertragsärztlicher (ambulanter Sektor) und stationär erbrachter Leistungen sowie zu den für die Zukunft geplanten Reformen vgl. insbesondere §§ 83 ff. SGB V und § 17b KHG sowie LANG, H. [2001]. Eine umfassende Analyse der Wirkungsweise unterschiedlicher Vergütungssysteme findet sich in BREYER, F., ZWEIFEL, P. S., KIFMANN, M. [2003], S. 353 ff. und in FOLLAND, S., GOODMAN, A. C., STANO, M. [2004], S. 428 ff.

einer gesundheitsbewussten Lebensweise veranlasst werden.[15] Darüber hinaus unterliegen drittens große Teile der Bevölkerung einer GKV-Pflichtmitgliedschaft und die gesetzlichen Krankenkassen einem Kontrahierungszwang.[16]

Im Mittelpunkt der Reformen, die in der Vergangenheit umgesetzt wurden oder für die Zukunft vorgeschlagen sind, stehen deshalb die Weiterentwicklung der Vergütungssysteme und der Umbau der Finanzierung der GKV. Darüber hinaus drehen sich die aktuellen Reformdiskussionen vor allem um die Frage, welcher Personenkreis der Versicherungspflicht unterliegt[17] und welche Leistungen der GKV-Leistungskatalog in Zukunft noch umfassen sollte.[18]

Die vorliegende Arbeit bezieht sich auf das grundsätzliche Problem, dass eine Hauptursache für die geringe Effizienz der Wettbewerbsprozesse innerhalb der GKV die seitens der Patienten bestehende Unkenntnis über die Qualität der von Ärzten und Kliniken angebotenen Behandlungsleistungen[19] ist. So ist es den Patienten erst dann möglich, ihre persönlichen Präferenzen am Markt durchzusetzen, wenn sie sich vor der Arzt- oder Klinikwahl über die eventuell unterschiedlichen Behandlungsqualitäten informieren und darauf aufbauend durch ihre Nachfrageentscheidungen Leistungserbringer mit hoher Behandlungsqualität belohnen und Leistungserbringer mit niedrigen Behandlungsqualitäten sanktionieren können.

---

15 Zuzahlungspflichten existieren in der GKV derzeit insbesondere für die ambulante Behandlung (Praxisgebühr) sowie für Krankenhausbehandlungen, stationäre Kuren, bestimmte Hilfsmittel, Fahrtkosten, Heil-, Arznei- und Verbandsmittel, Zahnersatz sowie für bestimmte Pflegehilfsmittel. Mögliche finanzielle Überforderungen werden durch eine Härtefallregelung verhindert. Die Höhe der Zuzahlungen ist innerhalb des SGB V geregelt in § 28 (Praxisgebühr), § 39 (stationäre Behandlung), § 40 (medizinische Anschlussrehabilitation), § 31 (Arzneimittel), § 37 (häusliche Krankenpflege), § 32 (Heilmittel), § 33 (Hilfsmittel), § 38 (Haushaltshilfe), § 60 (Fahrkosten) und § 37a (Soziotherapie). Zu den Voraussetzungen für die Befreiung von den Zuzahlungen sowie zu den Härtefallregelungen vgl. §§ 61 f. SGB V. Zur Wirkungsweise von Zuzahlungen u. Ä. vgl. z. B. OSTERKAMP, R. [2003], SCHELLHORN, M. [2002], WERBLOW, A. [2002], VOGEL, H. R. (Hrsg.) [1999] sowie PIFFL, S. [1990].

16 Vgl. dazu § 5 SGB V und § 175 Abs. 1 SGB V.

17 Zu den genauen Vorschriften über die verpflichtende und freiwillige Mitgliedschaft in der GKV vgl. §§ 5 ff. SGB V.

18 Der derzeitige Leistungskatalog der GKV umfasst insbesondere Leistungen zur Verhütung, Früherkennung und Behandlung von Krankheiten sowie zur medizinischen Rehabilitation. Außerdem sind die gesetzlichen Krankenkassen – unter bestimmten Voraussetzungen - zur Zahlung von Kranken- und Sterbegeld verpflichtet. Grundsätzlich dürfen die im Rahmen der GKV erbrachten Leistungen „das Maß des Notwendigen nicht überschreiten". Außerdem müssen sie „ausreichend, zweckmäßig und wirtschaftlich" sein. Vgl. dazu §§ 11 ff. SGB V.

19 Unter dem Begriff der Behandlungsleistung werden im Folgenden sämtliche Dienstleistungen verstanden, die von einem zur Teilnahme an der vertragsärztlichen oder stationären Versorgung zugelassenem Arzt bzw. Krankenhaus erstellt werden.

Darüber hinaus kann sich die bestehende Qualitätsunkenntnis der Patienten auch auf den Wettbewerb zwischen den Krankenkassen auswirken. Dies gilt insbesondere dann, wenn der bestehende Kontrahierungszwang der Krankenkassen mit den für die GKV zugelassenen Leistungserbringern gelockert und ihnen mehr als bisher die Möglichkeit eingeräumt wird, mit von ihnen ausgewählten Ärzten oder Kliniken selektive Versorgungsverträge abzuschließen. Die Qualität der bei ihnen unter Vertrag stehenden Leistungserbringer wird dann nämlich zu einem bedeutenden Aktionsparameter im Kassenwettbewerb. Das Untersuchungsziel der Arbeit ist daher die Beantwortung der Frage, wie die Qualitätsunkenntnis der Patienten zu einem günstigen Kosten-Nutzen-Verhältnis auf das aus ökonomischer Perspektive notwendige Maß abgebaut und somit den negativen Wirkungen der derzeit bestehenden Qualitätsunkenntnisse entgegengewirkt werden kann.

2 Aufbau der Arbeit

In Teil I der Arbeit ist zunächst untersucht, wie der Begriff der Qualität von Gesundheitsdienstleistungen operationalisiert werden kann, um ihn für die folgende Analyse zugänglich zu machen. Der aus der Mehrdimensionalität des Qualitätsbegriffs resultierenden hohen Komplexität ist dabei Rechnung zu tragen. Darauf aufbauend ist die besondere Problematik des Vorliegens von Qualitätsunkenntnissen seitens der Nachfrager von Gesundheitsdienstleistungen für die Wirksamkeit des Wettbewerbs im Gesundheitswesen erörtert.

Innerhalb der marktinternen Ansätze zum Abbau bestehender Qualitätsunkenntnisse unterscheidet die ökonomische Literatur üblicherweise zwischen solchen, bei denen die Initiative von der zunächst besser informierten Marktseite ausgeht (Signaling), und jenen, bei denen sich die zunächst schlechter informierte Marktseite aktiv bemüht, die in der Ausgangssituation existierende Qualitätsintransparenz abzubauen (Screening). Die Möglichkeiten und Grenzen dieser Lösungsansätze sind in Teil II - nach einem allgemeinen Kapitel A „Überblick“ - für Deutschland in den Kapiteln B und C eingehend untersucht.

Im Vergleich zu Deutschland haben die USA bislang weit mehr Erfahrungen mit einer wettbewerblichen Organisation der Gesundheitsversorgung gesammelt. Die wettbewerbliche Ausrichtung des US-amerikanischen Gesundheitswesens spiegelt sich nicht zuletzt in den vielfältigen Wahlmöglichkeiten der Bevölkerung über den Umfang und die Art ihres Krankenversicherungsschutzes wider. Dementsprechend groß ist nicht nur der Bedarf, sondern auch das Angebot an Informationen sowohl über die Vor- und Nachteile der angebotenen Versicherungspakete als auch über die Qualität der Ärzte und Krankenhäuser, die den Bürgern ihre Gesundheitsdienstleistungen direkt anbieten oder bei den unterschiedlichen Versicherungsanbietern unter Vertrag stehen. Eine kritische Würdigung dieser Informationsangebote (Kapitel D) schließt Teil II ab.

Das möglicherweise verbleibende Wettbewerbsversagen auf dem Markt für Informationen über die Qualität von Ärzten und Krankenhäusern in Deutschland ist in Teil III analysiert. Darauf und auf den Ergebnissen der Untersuchungen in Teil II aufbauend ist in Teil IV ein Vorschlag für ein Gesamtkonzept, mit dessen Hilfe die bestehenden Qualitätsunkenntnisse der Patienten zu einem günstigen Kosten-Nutzen-Verhältnis auf ein sinnvolles Maß abgebaut werden kann, entwickelt.

Teil I:
Qualitätsunkenntnis im Gesundheitswesen: Grundlagen und Problematik

A Zum Begriff der Qualität von Gesundheitsdienstleistungen

1 Vorbemerkungen

Im Folgenden ist der Begriff der Qualität von Gesundheitsdienstleistungen als Grundlage für die anschließende Analyse der Probleme, die aus der weitgehenden Qualitätsunkenntnis der Patienten resultieren und Lösungsansätze erfordern, operationalisiert. Seiner hohen Komplexität ist dabei Rechnung zu tragen. Die Formulierung einer möglichst exakten oder gar allgemeingültigen Definition von Qualität der Gesundheitsdienstleistungen ist hingegen nicht das Ziel des folgenden Abschnitts.

Eine für den Untersuchungsgegenstand dieser Arbeit geeignete Abgrenzung des Qualitätsbegriffs lässt sich aus der in der Industrie angewandten Qualitätsdefinition ableiten. Außerdem sind hier die Ansätze von Garvin und Donabedian hilfreich. Für den weiteren Verlauf der Studie erweist sich zudem die Einordnung der zu unterscheidenden Qualitätsaspekte von Gesundheitsdienstleistungen in die informationsökonomische Güterklassifikation, die auf Nelson, Darby und Karni zurückgeht, als fruchtbar. Außerdem ist zu erörtern, welche Bedeutung subjektive Maßstäbe bei der Ermittlung von Behandlungsqualitäten spielen und welche Schlussfolgerungen daraus für den weiteren Verlauf der Analyse zu ziehen sind.

2 Ansatz zur Definition von Qualität gemäß DIN, EN und ISO

In Übereinstimmung mit der Europäischen Norm (EN) und der International Organization for Standardization (ISO) sind in der Deutschen Industrie Norm (DIN) Modelle zur Qualitätssicherung und für das Qualitätsmanagement festgelegt. Gemäß DIN EN ISO Norm 8402 ist unter Qualität „die Gesamtheit von Eigenschaften und Merkmalen (und Merkmalswerten) einer Einheit bezüglich ihrer Eignung, festgelegte und vorausgesetzte Erfordernisse zu erfüllen“[20], zu verstehen. Aus dieser Definition lässt sich für den weiteren Verlauf der Untersuchung schlussfolgern, dass die Qualität einer Gesundheitsdienstleistung erst beurteilt werden kann, wenn zuvor beantwortet wurde, ***wessen Anforderungen***

---

[20] Vgl. DEUTSCHES INSTITUT FÜR NORMUNG E.V. (Hrsg.) [1994], S. 33 f. Mit der Revision DIN EN ISO-Serie im Jahr 2000 wurde die Norm 8402 formal gestrichen. Die darin enthaltenen, grundlegenden „Gedanken und Begriffe“ sind allerdings inhaltlich in die neue DIN EN ISO 9000:2000 integriert worden; vgl. ECKERT, H. [1999], S. 40.

an die jeweilige Gesundheitsdienstleistung (oder deren Er-bringer) maßgeblich sind und ***welche Anforderungen*** dies im Einzelnen sind. Außerdem ist vorab zu klären, ***wie*** und ***von wem*** die Erfüllung dieser Anforderungen ***geprüft*** werden soll.

Als Ausgangspunkt zur Beantwortung dieser Fragen bietet sich die von Garvin vorgeschlagene und im Folgenden vorgestellte Kategorisierung unterschiedlicher Ansätze zur Definition der Qualität von Dienstleistungen an.

3 Kategorisierung gemäß Garvin

Garvin unterscheidet fünf Ansätze zur Definition der Qualität von Dienstleistungen:[21]

Der ***absolute*** Qualitätsbegriff (*transcedent approach*) betrachtet Qualität als das Ausmaß der Vortrefflichkeit und Güte einer Leistung.[22] Da die Qualität bei diesem Ansatz als Synonym für die Hochwertigkeit eines Gutes angesehen wird, ist die tatsächlich realisierte Qualität allenfalls subjektiv wahrzunehmen. Eine objektive Qualitätsmessung ist bei Anwendung dieses Ansatzes nicht vorgesehen.

Im Gegensatz dazu stehen bei Verwendung des ***produktorientierten*** Qualitätsbegriffes (*product-based approach*) gerade jene Merkmale einer Leistung im Mittelpunkt, die objektiv gemessen werden können. Subjektive Kriterien bleiben explizit unberücksichtigt.

Der ***wertorientierte*** Ansatz (*value-based approach*) bezieht auch die Kosten bzw. Preise einer Leistung in die Bewertung ihrer Qualität ein. Qualität wird hier über das vom Nutzer empfundene Preis-Leistungs-Verhältnis definiert.

Bei Zugrundelegung des ***kundenorientierten*** Qualitätsbegriffs (*user-based approach*) wird Qualität als „Subjekt-Objekt-Beziehung" interpretiert.[23] Das Ausmaß der Qualität ist ausschließlich davon abhängig, inwieweit die Anforderungen der Nachfrager an die Dienstleistung erfüllt werden. Garvin hebt in diesem Zusammenhang hervor, dass die Konsumenten über die Eigenschaften, die ein Gut aufweisen sollte, häufig unterschiedliche Präferenzen besitzen.[24]

---

21 Vgl. GARVIN, D. A. [1984], S. 25 ff. sowie derselbe [1988], S. 40 ff.

22 Vgl. OBERENDER, P., DAUMANN, F. [1997], S. 211 f.

23 Vgl. STAUSS, B., HENTSCHEL, B. [1990], S. 3.

24 Vgl. GARVIN, D. A. [1988], S. 43.

Der ***herstellungsorientierte*** Ansatz (*manufacturing-based approach*) definiert Qualität aus der Perspektive der Leistungsersteller. Qualität wird daher mit der Einhaltung betriebsintern vorgegebener Standards gleichgesetzt.

Innerhalb des GKV-Systems sind niedergelassene Ärzte und Krankenhäuser zur Sicherung der Qualität ihrer Leistungen verpflichtet.[25] Dazu müssen sie sich u. a. an einrichtungsübergreifenden Qualitätssicherungsmaßnahmen beteiligen. In diesen wird die Einhaltung der vom Gesetzgeber vorgegebenen Anforderungen an die Mindestqualität geprüft.[26] Solche Prüfungen, die in der Regel von externen Gutachtern durchgeführt werden, erfordern die Möglichkeit zur Qualitätsmessung anhand objektiver Merkmale. Den gesetzlichen Qualitätssicherungsmaßnahmen liegt insofern der *produktorientierte* Ansatz zu Grunde.

In marktwirtschaftlichen Systemen nimmt das Prinzip der Konsumentensouveränität typischer Weise eine zentrale Stellung ein.[27] Nicht zuletzt deshalb hat der Wettbewerb in Marktwirtschaften dafür zu sorgen, dass sich das Angebot an Waren und Dienstleistungen entsprechend den Präferenzen der Konsumenten zusammensetzt. Ob der Wettbewerb zwischen Ärzten und zwischen Krankenhäusern dieser Aufgabe gerecht wird, hängt somit davon ab, wie sehr die von ihnen angebotenen Gesundheitsdienstleistungen die Erwartungen der Patienten erfüllen. Dies impliziert, dass im Folgenden der *kundenorientierte* Qualitätsbegriff maßgeblich ist.

4 Kategorisierung gemäß Donabedian

4.1 Grundlegendes

Ein weiterer Ansatz zur Unterscheidung von Qualitätsdimensionen geht auf Donabedian zurück.[28] Zur Definition der Qualität medizinischer Leistungen unterstellt Donabedian zumindest implizit die Existenz einer Kausalkette zwischen den Kategorien Struktur-, Prozess- und Ergebnisqualität („*Structure, Process, and Outcome*“[29]).

---

[25] Vgl. dazu § 125 Abs. 1 SGB V sowie § 135 Abs. 1 SGB V.

[26] Vgl. § 135 Abs. 2 SGB V.

[27] Vgl. OBERENDER, P., DAUMANN, F. [1997], S. 211.

[28] Vgl. DONABEDIAN, A. [1980], S. 77 ff.

[29] Ebenda, S. 77.

Abbildung 1: Kausalkette zwischen den Kategorien Struktur-, Prozess- und Ergebnisqualität

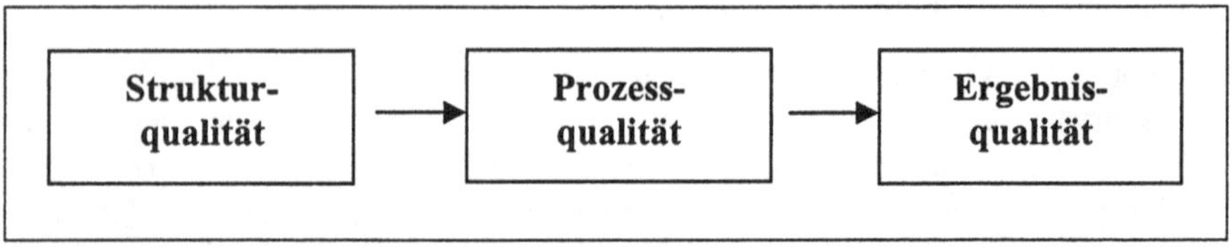

Quelle: Eigene Darstellung.

Die in Abbildung 1 veranschaulichte Kausalkette kann unterschiedlich streng interpretiert werden. Bei einer sehr engen Auslegung besagt sie, dass eine hohe Qualität der Behandlungsstruktur stets eine hohe Qualität des Behandlungsprozesses bewirkt.[30] Eine hohe Qualität des Behandlungsprozesses führt zudem zwingend zu einer hohen Qualität der Behandlungsergebnisse. In einer weniger strengen Interpretation drückt die Kausalkette lediglich aus, dass eine hohe Qualität der Behandlungsstruktur die Voraussetzung für eine hohe Prozessqualität ist und diese wiederum notwendig ist, wenn ein qualitativ hochwertiges Behandlungsergebnis erzielt werden soll.[31] Die Kategorie der Strukturqualität kann, wenn man die vermutete Kausalkette akzeptiert, auch als „Potentialdimension" aufgefasst werden.[32]

Die Frage, inwieweit die angenommene Kausalbeziehung zwischen Behandlungsstruktur, -prozess und -ergebnis in der Realität tatsächlich besteht, ist derzeit nicht abschließend zu beantworten.[33] Die Ergebnisse wissenschaftlicher Studien, die diese Frage untersuchen, zeigen allerdings, dass die strenge Auslegung der Kausalkette nicht haltbar ist.[34] Zugleich weisen die entsprechenden Untersuchungsergebnisse jedoch auch darauf hin, dass vergleichsweise hohe Qualitäten der Behandlungsstruktur und des Behandlungsprozesses die Wahrscheinlichkeit eines qualitativ hochwertigen Behandlungsergebnisses zumindest positiv beeinflussen.[35]

---

30 Vgl. EICHHORN, S. [1991], S. 31 ff.

31 Vgl. OBERENDER, P., DAUMANN, F. [1997], S. 212.

32 Vgl. STAUSS, B., HENTSCHEL, B. [1990], S. 4.

33 Vgl. BERWICK, D. M., KNAPP, M. G. [1987], S. 51.

34 Vgl. OBERENDER, P., DAUMANN, F. [1997], S. 213.

35 Vgl. ebenda, S. 213.

Aus Patientenperspektive sind gute Behandlungsergebnisse zweifellos von größerer Bedeutung als hohe Qualitäten der Behandlungsstrukturen und -prozesse.[36] Gleichwohl stellen Patienten auch Anforderungen an die Rahmenbedingungen der Behandlung sowie an die Abläufe von Diagnostik und Therapie.[37] Schon deshalb ist es zweckmäßig, zur Beurteilung der Qualität von Gesundheitsdienstleistungen auch die ersten beiden Komponenten der skizzierten Kausalkette heranzuziehen. Weitere Gründe sind in Abschnitt 4.4 diskutiert.

4.2 Strukturqualität

Die Strukturqualität beschreibt die Rahmenbedingungen, innerhalb derer die medizinische Versorgung stattfindet („environment of care"[38]). Im Einzelnen umfasst die Strukturqualität die sachlichen, organisatorischen und persönlichen Leistungsvoraussetzungen des Krankenhauses oder niedergelassenen Arztes und seines Arbeitsplatzes.[39] Zahlreiche Studien belegen, dass aus Patientenperspektive hierfür vor allem die folgenden Aspekte relevant sind:[40]

- ***Personelle Ausstattung***

Bei der personellen Ausstattung ist zwischen *qualitativen* und *quantitativen* Kriterien zu unterscheiden. Für die qualitative Ebene ist die fachliche Kompetenz der Ärzte, Praxisangestellten, Pflegekräfte und des sonstigen Personals (medizinisch-technischer Dienst, Funktionsdienst) ausschlaggebend. Empirische Studien zeigen, dass der Qualifikation des Personals bei der Beurteilung der Strukturqualität aus Patientenperspektive in der Regel die größte Bedeutung zukommt.[41] Als Indikatoren für die fachliche Kompetenz bietet sich neben der Art der Ausbildung das Ausmaß der Erfahrung mit bzw. die Spezialisierung auf bestimmte(n) Krankheiten oder Patientengruppen an. Aussagekräftig für den Grad der Spezialisierung und Erfahrung der Leistungserbringer sind insbesondere diagnosebezogene Fallzahlen und Informationen über etwaige Forschungstätigkeiten und die Teilnahme an Fort- und Weiterbildungsmaßnahmen.

---

36 DONABEDIAN, A. [1966], S. 169.

37 Vgl. KLINGENBERG, A., BAHRS, O., SZECSENYI, J. [1999], S. 437ff.

38 DONABEDIAN, A. [1980], S. 81.

39 Vgl. JASTER, H.-J. [1997], S. 28.

40 Vgl. dazu insbesondere FRETER, H., GLASMACHER, C. [1996], INSTITUT FÜR ANGEWANDTE SOZIALWISSENSCHAFT [1998], BAHRS, O., KLINGENBERG, A. [1995], SCHUPETA, E., HILDEBRANDT, H. [1999], SELBSTHILFE KONTAKT- UND INFORMATIONSSTELLE (Hrsg.) [1999].

41 So z. B. in FRETER, H., GLASMACHER, C. [1996], S. 438 und in INSTITUT FÜR ANGEWANDTE SOZIALWISSENSCHAFT [1998].

Die quantitative personelle Ausstattung kann erste Hinweise über die Arbeitsbelastung und somit darüber liefern, ob den Ärzten und Pflegekräften für jeden ihrer Patienten so viel Zeit zur Verfügung steht, dass es ihnen über die Verrichtung der medizinischen Behandlungsleistungen hinaus möglich ist, sich den Patienten zuzuwenden und so zu einer zufrieden stellenden Arzt-/Pfleger-Patient-Beziehung beizutragen.[42]

Zur Bewertung der quantitativen personellen Ausstattung ist die absolute Zahl des Personals nur von untergeordneter Bedeutung. Aussagekräftiger sind Angaben über das Verhältnis von Arzt oder Pflegekraft zu der Anzahl der in einer bestimmten Periode zu betreuenden Fälle oder zur Bettenzahl. Darüber hinaus sind auch Informationen über den Ausbildungsstatus des zu einer bestimmten Berufsgruppe gehörenden Personals zur Bewertung der Strukturqualität hilfreich. So ist die Strukturqualität für den Aspekt „personelle Ausstattung" beispielsweise dann als niedrig einzustufen, wenn sich die Ärzteschaft zu einem im Vergleich zu anderen Kliniken überdurchschnittlich hohen Anteil aus Ärzten zusammensetzt, die sich noch in der Ausbildung befinden. Darüber hinaus kann beispielsweise auch die Belastung des Personals aufgrund von Überstunden in die Beurteilung der Strukturqualität eingehen.

- ***Apparative Ausstattung***

  In welchem Ausmaß die Ausstattung der Arztpraxis oder des Krankenhauses mit medizinisch-technischen Geräten das Behandlungsergebnis beeinflusst, hängt wesentlich von der im Einzelfall vorliegenden Krankheit ab. Dennoch ist auch die apparative Ausstattung für die Höhe der Strukturqualität von Bedeutung, und zwar schon deshalb, weil viele Diagnose- und Therapiemaßnahmen das Vorhandensein der entsprechenden Geräte voraussetzen. Fehlt das benötigte Gerät, so kann dies die Durchführung des entsprechenden Behandlungsschritts außerhalb der jeweiligen Arztpraxis bzw. Klinik erforderlich machen. Auf die Bewertung der Strukturqualität durch die Patienten kann sich dies negativ auswirken.

- ***Räumliche Ausstattung***

  In Umfragen räumen Patienten der räumlichen Ausstattung von Arztpraxen und Krankenhäusern zumeist einen nur geringen Stellenwert ein.[43] Insbesondere bei sonst gleichen Behandlungsvoraussetzungen kann dieser Aspekt der Strukturqualität bei der Wahl des Leistungserbringers jedoch ausschlaggebend sein.

---

[42] Zur Bedeutung einer positiven Arzt-Patient-Beziehung für den Behandlungserfolg vgl. Abschnitt 4.3.

[43] So z. B. bei FRETER, H., GLASMACHER, C. [1996].

Im Einzelnen ist aus Patientenperspektive beispielsweise von Bedeutung, ob die verschiedenen Behandlungsschritte[44] aus baulichen Gründen in unterschiedlichen Räumen oder gar Gebäuden durchgeführt werden müssen. Auch der bauliche Zustand der Patienten-, Warte- und Behandlungszimmer sowie deren Ausstattung kann aus Patientensicht wichtig sein (für die Patientenzimmer betrifft dies vor allem die Anzahl der aufgestellten Betten je Zimmer sowie die Verfügbarkeit von Telefon, Fernseher, Internetzugang, eigene Dusche und WC o. Ä.).[45] Für Eltern von Kindern, die stationär behandelt werden, kann zudem entscheidungsrelevant sein, ob auch für sie die Möglichkeit der Unterbringung in der Klinik besteht.

- ***Institutionelle Erreichbarkeit***

Für GKV-Mitglieder, die weder über die finanziellen Mittel für eine ambulante oder stationäre Versorgung außerhalb des GKV-Systems noch über eine entsprechende private Zusatzversicherung verfügen, ist auch die institutionelle Erreichbarkeit ein wichtiges Strukturmerkmal eines Arztes oder Krankenhauses. So dürfen niedergelassene Ärzte ihre Leistungen nur dann mit den Krankenkassen abrechnen, wenn sie zur Teilnahme an der vertragsärztlichen Versorgung innerhalb der GKV zugelassen oder ermächtigt sind.[46] Ähnliches gilt für den stationären Sektor, da die Krankenkassen Krankenhausbehandlungen nur durch Hochschulkliniken im Sinne des Hochschulbauförderungsgesetzes, Krankenhäuser, die in den Krankenhausplan eines Landes aufgenommen sind (Plankrankenhäuser), oder Krankenhäuser, die einen Versorgungsvertrag mit den Landesverbänden der Krankenkassen und den Verbänden der Ersatzkassen abgeschlossen haben, erbringen lassen dürfen.[47] Für viele Leistungen können Krankenhäuser und niedergelassene Ärzte höhere Beträge abrechnen, wenn sie sie außerhalb des GKV-Systems erbringen. Nicht jeder Leistungserbringer ist deshalb zu einer Abrechnung seiner Leistungen über die Krankenkassen bereit. Einige Leistungserbringer verzichten deshalb freiwillig auf die Behandlung von Kassenpatienten.[48]

---

[44] Vgl. dazu Abbildung 3 auf S. 18.

[45] In einer Studie des Instituts für angewandte Sozialwissenschaft erklärten sich 38 Prozent der Befragten als „mittel zufrieden“ bis „sehr unzufrieden“ mit der Zimmerausstattung hessischer Krankenhäuser; vgl. INSTITUT FÜR ANGEWANDTE SOZIALWISSENSCHAFT [1998]. Die Ausstattung und der Service der Hamburger Kliniken wurde im Rahmen einer Studie der DAK Hamburg von den Patienten überwiegend als „eher kritisch“ beurteilt; vgl. HILDEBRANDT, H., STURM, H. [1999], S. 84ff.

[46] Vgl. § 95 SGB V.

[47] Vgl. § 108 SGB V.

[48] Vgl. dazu auch Teil II, Kapitel C 2.5.5.

- ***Zeitliche Erreichbarkeit***

Ein weiterer Aspekt der Strukturqualität ist die zeitliche Erreichbarkeit der Ärzte. Insbesondere die Frage, inwieweit niedergelassene Ärzte auch außerhalb der Praxisöffnungszeiten für ihre Patienten telefonisch oder persönlich erreichbar sind, kann für Patienten bei der Beurteilung der Qualität eines Leistungserbringers von großer Bedeutung sein. In einem engen Zusammenhang zu den Praxisöffnungszeiten stehen die Fragen nach der Bereitschaft der Ärzte zu Hausbesuchen und die genauen Regelungen von Urlaubsvertretungen.

Dass die zeitliche Erreichbarkeit der Ärzte auch für den Krankenhaussektor für die Strukturqualität von Bedeutung ist, zeigen die Ergebnisse einer repräsentativen, im Jahr 1998 im Auftrag der AOK Hessen durchgeführten Studie.[49] So gaben immerhin 43 % der befragten Patienten an, mit der Verfügbarkeit der Krankenhausärzte während ihres Krankenhausaufenthaltes „mittel zufrieden" bis „sehr unzufrieden" zu sein. Mit 25 % fällt der entsprechende Wert für den ambulanten Bereich vergleichsweise positiv aus.

- ***Geografische Erreichbarkeit***

Aus Patientenperspektive kann für die Strukturqualität auch die geografische Erreichbarkeit des Arztes oder des Krankenhauses bedeutsam sein. Neben der Entfernung der Behandlungsstätte vom Wohnort des Patienten ist dabei auch die Anbindung der Arztpraxis oder der Klinik an öffentliche Verkehrsmittel potenziell qualitätsrelevant.

- ***Art des angewandten Vergütungssystems***

Die Systeme, auf deren Basis die Leistungserbringer vergütet werden, werden derzeit überwiegend „gemeinsam und einheitlich" zwischen den Spitzenverbänden der Leistungserbringer und der Krankenkassen vereinbart.[50] Zur „Weiterentwicklung der Verfahrens-, Organisations-, Finanzierungs- und Vergütungsformen der Leistungserbringung"[51] können die Krankenkassen und ihre Verbände jedoch schon heute Modellvorhaben vereinbaren, in denen die Vergütungssysteme von den derzeit angewandten abweichen.[52] Dass die Leistungserbringer in Zukunft auf der Basis unterschiedlicher Vergütungssysteme entlohnt werden, könnte auch eine Abschaffung des Kontrahierungszwangs der Krankenkassen mit den zugelassenen Leistungserbringern bewirken.

---

49 Vgl. INSTITUT FÜR ANGEWANDTE SOZIALWISSENSCHAFT [1998].

50 Vgl. dazu detaillierter §§ 82ff. SGB V zur Regelung der Vergütung der Vertragsärzte sowie § 17b KHG zu den Vorschriften über die Vergütung von Krankenhausleistungen.

51 § 63 Abs. 1 SGB V.

52 Vgl. dazu insbesondere §§ 63f. SGB V.

Von der Art des angewandten Vergütungssystems gehen unterschiedliche Verhaltensanreize für die Leistungserbringer aus.[53] Wenngleich keine exakten Aussagen darüber möglich sind, wie die Vergütungssysteme die Qualität der Behandlungsprozesse und –ergebnisse *im Einzelfall* beeinflussen, können Informationen über die Art des angewandten Vergütungssystems für die Patienten bei der Bewertung der Strukturqualität durchaus relevant sein.

4.3 Prozessqualität

Im Mittelpunkt der Prozessqualität stehen alle „zwischenmenschlichen und medizinischen Interaktionen und Organisationsleistungen, die zur Versorgung von Patienten unternommen werden"[54]. Neben Diagnose- und Therapiemaßnahmen sowie den spezifischen Indikationsstellungen umfasst die Prozessqualität sämtliche Strategien zur Verbesserung der Behandlungsabläufe. Aus Patientenperspektive sind für eine Bewertung der Prozessqualität im Einzelnen insbesondere die folgenden Aspekte relevant:

- ***Arzt-Patient-Beziehung***

In Abschnitt 3 ist erörtert, dass „Qualität" als das Ausmaß, in dem die Eigenschaften eines Gutes die Nachfragererwartungen erfüllen, verstanden werden kann. Zahlreiche Befragungen von Patienten und Selbsthilfegruppen belegen, dass einer guten Arzt-Patient-Beziehung innerhalb der Erwartungen von Patienten eine mindestens ebenso große Bedeutung zukommt wie der fachlichen Kompetenz der Ärzte.[55] Außerdem scheint festzustehen, dass sich eine gute Arzt-Patient-Beziehung deutlich positiv auf die Bereitschaft der Patienten auswirkt, den ärztlichen Therapieanweisungen zu folgen und bei der ärztlichen Behandlung mitzuwirken.[56]

Auf die Güte der Arzt-Patient-Beziehung haben im Einzelnen vor allem die folgenden Aspekte Einfluss:[57]

---

53 Vgl. dazu Kapitel B.

54 AOK BUNDESVERBAND [2001].

55 Für einen Überblick über diese Studien vgl. SELBSTHILFE KONTAKT- UND INFORMATIONSSTELLE (Hrsg.) [1999] sowie STÖTZNER, K. [2001], S. 133.

56 Vgl. KOCHEN, M. M. [1999], S. 599.

57 Vgl. dazu etwa BAHRS, O., KLINGENBERG, A. [1995], S. 81-96 und STÖTZNER, K. [2001], S. 131 ff. sowie KOCHEN, M. M. [1999], S. 599.

1. Medizinische Sachverhalte sind häufig sehr komplex. Patienten verfügen zudem in der Regel nicht über das Fachwissen, um alle Behandlungszusammenhänge ohne entsprechende Erläuterungen verstehen zu können. Umso wichtiger ist es für die Patienten, dass der behandelnde Arzt gewillt und in der Lage ist, ihnen zumindest die bedeutendsten Implikationen einer gestellten Diagnose oder erzielter Behandlungsergebnisse verständlich zu vermitteln.

2. Eine gestellte Diagnose bedingt nicht immer zwingend ein bestimmtes Therapieverfahren. Vielmehr stehen dem Arzt häufig unterschiedliche Behandlungsverfahren zur Auswahl. Nicht alle Patienten möchten in die Entscheidungsfindung ihres Arztes miteinbezogen werden. Für viele Patienten ist es jedoch in einer solchen Situation für ihre Beziehung zu ihrem Arzt wichtig, dass dieser sie an dem Prozess der Entscheidungsfindung beteiligt - zumindest insoweit sie aufgrund ihres Wissensstandes dazu in der Lage sind.

3. Im Rahmen einer Behandlung können nicht nur Entscheidungen über die Art der durchzuführenden Behandlungs*methoden* notwendig werden. Unter Umständen muss auch eine Auswahl zwischen unterschiedlichen Behandlungs*zielen* getroffen werden. Zu einer solchen Konstellation kann es beispielsweise kommen, wenn aufgrund einer lebensbedrohenden Krankheit ein Konflikt zwischen den Zielen „Erhöhung der (Rest-)Lebens*erwartung*" und „Aufrechterhaltung der Lebensqualität für die (Rest-)Lebens*dauer*" besteht. Auch bei einer solchen Entscheidungssituation kann die Einbeziehung des Patienten (oder seiner Angehörigen) ein bedeutendes Kriterium für die Höhe der Prozessqualität darstellen.

4. Auch die Bereitschaft eines Arztes, seinen Patienten im Rahmen eines Gesprächs ohne Unterbrechungen zuzuhören, ihre Beschwerden ernst zu nehmen und sie bei bestehenden Unklarheiten zu Fragen zu ermuntern, stellt eine Eigenschaft dar, deren hoher Stellenwert für die Prozessqualität und damit letztlich auch für das Behandlungsergebnis insbesondere in Studien neueren Datums verstärkt betont wird.[58]

[58] Vgl. KOCHEN, M. M. [1999], S. 599.

Abbildung 2: Zufriedenheit der Patienten mit Arzt-Patient-Beziehung

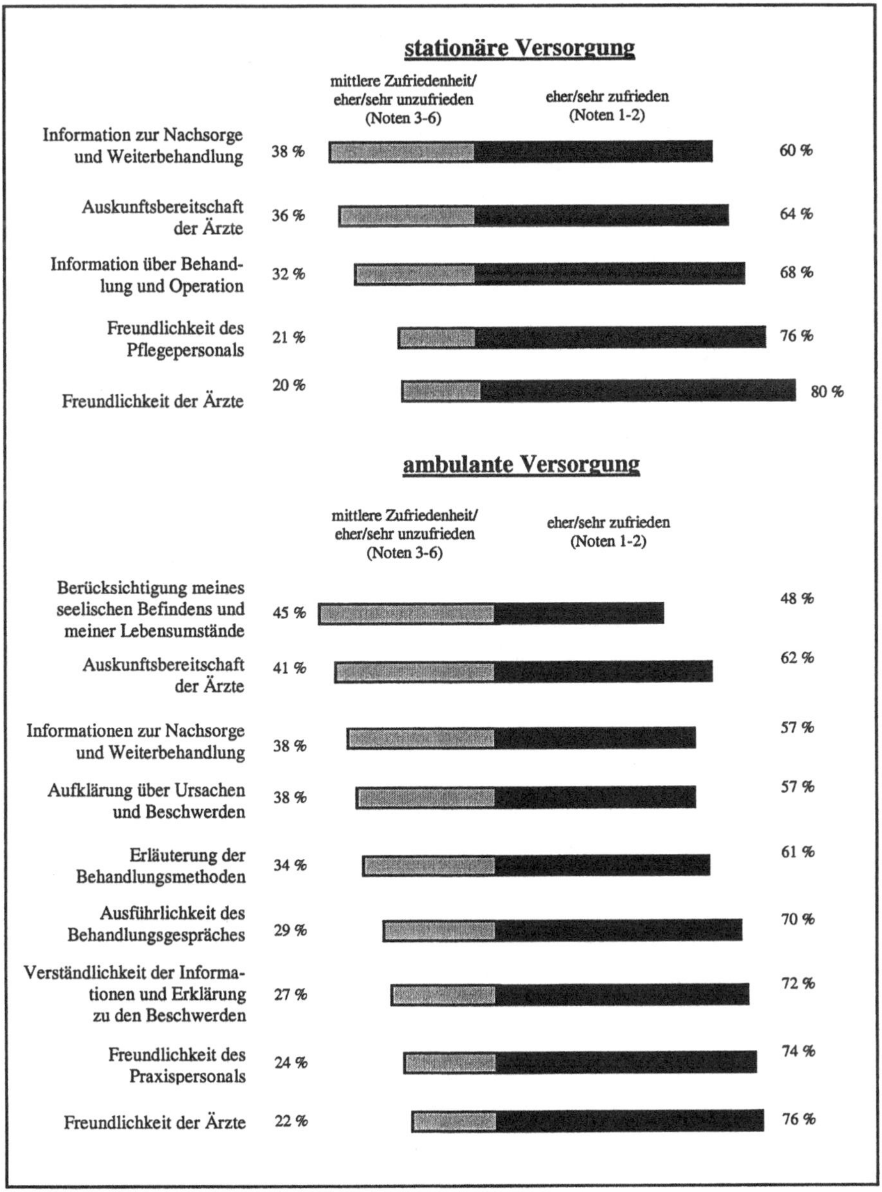

Quelle: Modifiziert nach INSTITUT FÜR ANGEWANDTE SOZIALWISSENSCHAFT [1998].

Die hier skizzierten Erfolgsfaktoren für eine zufrieden stellende Arzt-Patienten-Beziehung unterstreichen, dass Qualität (bzw. Qualitätsmanagement) insoweit nichts anderes ist als „die strukturierte Auseinandersetzung mit Selbstverständlichkeiten."[59] Gleichwohl dokumentieren zahlreiche empirische Studien, dass die genannten Bedingungen im Rahmen der Versorgung in Arztpraxen und Krankenhäusern oft nicht erfüllt sind.[60] Befragt nach der Qualität ihrer Beziehungen zu den Ärzten bemängeln die Patienten in erster Linie die seitens der Ärzte oft zu schwach ausgeprägte Kommunikationsbereitschaft. Dies illustriert auch Abbildung 2. Sie gibt einen Überblick über die entsprechenden Umfrageergebnisse der bereits oben zitierten INFAS-Studie.[61]

- ***Einhaltung anerkannter Behandlungsleitlinien***

Behandlungsprozesse bestehen typischerweise aus den Schritten Anamnese, Diagnose und Therapie.[62] In der Regel eröffnen sich den Erbringern medizinischer Leistungen bei jedem Glied der in Abbildung 3 illustrierten Behandlungskette fallspezifische Behandlungsoptionen.

Um eine raschere Adaption neuer medizinischer Erkenntnisse und Behandlungsmethoden und damit eine qualitativ hochwertigere und effizientere medizinische Versorgung zu erreichen, sind sowohl national als auch international verstärkte Bemühungen zu beobachten, die Ärzte bei der Entscheidung über die fallspezifisch zu ergreifenden Behandlungsmaßnahmen mit Hilfe so genannter Behandlungsleitlinien zu unterstützen.

---

59 JASTER, H.-J. [1997], S. 26.

60 Vgl. dazu z. B. DEUTSCHE ANGESTELLTEN KRANKENKASSE (Hrsg.) [1997], INSTITUT FÜR ANGEWANDTE SOZIALWISSENSCHAFT [1998] und BECKMAN, H. B., FRANKEL, R. M. [1984], S. 692-696 sowie BECKMAN, H. B., MARVEL, M. K., EPSTEIN, R. M. [1999], S. 283-287.

61 Zur besonderen Problematik der Interpretation der Ergebnisse von Befragungen zur Patientenzufriedenheit vgl. Abschnitt 4.4.

62 Im Rahmen der Anamnese werden im Wesentlichen Informationen über die Vorerkrankungen und das Umfeld des Patienten, über Krankheiten aus dem Familienbereich sowie über die aktuelle Gesundheitsstörung gesammelt. Darauf aufbauend erfolgt die Indikationsstellung für die Diagnostik. Dabei ist vom behandelnden Arzt festzulegen, welche Maßnahmen der Diagnostik notwendig sind und wann (oder ggf. in welchen Abständen) und von wem diese durchgeführt werden sollen. Die diagnostischen Maßnahmen sind die Voraussetzung für eine zuverlässige und aussagekräftige Diagnose. Anhand der Diagnose ist zu entscheiden, welche Therapiemaßnahmen wann, von wem und wo ergriffen werden sollen (Indikationsstellung für die Therapie). Die Therapie umfasst die Gesamtheit aller Maßnahmen, die durchgeführt werden, um einen Patienten von der Krankheit zu heilen oder zumindest dessen Gesundheitszustandes zu verbessern (einschließlich Rehabilitation).

Abbildung 3: Stufen des Behandlungsprozesses

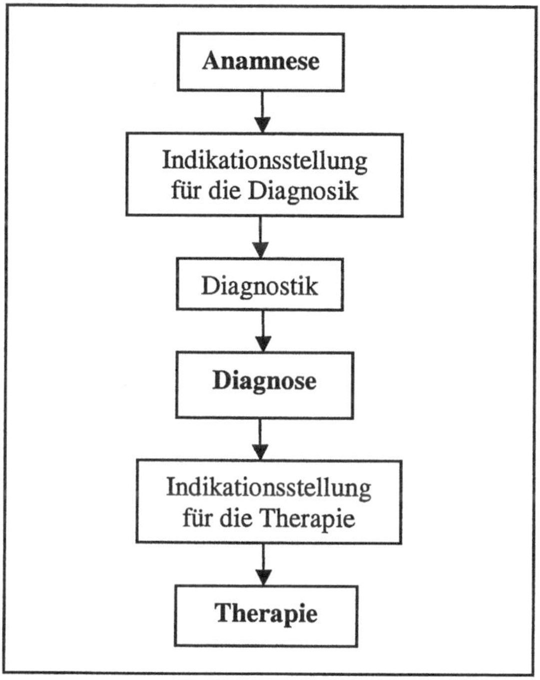

Quelle: Eigene Darstellung.

Im Gegensatz zu Richtlinien, die dem einzelnen Arzt nur einen geringen Ermessensspielraum einräumen und deren Nichtbeachtung Sanktionen nach sich ziehen kann, handelt es sich bei Behandlungsleitlinien lediglich um Entscheidungshilfen für spezielle diagnostische und therapeutische Problemstellungen.[63] Leitlinien eröffnen den Ärzten insoweit „Handlungs- und Entscheidungskorridore“[64], von denen sie im begründeten Einzelfall durchaus abweichen können. Die häufig an die Befürworter eines verstärkten Einsatzes von Leitlinien gerichtete Kritik, diese ließen die notwendige ärztliche Behandlungsfreiheit außer Acht und förderten eine Tendenz zur „Kochbuch-Medizin“, ist insofern nicht gerechtfertigt.

---

[63] Vgl. BUNDESÄRZTEKAMMER [1998].

[64] OLLENSCHLÄGER, G., THOMECZEK, C., BUNGART, B. u. a. [1999], S. 105.

Wissenschaftliche Studien belegen, dass die Anwendung sachgerecht entwickelter Leitlinien zu einer Steigerung der Qualität der medizinischen Versorgung beitragen kann.[65] Das Ausmaß der medizinischen und ökonomischen Wirkungen ist allerdings nicht exakt vorhersagbar.[66] Eine flächendeckende Implementierung von Behandlungsleitlinien i. S. einer Anwendung bei allen Behandlungen wird deshalb von Experten derzeit als nicht sinnvoll betrachtet.[67]

Als Erfolg versprechend wird der Einsatz von Leitlinien vielmehr vor allem für jene Versorgungsbereiche angesehen, „bei denen Hinweise auf eine unzureichende, fehlerhafte oder übermäßige Versorgung bestehen und deren Beseitigung die Morbidität und Mortalität der Bevölkerung nachhaltig beeinflussen kann."[68] Ein Beispiel für einen Versorgungsbereich, für den der Sachverständigenrat für die konzertierte Aktion im Gesundheitswesen (SVRKAiG) einen verstärkten Einsatz von Leitlinien als Erfolg versprechend ansieht, ist der der Diabetiker-Versorgung. So deuten zahlreiche Studien darauf hin, dass durch eine leitliniengerechte Versorgung von Diabetikern insbesondere ein erheblicher Anteil der derzeit in Folge von Diabetes mellitus auftretenden Spätkomplikationen (Fußamputationen, Erblindungen, Nierenversagen u. a.) verhindert werden könnte.[69]

Inwieweit das Einhalten von Leitlinien ein zuverlässiger Indikator für die Qualität von Behandlungsprozessen ist, hängt nicht zuletzt von der Qualität der Leitlinien ab. Insbesondere lässt sich von einer leitliniengestützten Behandlung nur dann auf eine hohe Prozessqualität schließen, wenn gesichert ist, dass die zu Grunde gelegte Leitlinie regelmäßig mit dem aktuellen Stand der wissenschaftlichen Erkenntnisse verglichen und soweit notwendig fortgeschrieben wird.[70] Tabelle 1 gibt einen Überblick über die Herausgeber von Leitlinien im deutschen Gesundheitswesen.

---

65 Vgl. SACHVERSTÄNDIGENRAT FÜR DIE KONZERTIERTE AKTION IM GESUNDHEITSWESEN [2001a], Tz. 285.

66 Vgl. ebenda.

67 Vgl. ebenda, Tz. 289. Für einen detaillierten Überblick über die Kriterien für die Priorität von Leitlinien vgl. ÄRZTLICHE ZENTRALSTELLE QUALITÄTSSICHERUNG [1998], S. 6.

68 SACHVERSTÄNDIGENRAT FÜR DIE KONZERTIERTE AKTION IM GESUNDHEITSWESEN [2001a], Tz. 289.

69 Vgl. SACHVERSTÄNDIGENRAT FÜR DIE KONZERTIERTE AKTION IM GESUNDHEITSWESEN [2001b], Tz. 331ff.

70 Vgl. ÄRZTLICHE ZENTRALSTELLE QUALITÄTSSICHERUNG [2002a].

Tabelle 1: Herausgeber von Leitlinien und anderen Texten mit normierendem oder empfehlendem Charakter im deutschen Gesundheitswesen

- Medizinische-wissenschaftliche Fachgesellschaften (mit und ohne Koordination der AWMF)
- Ärztliche Berufsverbände
- Bundesärztekammer: Wissenschaftlicher Beirat, Arzneimittelkommission der Ärzteschaft
- Bundesausschuß der Ärzte und Krankenkassen („Richtlinien")
- Einzelexperten
- Kassenärztliche Vereinigungen
- Kostenträger (Berufsgenossenschaften, Rentenversicherer)
- Krankenhäuser/Krankenhausverbünde
- Landesärztekammern
- Medizinindustrie
- Qualitätszirkel/Praxisverbünde
- Regierungsagenturen
- Verbände der Fachberufe im Gesundheitswesen
- Wissenschaftliche Institute

Quelle: OLLENSCHLÄGER, G., THOMECZEK, C., BUNGART, B. et al. [1999], S. 106.

Der beträchtliche Output der aufgeführten Institutionen hat zu einer Vielfalt von veröffentlichten und qualitativ unterschiedlichen Behandlungsempfehlungen geführt, die nicht nur von Patienten, sondern selbst von ausgewiesenen Fachexperten kaum noch zu überschauen ist. Um dieses Problem zu lösen, haben die Kassenärztliche Bundesvereinigung und die Bundesärztekammer (BÄK) in Kooperation mit den Spitzenverbänden der Krankenkassen und der Deutschen Krankenhausgesellschaft im Jahr 1998 die Schaffung einer Clearingstelle für

Leitlinien, die bei der Ärztlichen Zentralstelle für Qualitätssicherung (ÄZQ)[71] angesiedelt ist, vereinbart.[72] Deren erklärtes Ziel ist die Erhöhung der Transparenz für behandelnde Ärzte und Patienten und die Steigerung von „Praktikabilität, Wissenschaftlichkeit und Wirtschaftlichkeit im Bereich der Leitlinien"[73].

Erreicht die Clearingstelle die genannten Ziele, so kann die Einhaltung von Leitlinien - unter Berücksichtigung begründeter Ausnahmen - als ein aussagekräftiger Indikator für die Qualität von Behandlungsprozessen angesehen werden. Unbegründetes Abweichen von einer Behandlungsleitlinie, die von der Clearingstelle als qualitativ hochwertig eingestuft wurde, kann dann zumindest als erster Hinweis auf eine niedrige Prozessqualität betrachtet werden.

- ***Interdisziplinäre Zusammenarbeit der beteiligten Leistungserbringer***

Viele Patienten befinden sich gleichzeitig bei unterschiedlichen Ärzten in Behandlung. Dies kann beispielsweise notwendig sein, wenn die Krankheit, von der der Patient betroffen ist, nicht auf der Fehlfunktion eines einzelnen Organs, sondern gleich mehrerer Organe beruht. Neben der Beteiligung niedergelassener Allgemein- und Fachärzte kann in diesem Fall auch die Beteiligung stationärer Einrichtungen erforderlich sein. Mit zunehmender Zahl der an einer Behandlung beteiligten Leistungserbringer steigt tendenziell die Notwendigkeit einer interdisziplinären Zusammenarbeit zwischen den beteiligten Leistungserbringern. Insbesondere ein schneller und vollständiger Austausch der ärztlichen Befunde und der eingeleiteten Therapiemaßnahmen sowie eine Absprache zwischen den an der Behandlung beteiligten Akteuren sind als Voraussetzungen für eine hohe Qualität der Behandlungsprozesse anzusehen. Die größten Kommunikationsdefizite bei der medizinischen Betreuung von Patienten innerhalb des deutschen Gesundheitswesens treten derzeit zum Zeitpunkt der Überweisungen zwischen Haus-, Fach- und Klinikärzten auf.[74]

Exakte Aussagen über die Qualität der interdisziplinären Zusammenarbeit sind letztlich nur nach einer genauen Analyse der betreffenden Behandlungsprozesse

---

71 Die ÄZQ wurde im März 1995 als gemeinsame und paritätisch besetzte Einrichtung von der BÄK und der KBV gegründet. Neben der Beurteilung und Vorbereitung von Leitlinien und Richtlinien für die ärztliche Tätigkeit in der ambulanten und stationären Versorgung liegt der Schwerpunkt ihrer Aufgaben in der Vorbereitung gemeinsamer Empfehlungen, Regelungen, Stellungnahmen von BÄK und KBV sowie in der Unterstützung von Ärztekammern und Kassenärztlichen Vereinigungen bei Qualitätssicherungsprogrammen; vgl. ÄRZTLICHE ZENTRALSTELLE QUALITÄTSSICHERUNG [2001], S. 5.

72 Vgl. o. V. [1998], S. A-2235

73 Vgl. ÄRZTLICHE ZENTRALSTELLE QUALITÄTSSICHERUNG [1998], S. 1.

74 Vgl. ÄRZTLICHE ZENTRALSTELLE QUALITÄTSSICHERUNG [2002b], S. 7.

möglich. Zumindest erste Rückschlüsse können allerdings aus Informationen über die von dem jeweiligen Leistungserbringer eingegangenen Kooperationen mit anderen Leistungserbringern, wie durch die Beteiligung an Ärztenetzen oder ärztlichen Qualitätszirkeln, abgeleitet werden.

- ***sonstige Aspekte der Prozessqualität***

Neben den hier genannten Aspekten, die die Höhe der Prozessqualität aus Patientenperspektive verändern können, spielt außerdem beispielsweise eine Rolle, dass der Leistungserbringer seinen Patienten spezielle Schulungen zum richtigen Umgang mit bestimmten Krankheiten anbietet.[75] Zudem kommt es auf gute Zusammenarbeit einzelner Leistungserbringer mit Selbsthilfeorganisationen und -gruppen an.[76] Gleiches gilt auch für die Länge der Wartezeiten und zwar unabhängig davon, ob es sich um die Zeit im Wartezimmer einer Arztpraxis, den Leerlauf, der während einer Untersuchung auftritt, oder um die Zeit handelt, die zwischen Terminvergabe und Behandlung verstreicht.

4.4 Ergebnisqualität

Aus der Perspektive der Patienten geht es vorrangig immer um das Erreichen „guter" Behandlungsergebnisse. Insofern bleiben die Behandlungsergebnisse letztlich immer die ultimative Beurteilungsebene für die Wirksamkeit und Qualität der medizinischen Versorgung.[77] Hohe Struktur- und Prozessqualitäten sind demgegenüber in erster Linie als Voraussetzungen für eine hohe Qualität der Behandlungsergebnisse einzustufen.

Zentraler Maßstab für die Qualität von Behandlungsergebnissen ist dabei die Veränderung des Gesundheitszustandes des Patienten, welche direkt auf die jeweilige Behandlungsmaßnahme zurückgeführt werden kann.[78] In Anlehnung an die in Abschnitt 2 skizzierte Qualitätsdefinition gemäß DIN lässt sich Ergebnisqualität als das Ausmaß verstehen, mit dem die vom Patienten angestrebte

---

[75] So bieten viele Ärzte ihren Patienten Diabetes- und Asthma-Schulungen an, in denen sie diese u. a. über den korrekten Medikamenten-Umgang sowie über die richtige Ernährung informieren.

[76] Zu den unterschiedlichen Tätigkeitsfeldern von Selbsthilfeorganisationen und -gruppen vgl. Teil II, Kapitel C 2.5.7. Für einen Überblick über die verschiedenen Formen der Zusammenarbeit zwischen Ärzten, Kliniken, Selbsthilfeorganisationen und -gruppen vgl. o. V. [2003b].

[77] *„Outcomes, by and large, remain the ultimate validators of the effectiveness and quality of medical care"*, DONABEDIAN, A. [1966], S. 169.

[78] Ähnlich definiert Donabedian das Ergebnis einer Behandlung: „'outcome' to mean a change in a patient's current and future health status that can be attributed to antecedent health care", DONABEDIAN, A. [1980], S. 82f.

Veränderung des Gesundheitszustands als Folge der durchgeführten Behandlungsmaßnahme eingetreten ist. Weitaus schwieriger als die Definition von Ergebnisqualität gestaltet sich deren Messung. Dies ist auf verschiedene Gründe zurückzuführen.

Die Weltgesundheitsorganisation (World Health Organization, WHO) versteht unter Gesundheit den „Zustand des vollständigen körperlichen, geistigen und sozialen Wohlbefindens und nicht allein das Freisein von Krankheit und Gebrechen“[79]. Bei Akzeptanz dieser Definition erfordert die Messung von Veränderungen des Gesundheitszustands sämtliche körperlichen, geistigen und sozialen Faktoren, die sich auf den Gesundheitszustand des betrachteten Patienten auswirken, zu erfassen. So ist neben zahlreichen Messwerten, die Aufschluss über bestimmte Aspekte der Organfunktionen und die Fähigkeit zur Ausübung physischer Aktivitäten geben, auch eine Bestimmung der von dem Patienten wahrgenommenen Lebensqualität notwendig. Insbesondere die Lebensqualität eines Patienten lässt sich jedoch kaum objektiv messen, da bei ihr auch verschiedene subjektive Elemente – wie das individuelle Wohlbefinden des Patienten - eine nicht zu vernachlässigende Rolle spielen.[80] In der Regel nicht wesentlich einfacher ist es, die Erhöhung der (Rest-)Lebenserwartung zu ermitteln, die aufgrund einer durchgeführten Therapiemaßnahme erzielt werden konnte.

Ein weiteres Problem bei der Ermittlung der Qualität von Behandlungsergebnissen ist die Mehrdimensionalität der Faktoren „Funktionsfähigkeit der Organe“ und „Lebensqualität“. So erfordert nicht nur die Bestimmung der Funktionsfähigkeit der Organe, sondern auch die der Lebensqualität die Erfassung zahlreicher unterschiedlicher Messwerte. Möchte man die Höhe der Ergebnisqualität in Form eines eindimensionalen Maßstabs darstellen, so resultiert aus der Existenz unterschiedlicher Faktoren mit Einfluss auf die Höhe der Ergebnisqualität die Notwendigkeit, eine Gewichtung der einzelnen Werte in Abhängigkeit ihrer Bedeutung für die (Gesamt-)Gesundheit vorzunehmen. Insbesondere für die Lebensqualität ist dies jedoch anhand objektiver Kriterien nicht möglich.[81]

Bei der Messung der Qualität von Behandlungsergebnissen stellt sich darüber hinaus das Problem, dass zwischen den durch die Behandlung verfolgten Zielen Konflikte auftreten können. Soll die Existenz individuell unterschiedlicher Präferenzen bei der Bewertung der Ergebnisqualität nicht vernachlässigt werden, so

---

79 WELTGESUNDHEITSORGANISATION [2003].

80 Vgl. ÄRZTLICHE ZENTRALSTELLE QUALITÄTSSICHERUNG [2002c].

81 Die Relevanz subjektiver Wahrnehmungen für die Ermittlung von Behandlungsqualitäten ist umfassend in Kapitel 6 untersucht.

ist es nicht möglich, eine bestimmte Ergebnis-Kombination als qualitativ besonders hochwertig einzustufen.

Möchte man die Ergebnisqualität einer Behandlung bestimmen, so ist es notwendig, exakt jenen Beitrag zu ermitteln, den die Behandlung zur Veränderung des Gesundheitszustandes des Patienten geleistet hat. Dies bereitet mindestens genauso große Probleme wie die Bestimmung und Gewichtung der unterschiedlichen Merkmale der Ergebnisqualität. So hängt der Gesundheitszustand eines Patienten schließlich nicht nur von den an ihm erbrachten Behandlungsleistungen ab. Mit der Bereitschaft der Patienten, ärztlichen Therapieanweisungen zu folgen und bei der ärztlichen Behandlung mitzuwirken (*compliance*) sowie dem Lebenswandel der Patienten und den Umwelteinflüssen wirken vielmehr weitere Faktoren auf das Behandlungsergebnis, die von den behandelnden Ärzten nur begrenzt zu beeinflussen sind.[82]

Darüber hinaus ist zu berücksichtigen, dass die Wirkungen einer Behandlung von „biologischen Vorgängen wie der Selbstheilungskraft des Körpers überlagert sein"[83] können. Daher führen auch unter der Voraussetzung einer identischen Struktur- und Prozessqualität, eines vergleichbaren Lebenswandels und einer gleich guten Mitwirkung der Patienten sowie sich entsprechender Umwelteinflüsse selbst intensivste ärztliche Bemühungen nicht zwangsläufig zu einer Verbesserung des Gesundheitszustands, „während umgekehrt viele Krankheiten auch ohne medizinische Interventionen heilen würden."[84] Auch aufgrund dieser Unwägbarkeit von Krankheitsabläufen lassen Behandlungsergebnisse nur begrenzt Rückschlüsse auf die Behandlungsqualität zu.[85]

Ein weiteres Problem ergibt sich, wenn an der Behandlung eines Patienten gleich mehrere Leistungserbringer beteiligt sind. Die Qualität der Behandlungsergebnisse kann in diesem Fall nur dann für jeden der beteiligten Leistungserbringer bestimmt werden, wenn der Beitrag jedes einzelnen zur Gesundung des Patienten eindeutig ermittel- und zurechenbar ist.[86]

Die vorangegangenen Erörterungen verdeutlichen, dass zur Bestimmung der Ergebnisqualität zahlreiche Hindernisse zu überwinden sind. Zwar lässt sich die

---

82 Vgl. PRINZ, A., VOGEL, A. [2000], S. 236.

83 BREYER, F., ZWEIFEL, P. S., KIFMANN, M. [2003], S. 175.

84 BREYER, F., ZWEIFEL, P. S. [1999], S. 280; insofern kann die Verbesserung des Gesundheitszustandes eines Patienten auch als Zufallsvariable aufgefasst werden, deren Dichtefunktion von den Bemühungen des Arztes abhängt, vgl. ebenda.

85 Vgl. dazu auch JASTER, H.-J. [1997], S. 30.

86 ÄRZTLICHE ZENTRALSTELLE QUALITÄTSSICHERUNG [2002b].

Höhe der realisierten Ergebnisqualität theoretisch exakt bestimmen, jedoch verbleiben empirisch erhebliche Kenntnislücken. Bei der Interpretation veröffentlichter Ergebnisqualitäten ist dem Rechnung zu tragen.

Da die Ergebnisqualität aus Patientenperspektive im Vergleich zur Struktur- und Prozessqualität einen hohen Stellenwert hat, kann allerdings auf eine zumindest annähernde Bestimmung der Ergebnisqualität nicht verzichtet werden. Als Hilfsinstrumente zur Messung von Ergebnisqualitäten kann auf unterschiedliche klinisch-medizinische Indikatoren und auf Ergebnisse von Befragungen zur Patientenzufriedenheit zurückgegriffen werden. Zur Bestimmung von Ergebnisqualitäten bieten sich vor allem die folgenden klinisch-medizinischen Indikatoren an:

- ***Risikoadjustierte Mortalitäts- und Morbiditätsraten***

Die Gefahr, dass ein Patient im Verlauf einer Behandlung stirbt, besteht sowohl bei Operationen als auch bei nicht-operativen Therapien. ***Mortalitätsraten*** geben Auskunft darüber, wie viel Prozent der Patienten oder ausgewählter Patientengruppen eines Leistungserbringers im Verlauf einer Behandlung oder innerhalb eines bestimmten Zeitraums nach der Behandlung gestorben sind.

Die Eignung von Mortalitätsraten als Indikatoren für die zu erwartende Qualität von Behandlungsergebnissen ist allerdings insofern eingeschränkt, als die Höhe von Mortalitätsraten nicht nur von den Bemühungen der Ärzte und deren Behandlungsgeschick abhängt. So kann sich neben den bereits oben erörterten Einflussfaktoren (compliance, Umwelteinflüsse, Unwägbarkeit von Krankheitsabläufen) auch die Zusammensetzung der jeweiligen Patientengruppen deutlich spürbar auf die Qualität der Behandlungsergebnisse eines Leistungserbringers auswirken. Im Einzelnen geht es hier vor allem um die Parameter Alter, Geschlecht, Schweregrad der Erkrankung, Vorhandensein von Begleiterkrankungen und Herkunftsregion der Patienten.[87]

Die Risikoadjustierung von Mortalitätsraten ist eine Möglichkeit, um deren Aussagekraft zu erhöhen.[88] Sie muss an den zuvor genannten Parametern ansetzen und erfordert – außer der Berücksichtigung der „Eigenarten der behandelten Patientenpopulation“[89] – eine ausreichende Zahl entsprechender Behandlungsfälle und deren vollständige Dokumentation. Da die Risikoadjustierung von Mortalitätsraten umfangreiches Datenmaterial erfordert und darüber hinaus methodisch

---

87 Vgl. GESCHÄFTSSTELLE QUALITÄTSSICHERUNG HESSEN [2002].

88 Zu den Methoden und der Bedeutung der Risikoadjustierung vgl. SANGHA, O., SCHNEEWEISS, S. [2000].

89 ÄRZTLICHE ZENTRALSTELLE QUALITÄTSSICHERUNG [2002b].

sehr komplex ist[90], setzt deren Interpretation die Kenntnis der Qualität der zu Grunde gelegten Daten und angewendeten Methoden voraus.[91]

Als Beispiel für eine Form risikoadjustierter Mortalitätsraten sei an dieser Stelle auf die so genannten „Standardisierten Mortalitätsraten" (SMR) verwiesen. Die zunehmend im Rahmen von Qualitätssicherungsmaßnahmen eingesetzten und oft auch als „O/E ratios" bezeichneten SMR werden ermittelt, indem die Anzahl innerhalb eines bestimmten Zeitraums beobachteter (observed) zu der Anzahl der vorhergesagten (expected) Todesfälle in Relation gesetzt wird.[92]

Nicht jede ärztliche Behandlung führt zu einer vollständigen Wiederherstellung des ehemaligen Gesundheitszustandes. Mit Hilfe von ***Morbiditätsraten*** lässt sich der Anteil jener Patienten eines Leistungserbringers abbilden, die auch nach der Behandlung noch von Einschränkungen der körperlichen oder geistigen Leistungsfähigkeit, die auf die behandelte Krankheit zurückzuführen sind, betroffen sind.

Einige Krankheiten und Verletzungen lassen eine vollständige Wiedererlangung der körperlichen oder geistigen Leistungsfähigkeit selbst dann nicht zu, wenn die angewandte Therapie dem neuestem Stand der wissenschaftlichen Erkenntnisse entspricht. Dennoch können niedrige Morbiditätsraten grundsätzlich als Indiz für eine hohe Qualität der Behandlungsergebnisse eines Leistungserbringers betrachtet werden. Doch wie für die zuvor diskutierten Mortalitätsraten gilt auch für Morbiditätsraten, dass deren Aussagekraft als äußerst begrenzt einzustufen ist, solange sie nicht um jene patientenbezogenen Risikofaktoren bereinigt wurden, die von den Leistungserbringern nicht zu beeinflussen sind.

- ***Infektionsraten***

Über die Zahl der Patienten, die sich im Verlauf eines Krankenhausaufenthaltes oder einer ambulanten Behandlung Infektionen zuziehen, existieren bislang nur grobe Schätzungen.[93] Die entsprechenden Angaben für Deutschland bewegen sich in einer Bandbreite von 500.000 bis zu einer Million nosokomialer

---

90 Vgl. dazu beispielhaft SCHNEEWEISS, S. [2002], S. 11.

91 Darüber hinaus ist zu berücksichtigen, dass zu geringe Fallzahlen (bei kleinen Einrichtungen) die Aussagekraft der Raten reduzieren können; vgl. GESCHÄFTSSTELLE QUALITÄTSSICHERUNG HESSEN [2002].

92 Vgl. ÖSTERREICHISCHES ZENTRUM FÜR DOKUMENTATION UND QUALITÄTSSICHERUNG IN DER INTENSIVMEDIZIN (Hrsg.) [o. J.] sowie METNITZ, P. G. H., VESELY, H., VALENTIN A. et al. [2000], S. 1466ff.

93 Vgl. o. V. [1995].

Infektionen[94] pro Jahr.[95] Die im Jahr 1995 vom Bundesministerium für Gesundheit in Auftrag gegebene „NIPED-Studie“[96] hat zum Ergebnis, dass die durchschnittliche Rate der Patienten, die sich im Jahr 1995 stationär behandeln ließen und sich dabei eine nosokomiale Infektion zuzogen, rund 3,5 % betrug.[97] Studien aus den Jahren 1978 und1988 beziffern die Rate nosokomialer Infektionen sogar auf 5,7-9,8 %.[98] Weitere Schätzungen besagen, dass der Anteil nosokomialer Infektionen an allen Komplikationen medizinischer Behandlungen bis zu 50 % beträgt.[99] Die Anzahl der Todesfälle, die als direkte oder indirekte Folge von Krankenhausinfektionen einzustufen sind, wird auf rund 40.000 p.a. geschätzt.[100] Die Mortalität nosokomialer Infektionen kann - z. B. bei Patienten mit nosokomialer Pneumonie - bis zu 70 % betragen.[101]

Ein Großteil dieser Infektionen und Todesfälle könnte insbesondere dadurch vermieden werden, dass die existierenden Hygienestandards strikter eingehalten würden. Deshalb erscheint es sinnvoll, auch die Daten, die über den Anteil der Patienten Auskunft geben, die im Durchschnitt von einer solchen Infektion in einem Krankenhaus betroffen sind, als weiteren Indikator für die Qualität der Behandlungsergebnisse von Ärzten und Kliniken heranzuziehen.

Die Berücksichtigung von Infektionsraten muss allerdings nicht auf die Betrachtung von Krankenhäusern begrenzt bleiben. Schon aufgrund der Tatsache, dass immer mehr Operationen auch ambulant erbracht werden können und sollen[102], steigt die Bedeutung der Infektionsraten vielmehr auch für die Höhe der Ergebnisqualitäten von ambulant tätigen Ärzten.

---

94 Nosokomiale Infektionen sind Infektionen, die auf einen Krankenhausaufenthalt zurückzuführen sind; Erreger nosokomialer Infektionen sind vor allem gegen Antibiotika resistente Mikroorganismen (Hospitalkeime); als häufigster Übertragungsweg gelten Kontaktinfektionen durch die Hände des Pflegepersonals; häufigste Manifestationen sind Harnwegsinfektionen (vor allem durch Harnblasenkatheter); postoperative Wundinfektionen, Pneumonien (besonders bei Beatmungspatienten), Haut- u. Weichteilinfektionen, septische Erkrankungen (vor allem durch intravenöse Verweilkatheter); vgl. ROCHE [2004].

95 Vgl. o. V. [1995].

96 Vgl. RÜDEN, H., DASCHNER, F., SCHUMACHER, M. [1995].

97 Vgl. POPP, W. [2001], S. 1.

98 Vgl. ebenda.

99 Vgl. LACOUR, M., DETTENKOFER M., RÜDEN, H., DASCHNER, F. [2001], S. 138.

100 Vgl. ZASTROW, K. D., SCHÖNEBERG, I. [1994], S. 122.

101 Vgl. AMERICAN THORACIC SOCIETY [1995], S. 1711ff., hier zitiert nach LACOUR, M., DETTENKOFER M., RÜDEN, H., DASCHNER, F. [2001], S. 138.

102 Vgl. dazu § 115b SGB V.

Als Indiz für die hygienischen Zustände innerhalb einer Klinik oder Arztpraxis können allerdings nicht nur Infektionsraten herangezogen werden. So sind die Ergebnisse von Hygienekontrollen, in denen geprüft wird, ob die Kliniken und Praxen fachgerechte Reinigungs-, Desinfektions- und Sterilisationsverfahren mit geprüften und für wirksam befundenen Mitteln und Verfahren anwenden, grundsätzlich als ebenso aussagekräftig einzustufen.

- ***weitere Komplikationsraten***

Infektionen stellen nicht die einzigen Ereignisse im Verlauf einer Behandlung dar, die zum Zeitpunkt der Diagnose noch nicht mit Sicherheit vorhersehbar sind und sich negativ auf die Ergebnisqualität sowie die Behandlungsdauer auswirken können. Eine Vielzahl von Komplikationen kann eindeutig auf eine unsachgemäße Erbringung der medizinischen Leistungen zurückgeführt werden. Ein Vergleich der relativen Häufigkeiten, mit denen bei der Erbringung von Gesundheitsdienstleistungen durch bestimmte Leistungserbringer Komplikationen auftreten, kann daher Hinweise auf unterschiedlich hohe Ergebnisqualitäten liefern. Im Einzelnen kommen als weitere Indikatoren der Ergebnisqualität zum Beispiel die folgenden Komplikationsraten in Betracht:[103]

- die Rate ungeplanter Rehospitalisierungen,
- die Rate ungeplanter Wiederaufnahmen von Patienten auf die Intensivstation,
- die Rate ungeplanter Rückkehr von Patienten in den Operationssaal sowie
- die Rate ungeplanter Krankenhauseinweisungen nach ambulanten Behandlungsmaßnahmen.

- ***Patientenzufriedenheit mit erzielten Behandlungsergebnissen***

Der Begriff der Ergebnisqualität wurde in der Literatur über eine lange Zeit mit dem der objektiv medizinisch-fachlichen Qualität gleichgesetzt.[104] Mit der Patientenzufriedenheit gewinnt für die Bestimmung der Ergebnisqualität ein subjektiver Bewertungsmaßstab jedoch immer mehr an Bedeutung. Dies ist auf verschiedene Gründe zurückzuführen.

Die für den stationären Sektor festgestellten Überkapazitäten[105] und der damit für die Kliniken spürbar gestiegene Wettbewerbsdruck sind ein erster Grund dafür, dass die durch die Kunden wahrgenommene Qualität aus betriebswirt-

---

[103] Die hier beispielhaft angeführten Komplikationsraten sind entnommen aus JASTER, H.-J. [1997], und aus ZORN, U., OLLENSCHLÄGER, G. [1999], S. 124.

[104] Vgl. HILDEBRANDT, H., MARTINI, O. [1999], S. 19.

[105] Vgl. dazu z. B. NEUBAUER, G. [2003], S. 105.

schaftlicher Perspektive zunehmend als der wichtigste Einzelfaktor unter allen Erfolgsfaktoren betrachtet wird.[106] So stellt die Erhöhung der Patientenzufriedenheit für die Krankenhausverantwortlichen ein immer bedeutenderes Instrument dar, mit dessen Hilfe angesichts der Gefahr des Bettenabbaus, der Schließung von Fachabteilungen oder gar gesamter Krankenhäuser positiv auf die Auslastung des eigenen Krankenhauses Einfluss genommen[107] und die eigene Verhandlungsposition gegenüber den Entscheidungsträgern der Gesundheitspolitik und den Krankenkassen gestärkt werden kann.[108] Für den Untersuchungsgegenstand dieser Arbeit spielen die erläuterten betriebswirtschaftlichen Gründe jedoch allenfalls eine untergeordnete Rolle.

Ausschlaggebend für die zunehmende Berücksichtigung der Patientenzufriedenheit bei der Bestimmung der Qualität von Behandlungsergebnissen ist vielmehr, dass die Wiederherstellung eines bestimmten Gesundheitszustands und die Erhöhung der (Rest-)Lebenserwartung nicht die einzigen Ziele sind, die von Patienten mit der Inanspruchnahme von Gesundheitsdienstleistungen angestrebt werden. Wie bereits diskutiert[109], gewinnt mit der gesundheitsbezogenen Lebensqualität ein weiteres Ziel an Bedeutung, das bei der Bewertung der Ergebnisqualität nicht vernachlässigt werden darf.[110]

Bei der Patientenzufriedenheit handelt es sich grundsätzlich um ein Konstrukt, mit dessen Hilfe die subjektive, von den Patienten wahrgenommene Qualität von Gesundheitsdienstleistungen gemessen werden kann.[111] Diese Qualitätswahrnehmung der Patienten beruht nicht nur auf den erzielten Behandlungsergebnissen, sondern auch auf den von ihnen beobachteten Behandlungsstrukturen und -prozessen. Die Patientenzufriedenheit muss deshalb nicht zwingend als Indikator der Ergebnisqualität betrachtet werden, sondern kann auch als „eine auf allen Qualitätsdimensionen beruhende, subjektive Gesamtqualitätseinschätzung“[112] charakterisiert werden. In der Literatur hat sich dennoch mehrheitlich die Zuordnung zur Kategorie „Ergebnisqualität“ durchgesetzt.[113]

---

106 Vgl. HILDEBRANDT, H., MARTINI, O. [1999], S. 21.

107 Vgl. ebenda.

108 Vgl. OLANDT, H., KRENTZ, H. [1998], S. 722.

109 Vgl. Abschnitt 4.4.

110 Vgl. JASTER, H.-J. [1997], S. 30.

111 Vgl. OLANDT, H., KRENTZ, H. [1998], S. 721f.

112 Ebenda, S. 722.

113 So z. B. bei ÄRZTLICHE ZENTRALSTELLE QUALITÄTSSICHERUNG [2002b] und bei HILDEBRANDT, H., MARTINI, O. [1999], S. 19.

Für die Leistungserbringer ist es grundsätzlich mit nur geringem Aufwand verbunden, ihre Patienten über deren Zufriedenheit mit den Behandlungsstrukturen, -prozessen und -ergebnissen zu befragen. Berücksichtigt man außerdem die erörterten betriebswirtschaftlichen Anreize zur Durchführung von Befragungen zur Patientenzufriedenheit, so kann die große Zahl entsprechender Studien nicht überraschen.

Viele der veröffentlichten Befragungsergebnisse sind für die bei dem jeweiligen Leistungserbringer anzutreffende Behandlungsqualität allenfalls bedingt aussagekräftig. Einer der Hauptgründe dafür liegt in dem bei solchen Befragungen häufig zu beobachtenden Bestreben der Patienten, sich als „gute" bzw. zufriedene Patienten darzustellen.[114] Eine Möglichkeit, der resultierenden Verzerrung der Ergebnisse in Richtung „soziale Erwünschtheit" entgegenzuwirken, besteht in der Umwandlung von „Zufriedenheitsbefragungen" in „Unzufriedenheitsuntersuchungen", um sie so für die Unzufriedenheit und die Kritik der Patienten sensitiver zu machen.[115] Darüber hinaus wird vorgeschlagen, Zufriedenheitsraten von unter 75 % bereits als Indiz für erhebliche Qualitätsmängel zu betrachten.[116]

Eine Analyse potenzieller Faktoren mit Einfluss auf die Höhe der Patientenzufriedenheit, die im Rahmen der im Jahr 1998 von der DAK Hamburg in Auftrag gegebenen Patientenbefragung durchgeführte wurde, hat u. a. zum Ergebnis, dass öffentliche Krankenhäuser im Vergleich mit freigemeinnützig und privat geführten Kliniken nicht selten einen höheren Anteil unzufriedener Patienten haben.[117] Einen größeren Anteil unzufriedener Patienten haben außerdem häufig Häuser der Zentral- und Schwerpunktversorgung.[118] Ein „hohes technisches Versorgungsniveau ... und die Einschätzung der Qualität seitens der Patienten" [119] können also durchaus voneinander abweichen. Für ausgewählte soziodemographische Merkmale der Patienten konnten nur für das Alter der Befragten relevante Effekte auf die Patientenzufriedenheit nachgewiesen werden.[120] So korreliert das

---

114 Vgl. KOSINSKI, A., RASPE, H. [1998], S. 76. Gründe für die in der Regel äußerst positiven Ergebnisse von Patientenbefragungen erörtert z. B. HOPP, F.-P. [2000].

115 Vgl. KOSINSKI, A., RASPE, H. [1998], S. 76.

116 Vgl. OLANDT, H., KRENTZ, H. [1998], S. 722.

117 Vgl. NICKEL, S., HILDEBRANDT, H., TROJAN, A. [1999], S. 161.

118 Vgl. ebenda, S. 158.

119 Ebenda, S. 159.

120 Vgl. ebenda, S. 176.

Alter der Patienten in den meisten Studien positiv mit der Patientenzufriedenheit.[121]

Ebenfalls typisch für die Ergebnisse von Zufriedenheitsbefragungen ist eine besonders positive Bewertung jener Behandlungsmerkmale, deren Qualität die Patienten vergleichsweise schlecht beurteilen können.[122] Der Aspekt der unterschiedlichen Beobachtbarkeit von Qualitätsmerkmalen lenkt den Blick auf die Einordnung der zuvor erörterten Struktur-, Prozess- und Ergebniskriterien in die innerhalb informationsökonomischer Studien üblicherweise vorgenommene Güterklassifikation.

5 Güterklassifikation gemäß Nelson, Darby und Karni

Zentraler Forschungsgegenstand der Informationsökonomik ist die Analyse der Auswirkungen unterschiedlicher Informationsbedingungen „auf das Verhalten der ökonomischen Entscheidungsträger sowie die Existenz und die Eigenschaften des Marktgleichgewichts."[123] Entsprechend der auf Nelson, Darby und Karni zurückgehenden Güterklassifikation unterscheidet die informationsökonomische Literatur zwischen neoklassisch-homogenen Gütern sowie Such-, Erfahrungs- und Vertrauensgütern.[124]

Bei ***neoklassisch-homogenen Gütern*** sind sowohl die Nachfrager als auch die Anbieter vollständig über die Eigenschaften und damit auch über die Qualität des betreffenden Gutes informiert.[125] Demgegenüber ist die Beurteilung der Qualität von ***Suchgütern*** definitionsgemäß zwar ebenfalls schon vor dem Kauf möglich, jedoch erst durch Vergleich mehrerer gleichartiger Produkte.[126] Die Qualität von ***Erfahrungsgütern*** können die Nachfrager hingegen erst nach deren Konsum beurteilen. Der Kauf des Gutes und dessen Konsum sind somit die Voraussetzungen, die erfüllt sein müssen, um Erfahrungsgüter qualitativ einschätzen zu können.[127] ***Vertrauensgüter*** sind „immer dann anzutreffen, wenn die betreffende Leistung zusammen mit anderen Inputs in einer nicht eindeutig auszumachenden

---

121 Vgl. ebenda, S. 171 ff.

122 So z. B. bei TROJAN, A., NICKEL, S., SCHNEIDER-KASTNING, P. [1997], S. 723.

123 SCHUMACHER, A. [1994], S. 8.

124 Vgl. NELSON, P. [1970], S. 318 ff. sowie DARBY, M. R./KARNI, E. [1973], S. 68 ff.

125 Vgl. FRITSCH, M., WEIN, T., EWERS, H.-J. [2003], S. 284.

126 Vgl. HAUSER, H. [1979], S. 747.

127 Vgl. FRITSCH, M., WEIN, T., EWERS, H.-J. [2003], S. 284 f.

Produktionsbeziehung steht“[128] und die relevanten Qualitätsmerkmale deshalb selbst nach Kauf und im Gebrauch nur unvollkommen beurteilt werden können.[129]

Die Leistungen von niedergelassenen Ärzten und Krankenhäusern werden aus informationsökonomischer Perspektive in der Regel der Kategorie der Vertrauensgüter zugeordnet. Verantwortlich dafür sind vor allem ihr Dienstleistungscharakter, die häufig fehlende Möglichkeit einer Stichprobe[130] und die in Abschnitt 4.4 erörterten Schwierigkeiten bei der Bewertung von Behandlungsergebnissen. Bei näherer Betrachtung erweist es sich für die Patienten dennoch nicht als ausgeschlossen, sich ein Bild von der Qualität von Gesundheitsdienstleistungen zu machen. So bietet es sich an, deren Qualität mit Hilfe der bereits umfassend diskutierten Unterscheidung zwischen der Struktur-, Prozess- und Ergebnisqualität indirekt über die zu erwartende Qualität der Erbringer der betreffenden Leistungen zu bestimmen.

Die erörterten Aspekte der *Strukturqualität* haben den Charakter von Suchgütern. So steht den Patienten grundsätzlich die Möglichkeit offen, sich schon vor der Inanspruchnahme einer Gesundheitsdienstleistung über die Qualifikation des betreffenden Leistungserbringers, über die Ausstattung des Krankenhauses oder der Arztpraxis sowie über die weiteren Kriterien der Strukturqualität zu informieren. Demgegenüber haben die erörterten Aspekte der *Prozessqualität* zunächst den Charakter von Erfahrungsgütern. Sie erhalten jedoch die Eigenschaft von Suchgütern, wenn zur Beurteilung ihrer Qualität auf Erfahrungen anderer Patienten zurückgegriffen werden kann.[131] Die Kriterien für die *Qualität der Behandlungsergebnisse* besitzen aus den erörterten Gründen weitgehend den Charakter von Vertrauensgütern. Zumindest in der Tendenz können jedoch auch sie den Charakter von Suchgütern annehmen, wenn eine große Zahl von in der Vergangenheit erzielter Behandlungsergebnisse des betreffenden Leistungserbringers zur Verfügung steht. Insbesondere gilt dies für (risikoadjustierte) Mortalitäts-, Morbiditäts-, Infektions- und sonstige Komplikationsraten.

Unter dem Informationsaspekt gehören die qualitätsrelevanten Merkmale von Gesundheitsdienstleistungen somit unterschiedlichen Güterkategorien an. In Teil II dieser Arbeit sind die verschiedenen marktinternen Informationsaktivitäten auf ihre Eignung untersucht, die bestehenden (Qualitäts-)Informationsdefizite der

---

[128] HAUSER, H. [1979], S. 748.

[129] Vgl. ebenda, S. 747.

[130] Vgl. BREYER, F., ZWEIFEL, P. S., KIFMANN, M. [2003], S. 175.

[131] Vgl. KUNZ, H. [1985], S. 104.

Patienten abzubauen. Die Voraussetzungen, die für den Erfolg der jeweiligen Informationsmaßnahme erfüllt sein müssen, hängen nicht nur von der Art der jeweiligen Informationsaktivität ab, sondern unterscheiden sich auch danach, ob das betreffende Merkmal des Gutes den Charakter eines Such-, Erfahrungs- oder Vertrauensgutes aufweist. Bei der in Teil II folgenden Analyse muss deshalb besonders die Mehrdimensionalität von Gesundheitsdienstleistungen berücksichtigt werden.

6 Bedeutung subjektiver Qualitätsmaßstäbe

Die Zerlegung des Qualitätsbegriffs in die Kategorien Struktur-, Prozess- und Ergebnisqualität sowie die weitere Untergliederung dieser Kategorien bewirken, dass bei der Bestimmung von Behandlungsqualitäten zahlreiche Einzelkriterien berücksichtigt werden müssen. Um zu einem eindimensionalen Qualitätsmaß - beispielsweise in Form einer Werteskala von 1 bis 10 - zu gelangen, anhand dessen die betrachteten Leistungserbringer entsprechend ihrer Behandlungsqualität in eine Reihenfolge gebracht werden können, ist es notwendig, die für die einzelnen Qualitätsaspekte ermittelten Bewertungen entsprechend ihrer Bedeutung für die Behandlungsqualität zu gewichten und anschließend zu einem Wert zusammenzufassen.

Bei Anwendung des kundenorientierten Qualitätsbegriffs muss die Gewichtung der einzelnen Qualitätswerte entsprechend des Stellenwerts erfolgen, den sie aus Patientensicht für die Behandlungsqualität besitzen. Ungeachtet der generell hohen Bedeutung von Gesundheit in der Bevölkerung sind die Präferenzen und Anforderungen, die die Patienten an die Qualität von Gesundheitsdienstleistungen richten, unterschiedlich. Dies zeigt nicht nur das Verhalten der Konsumenten in gesundheitsrelevanten Entscheidungssituationen[132], sondern belegen auch die in Abschnitt 4.3 bereits zitierten Patientenbefragungen. Ist, wie in dieser Arbeit, der kundenorientierte Qualitätsbegriff maßgeblich, so erweist sich die Entwicklung eines eindimensionalen Qualitätsmaßstabs, dem trotz der Unterschiede in den Patientenpräferenzen eine für alle Patienten einheitliche Gewichtung der Qualitätsaspekte zu Grunde liegt, als nicht zieldienlich.

Der Einfluss, den die in den Abschnitten 4.2 bis 4.4 erörterten Komponenten der Struktur-, Prozess- und Ergebnisqualität auf die Behandlungsqualität haben, hängt neben den Patientenpräferenzen auch von der Art und dem Schweregrad

---

[132] Die Unterschiede in den Konsumentenpräferenzen im Hinblick auf das Gut „Gesundheit" treten beispielsweise im Rahmen der Ernährung, der (Nicht-)Ausübung von (Risiko-)Sport oder der Nachfrage nach sicherheitsfördernden Ausstattungselementen beim Autokauf deutlich zu Tage.

der vorliegenden Krankheit sowie von den eventuell vorhandenen Komorbiditäten der Patienten ab. So ist beispielsweise die Bedeutung, die das Prozesskriterium „Kooperation der an der Behandlung beteiligten Leistungserbringer“ für die Behandlungsqualität hat, bei multimorbiden Patienten i. d. R. deutlich höher, als dies bei Patienten der Fall ist, die zwar von der gleichen (Haupt-)Krankheit betroffen sind, bei denen aber keine weiteren (Neben-)Erkrankungen vorliegen. Auch aus diesem Grund erscheint es als wenig sinnvoll, die Entwicklung eines einheitlichen, eindimensionalen Qualitätsmaßstabs als Basis für einen Vergleich von Ärzten und Kliniken anzustreben.

Zu Gunsten der Aussagekraft der Qualitätsinformationen für die Patienten erscheint es somit geboten, auf eine Zusammenfassung der Struktur-, Prozess- und Ergebnisqualitäts-Beurteilungen mittels einer zentralen Instanz auf der Basis willkürlicher oder einer an Durchschnittswerten orientierten Gewichtung zu verzichten. Zieldienlicher ist es, den Patienten die Informationen über die einzelnen, für sie relevanten Qualitätskriterien bereitzustellen (oder es ihnen zumindest zu ermöglichen, die jeweiligen Informationen selbst oder durch Dritte zu gewinnen) und ihnen die Entscheidung über die Gewichtung der Einzelkriterien selbst zu überlassen.

7 Zwischenergebnis

Als Ergebnis der in diesem Kapitel durchgeführten Analyse des Begriffs der Qualität von Gesundheitsdienstleistungen sind die folgenden Ergebnisse festzuhalten:

1. Für die Untersuchung der für einen Abbau der Qualitätstransparenz in Frage kommenden Informationsinstrumente in Teil II dieser Arbeit ist der ***kundenorientierte Qualitätsbegriff*** zu Grunde zu legen. Einziger Maßstab für die Bestimmung der Qualität von Gesundheitsdienstleistungen sind somit die Anforderungen, die die Patienten an die Eigenschaften eines Arztes oder eines Krankenhauses stellen. Nicht maßgeblich sind hingegen die von den Krankenkassen, Leistungserbringern und anderen Institutionen der GKV formulierten Qualitätsanforderungen.

2. Innerhalb der Leistungsmerkmale, die aus Patientensicht qualitätsrelevant sein können, ist zwischen Kriterien der Behandlungsstruktur, des Behandlungsprozesses und des Behandlungsergebnisses zu unterscheiden. Tabelle 2 gibt einen Überblick über die im Einzelnen zu berücksichtigenden Qualitätsaspekte.

Tabelle 2: Relevante Qualitätskriterien

Relevante Kriterien der Behandlungsstruktur

- Ausstattung der Arztpraxis oder des Krankenhauses
  - *personell*
    - → qualitativ: Erfahrung mit und Spezialisierung auf bestimmte Krankheiten oder Patientengruppen, Teilnahme an Fort- und Weiterbildungsprogrammen etc.
    - → quantitativ: Anzahl nach Berufsgruppen, im Verhältnis zu Patientenzahl u. Ä.
  - *apparativ*
  - *räumlich*
- Erreichbarkeit
  - *institutionell* (Kassenzulassung, Behandlung von Kassenpatienten u. Ä.)
  - *zeitlich* (Sprechzeiten, Notfallversorgung, Hausbesuche etc.)
  - *geografisch* (Verkehrsanbindung u. Ä.)
- Art des angewandten Vergütungssystems

Relevante Kriterien des Behandlungsprozesses

- Arzt-Patient-Beziehung
- Einhaltung anerkannter Leitlinien
  - im Hinblick auf die angewandten Therapieverfahren
  - im Rahmen der Anamnese, Diagnose und der spezifischen Indikationsstellungen
- Organisation der Zusammenarbeit mit Praxis- bzw. Krankenhausangestellten
- Zusammenarbeit
  - mit anderen Leistungserbringern
  - mit Selbsthilfegruppen und sonstigen Patientenorganisationen
- Wartezeiten
- Durchführung von Patientenschulungen

Relevante Kriterien des Behandlungsergebnisses

- risikoadjustierte Mortalitätsraten
- risikoadjustierte Morbiditätsraten
- Infektionsraten
- weitere Komplikationsraten
- Patientenzufriedenheit

Quelle: Eigene Darstellung.

3. Die aus Patientenperspektive relevanten Qualitätsaspekte weisen den ***Charakter von Such-, Erfahrungs- und Vertrauensgütern*** auf. Da sich die Erfolgsvoraussetzungen der Informationsinstrumente u. a. in Abhängigkeit von der betreffenden Güterkategorie unterscheiden, ist entsprechend die Mehrdimensionalität von Gesundheitsdienstleistungen bei der Analyse der in Frage kommenden Informationsinstrumente zu berücksichtigen.

4. Die Präferenzen der Patienten sind unterschiedlich. Die ***Entwicklung eines eindimensionalen Qualitätsmaßstabs***, mit dem die Ärzte und Krankenhäuser anhand ihrer Qualität in eine Reihenfolge gebracht werden können, ist nicht sinnvoll. Vielmehr ist es notwendig, den Patienten Zugang zu jenen Informationen zu verschaffen, die aus ihrer Perspektive die Qualität einer Gesundheitsdienstleistung bestimmen. Die ***Gewichtung der Einzelkriterien*** muss deshalb ***in erster Linie nach Maßgabe der*** patientenindividuell unterschiedlichen ***Patientenpräferenzen*** erfolgen.

B Wettbewerbspolitische Problematik des Vorliegens von Qualitätsunkenntnissen

Im Folgenden ist diskutiert, welche Wirkungen von der Qualitätsunkenntnis der Patienten auf die Funktionsfähigkeit der wettbewerblichen Selbststeuerung auf dem Markt für Gesundheitsdienstleistungen - bzw. des Systems der Gesetzlichen Krankenversicherung - und damit auf die Erfüllung der ökonomischen Wettbewerbsfunktionen ausgehen. Grundlegend für jene Untersuchungen, die Informationsdefizite modelltheoretisch durchleuchten und die damit einhergehenden Wohlfahrtseffekte analysieren, ist die berühmt gewordene Arbeit „The Market for ‚Lemons'" von Akerlof.[133] Am Beispiel des Gebrauchtwagenmarktes argumentiert Akerlof, dass die auf einem Markt angebotenen Güter aus Sicht der Nachfrager unterschiedslos und gleichwertig werden, wenn die Nachfrager über keine diskriminierenden Qualitätsinformationen verfügen, anhand derer sie die Güterqualitäten bereits vor dem Kauf zuverlässig ermitteln können. Besitzen die potenziellen Käufer lediglich eine Vorstellung über die durchschnittliche Qualität der auf dem Markt angebotenen Güter, so werden sie ihre Zahlungsbereitschaft möglicherweise an der durchschnittlich zu erwartenden Qualität ausrichten und einen für diese durchschnittliche Qualität angemessenen Preis bieten.[134] Dementsprechend kommt auf dem betrachteten Markt ein einheitlicher Preis zu

---

[133] Vgl. AKERLOF, G. A. [1970].

[134] Vgl. FRITSCH, M., WEIN, T., EWERS, H.-J. [2003], S. 281.

Stande. Aus der Existenz eines sich auf diese Weise bildenden Einheitspreises resultieren verschiedene Effekte, die ökonomisch negativ zu bewerten sind.

So werden die informationskundigen Anbieter gemäß Akerlof als Reaktion auf einen solchen Einheitspreis ihre Güter vom Markt nehmen, wenn diese eine überdurchschnittliche Qualität aufweisen und der am Markt erzielbare Einheitspreis ihnen deshalb als zu gering erscheint. Folge des Marktaustritts der Produzenten überdurchschnittlicher Qualität ist ein Absinken der durchschnittlichen Qualität der noch angebotenen Güter und damit ein weiteres Absinken des am Markt noch zu erzielenden (Einheits-)Preises. Dies führt zu einem Ausscheiden weiterer Anbieter aus dem Markt und damit zu einer weiteren Anpassung der Nachfragererwartungen an die Qualität der noch angebotenen Leistungen, was wiederum ein Absinken des Einheitspreises zur Folge hat. Dieser Prozess der ***adversen Selektion*** kann sich so lange fortsetzen, bis entweder nur noch Anbieter mit gleich-niedriger Leistungsqualität am Marktgeschehen teilnehmen oder der Markt gar komplett zusammenbricht.

Eine weitere Möglichkeit, wie die Produzenten überdurchschnittlich hoher Leistungsqualität auf den erörterten Preisbildungsmechanismus reagieren können, ist von Akerlof nicht modelliert. Allerdings besteht für die Produzenten neben einem Marktaustritt die Option, die Qualität ihrer Leistungen bis auf die Durchschnittsqualität der auf dem Markt noch angebotenen Güter oder gar auf ein darunter liegendes Niveau zu reduzieren. Voraussetzung für ein solches ***Moral Hazard***-Verhalten ist, dass die Qualität ihrer Leistungen für die Anbieter eine beeinflussbare Größe ist und die Nachfrager dieses Verhalten nicht beobachten und damit auch nicht sanktionieren können. Im Unterschied zum Fall der adversen Selektion resultiert das Absinken der durchschnittlichen Qualität hier jedoch nicht aus dem Ausscheiden von Anbietern aus dem Markt, sondern aus einer vorsätzlichen Qualitätsreduktion durch jene Anbieter, die zuvor noch überdurchschnittliche Leistungsqualitäten angeboten haben.

Adverse Selektion und Moral Hazard verursachen allerdings nicht zwingend einen vollständigen Zusammenbruch des betreffenden Marktes. So kann dem prognostizierten Prozess „konkurrenzmäßig erzwungener Qualitätsverschlechterung“[135] durch die gesetzliche Vorgabe eines Mindestqualitätsniveaus grundsätzlich Einhalt geboten werden. Anstelle eines Marktzusammenbruchs ist dann mit einem Einpendeln der Qualitäten auf dem Mindestniveau zu rechnen. Für den Bereich der GKV erfolgt die Vorgabe einer Mindestqualität zum Beispiel in Form der - unter anderem im SGB V festgehaltenen - Bedingungen, die Ärzte

---

[135] HAUSER, H. [1979], S. 741.

und Kliniken erfüllen müssen, um an der vertragsärztlichen und stationären Versorgung innerhalb der GKV teilnehmen zu dürfen.[136]

Akerlofs Modell ist in erster Linie auf Güter übertragbar, „deren Qualität erst bei ihrer Nutzung festgestellt werden kann und die selten oder von häufig wechselnden Anbietern ... erworben werden."[137] Dennoch bleibt das Problem, dass sich die Anbieter möglicherweise zu einer absichtlichen Verschlechterung der Qualität ihrer Leistungen veranlasst sehen, wenn sie gegenüber den Nachfragern einen Informationsvorsprung besitzen, nicht auf langlebige Erfahrungsgüter beschränkt. Vielmehr kann eine asymmetrische Verteilung der Qualitätsinformationen auch bei solchen Gütern zu adverser Selektion und Moral Hazard führen, die gleichzeitig Qualitätsmerkmale mit Suchgutcharakter und solche mit Erfahrungs- oder Vertrauensgutcharakter auf sich vereinen. Wie zuvor erörtert, ist dies bei Gesundheitsdienstleistungen der Fall.[138]

In einer solchen Situation können sich die Patienten gezwungen sehen, die Qualität der relativ leicht beobachtbaren Leistungsmerkmale „als Indiz für wichtigere verborgene Qualitätseigenschaften"[139] zu betrachten und ihre Nachfrageentscheidung an ebendiesen Qualitätseigenschaften auszurichten. Die relativ leicht beobachtbaren Leistungsmerkmale werden von den Patienten somit höher eingeschätzt als in einer Situation, in der die Konsumenten über alle für sie relevanten Qualitätsmerkmale informiert sind. Typische Beispiele für verhältnismäßig leicht beobachtbare Qualitätsmerkmale sind die optische Gestaltung der Warte- und Behandlungszimmer von niedergelassenen Ärzten sowie die räumliche Ausstattung von Krankenhäusern (Anzahl der Betten pro Zimmer, Existenz von Aufenthaltsräumen, Cafeterien o. ä. für Patienten) etc. Weniger leicht von den Patienten zu beobachten sind zum Beispiel die besonderen Qualifikationen der behandelnden Ärzte oder die Bemühungen der Leistungserbringer, einen überdurchschnittlichen Hygienestandard zu erreichen.

Die Unterschiede in der Beobachtbarkeit der einzelnen Qualitätsmerkmale einer Gesundheitsdienstleistung und deren Wirkung auf die Nachfrageentscheidungen der Patienten bergen die Gefahr in sich, dass die Anbieter von Gesundheitsdienstleistungen verstärkt in die Qualität jener Produkteigenschaften investieren, die den Charakter von Suchgütern besitzen und von den Patienten ver-

---

[136] Die derzeit für die GKV geltenden Mindestqualitätsvorschriften sind in Kapitel B 2.1.8 des Teils II dieser Arbeit vorgestellt und analysiert.

[137] SINN, H.-W. [1988], S. 2.

[138] Vgl. dazu die Ausführungen in Teil I, Kapitel A 5.

[139] SINN, H.-W. [1988], S. 3.

gleichsweise gut beobachtet werden können. Weniger ausgeprägt, weil weniger lohnend, werden hingegen die Bemühungen sein, die Qualität jener Produktmerkmale zu sichern oder gar zu erhöhen, die den Charakter von Erfahrungs- oder gar Vertrauensgütern aufweisen. Grundsätzlich ist sogar zu erwarten, dass die Anbieter die Qualität der schlecht beobachtbaren Leistungsmerkmale auf das gesetzliche Mindestniveau - falls vorhanden - absenken werden.

Wie Abbildung 4 zeigt, führt das skizzierte Verhalten der Nachfrager und Anbieter von Gesundheitsleistungen zu einer Marktlösung, in der die Qualität der gut beobachtbaren Leistungsmerkmale höher und die Qualität der schlecht beobachtbaren Leistungsmerkmale niedriger ist als in der Marktlösung bei vollständiger Qualitätstransparenz. Offensichtlich ist die Marktlösung bei partieller Qualitätsunkenntnis (Punkt B) mit einem niedrigeren Wohlfahrtsniveau verbunden als die, die sich bei vollständiger Qualitätstransparenz ergäbe und zu einer Realisierung des sozialen Wohlfahrtsoptimums führen würde (Punkt A).

Abbildung 4: Auswirkungen einer partiellen Qualitätsunkenntnis auf die Marktlösung

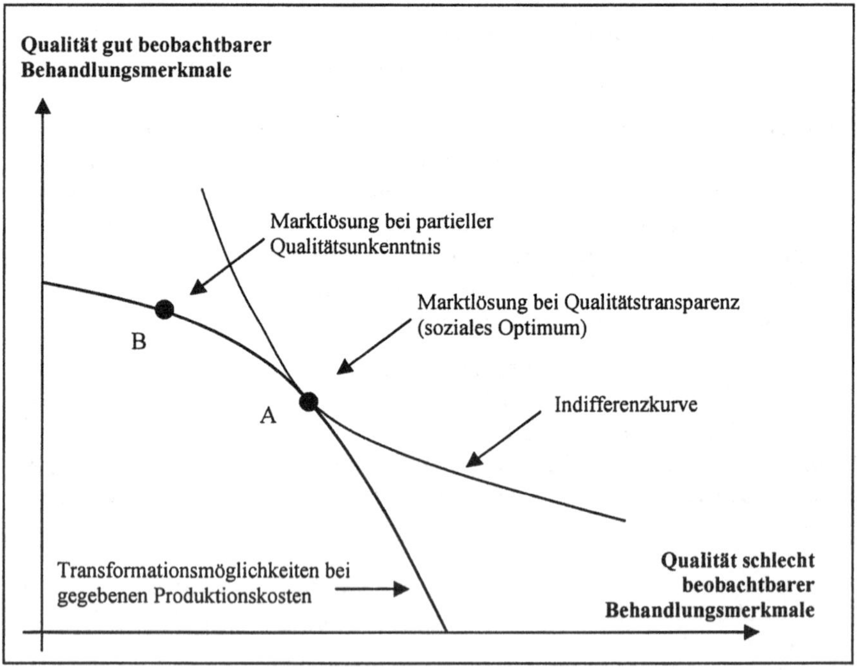

Quelle: In Anlehnung an SINN, H.-W. [1988], S. 3.

Das Vorliegen von Qualitätsunkenntnissen seitens der Nachfrager von Gesundheitsdienstleistungen führt somit zu einem Wettbewerbsversagen. Im Einzelnen bedeutet dies, dass der Wettbewerb weder für ein Angebot an Gesundheitsdienstleistungen, das sich an den tatsächlichen Präferenzen der Patienten orientiert, noch dafür sorgen kann, dass die in der Gesundheitsversorgung eingesetzten Ressourcen in ihre produktivste Verwendung gelenkt werden. Darüber hinaus erfolgt die Verteilung der Einkommen in diesem Sektor nicht marktleistungsgerecht, da überdurchschnittliche Leistungsqualitäten aufgrund der bestehenden Informationsprobleme von den Nachfragern nicht honoriert werden können. Aus demselben Grund sind auch die Anreize zur Entwicklung neuer, qualitativ höherwertiger Leistungen allenfalls schwach ausgeprägt.

Das Verhältnis zwischen Patienten und Leistungserbringern lässt sich aufgrund der bestehenden Informationsasymmetrie als Prinzipal-Agent-Beziehung charakterisieren. Da die Leistungserbringer zudem auch als Agent der Krankenversicherungen (bzw. der gesetzlichen Krankenkassen) tätig sind, kommt ihnen die Rolle von „Doppel-Agenten" zu.[140]

Abbildung 5: Doppelte Agenten-Beziehung

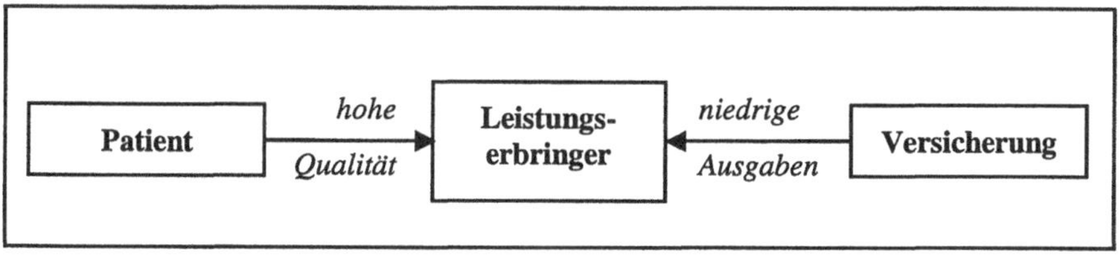

Quelle: SAUERLAND, D. [2001] , S. 215.

Zentraler Vertragsgegenstand zwischen Prinzipal und Agent ist die medizinische Versorgung. Krankenversicherungen und Patienten verbinden mit dem an die Leistungserbringer erteilten Behandlungsauftrag allerdings unterschiedliche Erwartungen. Bei den Patienten steht das Interesse, dass die Behandlung mit der höchstmöglichen Qualität erfolgt, im Vordergrund. Die Vermeidung unnötiger Kosten spielt für GKV-Versicherte derzeit allenfalls eine untergeordnete Rolle, da die Krankenkassen die Behandlungskosten im Regelfall vollständig übernehmen müssen. Solange der Beitragssatz - wie derzeit in der GKV - ihr einziger Aktionsparameter im Wettbewerb ist, muss das Hauptaugenmerk der Krankenversicherungen auf einer wirtschaftlichen Erbringung der medizinischen Versor-

[140] Vgl. SAUERLAND, D. [2001], S. 214.

gung ihrer Versicherten liegen. Eine Behandlungsqualität, die über die gesetzlich vorgegebenen Mindestanforderungen hinausgeht, steht nicht im Vordergrund ihres Interesses. Abbildung 5 illustriert diesen Zusammenhang.

Die Prinzipal-Agent-Theorie empfiehlt zur Lösung der aus der Informationsasymmetrie zwischen Prinzipal und Agent resultierenden Probleme, die Agenten an den Ergebnissen ihrer Bemühungen zu beteiligen.[141] Wie zu Beginn dieser Arbeit bereits angedeutet, können die Krankenversicherungen diese Empfehlung durch ein Vergütungssystem, das ganz oder teilweise auf Pauschalen beruht, umsetzen. Für die stationäre Versorgung innerhalb der GKV ist ein solches Vergütungssystem mit Wirkung ab dem Jahr 2004 bereits verwirklicht und auch für die vertragsärztliche Versorgung werden ähnliche Systeme vermehrt vorgeschlagen.[142]

Die Einführung von pauschalierten Entgeltsystemen leistet allerdings keinen Beitrag zur Erfüllung der Forderungen, die die Patienten an die Leistungserbringer richten. Vielmehr ist davon auszugehen, dass eine auf Pauschalen beruhende Entlohnung von Ärzten und Kliniken die Anreize zu einem Moral Hazard-Verhalten sogar noch verstärkt und im Extremfall zu einer Unterversorgung der Patienten führt. Da bei einem pauschalierten Entgeltsystem nämlich jede Einsparung unmittelbar den beim Leistungserbringer verbleibenden Teil der Pauschale und damit dessen Einkommen (bzw. Gewinn) erhöht, lohnt es sich für die Leistungserbringer noch mehr als in einem Vergütungssystem, dass auf Einzelleistungen oder tagesgleichen Pflegesätzen basiert, insbesondere die schlecht beobachtbaren Leistungsmerkmale lediglich auf Mindestqualitätsniveau anzubieten. Innerhalb der stationären Versorgung besteht insbesondere die Gefahr, dass Patienten zu früh entlassen werden.[143] Außerdem ist nicht auszuschließen, dass Patienten, deren Behandlung besonders aufwendig ist, von Vertragsärzten und Kliniken abgewiesen oder an andere Leistungserbringer überwiesen werden und aus Kostengründen vermehrt qualitativ minderwertige Verfahren und Materialien zum Einsatz kommen.

Somit wird deutlich, dass die Leistungserbringer nur dann einen Anreiz zur Erbringung hoher Qualitäten haben, wenn sich die Patienten bei der Wahl eines Krankenhauses oder Arztes an der Höhe der dort zu erwartenden Behandlungsqualität orientieren können und sich als Folge dessen überdurchschnittliche Leis-

141 Vgl. SCHNEIDER, U. [2002], S. 41.

142 Vgl. dazu z. B. PRINZ, A., VOGEL, A. [2001], S. 15.

143 Zu den US-amerikanischen Erfahrungen mit der Einführung von Fallpauschalen im stationären Sektor vgl. KNÜPPEL, D. [2003].

tungsqualitäten in Form steigender Fallzahlen und hoher Kapazitätsauslastungen in den finanziellen Ergebnissen der Leistungserbringer positiv niederschlagen. Können die Patienten hingegen nur die Qualität einzelner Leistungsmerkmale bewerten, so ist - wie zuvor für den allgemeinen Fall diskutiert - auch bei einer Vergütung über Pauschalen zu erwarten, dass die Leistungserbringer überwiegend in die gut zu beobachtenden Leistungsmerkmale investieren werden.

Als Zwischenfazit bleibt festzuhalten, dass eine Honorierung anhand von Kopf- oder Fallpauschalen lediglich zu einer Erfüllung der Interessen der Krankenversicherungen beiträgt. Dem Interesse der Patienten an einer qualitativ hochwertigen Behandlung muss deshalb auf andere Weise Nachdruck verliehen werden. Somit stellt sich die Frage, inwieweit den möglichen negativen Auswirkungen der Informationsasymmetrie zwischen Leistungserbringern und Patienten ebenfalls mit Hilfe einer Erfolgsbeteiligung effektiv entgegengewirkt werden kann.

Grundsätzlich können die Patienten ihrem Interesse an einer qualitativ möglichst hochwertigen Versorgung besonderen Nachdruck verleihen, indem sie die Höhe der Entlohnung der Leistungserbringer zumindest partiell von dem Ergebnis der durchgeführten Behandlung abhängig machen. Dies könnte durch ein Vergütungssystem erfolgen, bei dem Ärzte und Krankenhäuser auf einen Teil ihres Honorars verzichten müssten, wenn der gewünschte Behandlungserfolg ausbleibt. Alternativ könnte das Vergütungssystem auch Belohnungen für besonders gute Behandlungsergebnisse vorsehen.

Abgesehen davon, dass die Patienten derzeit keinen Einfluss auf die Vergütungssysteme haben, ist eine solche Lösung des Problems auch deshalb kaum praktikabel, weil die Behandlungsergebnisse nicht nur vom Ausmaß der Bemühungen der Leistungserbringer beeinflusst werden.[144] Der „Standard"-Ansatz der Prinzipal-Agent-Theorie ist somit für die Lösung der Probleme innerhalb der Beziehung zwischen Patienten und Leistungserbringern nicht geeignet.

Dieser Befund impliziert jedoch nicht, dass die zuvor erörterten, negativen Folgen der Informationsasymmetrie zwischen Patienten und Leistungserbringern unvermeidbar sind. Vielmehr besteht sogar die Möglichkeit, die Informationsasymmetrie zu geringen Grenzkosten und mit hohen Grenzerträgen abzubauen. Um den Patienten die der anderen Marktseite eindeutig vorhandenen Informatio-

---

[144] Vgl. Teil I, Kapitel A 4.4.

nen zukommen zu lassen, bieten sich geeignete Informationsaktivitäten der Marktteilnehmer oder des Staates an.[145]

Ob und gegebenenfalls unter welchen Voraussetzungen die zur Verfügung stehenden marktinternen Informationsinstrumente geeignet sind, die Patienten über das Qualitätsniveau der für sie relevanten Kriterien zu informieren, ist im folgenden Teil der Arbeit analysiert. Außerdem ist untersucht, inwieweit darüber hinaus eine staatliche Förderung oder Durchführung von Informationsmaßnahmen erforderlich erscheint.

[145] Akerlof weist zwar auf mögliche Informationsaktivitäten der Marktteilnehmer hin, führt diesen Hinweis jedoch nicht weiter aus; vgl. SCHUMACHER, A. [1994], S. 43.

Teil II: Analyse marktinterner Lösungsansätze

A Überblick

Zum Abbau der Qualitätsunkenntnis von Patienten gibt es verschiedene Ansätze. Sie können danach unterschieden werden, ob die betreffenden Informationsaktivitäten von den Marktteilnehmern selbst ergriffen werden und damit ***marktintern*** stattfinden oder ob sie ***von staatlicher Seite*** initiiert oder gar durchgeführt werden. Einen ersten Überblick über die einzelnen Lösungsansätze liefert Abbildung 6.

Abbildung 6: Ansätze zum Abbau von Qualitätsunkenntnis

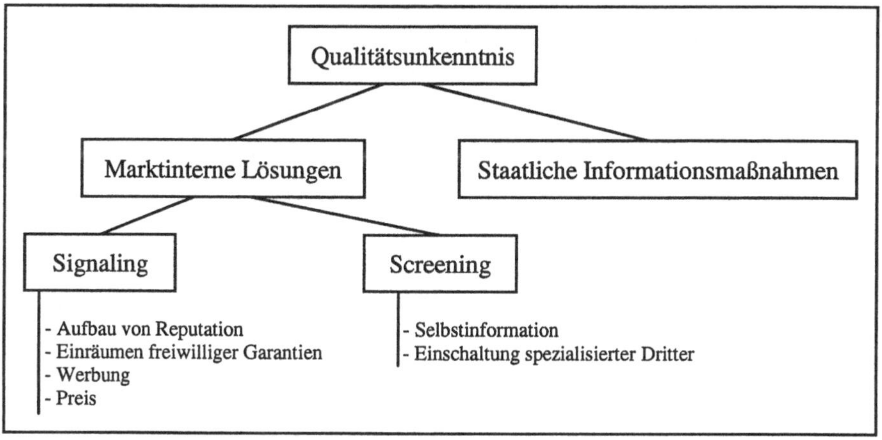

Quelle: Eigene Darstellung in Anlehnung an MITROPOULOS, S. [1997], S. 339 sowie FRITSCH, M., WEIN, T., EWERS, H.-J. [2003], S. 296.

Innerhalb der marktinternen Korrekturmechanismen sind grundsätzlich zwei Verfahren zu unterscheiden: *Signaling* und *Screening*.[146] Versucht die besser informierte Marktseite, sämtliche oder ausgewählte Aspekte der ihr bekannten Informationen auf die unvollkommen informierte Marktseite zu übertragen, so werden die entsprechenden Aktivitäten üblicherweise als **Signaling** bezeichnet.[147] Der ***Aufbau von Reputation*** stellt ein solches Qualitätssignal dar. Voraussetzung für den Aufbau von Reputation ist, dass die Konsumenten das jeweilige Gut wiederholt kaufen. Durch eine hohe Qualität ihrer Produkte oder Dienstleistungen haben die Anbieter dann die Möglichkeit, sich einen guten Ruf bei ihren Kunden zu erarbeiten.[148] Betrachten die Konsumenten aufgrund des Fehlens alternativer Qualitätsmaßstäbe oder zur Vermeidung hoher Suchkosten die in der Vergangenheit erbrachte Qualität als geeigneten Indikator für die Qualität der heute und in Zukunft angebotenen Leistungen, so wirkt sich die aufgebaute Reputation in Form steigender Wiederholungsverkäufe positiv für die Anbieter aus.[149] Das ***Einräumen freiwilliger Garantien*** ist für die Anbieter hoher Qualität eine weitere Möglichkeit, potenziellen Nachfragern die hohe Qualität ihrer Leistungen zu signalisieren und sich so von den Anbietern schlechter Qualität positiv abzusetzen. Auch ***Werbung*** ist eine Signaling-Alternative, mit deren Hilfe die Anbieter versuchen können, die potenziellen Nachfrager von der hohen Qualität ihrer Produkte zu überzeugen. Darüber hinaus kann auch der ***Preis*** als Qualitätssignal eingesetzt werden. In diesem Fall müssen die Anbieter darauf hoffen, dass die Nachfrager einen hohen Preis als Indiz für hohe Produktionskosten und damit einhergehend für eine überdurchschnittlich hohe Qualität ansehen.

---

146 Neben Signaling und Screening stellt die ***Harmonisierung der Interessen*** ein weiteres marktinternes Verfahren dar, mit dessen Hilfe unter bestimmten Voraussetzungen Probleme, die aus einer Informationsasymmetrie resultieren, gelöst werden können. Im Gegensatz zu Signaling und Screening handelt es sich bei der Interessensharmonisierung um kein ursachenadäquates Verfahren. Anstelle eines Abbaus der Informationsdefizite versucht die Interessensharmonisierung, die Zielfunktionen der beteiligten Marktteilnehmer in Übereinstimmung zu bringen. Ziel ist es, die besser informierte Marktseite dazu zu veranlassen, im Rahmen des eigenen Optimierungskalküls zugleich die Verwirklichung der Interessen der relativ schlecht informierten Marktseite zu verfolgen. Der Anwendbarkeit der dazu eingesetzten Instrumente „Ertragsbeteiligung" und „Vertikale Integration" sind im Hinblick auf die Beziehungen zwischen Arzt und Patienten jedoch sehr enge Grenzen gesetzt. Das Verfahren der Interessensharmonisierung wird deshalb in de folgenden Analysen nicht berücksichtigt. Vgl. dazu ausführlicher etwa FRITSCH, M., WEIN, T., EWERS, H.-J. [2003] S. 301f.

147 Vgl. SCHUMACHER, A. [1994], S. 43.

148 Vgl. BÖGELEIN, M. [1990], S. 215.

149 Vgl. SHAPIRO, C. [1983], S. 659f.

Beim **Screening** geht die Initiative - im Gegensatz zum Signaling - von der schlechter informierten Marktseite aus.[150] Innerhalb der Screening-Verfahren ist zwischen zwei Ansätzen zur Informationsbeschaffung zu unterscheiden. Zum einen besteht für die relativ schlecht informierte Marktseite die Möglichkeit der ***Selbstinformation***. Eine Alternative zur Selbstinformation ist die ***Einschaltung spezialisierter Dritter***. Dabei beauftragt der Informationssuchende einen Spezialisten, die noch fehlenden Informationen zu sammeln und sie ihm gegen Entgelt zur Verfügung zu stellen.[151]

Erweisen sich die marktinternen Informationsaktivitäten als unzureichend, so kann ein Bedarf für staatliche Informationsmaßnahmen entstehen. Zwei Ansatzpunkte für ein Eingreifen des Staates sind dabei zu unterscheiden.[152] Einerseits kann der Staat die Verbraucherinformationen selbst bereitstellen. Zum anderen kann sich der Staat auf eine Subventionierung der Verbraucherinformationen beschränken.

Im Folgenden ist zunächst analysiert, in welchem Ausmaß die skizzierten marktinternen Informationsaktivitäten dazu beitragen können, die Qualitätsunkenntnisse abzubauen, die seitens der Patienten über medizinische Gesundheitsdienstleistungen und deren Erbringer bestehen. Auf den Untersuchungsergebnissen aufbauend sind anschließend Aussagen darüber getroffen, inwieweit ein Bedarf für staatliche Informationsmaßnahmen vorliegt.

B Signaling

1 Ziele und allgemeine Erfolgsvoraussetzungen

Signaling umfasst sämtliche Bemühungen, mit denen die besser informierte Marktseite versucht, „möglichst glaubwürdige Informationen über die von ihr gebotene gute Qualität zu verbreiten“[153]. Da die spezifischen Qualitätseigenschaften eines Gutes in der Regel niemand besser kennt als dessen Produzenten, handelt es sich bei der informierten Marktseite zumeist um die Anbieter des betreffenden Gutes. Informationen über die Qualität einer Leistung können deshalb von deren Erstellern grundsätzlich am effizientesten bereitgestellt werden.

---

150 Vgl. SCHUMACHER, A. [1994], S. 43.

151 Vgl. FRITSCH, M., WEIN, T., EWERS, H.-J. [2003], S. 297f.

152 Vgl. dazu MITROPOULOS, S. [1997], S. 341.

153 FRITSCH, M., WEIN, T., EWERS, H.-J. [2003], S. 296.

Produktspezifische Informationen werden darum oft auch als „Kuppelprodukte" oder „Komplemente der Produktion" bezeichnet.[154]

Im Folgenden ist zunächst untersucht, welche Ziele die Anbieter hoher und niedriger Qualität mit der Aussendung von Qualitätssignalen verfolgen. Darauf aufbauend sind die grundlegenden Bedingungen identifiziert, die alle Signaling-Instrumente erfüllen müssen, um zu einem zuverlässigen Abbau der Informationsdefizite beitragen zu können.

Wie bereits erörtert, ist auf Wettbewerbsmärkten mit freier Preisbildung bei Vorliegen unzureichender Diskriminierungskraft seitens der Nachfrager - wenn die Nachfrager also hohe und niedrige Qualitäten nicht unterscheiden können - davon auszugehen, dass auch die Anbieter hoher Qualität für ihre Leistungen nur Preise erzielen können, deren Höhe sich an der marktdurchschnittlichen Güterqualität orientiert.[155] Preise, die der überdurchschnittlichen Qualität ihrer Leistungen gerecht werden, können sie daher nur erzielen, wenn es ihnen gelingt, die Nachfrager von der hohen Qualität ihres Angebots zu überzeugen. Aufgrund der damit verbundenen, erhöhten Gewinnchancen haben die Anbieter überdurchschnittlicher Qualitäten ein besonderes Interesse an der Aussendung von Qualitätssignalen, mit deren Hilfe sie die Qualitätstransparenz erhöhen können.[156]

Ein verstärktes Interesse an einer hohen Qualitätstransparenz haben die Anbieter hoher Qualitäten jedoch nicht nur, wenn die Preisbildung marktlich stattfindet, sondern auch dann, wenn – wie derzeit innerhalb der GKV – die Höhe der Vergütung für erbrachte Leistungen in Verhandlungen zwischen Vertretern der Nachfrager und den Leistungserbringern bzw. hoheitlich festgelegt wird und Preisaufschläge für überdurchschnittliche Leistungsqualitäten nicht vorgesehen sind. Von einer erhöhten Qualitätstransparenz profitieren sie nämlich auch dann, wenn sie durch diese eine größere Nachfrage an sich binden und damit eine verbesserte Auslastung ihrer Kapazitäten erreichen können – vorausgesetzt, sie produzieren nicht bereits an ihrer Kapazitätsgrenze. Von Vorteil ist eine erhöhte Kapazitätsauslastung nicht unbedingt nur, weil damit im Regelfall eine Steigerung der Produktionseffizienz realisiert werden kann. Vielmehr kann eine hohe Kapazitätsauslastung auch ein wichtiges Argument in Verhandlungen sein, in denen, wie bei der Erstellung der Landeskrankenhauspläne[157], über das Volumen

---

[154] Vgl. VAHRENKAMP, K. [1991], S. 37 sowie SINN, H.-W. [1988], S. 6.

[155] Vgl. Teil I, Kapitel B.

[156] Vgl. BÖGELEIN, M. [1990], S. 215.

[157] Vgl. DEUTSCHE KRANKENHAUSGESELLSCHAFT [2003b].

der Produktionskapazitäten, die in einer bestimmten Region zur Verfügung stehen und evtl. finanziell unterstützt werden sollen, entschieden wird.

Hohe Gewinne und eine hohe Kapazitätsauslastung werden jedoch auch von den Anbietern niedriger Qualität angestrebt. Diese werden deshalb versucht sein, durch Aussendung irreführender Qualitätssignale ebenfalls überdurchschnittliche Preise am Markt zu erzielen bzw. eine größere Nachfrage an sich zu binden. Somit stellt sich die Frage, welche Voraussetzungen erfüllt sein müssen, damit die von den Anbietern hoher Qualität ausgesendeten Signale als zuverlässig eingestuft werden können.

Das Vorliegen einer positiven Korrelation zwischen der Qualität der angebotenen Leistungen und den Erträgen des Signals wird in der Literatur als erste Voraussetzung für die Zuverlässigkeit von Qualitätssignalen der Anbieter genannt.[158] Dies impliziert, dass ein Signal aussagekräftig und zuverlässig ist, wenn die Erträge des Signals für Anbieter hoher Qualität größer sind als die der Anbieter niedriger Qualität. Steigen nämlich mit sinkender Qualität die Kosten eines „falschen“ Signals oder sinken mit abnehmender Qualität die Erträge eines „falschen“ Signals, so wird es sich für die Anbieter vergleichsweise schlechter Qualität weniger lohnen, das entsprechende Signal auszusenden.[159]

Die Erträge eines Signals ergeben sich aus der Differenz der Zusatzerlöse, die der Anbieter als Folge des ausgesendeten Signals erzielt, und den Kosten, die die Aussendung des betreffenden Signals verursacht. Die Zusatzerlöse setzen sich dabei aus den durch das Signal induzierten zusätzlichen Verkäufen und den durch das Signal unter Umständen ermöglichten höheren Absatzpreisen zusammen.

Das Vorliegen einer positiven Korrelation zwischen der Qualität der angebotenen Leistungen und den Signalerträgen ist jedoch nur eine notwendige, nicht aber eine hinreichende Bedingung. Denn selbst wenn diese Bedingung erfüllt ist, kann sich das Aussenden falscher Signale für die Anbieter niedriger Qualität noch lohnen. Ermöglicht nämlich das Aussenden eines falschen Signals die Erzielung von Zusatzerlösen, die höher sind als die Signalkosten, so lohnt sich die Täuschung der Konsumenten selbst dann, wenn die Signalerträge für die Anbieter niedriger Qualität geringer sind als die der Anbieter hoher Qualität. Die Aussagekraft der Signale ist in diesem Fall erheblich eingeschränkt. Zuverlässig sind Qualitätssignale letztlich nur dann, wenn deren Aussendung zum Zweck der

---

158 Vgl. VAHRENKAMP, K. [1991], S. 61.

159 Vgl. ebenda, S. 67f.

Irreführung der Nachfrager nicht profitabel möglich ist.[160] Eine negative Korrelation der Kosten des Marktsignals mit der Qualität der Leistung reicht hingegen nicht aus.[161]

In den folgenden Abschnitten sind die Signaling-Instrumente „*Aufbau von Reputation*“, „*Einräumen freiwilliger Garantien*“ und „*Werbung*“ auf ihre Eignung untersucht, die seitens der Patienten bestehende Unkenntnis über die Qualität von Gesundheitsdienstleistungen abzubauen. Zu diesem Zweck ist (a) zunächst die spezielle Funktionsweise des jeweils diskutierten Signals zu erörtern. Außerdem ist (b) zu analysieren, ob das Signal im Fall der Gesundheitsdienstleistungen das zuvor aufgestellte Kriterium der „Nicht-Profitabilität der Aussendung irreführender Qualitätssignale“ erfüllt. Ist dies der Fall, so ist (c) zu prüfen, ob die Funktionsfähigkeit des betreffenden Signals an weitere, eventuell instrumentspezifische Voraussetzungen geknüpft ist, und ob das analysierte Signal diese erfüllt.

In die Untersuchung der Möglichkeiten und Grenzen verschiedener Signaling-Instrumente sind sowohl die für die GKV relevanten gesetzlichen Vorschriften als auch die sonstigen institutionellen Rahmenbedingungen einzubeziehen, die die Funktionsfähigkeit der diskutierten Signale beeinflussen. Auf den resultierenden Ergebnissen aufbauend sind Ansatzpunkte diskutiert, die zu einer Steigerung der Zuverlässigkeit des jeweiligen Instruments und damit zu dessen Effektivität beitragen können.

2 Aufbau von Reputation

2.1 Analyse der Funktionsfähigkeit im GKV-System

2.1.1 Grundlegendes

Einige spezifische Gütereigenschaften können erst nach deren Inanspruchnahme oder nur unter Hinnahme hoher Kosten zuverlässig bewertet werden. Die Nachfrager können auf eine solche Situation reagieren, indem sie die in der Vergangenheit von einem Produzenten erbrachte Qualität als Indikator für die gegenwärtig oder zukünftig zu erwartende Qualität betrachten.[162] Die Anbieter können ihren Kunden dann eine hohe Qualität signalisieren, indem sie über einen

---

160 Vgl. MITROPOULOS, S. [1997], S. 340.

161 So hingegen bei HAUSER, H. [1979], S. 742.

162 Vgl. SHAPIRO, C. [1983], S. 659f.

längeren Zeitraum hohe Qualitäten anbieten und sich damit einen guten Ruf bei ihren Kunden aufbauen.[163]

Für das Gesundheitswesen ist zu berücksichtigen, dass Patienten die Entscheidung darüber, welchen Facharzt oder welches Krankenhaus sie zur (Weiter-)Behandlung ihrer Beschwerden aufsuchen, häufig an ihren Hausarzt - bzw. im Fall einer Krankenhausbehandlung an den für die Einweisung zuständigen Arzt - delegieren.[164] Für Ärzte oder Krankenhäuser, die von der hohen Qualität ihrer Leistungen profitieren möchten, gilt es daher, sich nicht nur gegenüber ihren Patienten, sondern auch gegenüber ein- und überweisenden Ärzten eine positive Reputation aufzubauen.

Die Bedingungen, die für die Zuverlässigkeit dieses Qualitätssignals erfüllt sein müssen, werden nicht davon beeinflusst, ob die Reputation gegenüber Patienten oder ein- bzw. überweisenden Ärzten aufgebaut wird. Die im Folgenden getroffenen Aussagen darüber, inwieweit Patienten die von einem Arzt oder einer Klinik aufgebaute Reputation als zuverlässigen Qualitätsindikator ansehen können, sind daher auf die für Ein- und Überweisungen zuständigen Ärzte übertragbar.

Die von einem Anbieter aufgebaute Reputation kann es diesem ermöglichen, zusätzliche Erlöse zu erzielen. In der Literatur hat sich für diese Zusatzerlöse der Begriff der „Reputationsprämie“ durchgesetzt.[165] Die Zusatzerlöse setzen sich aus einem unter Umständen realisierbaren Preisaufschlag und einer Absatzsteigerung in Form von durch die Reputation induzierten Wiederholungsverkäufen zusammen.

Der Aufbau von Reputation erfordert die Erstellung hoher Leistungsqualitäten über einen längeren Zeitraum. Anbieter, die dazu nicht in der Lage sind, können

---

[163] Vgl. BÖGELEIN, M. [1990], S. 215.

[164] Gemäß einer Studie des Zentralinstituts für die kassenärztliche Versorgung (ZI) und des wissenschaftlichen Instituts der AOK (WIdO) betrug der Anteil der Primärinanspruchnahme von Fachärzten an allen Krankenbehandlungen im Jahresdurchschnitt 1998 48 % und der von Allgemeinärzten 36,6 %. Bei 15,2 % aller Krankenbehandlungen durch Fachärzte (Allgemeinärzte: 0,2 %) handelte es sich um Überweisungen. Dies bedeutet unter anderem, dass rund zwei Drittel aller Patienten einen Facharzt aufsuchen, ohne zu diesem von einem Allgemeinarzt überwiesen worden zu sein; vgl. ZENTRALINSTITUTS FÜR DIE KASSENÄRZTLICHE VERSORGUNG, WISSENSCHAFTLICHES INSTITUT DER AOK (Hrsg.) [1999]. Zu einem sehr ähnlichen Ergebnis kommt eine Studie der Gemeinschaft Fachärztlicher Berufsverbände (GFB) aus dem Jahr 2001; vgl. dazu GEMEINSCHAFT FACHÄRZTLICHER BERUFSVERBÄNDE (Hrsg.) [2001], S. 76.

[165] Vgl. MITROPOULOS, S. [1997], S. 340 sowie FRITSCH, M., WEIN, T., EWERS, H.-J. [2003], S. 299. Vahrenkamp verwendet hingegen den Begriff der *Qualitätsprämie*; vgl. VAHRENKAMP, K. [1991], S. 43.

dieses Signal für eine von ihnen in der Zukunft zu erwartende hohe Leistungsqualität dementsprechend nicht aussenden. Für diese Anbieter erübrigt sich somit die Beantwortung der Frage, inwieweit für sie das im vorangegangenen Abschnitt als grundlegende Bedingung für die Zuverlässigkeit aller Signaling-Instrumente aufgestellte Kriterium der „Nicht-Profitabilität der Aussendung eines irreführenden Qualitätssignals" als erfüllt anzusehen ist.

Völlig anders stellt sich die Situation für jene Anbieter dar, die grundsätzlich in der Lage sind, hohe Leistungsqualitäten zu erstellen. Für sie kann es unter dem Gesichtspunkt der Gewinnmaximierung durchaus sinnvoll sein, sich zunächst bei ihren Kunden Reputation aufzubauen und damit eine hohe Qualität zukünftiger Leistungen zu signalisieren, anschließend aber zum Erzielen kurzfristiger Zusatzgewinne nur niedrige Qualitäten zu erstellen.[166] Anbieter, deren Ziel die langfristige Maximierung ihrer Gewinne ist, müssen somit bei ihrer Entscheidung, welches Qualitätsniveau ihre Leistungen in der Zukunft aufweisen sollen, berücksichtigen, wie sich eine kurzfristige vorgenommene Qualitätsverschlechterung auf ihre längerfristigen Absatzmöglichkeiten und Gewinne auswirkt. Die Reputation eines Unternehmens wird damit zu einer entscheidenden Determinante des Anbieterverhaltens.[167]

Die zusätzlichen Gewinne, die die Anbieter durch das bewusste Absenken ihrer Qualitäten bei gleichzeitigem Aussenden positiver Qualitätssignale - d. h., wenn die Anbieter die Qualität ihrer Leistungen absenken, ohne dies bekannt zu geben - erzielen können, bis die Konsumenten ihre Qualitätserwartungen revidieren, werden in der Literatur unter dem Begriff der „Opportunitätsprämie" zusammengefasst.[168] Je größer die potenzielle Opportunitätsprämie ist, desto geringer ist ceteris paribus die Aussagekraft einer einmal aufgebauten Reputation für die in Zukunft zu erwartende Leistungsqualität.[169] Die für die Zuverlässigkeit aller Signaling-Instrumente aufgestellte Bedingung der „Nicht-Profitabilität der Aussendung irreführender Signale" ist für das Instrument „Aufbau von Reputation" letztlich nur dann erfüllt, wenn für jeden Anbieter die zu erzielende Opportunitätsprämie stets kleiner ist als die alternativ in Aussicht stehende Reputationsprämie.

---

[166] Vgl. MITROPOULOS, S. [1997], S. 340. Shapiro verwendet für dieses Optimierungskalkül den Begriff der *„fly-by-night strategy of quality deterioration"*; vgl. SHAPIRO, C. [1983], S. 663.

[167] Vgl. VAHRENKAMP, K. [1991], S. 43.

[168] Vgl. MITROPOULOS, S. [1997], S. 340.

[169] Vgl. ebenda.

Abbildung 7: Erfolgsvoraussetzung für das Signaling-Instrument „Aufbau von Reputation“

Zusatzerlöse durch Aufrechterhaltung der zuvor aufgebauten Reputation ***(Reputationsprämie)***	>	***Zusatzerlöse durch verdeckt vorgenommene Qualitätsabsenkung*** ***(Opportunitätsprämie)***

Quelle: Eigene Darstellung.

Das Ziel der Theorie der Qualitäts- und Unternehmensreputation ist die Identifikation der Bedingungen, die erfüllt sein müssen, damit sich der Aufbau von Reputation und vor allem deren anschließende Aufrechterhaltung für die Anbieter als profitabel erweist.[170] Die entsprechenden Untersuchungen weisen darauf hin, dass das Ausmaß des Reputationsanreizes und somit die Antwort auf die Frage, ob die Reputationsprämie die Opportunitätsprämie übersteigt, stets von der konkreten Entscheidungssituation der Anbieter abhängt. Im Einzelnen sind für die Höhe der Reputations- und der Opportunitätsprämie vor allem die folgenden sieben Faktoren ausschlaggebend:[171]

1. Der Planungshorizont der Anbieter,
2. die Anzahl der potenziell zu erzielenden Wiederholungsverkäufe,
3. die Möglichkeit der Realisierung von Preisaufschlägen,
4. die Möglichkeit des kurzfristigen Anbieterwechsels durch die Nachfrager,
5. die Beobachtbarkeit der Gütereigenschaften,
6. die Höhe der Kostenunterschiede zwischen der Produktion hoher und niedriger Qualität sowie
7. die Existenz einer gesetzlich vorgeschriebenen Mindestqualität und deren Niveau.

Im Folgenden ist unter Berücksichtigung der für den Bereich der GKV maßgeblichen gesetzlichen Rahmenbedingungen untersucht, wie die zuvor genannten

---

170 Vgl. VAHRENKAMP, K. [1991], S. 11.

171 Vgl. HAUSER, H. [1979], S. 751 ff., FRITSCH, M., WEIN, T., EWERS, H.-J. [2003], S. 299, VAHRENKAMP, K. [1991], S. 51 sowie MITROPOULOS, S. [1997], S. 340.

Einflussfaktoren für Ärzte und Krankenhäuser, die ihre Leistungen innerhalb des Systems der GKV erbringen möchten, ausgeprägt sind.

2.1.2 Planungshorizont der Anbieter

Je länger der Zeitraum ist, für den ein Vertragsarzt oder ein Krankenhaus beabsichtigt, seine Leistungen noch auf dem Markt für Gesundheitsleistungen anzubieten, desto höher ist c. p. die in Aussicht stehende Reputationsprämie und damit der Anreiz, sich Reputation bei seinen Patienten (bzw. den für Ein- und Überweisungen zuständigen Ärzten) aufzubauen und die dazu notwendige, hohe Leistungsqualität auch anschließend aufrecht zu erhalten.[172] Die Wahrscheinlichkeit, dass die Reputationsprämie die Opportunitätsprämie übertrifft, steigt deshalb mit zunehmendem (verbleibendem) Planungshorizont des Arztes oder Krankenhauses.

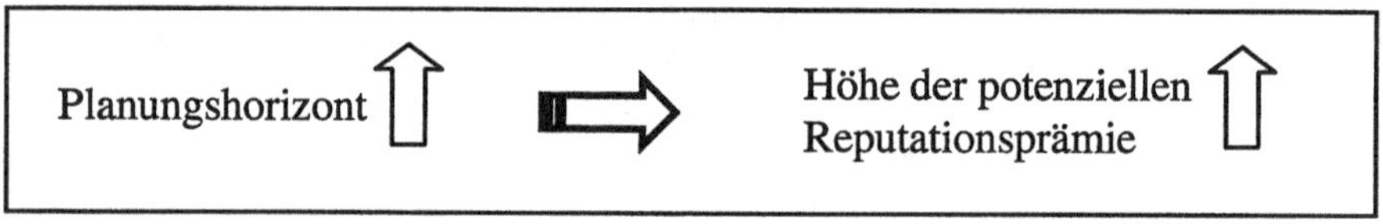

Exakte Aussagen über die individuellen Planungshorizonte einzelner niedergelassener Ärzte oder bestimmter Krankenhausträger sind für Außenstehende kaum möglich. Die Höhe der Investitionen, die Ärzte und Krankenhäuser tätigen müssen, um ihre Leistungen auf dem Markt für Gesundheitsdienstleistungen anbieten zu können, ist jedoch ein erster Indikator, der zumindest annäherungsweise Aussagen über die Planungshorizonte von Ärzten und Krankenhausträgern erlaubt. Je höher diese Kosten des Markteintritts sind und je schwieriger es für die Anbieter ist, die getätigten Investitionen im Fall eines Marktaustritts zu reinvestieren, desto länger wird in der Regel der Planungshorizont des jeweiligen Anbieters sein.

---

172 Vgl. MITROPOULOS, S. [1997], S. 340.

Tabelle 3: (Mindest-)Weiterbildungszeiten in Jahren gemäß Weiterbildungsordnung für die Ärztinnen und Ärzte in Rheinland-Pfalz, Abschnitt I: Gebiete, Fachkunden, Fakultative Weiterbildungen, Schwerpunkte

Fachgebiet	Jahre	Fachgebiet	Jahre	Fachgebiet	Jahre
Allgemeinmedizin	**3***	Innere Medizin	**6**	Pathologie	**6**
Anästhesiologie	**5**	Kinder- und Jugendpsychiatrie und -psychotherapie	**5**	Pharmakologie und Toxikologie	**5**
Anatomie	**4**	Kinderchirurgie	**6**	Phoniatrie und Pädaudiologie	**5**
Arbeitsmedizin	**4**	Kinderheilkunde und Jugendmedizin	**5**	Physikalische und Rehabilitative Medizin	**5**
Augenheilkunde	**5**	Klinische Pharmakologie	**5**	Physiologie	**4**
Biochemie	**4**	Laboratoriumsmedizin	**5**	Plastische Chirurgie	**6**
Chirurgie	**5**	Mikrobiologie und Infektionsepidemiologie	**5**	Psychiatrie und Psychotherapie	**5**
Diagnostische Radiologie	**5**	Mund-Kiefer-Gesichtschirurgie	**4**	Psychotherapeutische Medizin	**5**
Frauenheilkunde und Geburtshilfe	**5**	Neurochirurgie	**6**	Rechtsmedizin	**5**
Hals-Nasen-Ohrenheilkunde	**5**	Neurologie	**5**	Strahlentherapie	**5**
Haut- und Geschlechtskrankheiten	**4**	Neuropathologie	**6**	Transfusionsmedizin	**5**
Herzchirurgie	**6**	Nuklearmedizin	**5**	Urologie	**5**
Humangenetik	**5**	Öffentliches Gesundheitswesen	**5**		
Hygiene und Umweltmedizin	**5**	Orthopädie	**6**		

* Ab dem Jahr 2006 beträgt die allgemeinmedizinische (Mindest-)Weiterbildungszeit fünf Jahre; vgl. § 95a Abs. 2 SGB V.

Quelle: Eigene Zusammenstellung auf der Basis von LANDESÄRZTEKAMMER RHEINLAND-PFALZ (Hrsg.) [2002].

An der vertragsärztlichen Versorgung (ambulanter Bereich) innerhalb der GKV dürfen nur Ärzte teilnehmen, die dazu zugelassen oder ermächtigt sind.[173] Die Zulassungen und Ermächtigungen erfolgen durch die von den Kassenärztlichen Vereinigungen, den Landesverbänden der Krankenkassen und den Verbänden der Ersatzkassen für den Bezirk jeder Kassenärztlichen Vereinigung oder für Teile dieses Bezirks errichteten Zulassungsausschüsse.[174] Voraussetzung für die Zulassung ist die Eintragung in ein Arztregister. Diese setzt die Approbation als Arzt sowie „den erfolgreichen Abschluss entweder einer allgemeinmedizinischen Weiterbildung oder einer Weiterbildung in einem anderen Fachgebiet mit der Befugnis zum Führen einer entsprechenden Gebietsbezeichnung"[175] voraus. Die Approbation als Arzt erfordert „ein Studium der Medizin von mindestens sechs Jahren".[176] Die geforderte Weiterbildung nimmt drei bis sechs Jahre in Anspruch. Einen Überblick über die arztgruppenspezifischen (Mindest-)Weiterbildungszeiten gibt Tabelle 3.

Möchte sich ein Arzt in einer eigenen Praxis niederlassen und an der vertragsärztlichen Versorgung teilnehmen, so sind neben den zuvor skizzierten hohen Ausbildungsinvestitionen erhebliche Investitionen in die räumliche, sachliche und personelle Ausstattung der Praxis erforderlich. Das durchschnittliche Finanzierungsvolumen bei der Neugründung von Einzelpraxen betrug gemäß einer in den Jahren 2000/2001 von der Deutschen Apotheker- und Ärztebank durchgeführten Analyse von 1.800 Finanzierungen von Praxisgründungen in den alten Bundesländern 140.276 Euro (neue Bundesländer: 103.885 Euro).[177] Für Einzelpraxisübernahmen nahmen die Ärzte durchschnittlich 208.163 Euro (131.451 Euro) auf. Dass die Neugründung deutlich „preiswerter" als die Übernahme einer Einzelpraxis war, ist darauf zurückzuführen, dass bei einer Übernahme nicht nur der Substanzwert für die übernommenen Geräte und die Ausstattung, sondern auch ein Preis für den immateriellen Wert der Praxis zu zahlen ist.[178] Tabelle 4 gibt einen Überblick über die durchschnittlichen arztgruppenspezifischen Gesamtfinanzierungsvolumina, wobei zwischen Einzel- und Gemeinschaftspraxen unterschieden wird.

---

173 Vgl. dazu sowie zu den weiteren Regelungen §§ 95 und 95a SGB V.

174 Vgl. § 96 Abs. 1 SGB V.

175 § 95a Abs. 1 SGB V.

176 §1 Abs. 2 ÄappO.

177 Vgl. FLINTROP, J. [2002], S. A-2127.

178 Im Durchschnitt betrug der immaterielle Praxiswert in Westdeutschland in den Jahren 2000/2001 83.779 €, wobei Psychotherapeuten/Psychiater im Mittel 46.528 € bezahlten und Orthopäden 134.752 €; vgl. FLINTROP, J. [2002], S. A-2127.

Tabelle 4: Durchschnittliches Gesamtfinanzierungsvolumen in Euro nach Arztgruppen in den Jahren 2000/2001 in Westdeutschland

Arztgruppe	Einzelpraxen		Gemeinschaftspraxen (Finanzierungsbetrag je Partner)	
	Neugründung	Übernahme	Überführung einer Einzelpraxis	Praxisbeitritt
Allgemeinärzte	122 352	160 783	126 422	129 703
Augenärzte	292 890	212 595	246 613	182 352
Chirurgen	232 311	280 050	314 223	298 102
Gynäkologen	154 098	222 358	210 203	257 620
HNO-Ärzte	266 860	242 699	----------	229 897
Hautärzte	154 308	183 166	----------	165 001
Internisten	246 766	235 762	201 958	282 788
Kinderärzte	134 157	182 970	140 569	121 920
Nervenärzte/ Neurologen	99 492	149 555	121 667	118 245
Orthopäden	203 764	322 558	302 956	273 842
Psychotherap./ Psychiater	43 899	69 010	-----------	-----------
Urologen	--------	254 319	175 169	226 676

Quelle: FLINTROP, J. [2002], Seite A-2127; eigene Berechnungen.

Bei der Neugründung von Praxen entfielen im Durchschnitt 60,4 Prozent des Finanzierungsbetrages auf die Investitionen für die Praxisausstattung und die medizinischen Geräte, während 25,5 Prozent für den Betriebsmittelkredit benötigt wurden.[179] Für die Finanzierung von Bau- und Umbaukosten mussten 10,2 Prozent aufgebracht werden. Weitere 3,9 Prozent entfielen auf sonstige Gründungskosten. Bei der Praxisübernahme machte das Übernahmeentgelt 55,8 Prozent des Finanzierungsvolumens aus. Für die Neuanschaffung medizinischer Geräte und Ausstattung wurden durchschnittlich 17,2 Prozent aufgewendet. Auf den Betriebsmittelkredit entfielen 19,7 Prozent und auf die Finanzierung von Bau- und Umbaukosten 4,4 Prozent.[180]

Zur Abrechung von Krankenhausbehandlungen mit den gesetzlichen Krankenkassen sind „1. Hochschulkliniken im Sinne des Hochschulbauförderungsgesetzes, 2. Krankenhäuser, die in den Krankenhausplan eines Landes aufgenommen sind (Plankrankenhäuser), oder 3. Krankenhäuser, die einen Versorgungsvertrag mit den Landesverbänden der Krankenkassen und den Verbänden der Ersatzkassen abgeschlossen haben“[181] berechtigt. Ein Anspruch auf Aufnahme in einen Landeskrankenhausplan oder auf Abschluss eines Versorgungsvertrags mit den Kranken- und Ersatzkassen besteht nicht.[182]

Außer der Erfüllung dieser formalen Voraussetzungen sind zum Betreiben eines Krankenhauses in der Regel erhebliche Investitionen des Trägers in die räumliche und sachliche Ausstattung der Einrichtung notwendig. So haben Krankenhäuser, die im Krankenhausplan des jeweiligen Bundeslandes aufgenommen sind, zwar grundsätzlich einen Anspruch auf Vollfinanzierung ihrer Investitionskosten durch das betreffende Bundesland[183], doch sehen sich immer mehr Krankenhausträger trotz ihres eindeutigen Rechtsanspruchs dazu gezwungen, sich an der Aufbringung dieser Mittel zu beteiligen, „um früher oder überhaupt in ein Investitionsprogramm aufgenommen zu werden“[184].

So waren die von den Bundesländern nach dem Krankenhausfinanzierungsgesetz bereitgestellten Mittel für Investitionen (KHG-Fördermittel) in den letzten Jahren tendenziell rückläufig. 1991 beliefen sich die gesamten Fördermittel auf

---

[179] Vgl. FLINTROP, J. [2002], S. A-2127.

[180] Ebenda.

[181] § 108 SGB V.

[182] Vgl. § 109 Abs. 2 SGB V.

[183] Vgl. § 8 Abs. 1 KHG. Förderfähige Investitionen sind gemäß KHG a) die Kosten der Errichtung (Neubau, Umbau, Erweiterungsbau) von Krankenhäusern und der Anschaffung der zum Krankenhaus gehörenden Wirtschaftsgüter (ausgenommen der zum Verbrauch bestimmten Güter) sowie b) die Kosten der Wiederbeschaffung der Güter des zum Krankenhaus gehörenden Anlagevermögens. Nicht förderfähig sind beispielsweise die Kosten des Grundstücks, des Grundstückserwerbs, der Grundstückserschließung sowie ihre Finanzierung; vgl. § 2 Abs. 2 KHG.

[184] SIEBIG, J. [1999], S. 40.

3,64 Mrd. Euro.[185] Die für das Jahr 2002 ermittelten 3,22 Mrd. Euro, von denen 2,09 Mrd. Euro auf die Einzelförderung von Baumaßnahmen und 1,13 Mrd. Euro auf die Pauschalförderung kurzfristiger Anlagegüter entfielen, bedeuten für den betrachteten Zeitraum einen Rückgang um rund 11,5 Prozent.[186] Dementsprechend stellten die Fördermittel der Träger mit 12,7 Prozent und die Mittel aus Überschüssen der Kliniken mit 12,2 Prozent wichtige Quellen zur Finanzierung der Krankenhausinvestitionen dar.[187] In Westdeutschland bekamen die Krankenhäuser 14 Prozent der Investitionsmittel von ihren Trägern zur Verfügung gestellt, in Ostdeutschland erreichte der trägerfinanzierte Investitionsanteil nur einen Wert von 8 Prozent.[188] Weitere Quellen der Investitionsfinanzierung waren die KHG-Fördermittel mit einem Anteil von 57 Prozent und die Mittel des Hochschulbauförderungsgesetzes mit einem Anteil von 8 Prozent.[189]

Insgesamt wird deutlich, dass die Teilnahme an der vertragsärztlichen und stationären Versorgung innerhalb der GKV beträchtliche Investitionen voraussetzt. Ein nicht unbedeutender Teil dieser Investitionen kann bei Marktaustritt nur teilweise, gar nicht oder zumindest nicht mit Sicherheit reinvestiert werden (z. B. Ausbildungsinvestitionen, Investitionen in die Praxisausstattung u. Ä.). Insofern ist von einem - im Vergleich zu Branchen mit niedrigeren Marktzu- und –austrittsschranken - langen Planungshorizont der Anbieter von Gesundheitsdienstleistungen auszugehen. Tendenziell führt dies zu einer vergleichsweise hohen, erzielbaren Reputationsprämie.

Das Lebensalter niedergelassener Ärzte ist neben der Höhe der Marktein- und -austrittskosten ein weiterer Indikator für die individuellen Planungshorizonte. Je näher ein Arzt an die Altersgrenze für die Teilnahme an der vertragsärztlichen Versorgung, die derzeit bei achtundsechzig Jahren liegt[190], rückt, desto kürzer ist der für ihn verbleibende Planungshorizont und desto kleiner ist demzufolge die von ihm potenziell zu erzielende Reputationsprämie. Das Signaling-Instrument „Aufbau von Reputation“ verliert deshalb mit zunehmendem Alter des betreffenden Arztes tendenziell an Aussagekraft.

---

185 DEUTSCHE KRANKENHAUSGESELLSCHAFT (Hrsg.) [2002], S. 35.

186 DEUTSCHE KRANKENHAUSGESELLSCHAFT (Hrsg.) [2003b], S. 45 ff., eigene Berechnungen.

187 Vgl. ebenda, Angaben für das Jahr 2001.

188 Vgl. ebenda, Angaben für das Jahr 2001.

189 Vgl. ebenda, Angaben für das Jahr 2001.

190 Vgl. § 95 Abs. 7 SGB V.

2.1.3 Anzahl der Wiederholungsverkäufe

Von besonderer Bedeutung für die Frage, ob die Reputationsprämie größer als die Opportunitätsprämie ist, sind auch die von den Anbietern für die Zukunft zu erwartenden Wiederholungsverkäufe.[191] Je größer deren Zahl ist, desto höher ist die erzielbare Reputationsprämie. Dementsprechend lohnenswerter wird für die Anbieter der Aufbau von Reputation durch Erbringung hoher Leistungsqualität über einen längeren Zeitraum und die anschließende Aufrechterhaltung dieser hohen Qualität.[192]

Übertragen auf den Markt für Gesundheitsdienstleistungen bedeutet dies, dass die erzielbaren Reputationsprämien und damit die Anreize zur Aufrechterhaltung einer hohen Leistungsqualität ceteris paribus für die Leistungserbringer jener Fachrichtungen bzw. für jene Fachabteilungen eines Krankenhauses potenziell am höchsten sind, die von Patienten im Laufe ihrer „Patientenlaufbahn" am häufigsten aufgesucht werden.

Erste Hinweise über die relative Anzahl von Wiederholungsverkäufen, die im ambulanten Sektor tätige Ärzte der verschiedenen Fachgebiete infolge einer einmal aufgebauten Reputation und durch Aufrechterhaltung einer hohen Leistungsqualität potenziell erzielen können, lassen sich aus der Anzahl der derzeit zugelassenen Vertragsärzte ableiten. So wird über die Zulassung zur Teilnahme an der vertragsärztlichen Versorgung auf der Grundlage von Bedarfsplänen entschieden. Diese Bedarfspläne werden von den Kassenärztlichen Vereinigungen im Einvernehmen mit den Landesverbänden der Krankenkassen und den Verbänden der Ersatzkassen sowie im Benehmen mit den zuständigen Landesbehörden auf Landesebene aufgestellt.[193]

---

191 Vgl. HAUSER, H. [1979], S. 756.

192 Vgl. ebenda, S. 754.

193 Vgl. § 99 Abs. 1 SGB V.

Tabelle 5: An der vertragsärztlichen Versorgung teilnehmende Ärzte differenziert nach allen Arztgruppen zum 31.12.2000*

	Absolute Anzahl	Anteil in %
Ärzte ohne Gebietsbezeichnung und Praktische Ärzte	13.081	10,3
Ärzte mit Gebietsbezeichnung	113.751	89,7
davon:		
Allgemeinärzte	31.026	24,5
Internisten	18.962	15,0
Frauenärzte	10.682	8,4
Kinderärzte	6.711	5,3
Augenärzte	5.380	4,2
Orthopäden	5.272	4,2
Chirurgen	5.263	4,1
HNO-Ärzte	4.092	3,2
Hautärzte	3.477	2,7
Anästhesisten	3.474	2,7
Urologen	2.776	2,2
Nervenärzte	2.616	2,1
Radiologen	2.113	1,7
Ärzte für psychotherapeutische Medizin	1.913	1,5
Psychotherapeutisch tätige Ärzte	1.640	1,3
Ärzte für Neurologie und Psychiatrie	987	0,8
Diagnostische Radiologen	984	0,8
Psychiater	951	0,7
Mund-Kiefer-Gesichtschirurgen	815	0,6
Pathologen	647	0,5
Neurologen	644	0,5
Laborärzte	568	0,4
Nuklearmediziner	426	0,3
Lungenärzte	310	0,2
Sonstige Ärzte	2.022	1,6
Summe über alle Arztgruppen	126.832	100,0

Quelle: Eigene Zusammenstellung auf der Basis von KASSENÄRZTLICHE BUNDESVEREINIGUNG [2002a].

Bei der Erstellung der Bedarfspläne sind die von den Bundesausschüssen der Ärzte und Krankenkassen erlassenen Bedarfsplanungsrichtlinien zu beachten.[194] Ziel dieser Richtlinien ist eine bedarfsgerechte, ausgewogene hausärztliche sowie fachärztliche Versorgungsstruktur und die Vermeidung einer Überversorgungssituation.[195] Die Anzahl der derzeit zugelassenen Vertragsärzte kann somit als erstes Indiz für den Bedarf an Ärzten der unterschiedlichen Fachgebiete und damit auf die von den einzelnen Arztgruppen zu erwartenden Wiederholungskäufe angesehen werden. Tabelle 5 liefert einen Überblick über die Zahl der im Jahr 2000 zur Teilnahme an der vertragsärztlichen Versorgung zugelassenen Ärzte.

Betrachtet man die Anzahl der derzeit an der vertragsärztlichen Versorgung teilnehmenden Ärzte, so wird deutlich, dass der Bedarf an Allgemeinärzten und Internisten - neben der Gruppe der „Ärzte ohne Gebietsbezeichnung" - von den Kassenärztlichen Vereinigungen als am höchsten eingestuft wird. So stellen die Allgemeinärzte und Internisten mit 24,5 bzw. 15,0 Prozent den größten Anteil der ambulant tätigen Ärzte, gefolgt von Frauen- und Kinderärzten mit 8,4 bzw. 5,3 Prozent. Für diese Ärzte und die „Ärzte ohne Gebietsbezeichnung" ist die Anzahl der realisierbaren Wiederholungsverkäufe somit tendenziell am größten. Ceteris paribus lohnt sich für diese Ärzte die Aufrechterhaltung einer hohen Qualität daher am meisten.

Zu einem anderen Ergebnis führt allerdings ein Vergleich arztgruppenspezifischer Fallzahlen (vgl. dazu Tabelle 6). So deutet dieser darauf hin, dass die Zahl der potenziell erzielbaren Wiederholungsverkäufe im Vergleich zu anderen Arztgruppen - abgesehen von den Laborärzten, die jedoch nicht von Patienten selbst konsultiert werden - vor allem für Frauen-, Augen- und Kinderärzte besonders hoch ist.

---

194 Vgl. ebenda. Im Einzelnen enthalten die Richtlinien „Bestimmungen über 1. einheitliche Verhältniszahlen für den allgemeinen bedarfsgerechten Versorgungsgrad in der vertragsärztlichen Versorgung, 2. Maßstäbe für eine ausgewogene hausärztliche und fachärztliche Versorgungsstruktur"; vgl. dazu § 101 Abs. 1 SGB V.

195 Vgl. § 101 Abs. 1 SGB V. Seit dem Jahr 2003 erfolgt die Zulassung zur Teilnahme an der vertragsärztlichen Versorgung auf der Basis gesetzlich festgelegter, arztgruppenbezogener Verhältniszahlen, die das Verhältnis von Hausärzten und Fachärzten regeln; vgl. § 102 Abs. 1 SGB V.

Tabelle 6: Fallzahlen nach Arztgruppen im Primärkassenbereich* im Jahr 1991

	Fälle insgesamt	Fälle je Arzt
Laborärzte	8.099.502	21.950
Frauenärzte	24.461.999	3.792
Augenärzte	13.230.693	3.776
Kinderärzte	13.329.426	3.744
Radiologen	4.801.465	3.662
Hautärzte	6.513.005	3.258
Orthopäden	8.971.763	2.791
HNO-Ärzte	6.799.115	2.709
Internisten	25.432.324	2.237
Chirurgen	3.873.968	2.046
Urologen	3.233.283	2.011
Nervenärzte	3.789.338	1.302
Anästhesisten	349.073	599
Sonstige	2.986.054	1.433
Fachärzte gesamt	125.871.008	2.903
Allgemeinärzte	80.520.785	2.728
Alle Ärzte	206.391.793	2.832

* Primärkassen (so bis zur Einführung der Kassenwahlfreiheit im Jahr 1996 genannt): Allgemeine Ortskrankenkasse AOK, Betriebskrankenkasse BKK, Innungskrankenkasse IKK, See-Krankenkasse, Lwirtschaftl. Krankenkassen LKK, Bundesknappschaft.

Quelle: KLOSE, J. [1993], S. 446 f.

Innerhalb der stationären Versorgung lohnen sich der Aufbau von Reputation und die anschließende Aufrechterhaltung einer hohen Leistungsqualität insbesondere für die Fachabteilungen „Innere Medizin" und „Chirurgie". Sie weisen im Vergleich zu den übrigen Krankenhausabteilungen die höchsten Fallzahlen auf (vgl. dazu Tabelle 7). Mit deutlichem Abstand folgt die Fachabteilung „Frauenheilkunde und Geburtshilfe". Betrachtet man die in den Krankenhausstatistiken erfassten Fallzahlen als Indikator für die relative Häufigkeit der erzielbaren Wiederholungsverkäufe, so ist die potenziell realisierbare Reputationsprämie für die orthopädische und die neurologische Fachabteilung am geringsten.

Tabelle 7: Zahl der Krankenhausbehandlungsfälle nach Fachabteilungen in Deutschland im Jahr 2001

Fachabteilung		Fallzahl
Innere Medizin		6 004 275
darunter:	Endokrinologie	51 957
	Gastroenterologie	395 257
	Hämatologie	172 413
	Kardiologie	821 293
	Lungen- u. Bronchialheilkunde	214 949
	Nephrologie	98 272
	Rheumatologie	60 993
	Geriatrie	158 655
Chirurgie		4 396 456
darunter:	Gefäßchirurgie	250 873
	Kinderchirurgie	119 027
	Plastische Chirurgie	71 528
	Thorax- und Kardiovaskularchirurgie	177 432
	Unfallchirurgie	686 515
Frauenheilkunde und Geburtshilfe		2 010 769
darunter:	Frauenheilkunde	799 501
	Geburtshilfe	542 826
Kinderheilkunde		900 320
Hals-Nasen-Ohrenheilkunde		684 425
Urologie		693 247
Psychiatrie		659 018
darunter:	Suchtkrankheiten	121 389
Orthopädie		641 352
darunter:	Rheumatologie	19 181
Neurologie		516 797
Augenheilkunde		419 918
Neurochirurgie		193 071
Haut- u. Geschlechtskrankheiten		158 710
Mund-Kiefer-Gesichtschirurgie		111 208
Strahlentherapie		98 745
Nuklearmedizin (Therapie)		55 813
Kinder- und Jugendpsychiatrie		31 147
Psychosomatik		24 713
Sonst. Fachbereiche/Allgemeinbetten		156 517
Fachabteilungen insgesamt		16 583 906

Quelle: STATISTISCHES BUNDESAMT [2003d], S. 45.

2.1.4 Möglichkeit der Realisierung eines Preisaufschlags

Anbieter, die sich Reputation aufbauen möchten, müssen ihre potenziellen Kunden zunächst zum (Erst-)Kauf ihres Gutes veranlassen. Inwieweit die dazu unter Umständen notwendigen Investitionen in Form von Werbemaßnahmen, Verkäufen zu nicht-kostendeckenden Preisen o. Ä. unter betriebswirtschaftlichen Gesichtspunkten sinnvoll sind, hängt nicht nur von der Anzahl der auf diese Weise induzierten Wiederholungsverkäufe ab. Einfluss auf den Erfolg dieser Maßnahmen hat vielmehr auch die Höhe der Preisaufschläge, die die Anbieter bei bestehender positiver Reputation für die von ihnen erstellte, überdurchschnittliche Qualität erzielen können.[196] So ist die in Aussicht stehende Reputationsprämie und somit der Anreiz, Reputation aufzubauen und die dazu notwendige hohe Qualität aufrecht zu erhalten, umso größer, je höher die erzielbaren Preisaufschläge sind.

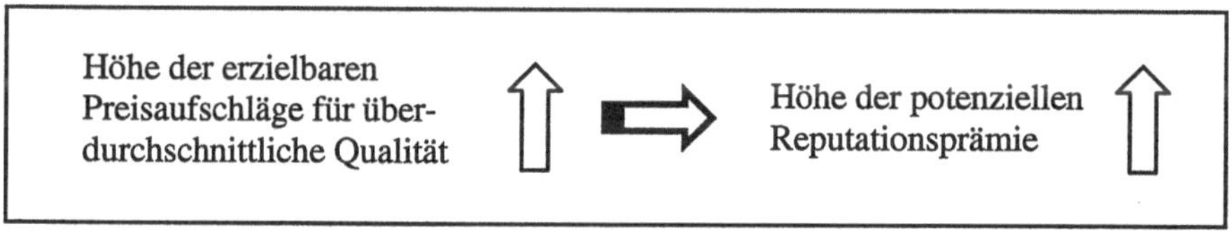

Die Entlohnung der von einem Vertragsarzt innerhalb der GKV erbrachten Leistungen berechnet sich derzeit nach Maßgabe des Einheitlichen Bewertungsmaßstabs (EBM). Der EBM wird von den Kassenärztlichen Bundesvereinigungen mit den Spitzenverbänden der Krankenkassen vereinbart und bestimmt den Inhalt der abrechnungsfähigen Leistungen und deren wertmäßiges, in Punkten ausgedrücktes Verhältnis zueinander.[197] Preisaufschläge für qualitativ besonders hochwertige Behandlungsleistungen sieht der EBM nicht vor. So wird weder berücksichtigt, ob die betreffende Einzelleistung eine überdurchschnittlich hohe Qualität aufweist, noch richtet sich die Höhe der Entlohnung danach, ob die Einzelleistungen, die im Rahmen eines Behandlungsfalls erbracht wurden, für das angestrebte Behandlungsergebnis sinnvoll kombiniert wurden. Mit wenigen Ausnahmen ist es den Vertragsärzten darüber hinaus explizit verboten, für die

---

[196] Vgl. SHAPIRO, C. [1983], S. 660.

[197] Vgl. § 87 SGB V.

Erbringung - z. B. qualitativ besonders hochwertiger - vertragsärztlicher Leistungen von den GKV-Versicherten Zuzahlungen zu fordern.[198]

Für den Bereich der allgemeinen Krankenhausleistungen gilt Ähnliches. So können die Punktwerte, die den verschiedenen diagnosebezogenen Fallgruppen (DRGs) auf Basis der von den Spitzenverbänden der Krankenkassen und dem Verband der privaten Krankenversicherung mit der Deutschen Krankenhausgesellschaft bundeseinheitlich festgelegten Bewertungsrelationen zugeordnet sind[199], nur nach Regionen differenziert werden. Die Möglichkeit von Zuschlägen auf die Punktwerte für qualitativ überdurchschnittliche Behandlungsleistungen ist hingegen nicht vorgesehen. Im GKV-System besteht für die medizinischen Leistungserbringer somit derzeit keine Möglichkeit, für überdurchschnittliche Qualitäten Preisaufschläge zu realisieren.[200]

Für Ärzte, die ihre Leistungen innerhalb der GKV erbringen, lohnen sich der Aufbau von Reputation und die Aufrechterhaltung der dazu notwendigen hohen Leistungsqualität daher nur dann, wenn sie ihre Behandlungskapazitäten noch nicht ausgeschöpft haben. Denn in diesem Fall können sie mit Hilfe der zusätzlichen, durch die hohe Reputation gewonnen Patienten eine höhere Kapazitätsauslastung realisieren.

2.1.5 Möglichkeit des kurzfristigen Anbieterwechsels

Auch die Möglichkeit der Kunden, den Anbieter bei Unzufriedenheit mit der erbrachten Qualität kurzfristig wechseln zu können, hat Einfluss auf die Entscheidung der Anbieter über die Produktion hoher oder niedriger Qualität.[201] Denn je schneller die Nachfrager die Anbieter niedriger Qualität durch Abwanderung sanktionieren können, desto geringer ist die zu erzielende Opportunitätsprämie und umso weniger wahrscheinlich ist es, dass diese die Reputationsprämie übersteigt. Kann eine getroffene Nachfrageentscheidung hingegen kurz- oder mittelfristig nicht revidiert werden, so ist der Anreiz für die Anbieter relativ

---

198 Vgl. § 18 Abs. 3 S. 1 BMV-Ä. Ausnahmen gelten für Zuzahlungen bei Massagen, Bädern und Krankengymnastik; vgl. ebenda.

199 Vgl. § 17 b KHG.

200 Ohnehin haben gemäß § 2 Abs. 1 SGB V Qualität und Wirksamkeit der Leistungen, die innerhalb der GKV erbracht werden, „dem allgemein anerkannten Stand der medizinischen Erkenntnisse zu entsprechen und den medizinischen Fortschritt zu berücksichtigen", so dass Preisaufschläge kaum mit einer Steigerung der Qualität über das gesetzliche Maß hinaus gerechtfertigt werden können.

201 Vgl. HAUSER, H. [1979], S. 756.

groß, die Nachfrager zunächst durch das Aussenden positiver Qualitätssignale an sich zu binden und anschließend mittels einer bewussten Senkung der Leistungsqualität eine möglichst hohe Opportunitätsprämie zu erzielen.

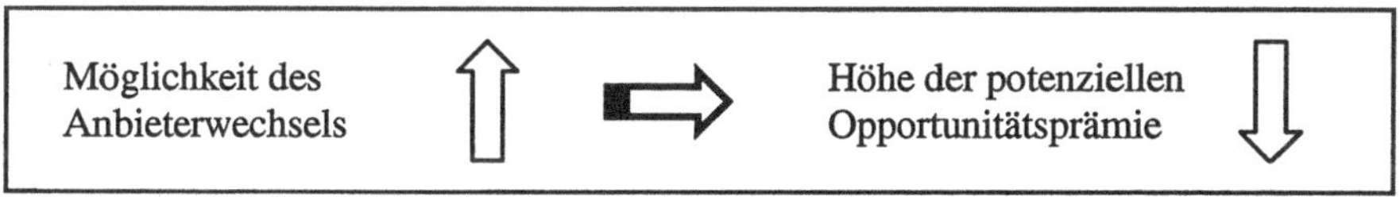

Als Resultat ihres Rechts auf Selbstbestimmung haben Patienten in Deutschland grundsätzlich ein Recht auf freie Arzt- und Krankenhauswahl.[202] Für die GKV ist das Recht auf freie Arztwahl in der ambulanten Versorgung explizit in § 76 SGB V festgehalten. Demnach können gesetzlich Krankenversicherte „unter den zur vertragsärztlichen Versorgung zugelassenen Ärzten, den ermächtigten Ärzten, ermächtigten ärztlich geleiteten Einrichtungen, den Zahnkliniken der Krankenkassen, den Eigeneinrichtungen der Krankenkassen ..., den ... vertraglich zur ärztlichen Behandlung verpflichteten Ärzten und Zahnärzten, den zum ambulanten Operieren zugelassenen Krankenhäusern ... frei wählen."[203]

Das Recht auf freie Arztwahl schließt im ambulanten Bereich das Recht ein, den Arzt zu wechseln.[204] Aus juristischer Perspektive wird dies damit begründet, dass „die rechtlichen Beziehungen zwischen Arzt und Patient auf einem Behandlungsvertrag (beruhen), der durch die Behandlungsübernahme"[205] zu Stande kommt, und die Tätigkeiten des Arztes als „Dienste höherer Art (einzustufen sind), die auf Grund besonderen Vertrauens übertragen zu werden pflegen"[206]. Folge dessen ist, dass sich die Beendigung des Behandlungsvertrages durch die Patienten generell nach § 627 BGB (Fristlose Kündigung bei Vertrauensstellung) richtet und Patienten daher den Behandlungsvertrag grundsätzlich jederzeit ohne Einhaltung einer Frist kündigen können.[207] Einem Wechsel des behandelnden Arztes bei Unzufriedenheit mit der von ihm erbrachten Qualität scheint somit zunächst nichts entgegenzustehen.

---

202 Vgl. Der Senator für Frauen, Gesundheit, Jugend, Soziales und Umweltschutz der Freien Hansestadt Bremen (Hrsg.) [1999], S. 13.

203 § 76 Abs. 1 SGB V.

204 Vgl. Der Senator für Frauen, Gesundheit, Jugend, Soziales und Umweltschutz der Freien Hansestadt Bremen (Hrsg.) [1999], S. 13.

205 Zentralinstitut für die Kassenärztliche Versorgung (Hrsg.) [1998], S. 79 f.

206 § 627 Abs. 1 BGB.

207 Vgl. Rohde, E.-R. [2003].

Das formale Recht auf freie Arztwahl und auf Arztwechsel ist jedoch insbesondere für GKV-Versicherte nicht nur durch die oben angeführte Begrenzung auf jene Ärzte, die zur Teilnahme an der vertragsärztlichen Versorgung zugelassen oder ermächtigt sind, im materiellen Sinne zum Teil geschmälert. Weitere Einschränkungen ergeben sich dadurch, dass die gesetzlich Krankenversicherten gehalten sind „den an der vertragsärztlichen Versorgung teilnehmenden Arzt innerhalb eines Kalendervierteljahres nur bei Vorliegen eines wichtigen Grundes (zu) wechseln."[208] Darüber hinaus müssen die Versicherten die resultierenden Mehrkosten tragen, wenn sie nicht einen „der nächsterreichbaren an der vertragsärztlichen Versorgung teilnehmenden Ärzte oder ärztlich geleiteten Einrichtungen in Anspruch"[209] nehmen.

Ein Arztwechsel kann für einen Patienten außerdem dann zu Problemen führen, wenn die bis zum Behandlungsabbruch erbrachten Leistungen von dem weiterbehandelnden Arzt teilweise neu erbracht werden müssen und der Patient oder seine Krankenkasse nicht bereit sind, die betreffende Leistung zweimal zu bezahlen. So gilt im Allgemeinen, dass dem Arzt das vollständige Honorar abzüglich ersparter Aufwendungen zusteht, wenn der Patient den Behandlungsvertrag ohne besondere Veranlassung kündigt.[210] Liegt eine feststellbar regelwidrige Behandlung vor, so ist der Patient zwar zur Kündigung des Behandlungsvertrags berechtigt, doch schuldet er dem Arzt immerhin noch das Honorar für jene bis dahin erbrachten Leistungen, die für die Weiterbehandlung verwertbar sind.[211] Da es unter Umständen große Schwierigkeiten bereitet, eine Einigung zwischen Patienten, Krankenkasse und Arzt über die Berechnung des Teilhonorars für die bis zum Behandlungsabbruch erbrachten Leistungen herbeizuführen, kann dies die Entscheidung der Patienten über einen möglichen Arztwechsel erheblich erschweren und die Möglichkeit des Anbieterwechsels zumindest indirekt einschränken.[212] Der vorzeitige Abbruch einer Behandlung und die Fortsetzung der Behandlung bei einem anderen Arzt kann allerdings auch unproblematisch sein. Dies gilt insbesondere für Behandlungen ohne technische oder mit lediglich bis dahin erbrachten diagnostisch-technischen Bestandteilen. So entstehen in diesem Fall nur die Beratungsgebühren doppelt, da objektivierbare Diagnosen grundsätzlich von den weiterbehandelnden Ärzten angefordert und weiterverwendet werden können.

---

208 § 76 Abs. 3 SGB.

209 § 76 Abs. 2 SGB V.

210 Vgl. ROHDE, E.-R. [2003].

211 Vgl. ebenda.

212 Vgl. ebenda.

Die Krankenhauswahl ist für gesetzlich Versicherte auf die Krankenhäuser beschränkt, die für die vollstationäre Versorgung zugelassen sind.[213] Eine weitere Einschränkung der Krankenhauswahl resultiert daraus, dass den Versicherten eventuell anfallende „Mehrkosten ganz oder teilweise auferlegt werden" können, wenn sie „ohne zwingenden Grund ein anderes als ein in der ärztlichen Einweisung genanntes Krankenhaus"[214] wählen.

Die hier aufgeführten Einschränkungen des formalen Rechts auf eine freie Wahl des Krankenhauses beeinflussen auch die Möglichkeit der Versicherten, im Ablauf einer Behandlung das Krankenhaus zu wechseln. So müssen die Versicherten zweifelsfrei nachweisen können, dass der von ihnen gewünschte Krankenhauswechsel zwingend notwendig ist, wenn sie nicht Gefahr laufen wollen, mit den eventuell entstehenden Mehrkosten belastet zu werden. Insbesondere in den Fällen, in denen die Entscheidung für einen Krankenhauswechsel aus einer Unzufriedenheit basiert, die zumindest teilweise aus subjektiven Wahrnehmungen des Versicherten resultiert, ist der zweifelsfreie Nachweis eines zwingenden Grundes jedoch allenfalls bedingt möglich. Zudem können die Versicherten nicht mit der uneingeschränkten Unterstützung des zunächst behandelnden Krankenhauses rechnen, weil sich die an der Behandlung beteiligten Krankenhäuser im Falle eines Krankenhauswechsels i. d. R. über die Aufteilung der Vergütungspauschale einigen müssen.

Somit bleibt zusammenfassend festzuhalten, dass die gesetzlich Krankenversicherten grundsätzlich das Recht besitzen, frei über einen Wechsel des Vertragsarztes oder des Krankenhauses zu entscheiden. Insbesondere bei einem Wechsel des Krankenhauses ist dieses formale Recht jedoch im materiellen Sinne insoweit eingeschränkt, als die Versicherten unter Umständen für die aus dem Wechsel möglicherweise resultierenden Mehrkosten selbst aufkommen müssen. Eine generelle Aussage darüber, welche Anbieter aufgrund des unter Umständen nur begrenzt möglichen Anbieterwechsels tendenziell am meisten in Form einer relativ hohen Opportunitätsprämie von einer versteckten Qualitätsverschlechterung profitieren, ist ohne Betrachtung des Einzelfalls nicht möglich.

2.1.6 Beobachtbarkeit der Gütereigenschaften

Die Beobachtbarkeit jener Gütereigenschaften, die aus Konsumentenperspektive die Qualität eines Gutes bestimmen, ist ein weiterer Faktor mit Einfluss auf

---

213 Vgl. § 39 Abs. 1 SGB V.

214 § 39 Abs. 2 SGB V.

das Größenverhältnis von Reputations- zu Opportunitätsprämie. Die potenziellen Opportunitäts-Zusatzerlöse sind tendenziell umso größer, je schwieriger oder teurer es für die Nachfrager ist, die Qualität der erbrachten Leistungen zu beurteilen. Denn je aufwendiger und kostenintensiver die Informationsbeschaffung ist, desto länger dauert es in der Regel, bis die Patienten ihr auf in der Vergangenheit gesammelten Erfahrungen beruhendes Qualitätsurteil revidieren und an das eventuell gesunkene Qualitätsniveau anpassen (können). Entsprechend länger ist der Zeitraum, in dem die Leistungserbringer - von den Patienten unbemerkt - niedrige Qualitäten erstellen und auf diese Weise Opportunitäts-Zusatzerlöse erzielen können.

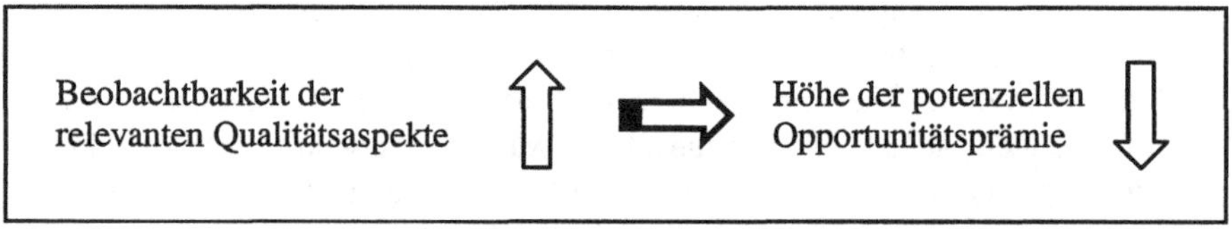

Erheblichen Einfluss auf den Aufwand, der zur Qualitätsbestimmung von den Patienten betrieben werden muss, hat vor allem, ob der betrachtete Qualitätsaspekt den Charakter eines Such-, Erfahrungs- oder Vertrauensgutes hat. Ein Ergebnis der Untersuchung in Kapitel A 4 in Teil I dieser Arbeit ist, dass bei der Ermittlung der Qualität von Gesundheitsdienstleistungen zwischen Aspekten der Struktur-, Prozess- und Ergebnisqualität unterschieden werden muss.

Jenen Leistungsmerkmalen, die aus Patientenperspektive die Strukturqualität bestimmen[215], kann grundsätzlich der Charakter von Suchgütern zugeordnet werden.[216] Die Qualität von Suchgütern kann von den Nachfragern definitionsgemäß bereits vor der Inanspruchnahme der betreffenden Leistung zuverlässig beurteilt werden. Verdeckte Qualitätsabsenkungen zur Erzielung von Opportunitäts-Zusatzerlösen erscheinen deshalb im Falle der Qualitätsaspekte mit Suchgutcharakter auf den ersten Blick nicht möglich. Diese Aussage ist jedoch insoweit einzuschränken, als auch die Bestimmung der Qualität von Suchgütern den Patienten hohe Kosten verursachen kann. Je höher jedoch die Kosten der Informationsbeschaffung sind, umso weniger wahrscheinlich ist es, dass sich die Patienten vor jedem Arzt- oder Krankenhausbesuch über alle für sie relevanten Strukturqualitätsaspekte informieren.

---

215 Vgl. Teil I, Kapitel A 4.2.

216 Vgl. Teil I, Kapitel A 5.

Für Leistungsmerkmale mit Suchgutcharakter, deren Qualität sich nur unter Hinnahme hoher Kosten ermitteln lässt, erscheint es wahrscheinlicher, dass sich die Patienten zumindest für einen gewissen Zeitraum auf die Ergebnisse von in der Vergangenheit durchgeführten Qualitätsprüfungen und damit auf die von dem betreffenden Leistungsanbieter aufgebaute Reputation verlassen. Zumindest für diesen Zeitraum eröffnet sich den Vertragsärzten oder Kliniken selbst für Leistungsmerkmale mit Suchgutcharakter die Erzielung einer Opportunitätsprämie. Somit ist die potenziell zu erzielende Opportunitätsprämie tendenziell umso größer, je höher die Kosten sind, die die Qualitätsermittlung für das betreffende Strukturkriterium verursacht. Die Faktoren, die im Einzelnen die Höhe der Informationsbeschaffungskosten bestimmen, sind in Kapitel C 1.3 umfassend analysiert. Auf eine entsprechende Untersuchung kann an dieser Stelle daher verzichtet werden.

Wie bereits erörtert, besitzen die Kriterien der Prozessqualität grundsätzlich den Charakter von Erfahrungsgütern.[217] Definitionsgemäß ist die Qualität von Erfahrungsgütern erst nach deren Inanspruchnahme zu bewerten. Deshalb haben Ärzte und Krankenhäuser grundsätzlich immer die Möglichkeit, sich durch eine hohe Qualität der Behandlungsprozesse zunächst eine positive Reputation aufzubauen und anschließend zur Erzielung von Opportunitäts-Zusatzerlösen diese Qualität wieder abzusenken, ohne dies den Patienten vorab anzukündigen.

Den Erfahrungsgutcharakter verlieren die betroffenen Leistungsmerkmale allerdings, wenn die Patienten auf das Sammeln eigener Erfahrungen verzichten und auf die von anderen Patienten gesammelten Erfahrungen zurückgreifen. Die Prozesskriterien erhalten in diesem Fall den Charakter von Suchgütern.[218] Für die zu erzielende Opportunitätsprämie gelten dann die o. a. Ergebnisse.

Können oder wollen die Patienten auf das Sammeln eigener Qualitätserfahrungen nicht verzichten, so bleibt der originäre Erfahrungsgutcharakter der Prozesskriterien erhalten. Dies kann z. B. dann der Fall sein, wenn bei der Bestimmung der Qualität des jeweiligen Leistungsmerkmals die subjektiven Wahrnehmungen der Patienten eine bedeutende Rolle spielen und diese von Patient zu Patient unterschiedlich sind, so dass sie nicht ohne weiteres auf andere Patienten übertragen werden können. Außerdem ist zu berücksichtigen, dass auf die Erfahrungen anderer Patienten ohnehin nur dann zurückgegriffen werden kann, wenn diese erfasst und für interessierte Patienten zugänglich sind. Inwieweit die zu erzielende Opportunitätsprämie bei jenen Qualitätsmerkmalen einer Gesund-

[217] Vgl. Teil I, Kapitel A 5.

[218] Vgl. Teil I, Kapitel A 5.

heitsdienstleistung, die der Kategorie „Prozessqualität“ zuzuordnen sind, größer oder kleiner ist als die Opportunitätsprämie, die Ärzte und Krankenhäuser durch eine Absenkung der Qualität der Behandlungsstrukturen erzielen können, ist nicht pauschal prognostizierbar.

Die Kriterien der Ergebnisqualität besitzen tendenziell den Charakter von Vertrauensgütern. Da die Patienten die Qualität von Vertrauensgütern selbst nach Inanspruchnahme des betreffenden Gutes nicht zuverlässig beurteilen können, ist es Krankenhäusern und Ärzten selbst durch die Erstellung hoher Leistungsqualitäten über einen längeren Zeitraum nicht möglich, Reputation aufzubauen. Dementsprechend ist auch die Erzielung einer Reputations- oder Opportunitätsprämie ausgeschlossen. Wie im Fall der Qualitätskriterien mit Erfahrungsgutcharakter können allerdings auch die Kriterien mit Vertrauensgutcharakter den Charakter von Suchgütern annehmen. Diese Möglichkeit besteht immer dann, wenn die Patienten auf eine ausreichend hohe Zahl von Behandlungsergebnissen, die der in Frage kommende Leistungserbringer bei der Behandlungen anderer Patienten in der Vergangenheit erzielt hat, zurückgreifen können. Die Ergebniskriterien erhalten in diesem Fall den Charakter von Suchgütern.

2.1.7 Kostenunterschiede zwischen der Erstellung hoher und niedriger Qualität

Die Höhe der Opportunitätsprämie ist darüber hinaus von den Kosteneinsparungen abhängig, die die Anbieter durch eine Reduzierung der Qualität der von ihnen erstellten Güter erzielen können. Je größer diese Kosteneinsparungen sind, desto höher fällt die Opportunitätsprämie aus.

Höhe der Kosteneinsparungen bei Reduzierung der Leistungsqualität	⇧	⇨	Höhe der potenziellen Opportunitätsprämie	⇧

Erste Hinweise über die Höhe der Kosteneinsparungen, die die Leistungserbringer durch eine bewusste Absenkung der Qualität ihrer Behandlungsstrukturen möglicherweise erzielen können, liefert eine nähere Betrachtung der Kostenstrukturen von Arztpraxen und Krankenhäusern. So geht aus den vom Zentralinstitut für die kassenärztliche Versorgung (ZI) erstellten Analysen der Kostenstrukturen in Arztpraxen u. a. hervor, dass der Anteil der Personalkosten an den gesamten Betriebsausgaben bei Kinder- und Hautärzten, Orthopäden, HNO- und

Allgemeinärzten im Verhältnis zu den entsprechenden Werten der übrigen Fachgruppen vergleichsweise hoch ist.[219] Besonders niedrige Personalkostenanteile finden sich hingegen bei Radiologen und Urologen (vgl. dazu Tabelle 8).

Tabelle 8: Personalkostenanteile nach Fachgruppen

Fachgruppe	**Personalkostenanteil in %**
Kinderärzte*	50,9
Hautärzte*	49,3
Orthopäden*	47,1
HNO-Ärzte*	47,0
Allgemeinärzte**	47,0
...	...
Urologen*	39,7
Radiologen**	29,9

* Angaben für das Jahr 1996.
** Angaben für das Jahr 1999.

Quelle: Eigene Zusammenstellung auf der Basis von BRENNER, G. [1998], S. 7, ZENTRALINSTITUT FÜR DIE KASSENÄRZTLICHE VERSORGUNG [2002a] sowie ZENTRALINSTITUT FÜR DIE KASSENÄRZTLICHE VERSORGUNG [2002b].

Für den Strukturqualitätsaspekt „personelle Ausstattung" bietet sich den genannten Arztgruppen mit vergleichsweise hohem Personalkostenanteil tendenziell das größte (Kosten-)Einsparpotenzial. Dementsprechend groß sind zumindest in der Tendenz die möglichen Einsparungen im Bereich der „apparativen und räumlichen" Ausstattung für Arztpraxen mit relativ niedrigem Personal- und damit relativ hohem Sachkostenanteil.

Tabelle 9 gibt einen Überblick über die Kostenstrukturen von Krankenhäusern. Mit einem Anteil an den Gesamtkosten in Höhe von 65,3 Prozent sind die Personalkosten in Krankenhäusern der Kostenfaktor, der tendenziell die größten Einsparpotenziale bietet.[220] Innerhalb der Personalkosten stellen der Pflegedienst mit

---

219 Vgl. BRENNER, G. [1998], S. 7, ZENTRALINSTITUT FÜR DIE KASSENÄRZTLICHE VERSORGUNG [2002a] sowie ZENTRALINSTITUT FÜR DIE KASSENÄRZTLICHE VERSORGUNG [2002b].

220 Die Berechnung der Kosten erfolgt nach dem Nettoprinzip, das heißt, erfasst sind nur die pflegesatzfähigen Kosten für die teil- und vollstationären Leistungen. Nicht erfasst sind somit insbesondere die Investitionskosten sowie die Kosten für Anlagegüter, deren Nutzungsdauer drei Jahre übersteigt.

39,0 Prozent, der Ärztliche Dienst mit 22,3 Prozent und der Medizinisch-technische Dienst mit 11,6 Prozent die mit Abstand größten Kostenblöcke dar.

Ein Abbau der personellen Ausstattung - sei es quantitativ in Form einer Reduzierung der Stellenanzahl oder qualitativ, z. B. durch niedrigere Investitionen in die Weiterbildung der Mitarbeiter - kann sich in der Tendenz in diesen Personalgruppen am deutlichsten in der Höhe der Personalkosten bemerkbar machen. Exakte Prognosen über die Kosteneffekte von Absenkungen der qualitativen personellen Ausstattung von Krankenhäusern oder Vertragsarzt-Praxen sind allerdings nicht möglich, da insbesondere mit einer Verbesserung des Qualitätsmerkmals „Erfahrung mit und der Spezialisierung auf bestimmte Krankheiten, Patientengruppen oder Behandlungstechniken" nicht zwingend Mehrkosten einhergehen, sondern häufig sogar Kosteneinsparungen realisiert werden können.

Bei den in Tabelle 9 enthaltenen Daten über die Kostenstrukturen von Krankenhäusern handelt es sich um Angaben über pflegesatzfähige Kosten. Nicht darin enthalten sind somit jene Kosten, für die gemäß den Vorgaben des Krankenhausfinanzierungsgesetzes grundsätzlich die Länder aufkommen müssen.[221] Im Einzelnen sind dies „die mit der Errichtung entstehenden ... Investitionskosten einschließlich der errichtungsbedingten Erstausstattungen"[222] und die Kosten „für die Wiederbeschaffung von Anlagegütern mit einer durchschnittlichen Nutzungsdauer von mehr als drei Jahren"[223] (Einzelförderung von Baumaßnahmen), für die „Wiederbeschaffung kurzfristiger Anlagegüter (und) die Investitionskosten für kleine bauliche Maßnahmen"[224]. Trotz des bestehenden Vollfinanzierungs-Anspruchs gegenüber den Ländern tragen die Krankenhausträger - aus den bereits skizzierten Gründen[225] - derzeit einen nicht unbedeutenden Anteil an den zuvor genannten Kosten. Schöpfen die Krankenhausträger die resultierenden Einsparpotenziale aus, indem sie auf die entsprechenden Investitionen und Wiederbeschaffungen verzichten, so kann sich dies negativ auf den Strukturqualitätsaspekt „räumliche und apparative Ausstattung" auswirken, z. B. in Form der Verwendung veralteter Geräte im Rahmen Bild gebender Verfahren und einer Verringerung des Einsatzes moderner Informationstechnologien.[226]

---

[221] Vgl. § 9 KHG sowie §§ 12 f. LKHG

[222] § 12 Abs. 1 LKHG.

[223] § 12 Abs. 2 LKHG.

[224] § 13 Abs. 1 LKHG.

[225] Vgl. Kapitel C 2.1.2.

[226] Vgl. BRUCKENBERGER, E. [2002], S. 12.

Tabelle 9: Kostenstrukturen von Krankenhäusern im Jahr 2001

Kostenarten	Kosten je Pflegetag in Euro*	Anteil an den Personalkosten in %	Anteil an den Gesamtkosten. in %
1. Ärztlicher Dienst	49,21	22,34	14,73
2. Pflegedienst	85,98	39,03	25,73
3. Medizinisch-technischer Dienst	25,49	11,57	7,63
4. Funktionsdienst	20,66	9,38	6,18
5. Klinisches Hauspersonal	3,72	1,69	1,11
6. Wirtschafts- und Versorgungsdienst	12,46	5,66	3,72
7. Technischer Dienst	4,88	2,22	1,46
8. Verwaltungsdienst	13,76	6,25	4,12
9. Sonderdienste	1,02	0,46	0,31
10. Sonstiges Personal	1,26	0,57	0,38
11. Nicht zurechenbare Personalkosten	1,85	0,84	0,55
12. **Personalkosten insgesamt**	**220,28**		**65,29**
	Kosten je Pflegetag in Euro*	Anteil an den Personalkosten in %	Anteil an den Gesamtkosten. in %
13. Lebensmittel	7,06	6,35	2,11
14. Medizinischer Bedarf	54,60	49,18	16,34
15. Wasser, Energie, Brennstoffe	7,20	6,48	2,15
16. Wirtschaftsbedarf	11,42	10,29	3,41
17. Verwaltungsbedarf	6,63	5,97	1,98
18. Zentrale Verwaltungsdienste	1,83	1,65	0,55
19. Zentrale Gemeinschaftsdienste	0,60	0,54	0,18
20. Steuern, Abgaben, Versicherungen	2,86	2,58	0,86
21. Instandhaltung	14,08	12,68	4,21
22. Gebrauchsgüter	0,76	0,68	0,23
23. Sonstiges	3,99	3,55	1,19
24. Sachkosten insgesamt	**111,03**		**33,23**
25. Zinsen für Betriebsmittelkredite	0,57		0,17
26. Krankenhaus insgesamt	**334,17**		

* Kosten nach dem Nettoprinzip
(nur pflegesatzfähige Kosten für voll- und teilstationären Leistungen).

Quelle: DEUTSCHE KRANKENHAUSGESELLSCHAFT (Hrsg.) [2003a], S. 3; eigene Berechnungen.

Bewusste Reduzierungen der Qualität der Behandlungsprozesse können sich einerseits in Form verkürzter Arzt-Patient-Gespräche, in einer verschlechterten Zusammenarbeit mit anderen Leistungserbringern und Selbsthilfegruppen oder z. B. durch den Verzicht auf die Teilnahme an ärztlichen Qualitätszirkeln und die Durchführung von Patientenschulungen äußern. Durch sie sparen die Leistungserbringer Zeit, so dass sie die mit ihr verbundenen Opportunitätskosten senken können. Andererseits kann eine niedrigere Prozessqualität aber auch die Nicht-Einhaltung anerkannter Behandlungsleitlinien, die Verlängerung von Wartezeiten oder eine generelle Verschlechterung der praxis- oder klinikinternen Zusammenarbeit bedeuten. Die Durchführung dieser Maßnahmen führt nicht zwingend zu Kosteneinsparungen.

Die Qualität ihrer Behandlungsergebnisse können die Erbringer medizinischer Leistungen nur beeinflussen, indem sie die Qualität ihrer Behandlungsstrukturen und -prozesse verändern.[227] Außer den zuvor diskutierten Einsparpotenzialen, die sie durch Reduzierungen der Struktur- und Prozessqualität realisieren können, stehen ihnen im Bereich der Ergebnisqualitäten daher keine besonderen Kostensenkungsmöglichkeiten zur Verfügung.

2.1.8 Existenz und Niveau einer gesetzlichen Mindestqualität

Erheblichen Einfluss auf die Höhe der Opportunitätsprämie haben auch die Existenz einer verbindlichen Mindestqualität und deren Niveau.[228] Mindeststandards und deren Anhebung senken den Spielraum für verdeckte Qualitätsverschlechterungen und die daraus unter Umständen resultierende Opportunitätsprämie.[229]

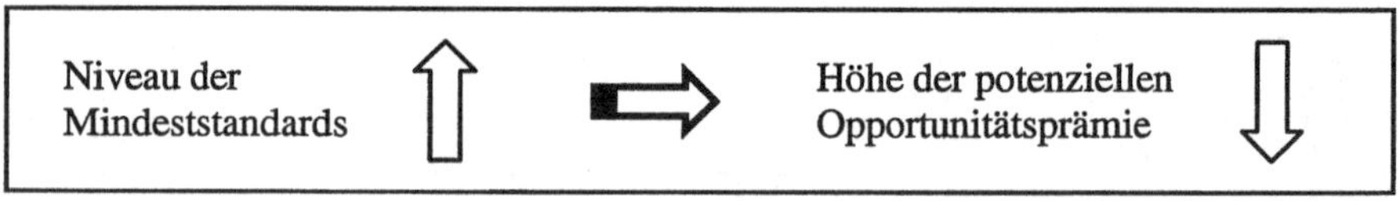

[227] Zum Kausalzusammenhang zwischen Behandlungsstruktur, -prozess und -ergebnis vgl. Teil I, Kapitel A 3.

[228] Vgl. VAHRENKAMP, K. [1991], S. 52 f.

[229] Vgl. MITROPOULOS, S. [1997], S. 342.

Im Folgenden ist deshalb zu untersuchen, inwieweit die für die GKV maßgeblichen gesetzlichen Vorschriften Mindeststandards definieren, die von den Vertragsärzten und den zur Teilnahme an der stationären Versorgung innerhalb der GKV zugelassenen Krankenhäusern eingehalten werden müssen.

Grundsätzlich gilt für alle im Rahmen der GKV erbrachten Leistungen, dass ihre „Qualität und Wirksamkeit ... dem allgemein anerkannten Stand der medizinischen Erkenntnisse zu entsprechen und den medizinischen Fortschritt zu berücksichtigen“[230] haben. Alle Krankenhäuser und niedergelassenen Ärzte, die ihre Leistungen mit den Krankenkassen abrechnen möchten, müssen diese generelle Qualitätsvorgabe erfüllen. Eine Einschränkung erfährt dieses hoch angesetzte Niveau der zu erfüllenden Mindestqualität jedoch insoweit, als die Leistungen „das Maß des Notwendigen nicht überschreiten“ dürfen und außerdem „ausreichend, zweckmäßig und wirtschaftlich“ sein müssen.[231] Eine Analyse der spezifischen Vorgaben für die in dieser Arbeit unterschiedenen Aspekte der Struktur-, Prozess- und Ergebnisqualität ermöglicht detailliertere Aussagen über das Niveau der vom Gesetzgeber für die GKV vorgeschriebenen Mindestqualitäten.

Zunächst geht es um ***(a) Mindestanforderungen an die Strukturqualität.*** Ein zentraler Aspekt ist hier die fachliche Qualifikation der an der Behandlung beteiligten Personen.[232] Neben den Ärzten gehören dazu insbesondere die Angehörigen der so genannten Medizinalfachberufe. Als Beispiele für diese seien hier nur Krankenschwestern und -pfleger, medizinisch-technische Assistenten für die Funktionsdiagnostik und die Radiologie, Hebammen, Arzthelferinnen sowie Ergo- und Physiotherapeuten genannt.[233] Elementare Voraussetzung und somit erste Mindestanforderung an die fachliche Qualifikation für die Ausübung dieser Tätigkeiten ist der erfolgreiche Abschluss einer entsprechenden Berufsausbildung.[234] Ärzte, die an der vertragsärztlichen Versorgung teilnehmen möchten, müssen außerdem ihre Eintragung in das Arztregister nachweisen können.[235]

---

230 § 2 Abs. 1 SGB V.

231 Vgl. § 12 Abs. 1 SGB V.

232 Vgl. Teil I, Kapitel A 4.2.

233 Eine vollständige Aufzählung der Medizinalfachberufe, deren Ausbildung durch Bundesgesetz geregelt ist, findet sich bei BUNDESMINISTERIUM FÜR GESUNDHEIT UND SOZIALE SICHERUNG [2003].

234 Aufgrund der Vielzahl der Berufsgruppen, die an der Behandlung eines Patienten beteiligt sein können, ist es nicht möglich, auf die Besonderheiten sämtlicher Ausbildungen einzugehen.

235 Vgl. § 95 SGB V.

Darüber hinaus gehende Mindeststandards für die Behandlungsstrukturen können die Krankenkassen mit der KBV für „ärztliche Leistungen, welche ... besonderer Kenntnisse und Erfahrungen (Fachkundenachweis) sowie einer besonderen Praxisausstattung oder weiterer Anforderungen an die Strukturqualität bedürfen“[236], vereinbaren. Die Erfüllung dieser Anforderungen ist von den Vertragsärzten gegenüber den Kassenärztlichen Vereinigungen nachzuweisen.[237]

Spezifische Strukturvoraussetzungen existieren derzeit z. B. für die Ultraschall- und Strahlendiagnostik, für arthroskopische und kernspintomographische Untersuchungen sowie für die Kontrolle von Herzschrittmachern.[238] Konkrete Anforderungen an die Qualifikation der Erbringer von Heilmitteln (insbesondere Erbringer von Leistungen der physikalischen Therapie, der Sprach- oder Beschäftigungstherapie[239]) sowie an die räumliche und apparative Ausstattung von deren Praxen, die zur Erbringung der betreffenden Leistungen gewährleistet sein muss, enthalten die von den Spitzenverbänden der Krankenkassen gemäß § 124 Abs. 4 SGB V formulierten Empfehlungen.[240]

Vergleichsweise niedrige Mindeststandards für die Behandlungsstrukturen gibt es für den Qualitätsaspekt „Teilnahme an Fortbildungsmaßnahmen“. So enthalten die ärztlichen Berufsordnungen zwar eine grundsätzliche Verpflichtung der Ärzte, „sich in dem Umfange beruflich fortzubilden, wie es zur Erhaltung und Entwicklung der zu ihrer/seiner Berufsausübung erforderlichen Fachkenntnisse notwendig ist“[241], doch wird dieser Mindeststandard derzeit durch fehlende Kontrollen durch die Ärztekammern und fehlende Sanktionsmechanismen weitgehend ausgehöhlt, wie der SVRKAiG in seinem Jahresgutachten 2000/2001 feststellt.[242] Anstelle einer verstärkten Kontrolle der Fortbildungsverpflichtung der Ärzte setzen die Ärztekammern derzeit auf „freiwillige Fortbildungszertifikate“.[243]

---

236 § 135 Abs. 2 SGB V.

237 Vgl. § 11 Abs. 5 BMV-Ä.

238 Vgl. dazu im Detail KASSENÄRZTLICHE BUNDESVEREINIGUNG (Hrsg.) [2003a bis 2003e].

239 Vgl. § 124 Abs. 1 SGB V.

240 Vgl. dazu ARBEITSGEMEINSCHAFT DER SPITZENVERBÄNDE DER GESETZLICHEN KRANKENKASSEN [2002].

241 § 4 Abs. 1 BOÄÄ-RLP.

242 Vgl. SACHVERSTÄNDIGENRAT FÜR DIE KONZERTIERTE AKTION IM GESUNDHEITSWESEN [2001a], S. 17 ff. Zu einem ähnlichen Ergebnis kommt auch KLEMPERER, D. [2003], S. 44.

243 Vgl. dazu z. B. ÄRZTEKAMMER BADEN-WÜRTTEMBERG [2004].

Obwohl davon auszugehen ist, „dass sich größere Erfahrung hinsichtlich der erbrachten Leistungen oftmals positiv auf deren Qualität auswirkt“[244] gab es in der GKV über lange Zeit keine Mindestanforderungen für die (mindest-)notwendige Erfahrung der Leistungserbringer mit bestimmten Behandlungsverfahren. Verändert hat sich diese Situation erst mit der Verabschiedung des Fallpauschalengesetzes (FPG) im Jahr 2002. So wurde das SGB V in Folge des FPG insofern geändert, als die Spitzenverbände der Krankenkassen und der Verband der privaten Krankenversicherung nun verpflichtet sind, bis zum Jahr 2004 mit der Deutschen Krankenhausgesellschaft unter Beteiligung der Bundesärztekammer sowie der Berufsorganisationen der Krankenpflegeberufe Maßnahmen der Qualitätssicherung für zugelassene Krankenhäuser zu vereinbaren, die unter anderem „einen Katalog planbarer Leistungen, bei denen die Qualität des Behandlungsergebnisses in besonderem Maße von der Menge der erbrachten Leistungen abhängig ist, (und) Mindestmengen für die jeweiligen Leistungen je Arzt oder Krankenhaus“[245] enthalten sollen.[246]

Generelle Mindestvorgaben über quantitative Aspekte der Personalausstattung (z. B. in Form von Mindeststandards für die Zahl der Ärzte oder Pflegekräfte pro Patient) gibt es derzeit nicht. Die im Jahr 1993 für den Bereich der Krankenhauspflege in Kraft getretene Pflegepersonalregelung (PPR), die den Pflegepersonalbedarf durch die Schaffung von Patientengruppen, Kataloge für verschiedene Pflegetätigkeiten und deren Minutenwerte regelte, wurde im Jahr 1997 durch das 2. GKV-NOG aufgehoben.[247]

---

[244] BUNDESMINISTERIUM FÜR GESUNDHEIT UND SOZIALE SICHERUNG [2002], S. 6.

[245] § 137 Abs. 1 SGB V.

[246] Die Länder können allerdings Ausnahmen von dem Katalog festlegen, wenn es zur flächendeckenden Versorgung der Bevölkerung erforderlich ist; vgl. BUNDESMINISTERIUM FÜR GESUNDHEIT UND SOZIALE SICHERUNG [2002], S. 6

[247] Vgl. 2. GKV-NOG, Artikel 13.

Tabelle 10: Richtlinien mit expliziten Anforderungen an die Personalausstattung

Richtlinien der Kassenärztlichen Bundesvereinigung	**Richtlinien des Bundesausschusses der Ärzte und Krankenkassen** (nach § 92 SGB V)	**Richtlinien der Bundesärztekammer**
Vereinbarung nach § 115 b Abs. 1 SGB V:	Gesundheitsuntersuchungen (23.03.2001)	Qualitätssicherung ambulanter Operationen (13.04.1994)
Qualitätssicherungsmaßnahmen beim ambulanten Operieren (24.07.2001)	Empfängnisregelung und Schwangerschaftsabbruch (27.01.1999)	Gewinnung von Blut und Blutbestandteilen und zur Anwendung von Blutprodukten, (Hämotherapie, 16.11.2001)
Vereinbarungen nach § 135 Abs. 2 SGB V:	Jugendgesundheitsuntersuchungen (27.01.1999)	Qualitätssicherung endoskopischer Eingriffe (13.04.1994)
Arthroskopie (08.02.1994)	Kinder (22.03.2000)	Organtransplantation
Blutreinigungsverfahren (16.06.1997)	Krebsfrüherkennung (26.08.1994)	Gentransfer in menschliche Körperzellen (20.01.1995)
Herzschrittmacher-Kontrolle (12.12.1991)	Künstliche Befruchtung (01.07.2002)	Herstellung von Plasma für besondere Zwecke (27.10.2000)
Invasive Kardiologie (3.09.1999)	Mutterschaft (27.01.1999)	Qualitätssicherung in der Mikrobiologie
Kernspintomographie (10.02.1993; i. d. F. vom 17.09.2001)	Psychotherapie (01.01.1999)	Durchführung der assistierten Reproduktion (03.12.1998)
Langzeit-EKG-Untersuchungen (12.12.1991)	Radiologische Diagnostik (13.03.1997)	Diagnostik der genetischen Disposition für Krebserkrankungen (29.05.1998)

Strahlendiagnostik und –therapie (10.02.1993; i. d. F. vom 20.11.1995)	Soziotherapie (01.01.2002)	Durchführung der substitutionsgestützten Behandlung Opiatabhängiger (22.03.2002)
Ultraschall-Vereinbarung (10.02.1993; i. d. F. vom 10.06.1996)		Pränatale Diagnostik von Krankheiten und Krankheitsdispositionen (29.03.2002)
Diagnostik der Karzinome der weiblichen Genitale (12.02.1992; i. d. F. vom 01.10.1994)		Qualitätssicherung quantitativer laboratoriumsmedizinischer Untersuchungen (26.04.2002)
Photodynamische Therapie am Augen-Hintergrund (16. 07. 2001)		Transplantation peripherer Blutstammzellen (01.06.1997)
		Transplantation von Stammzellen aus Nabelschnurblut(14.05.1999)
		Verwendung fetaler Zellen und fetaler Gewebe (28.11.1991)

Quelle: Eigene Zusammenstellung auf der Basis von BUNDESÄRZTEKAMMER (Hrsg.) [1994], BUNDESÄRZTEKAMMER (Hrsg.) [2002b] und KASSENÄRZTLICHE BUNDESVEREINIGUNG (Hrsg.) [2003a-e].

Fachbereichsspezifische Vorgaben, die die Mindest-Personalausstattung betreffen, gibt es derzeit nur für die Bereiche Intensivpflege[248] und stationäre Psychiatrie.[249] Darüber hinaus gehende Anforderungen an die Personalausstattung beinhalten z. T. die von der Bundesärztekammer, der KBV und vom Bundesausschuss der Ärzte und Krankenkassen erstellten Richtlinien zu bestimmten Behandlungsverfahren. Tabelle 10 gibt einen Überblick über diese.

Mindestanforderungen an die institutionelle und zeitliche Erreichbarkeit von Vertragsärzten sind im Bundesmantelvertrag–Ärzte (BMV-Ä) formuliert. Demnach dürfen Vertragsärzte die Behandlung von Versicherten, die ihre Anspruchsberechtigung durch Vorlage der Krankenversichertenkarte oder eines anderen gültigen Behandlungsausweises nachweisen, nur in begründeten Fällen ablehnen.[250] Darüber hinaus sind die Vertragsärzte gehalten, ihre „Sprechstunden entsprechend dem Bedürfnis nach einer ausreichenden und zweckmäßigen vertragsärztlichen Versorgung und den Gegebenheiten seines Praxisbereiches festzusetzen“[251]. Besuchsbehandlungen (Hausbesuche) sind grundsätzlich Aufgabe des behandelnden Hausarztes.[252] Besuche außerhalb ihres üblichen Praxisbereiches dürfen Vertragsärzte ablehnen, „es sei denn, daß es sich um einen dringenden Fall handelt und ein Vertragsarzt, in dessen Praxisbereich die Wohnung des Kranken liegt, nicht zu erreichen ist.“[253]

Erwartungsgemäß gelten für Krankenhäuser noch strengere Vorgaben an ihre Erreichbarkeit. So müssen sie jederzeit darauf eingerichtet sein, „mit Hilfe von … ärztlichem, Pflege-, Funktions- und medizinisch-technischem Personal … vorwiegend durch ärztliche und pflegerische Hilfeleistung Krankheiten der Patienten zu erkennen, zu heilen, ihre Verschlimmerung zu verhüten, Krankheitsbeschwerden zu lindern oder Geburtshilfe zu leisten.“[254]

---

248 Derzeit basiert die Personalbemessung auf Intensivstationen auf den Richtlinien der DKG aus dem Jahr 1974 sowie auf Empfehlungen von Bölke, ebenfalls aus dem Jahr 1974. Die Anhaltszahlen zur Personalbedarfsermittlung beziehen sich auf die Zahl der im Jahresdurchschnitt belegten Betten, wobei unterschieden wird zwischen Intensivbehandlungs- und Intensivüberwachungspatient. Darüber hinaus kann ein Zuschlag für die Anrechnung an Pflegepersonal dokumentierter Beatmungsstunde pro Patient geltend werden. Vgl. dazu ACHENBACH, T. BETZ, A. u. a. [2000], S. 147.

249 Vgl. dazu die Verordnung über die Maßstäbe und Grundsätze für den Personalbedarf in der stationären Psychiatrie (Psych-PV).

250 Vgl. § 13 Abs. 1 und 6 BMV-Ä.

251 § 17 Abs. 1 BMV-Ä.

252 Vgl. § 17 Abs. 6 BMV-Ä

253 § 17 Abs. 4 BMV-Ä.

254 § 107 Abs. 1 SGB V.

Für die ***(b) Mindestanforderungen an die Prozessqualität*** ist zentrale Grundlage aller Anforderungen, die von den Ärzten zu erfüllen sind, die Sorgfaltspflicht gegenüber ihren Patienten. Zur Sorgfalt entsprechend den Vorschriften des bürgerlichen Vertragsrechts sind Ärzte ab dem Zeitpunkt des Abschlusses eines Behandlungsvertrags, welcher durch die Behandlungsübernahme automatisch zu Stande kommt, verpflichtet.[255]

Aus der ärztlichen Sorgfaltspflicht resultiert das Recht der Patienten auf eine Behandlung entsprechend den anerkannten Regeln der ärztlichen Kunst.[256] Außerdem verpflichten sich Ärzte mit der Übernahme einer Behandlung dazu, ihre Patienten „über Art, Umfang, Risiko und Tragweite eines Eingriffs zu diagnostischen und/oder therapeutischen Zwecken“[257] aufzuklären. Gemäß der Festlegung der Grundsätze ärztlichen Handelns durch die Berufsordnungen der Landesärztekammern umfasst eine korrekte ärztliche Berufsausübung auch, dass der Arzt im Umgang mit seinen „Patientinnen/Patienten

- ihre Würde und ihr Selbstbestimmungsrecht respektiert, ihre Privatsphäre achtet,
- über die beabsichtigte Diagnostik und Therapie, ggf. über ihre Alternativen und über ihre bzw. seine Beurteilung des Gesundheitszustandes in für die Patientin oder den Patienten verständlicher und angemessener Weise informiert und insbesondere auch das Recht, empfohlene Untersuchungs- und Behandlungsmaßnahmen abzulehnen, respektiert,
- Rücksicht auf die Situation der Patientin bzw. des Patienten nimmt,
- auch bei Meinungsverschiedenheiten sachlich und korrekt bleibt,
- den Mitteilungen der Patientin oder des Patienten gebührende Aufmerksamkeit entgegenbringt und einer Patientenkritik sachlich begegnet.“[258]

Darüber hinaus sind - soweit erforderlich - sowohl Vertragsärzte als auch Krankenhäuser zur Zusammenarbeit mit anderen Leistungserbringern sowie zur Teilnahme an Qualitätssicherungsmaßnahmen verpflichtet.[259]

---

[255] Vgl. § 76 Abs. 4 SGB V.

[256] Vgl. ZENTRALINSTITUT FÜR DIE KASSENÄRZTLICHE VERSORGUNG (Hrsg.) [1998], S. 82.

[257] Ebenda.

[258] Abschnitt 2 Nr. 1 BOÄÄ-RLP.

[259] Vgl. § 135a SGB V und § 30 LKH- RLP sowie Abschnitt C Nr. 2 BOÄÄ-RLP.

Mit den genannten Vorgaben sind für einige Aspekte der Prozessqualität Mindeststandards abgesteckt.[260] Insbesondere gilt dies für die aus Patientenperspektive sehr bedeutsame Qualität der „Arzt-Patient-Beziehung", welche aufgrund der zitierten „Grundsätze ärztlichen Handelns" im Prinzip auf hohem Niveau gesichert zu sein scheint. Aber auch die Verpflichtung zu einer Behandlung entsprechend den Regeln der ärztlichen Kunst und zur Kooperation sowie zur Teilnahme an Qualitätssicherungsmaßnahmen gewährleisten im Prinzip ein hohes (Mindest-)Qualitätsniveau der Behandlungsprozesse, wenngleich die genannten Vorschriften keine konkreten Anweisungen beinhalten, wie die Einhaltung der Mindeststandards zu kontrollieren ist.

Grundsätzlich enthalten auch die in Tabelle 10 aufgeführten Richtlinien Vorgaben über die (Mindest-)Qualität bestimmter Behandlungsprozesse. Die darin formulierten Anforderungen gehen jedoch in der Regel allenfalls in geringem Umfang über die zuvor skizzierten, elementaren Vertragspflichten der Ärzte hinaus und tragen daher zu keiner wesentlichen Verschärfung der Mindestqualität von Behandlungsprozessen bei.

So enthält beispielsweise die Richtlinie der Bundesärztekammer zur Qualitätssicherung endoskopischer Eingriffe für die Prozessqualität der präoperativen Diagnostik und Therapie lediglich die Vorgabe, dass ein Arzt „vor dem endoskopischen Eingriff zu prüfen und zu dokumentieren (hat), ob

1. unter Abwägung von Alternativen der Eingriff indiziert ist,
2. die Art und Schwere des Eingriffes und der Gesundheitszustand des Patienten den endoskopischen Eingriff erlauben,
3. seine eigenen Kenntnisse, Fähigkeiten und Fertigkeiten, die seines Personals und die ihm zur Verfügung stehenden räumlichen, technischen und organisatorischen Gegebenheiten es erlauben, den Eingriff den Regeln der ärztlichen Kunst gemäß durchzuführen,
4. der Patient hinreichend und rechtzeitig differentialdiagnostisch und/oder differentialtherapeutisch aufgeklärt worden ist."[261]

Darüber hinaus ist zu berücksichtigen, dass es nur für vergleichsweise wenige Krankheitsbilder und Behandlungsleistungen Richtlinien gibt, die genaue Vorgaben über die im konkreten Einzelfall einzuleitenden Behandlungsschritte beinhalten. Zu weitaus mehr Krankheiten existieren Behandlungsleitlinien. Da es

---

[260] Zu den einzelnen Aspekten der Prozessqualität vgl. Kapitel Teil I, A 4.3.

[261] BUNDESÄRZTEKAMMER (Hrsg.) [1994].

sich bei diesen jedoch definitionsgemäß lediglich um Entscheidungshilfen handelt, zu deren Einhaltung die Leistungserbringer nicht verpflichtet sind, leisten Leitlinien keinen Beitrag zur Absicherung einer Mindestqualität der Behandlungsprozesse.

Die geringe Zahl verbindlicher Richtlinien über die Ausgestaltung von Behandlungsprozessen, die bei Auftreten bestimmter Symptome, Krankheiten oder Verletzungen an Patienten einzuhalten sind, ist auf den hohen Stellenwert der Diagnose- und Therapiefreiheit innerhalb der ärztlichen Berufsordnungen zurückzuführen. So ist der ärztliche Beruf seiner Natur nach grundsätzlich ein freier Beruf.[262] Als unmittelbare Konsequenz daraus zählt es zu den allgemeinen ärztlichen Berufspflichten, dass Ärzte ihren Beruf nach ihrem Gewissen, den Geboten der ärztlichen Ethik und der Menschlichkeit ausüben müssen und sie keine Vorschriften anerkennen und befolgen dürfen, die sie nicht verantworten können.[263] Der hohe Stellenwert der Diagnose- und Therapiefreiheit spiegelt sich auch in den erheblichen Bedenken wider, die seitens vieler Ärzte selbst gegenüber der Entwicklung von Leitlinien bestehen, obwohl diese - im Gegensatz zu Richtlinien, die eingehalten werden müssen - definitionsgemäß lediglich als Behandlungsempfehlungen konzipiert sind.[264]

Für die ***(c) Mindestanforderungen an die Ergebnisqualität*** existieren noch weniger Mindeststandards. Insbesondere schulden die Leistungserbringer ihren Patienten keine bestimmten Behandlungsergebnisse oder gar die Wiederherstellung ihrer Gesundheit.[265]

Auch die in Tabelle 10 aufgeführten Richtlinien enthalten bis auf wenige Ausnahmen[266] keine Vorgaben über zu erzielende Mindestqualitäten der Behandlungsergebnisse, sondern schreiben allenfalls Maßnahmen vor, die von den Leistungserbringern ergriffen werden müssen, um eine hohe Ergebnisqualität sicherzustellen.

---

[262] Vgl. dazu etwa § 1 Abs. 1 BOÄÄ-RLP.

[263] Vgl. § 2 Abs. 1 BOÄÄ-RLP.

[264] Vgl. BAUER, H. [1998], S. 3.

[265] Vgl. ZENTRALINSTITUT FÜR DIE KASSENÄRZTLICHE VERSORGUNG (Hrsg.) [1998], S. 80.

[266] Zu den Ausnahmen gehören z. B. die Richtlinien für die radiologische Diagnostik, die bestimmte Bildqualitäten als Mindeststandards definieren, sowie die Richtlinie für laboratoriumsmedizinische Untersuchungen, die konkrete Fehlertoleranzen für Laborleistungen vorgibt; vgl. BUNDESAUSSCHUSS DER ÄRZTE UND KRANKENKASSEN (Hrsg.) [1997] sowie BUNDESÄRZTEKAMMER (Hrsg.) [2002b].

2.2 *Fazit und Ansätze zur Förderung der Funktionsfähigkeit*

Das Signaling-Instrument „Aufbau von Reputation“ wird insbesondere mit solchen Produkten oder Leistungen in Verbindung gebracht, die den Charakter von Erfahrungsgütern besitzen.[267] Die nähere Betrachtung der Funktionsweise dieses Instruments zeigt, dass es für die Nachfrager auch bei Leistungen mit Suchgutcharakter sinnvoll sein kann, auf eine eigene Bewertung der betreffenden Leistung vor deren Inanspruchnahme zu verzichten und stattdessen auf die Ergebnisse in der Vergangenheit durchgeführter Qualitätsbewertungen zurückzugreifen. Sinnvoll ist dies vor allem dann, wenn die Qualitätsbewertung mit hohen Kosten verbunden ist - was bei Gesundheitsdienstleistungen überwiegend vorliegt. Die vorangegangene Untersuchung macht außerdem deutlich, dass der „Aufbau von Reputation“ nicht für alle medizinischen Leistungserbringer und nicht für alle qualitätsrelevanten Merkmale von Gesundheitsdienstleistungen in gleicher Weise als zuverlässiges Signal zum Abbau der bestehenden Qualitätsunkenntnisse der Patienten anzusehen ist.

Innerhalb der Gruppe der Vertragsärzte erweist sich der Aufbau einer positiven Reputation und deren Aufrechterhaltung durch konstant hohe Leistungsqualitäten vor allem für relativ junge Ärzte als lohnenswert, da deren (verbleibender) Planungshorizont tendenziell am längsten ist. Aufgrund der vergleichsweise hohen Zahl potenzieller Wiederholungsverkäufe gilt dies insbesondere für Frauen-, Augen- und Kinderärzte. Einschränkend ist jedoch darauf hinzuweisen, dass das derzeit im vertragsärztlichen Bereich angewandte Vergütungssystem keine Aufschläge für überdurchschnittliche Leistungsqualitäten zulässt. Unter finanziellen Gesichtspunkten lohnt sich der Aufbau einer positiven Reputation deshalb nur für Ärzte, deren Behandlungskapazitäten noch nicht voll ausgelastet sind.

Da Krankenhäuser in der Regel einen unendlichen Planungshorizont aufweisen, kann sich auch für sie der Aufbau einer positiven Reputation und deren Aufrechterhaltung bezahlt machen. In der Tendenz trifft dies vor allem für die Fachabteilungen „Innere Medizin“, „Chirurgie“ und „Frauenheilkunde/Geburtshilfe“ zu, da ihnen die meisten potenziellen Wiederholungsverkäufe in Aussicht stehen. Allerdings differenziert auch das Vergütungssystem für Krankenhausleistungen nicht zwischen hohen und niedrigen Leistungsqualitäten, so dass von einer positiven Reputation letztlich nur die Kliniken profitieren können, die noch nicht an ihrer Kapazitätsgrenze arbeiten.

---

[267] Vgl. MITROPOULOS, S. [1997], S. 338 ff.

Der Anreiz, nach einer Phase des Reputationsaufbaus Zusatzerlöse durch verdeckte Qualitätsverschlechterungen zu erzielen, ist für die Leistungserbringer einerseits bei jenen Behandlungsaspekten relativ hoch, deren Qualität die Patienten nur mit vergleichsweise hohen Kosten bewerten können. Die Anreize zu verdeckten Qualitätsverschlechterungen hängen andererseits aber auch davon ab, inwieweit die Erstellung niedrigerer Leistungsqualitäten tatsächlich zu Kosteneinsparungen und resultierenden Zusatzerlösen führt.

Für den Strukturqualitätsaspekt „personelle Ausstattung“ bieten sich vor allem für Kinder-, Haut-, HNO- und Allgemeinärzte sowie Orthopäden tendenziell die größten Einsparpotenziale. Vergleichsweise hohe Kosteneinsparungen im Bereich der „apparativen Ausstattung“ sind hingegen insbesondere bei Radiologen und Urologen zu vermuten. Für Krankenhäuser liegen die größten Kostensenkungspotenziale innerhalb der Behandlungsstrukturen in deren Personalausstattung und dabei vor allem im Pflegedienst und im Ärztlichen Dienst. Einschränkend ist allerdings darauf hinzuweisen, dass nicht jede Absenkung der Strukturqualität - z. B. erwirkt durch geringe Investitionen in die Qualifikation des Personals - zwingend zu Kosteneinsparungen führt. Bei den Behandlungsprozessen lassen sich in erster Linie durch eine Verschlechterung der Arzt-Patient-Beziehung Kosten einsparen. Generelle Aussagen über den Einfluss anderer Absenkungen der Prozessqualität auf die Behandlungskosten sind jedoch nicht möglich.

Vergleichsweise hohe Opportunitätsprämien lassen sich darüber hinaus durch eine Absenkung der Qualität jener Behandlungsaspekte erzielen, für die es keine konkreten Mindestqualitäten gibt. In der Kategorie „Behandlungsstrukturen“ trifft dies vor allem für die quantitative Personalausstattung und für die Teilnahme an Fortbildungsmaßnahmen zu. Bei den Behandlungsprozessen gilt dies vor allem für jene Leistungen, für die es keine verbindlichen Richtlinien gibt.

Die Zuverlässigkeit des Qualitätssignals „Reputation“ kann zum einen durch Maßnahmen gesteigert werden, die die Reputationsprämie erhöhen. Großen Einfluss auf die Höhe der Reputationsprämie haben neben dem Planungshorizont der Anbieter und der Zahl der potenziellen Wiederholungsverkäufe insbesondere auch die zur Anwendung kommenden Vergütungssysteme. So verstärken sämtliche Elemente eines Vergütungssystems, die zu einer Belohnung überdurchschnittlicher Qualität führen, den Anreiz zum Aufbau und zur Aufrechterhaltung einer positiven Reputation. Deshalb sollte den Leistungserbringern - im Gegensatz zur derzeitigen Situation - in Zukunft die Möglichkeit eingeräumt werden, für überdurchschnittliche Qualitäten überdurchschnittliche Preise zu verlangen. Mit Abschaffung des derzeit noch bestehenden Kontrahierungszwangs zwischen

Krankenkassen und Leistungserbringern sollte den Krankenkassen deshalb nicht nur die Möglichkeit eingeräumt werden, die Zusammenarbeit mit einzelnen Leistungserbringern abzulehnen, sondern auch das Recht eingeräumt werden, Vergütungssysteme zu entwickeln und einzusetzen, die eine solche Belohnung überdurchschnittlicher Qualitäten vorsehen.

Die Funktionsfähigkeit des Signaling-Instruments „Aufbau von Reputation" lässt sich zum anderen durch Maßnahmen verbessern, die sich negativ auf die Höhe der von den Anbietern erzielbaren Opportunitätsprämie auswirken. Die Vereinfachung des Anbieterwechsels für Patienten, die sich in einer laufenden Behandlung befinden, stellt einen ersten dementsprechenden Ansatz dar. Insbesondere nach erfolgter Diagnose sollten die Patienten mehr als bisher ermuntert werden, eine bewusste Entscheidung darüber zu treffen, welchen Leistungserbringer sie mit der Weiterbehandlung beauftragen.

Darüber hinaus könnte die erzielbare Opportunitätsprämie auch durch eine Anhebung der bereits existierenden Mindestqualitätsvorgaben sowie deren Ausweitung auf jene Aspekte der Struktur-, Prozess- und Ergebnisqualität, für die bisher keine oder nur unpräzise Vorgaben existieren, abgesenkt werden. Dabei ist jedoch zu berücksichtigen, dass eine Anhebung der Mindestanforderungen zu einer Verletzung der Konsumentenpräferenzen führen kann, wenn die gesetzlichen Mindestanforderungen anschließend die der Patienten übertreffen.

Eine Absenkung der Opportunitätsprämie ließe sich außerdem durch eine Erhöhung der Anpassungsgeschwindigkeit der Verbrauchererwartungen erreichen.[268] Je schneller die Patienten wahrnehmen können, dass die Leistungen eines Arztes oder eines Krankenhauses nicht mehr die Qualität aufweisen, die sie in der Vergangenheit hatten, desto kürzer kann der betreffende Leistungserbringer die zusätzlichen Gewinne realisieren, die aus der reduzierten Qualität resultieren. Eine zentrale Sammlung und Veröffentlichung negativer Qualitätserfahrungen von Patienten könnte dazu beitragen, dass Patienten leichter als bisher abschätzen können, ob es sich bei einer einmal wahrgenommenen, niedrigen Qualität um einen Ausreißer oder um eine allgemeine Qualitätsverschlechterung handelt.[269]

---

268 Vgl. VAHRENKAMP, K. [1991], S. 52.

269 Auf diese Quelle zusätzlicher Qualitätsinformationen greift - wenn auch nicht für Gesundheitsdienstleistungen - beispielsweise die Stiftung Warentest in zunehmendem Maße durch Umfragen unter den Lesern der Zeitschrift „test" zurück; vgl. VAHRENKAMP, K. [1991], S. 52.

3 Einräumen freiwilliger Garantien

3.1 Analyse der Funktionsfähigkeit im GKV-System

Auch durch das Einräumen freiwilliger Garantien können die Anbieter ihren (potenziellen) Kunden die hohe Qualität der von ihnen angebotenen Leistungen signalisieren. Die Aussendung dieses Signals verursacht den Anbietern nur dann Kosten, wenn der Garantiefall eintritt, d. h. wenn das jeweilige Gut nicht über die Eigenschaften und damit über die Qualität verfügt, die dem Kunden vorab zugesichert wurde. Zwischen der Qualität der Leistungen und den Signalkosten besteht somit eine eindeutige, negative Korrelation. Freiwillige Garantien erfüllen somit die erste Voraussetzung dafür, dass die irreführende Aussendung dieses Signals nicht profitabel möglich ist.

Funktionsfähig ist das Signaling-Instrument „freiwillige Garantien" jedoch letztlich nur dann, wenn das Unterschreiten des garantierten Qualitätsniveaus eindeutig nachweisbar ist und die Verantwortung dafür dem betreffenden Leistungserbringer zweifelsfrei zugeordnet werden kann. Wird das Schadensrisiko auch durch Aktivitäten der Nachfrager beeinflusst, so ist es zumindest nicht sinnvoll, diese durch Gewährung eines umfassenden Garantieschutzes vollständig vom Schadensrisiko zu befreien.[270]

Abbildung 8: Voraussetzungen für den Erfolg freiwilliger Garantien

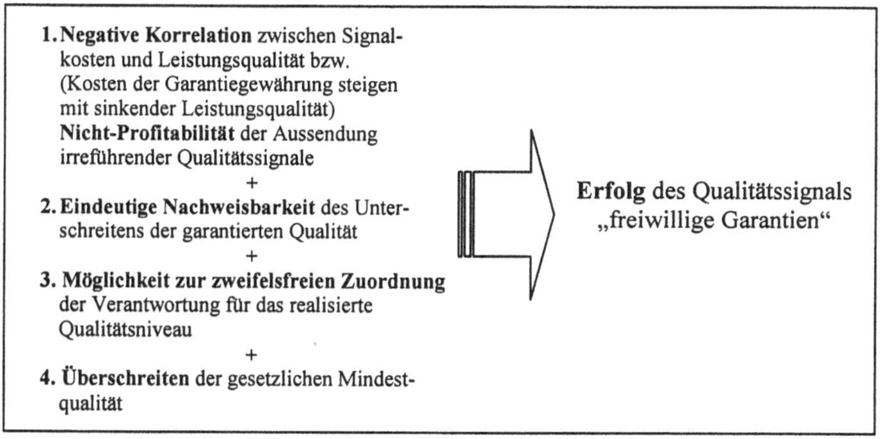

Quelle: Eigene Darstellung.

[270] Vgl. VAHRENKAMP, K. [1991], S. 87.

Darüber hinaus ist zu berücksichtigen, dass freiwillige Garantien ihre Signalkraft verlieren, wenn die darin in Aussicht gestellten Leistungseigenschaften den Nachfragern durch entsprechende gesetzliche Vorgaben ohnehin zugesichert sind. Aussagekräftig sind freiwillige Garantien deshalb nur, wenn sie über das gesetzliche Maß hinausgehen. Abbildung 8 gibt einen Überblick über die spezifischen Erfolgsvoraussetzungen für das Qualitätssignal „freiwillige Garantien".

Das Unterschreiten eines garantierten Qualitätsniveaus der ***Behandlungsstrukturen*** einer Arztpraxis oder eines Krankenhauses ist - wenn auch unter Umständen nur unter Hinnahme hoher Kosten - grundsätzlich nachweisbar. Darüber hinaus sind für die Qualität der Behandlungsstrukturen nur die Leistungserbringer selbst verantwortlich, so dass ihnen auch die Verantwortung für ein Unterschreiten einer freiwillig garantierten Strukturqualität zweifelsfrei zugeordnet werden kann. Das realisierte Qualitätsniveau ist schon vor der Inanspruchnahme ermittelbar. Außerdem existieren zumindest für einige der für die Patienten relevanten Strukturaspekte gesetzliche Mindeststandards. Für die Qualität der Behandlungsstrukturen erweist sich das Aussenden des Signals „freiwillige Garantien" deshalb als weitgehend überflüssig.

Qualitätsaspekte, die den ***Behandlungsprozess*** betreffen, können von den Patienten grundsätzlich erst nach deren Inanspruchnahme bewertet werden. Das Unterschreiten der zugesagten Prozessqualität ist jedoch im Regelfall zweifelsfrei nachweisbar. Die Verantwortung für das realisierte Niveau der Prozessqualität kann eindeutig den Leistungserbringern zugeordnet werden. Da es darüber hinaus außer der ärztlichen Sorgfaltspflicht und der vergleichsweise geringen Zahl verbindlicher Richtlinien bisher nur wenige konkrete Mindestvorgaben für die Prozessqualität gibt, erscheinen freiwillige Garantien für ausgewählte Aspekte der Prozessqualität als durchaus zuverlässige Qualitätssignale.

Besonders bieten sich freiwillige Garantien an, die Zusagen auf das Einhalten bestimmter, von den medizinischen Fachgesellschaften oder anderen Institutionen entwickelten Behandlungsleitlinien oder -empfehlungen beinhalten. Die Garantie einer leitliniengerechten Behandlung ist aus Patientenperspektive allerdings nur dann interessant, wenn die entsprechende Leitlinie auch in einer für den betreffenden Patienten gut verständlichen und nachvollziehbaren Form vorliegt, da er sonst Abweichungen davon nicht identifizieren kann.

Darüber hinaus können die Leistungserbringer ihren Patienten garantieren, dass die Wartezeiten einen bestimmten Wert nicht überschreiten. Das Einräumen einer freiwilligen Garantie eines guten Arzt-Patienten-Verhältnisses ist hingegen mit dem aufgestellten Kriterium der Möglichkeit einer eindeutigen Zuordnung auf den Verursacher der Garantieverletzung nicht vereinbar.

Aus den in dieser Arbeit bereits erörterten Gründen ist der Einfluss von Ärzten und Krankenhäusern auf die ***Behandlungsergebnisse*** beschränkt.[271] Für die Qualität von Behandlungsergebnissen kann das Einräumen freiwilliger Garantien deshalb kaum als geeignetes Qualitätssignal betrachtet werden.

3.2 Fazit und Ansätze zur Förderung der Funktionsfähigkeit

Zusammenfassend bleibt festzuhalten, dass freiwillige Garantien für Qualitätsmerkmale von Gesundheitsdienstleistungen allenfalls in sehr begrenztem Umfang zu einem Abbau der Qualitätsintransparenz beitragen können. Realisierbar erscheinen freiwillige Garantien, wenn auch mit den genannten Einschränkungen, vor allem für maximale Wartezeiten und die Einhaltung vorab definierter Behandlungsleitlinien.

Sämtliche Bemühungen zur (Weiter-)Entwicklung arzt- und patientengerechter Behandlungsleitlinien tragen daher grundsätzlich zu einer verbesserten Funktionsfähigkeit des Signaling-Instruments „freiwillige Garantien" bei. So können die Leistungserbringer ihren Patienten schließlich nur für solche Behandlungsmaßnahmen die Einhaltung bestimmter Leitlinien garantieren, für die es Leitlinien gibt. Zudem signalisiert die garantierte Einhaltung von Leitlinien den Patienten nur dann eine hohe Qualität der Behandlungsprozesse, wenn die zu Grunde liegenden Leitlinien dem aktuellen Stand der wissenschaftlichen Erkenntnisse entsprechen. Die Aktivitäten der Arbeitsgemeinschaft der Wissenschaftlichen Medizinischen Fachgesellschaften (AWMF), der Zentralstelle der Deutschen Ärzteschaft zur Qualitätssicherung in der Medizin und weiterer Institutionen, die sich mit der Bewertung, Weiterentwicklung und Qualitätssicherung von Behandlungsleitlinien beschäftigen, sind deshalb positiv zu bewerten.[272]

Grundsätzlich kann eine Erhöhung der Signalkraft freiwilliger Garantien darüber hinaus durch eine Abschaffung oder Absenkung der derzeit für die Behandlungsstrukturen und -prozesse geltenden Mindestqualitätsanforderungen erreicht werden. Dem Niveau der gesetzlich zu garantierenden Mindestqualität sind jedoch sowohl nach unten als auch nach oben Grenzen gesetzt. So erweist sich eine zu starke Absenkung oder gar Abschaffung von Mindestqualitäten für Gesundheitsdienstleistungen schon deshalb als unverantwortlich gegenüber den Patienten, weil diese vor einer Behandlung nicht immer die Möglichkeit haben, deren Qualität zu ermitteln - so z. B. in Notfällen. Auch für den Fall, dass den

---

[271] Vgl. Teil I, Kapitel A 4.4.

[272] Vgl. dazu Tabelle 1 in Teil I, Kapitel A 4.3.

Patienten vor einer Behandlung prinzipiell genügend Zeit zur Qualitätsbestimmung bliebe, ist eine Abschaffung oder Absenkung der Mindestqualitäten nicht zwingend sinnvoll, weil die Patienten - aufgrund der erheblichen Gesundheitsgefährdungen, die von Gesundheitsdienstleistungen schlechter Qualität ausgehen können - in diesem Fall stets zur Qualitätsbestimmung gezwungen wären, was eine deutliche Erhöhung der Informationskosten bewirken würde.

Die gegen eine Absenkung oder gar Abschaffung von Mindestqualitäten für Gesundheitsdienstleistungen angeführten Argumente sprechen jedoch nicht automatisch für die Ansetzung sehr hoher Mindeststandards für alle qualitätsrelevanten Leistungsmerkmale. Dies gilt insbesondere dann, wenn der betreffende Qualitätsaspekt nicht für alle Patienten die gleich hohe Bedeutung hat. Eine zu hohe Ansetzung der Mindeststandards führt nämlich zu einer Verletzung der Patientenpräferenzen, wenn deren Erfüllung mit höheren Erstellungskosten bzw. Preisen verbunden ist. Ob die derzeit für die GKV maßgeblichen Mindestqualitätsstandards aus Patientenperspektive optimal, zu hoch oder zu niedrig sind, kann letztlich nur durch eine empirische Untersuchung der spezifischen Patientenpräferenzen geklärt werden.

4 Werbung

4.1 Rechtliche Rahmenbedingungen

Werbung ist ein weiteres Instrument, mit dessen Hilfe Anbieter versuchen können, ihre (potenziellen) Kunden von der hohen Qualität ihrer Produkte oder Dienstleistungen zu überzeugen. In Abschnitt 4.2 ist untersucht, unter welchen Umständen Werbung von niedergelassenen Ärzten und von Krankenhäusern als glaubwürdig und damit als zuverlässiges Signaling-Instrument angesehen werden kann. Vorab sind die derzeitigen rechtlichen Rahmenbedingungen für Werbung von Ärzten und Krankenhäusern in Deutschland skizziert.

Der rechtliche Rahmen für Werbung im Gesundheitswesen ist im Wesentlichen durch die Vorschriften des Gesetzes über die Werbung auf dem Gebiete des Heilwesens (Heilmittelwerbegesetz, HWG), der (Muster-)Berufsordnung für Ärzte (MBO-Ä) und des Gesetzes gegen unlauteren Wettbewerb (UWG) festgelegt. Das Heilmittelwerbegesetz beinhaltet unter anderem Vorschriften über die Werbung für Verfahren und Behandlungen, „soweit sich die Werbeaussage auf die Erkennung, Beseitigung oder Linderung von Krankheiten, Leiden, Körperschäden oder krankhaften Beschwerden bei Mensch oder Tier bezieht“[273].

---

[273] § 1 Abs. 1 HWG.

Grundlegend ist das im HWG enthaltene Verbot irreführender Werbung.[274] Eine Irreführung im Sinne des Gesetzes liegt insbesondere dann vor, wenn „Verfahren, Behandlungen, Gegenständen oder anderen Mitteln eine therapeutische Wirksamkeit oder Wirkungen beigelegt werden, die sie nicht haben, (und) wenn unwahre oder zur Täuschung geeignete Angaben ... über die Art und Weise der Verfahren oder Behandlungen oder ... über die Person, Vorbildung, Befähigung oder Erfolge des Herstellers, Erfinders oder der für sie tätigen oder tätig gewesenen Personen gemacht werden."[275]

Einen deutlichen Unterschied macht das HWG zwischen Werbung, die *innerhalb der Fachkreise* des Gesundheitswesens[276] stattfindet, und solcher Werbung, die sich an medizinische Laien richtet. So darf *außerhalb der Fachkreise* unter anderem für Verfahren und Behandlungen „nicht geworben werden

1. mit Gutachten, Zeugnissen, wissenschaftlichen oder fachlichen Veröffentlichungen sowie mit Hinweisen darauf,
2. mit Angaben, dass ... das Verfahren (oder) die Behandlung ... ärztlich, zahnärztlich, tierärztlich oder anderweitig fachlich empfohlen oder geprüft ist oder angewendet wird,
3. mit der Wiedergabe von Krankengeschichten sowie mit Hinweisen darauf,
4. mit der bildlichen Darstellung von Personen in der Berufskleidung oder bei der Ausübung der Tätigkeit von Angehörigen der Heilberufe, des Heilgewerbes oder des Arzneimittelhandels,
5. mit der bildlichen Darstellung
   a) von Veränderungen des menschlichen Körpers oder seiner Teile durch Krankheiten, Leiden oder Körperschäden,
   b) der Wirkung eines Arzneimittels, eines Verfahrens, einer Behandlung, eines Gegenstandes oder eines anderen Mittels durch vergleichende Darstellung des Körperzustandes oder des Aussehens vor und nach der Anwendung,

[274] Vgl. 3 HWG.

[275] § 3 HWG.

[276] Fachkreise im Sinne des HWG sind gemäß § 2 HWG „Angehörige der Heilberufe oder des Heilgewerbes, Einrichtungen, die der Gesundheit von Mensch oder Tier dienen, oder sonstige Personen, soweit sie mit Arzneimitteln, Verfahren, Behandlungen, Gegenständen oder anderen Mitteln erlaubterweise Handel treiben oder in Ausübung ihres Berufes anwenden".

c) des Wirkungsvorganges eines Arzneimittels, eines Verfahrens, einer Behandlung, eines Gegenstandes oder eines anderen Mittels am menschlichen Körper oder an seinen Teilen,

6. mit fremd- oder fachsprachlichen Bezeichnungen, soweit sie nicht in den allgemeinen deutschen Sprachgebrauch eingegangen sind,

7. mit einer Werbeaussage, die geeignet ist, Angstgefühle hervorzurufen oder auszunutzen,

8. durch Werbevorträge, mit denen ein Feilbieten oder eine Entgegennahme von Anschriften verbunden ist,

9. mit Veröffentlichungen, deren Werbezweck missverständlich oder nicht deutlich erkennbar ist,

10. mit Veröffentlichungen, die dazu anleiten, bestimmte Krankheiten, Leiden, Körperschäden oder krankhafte Beschwerden beim Menschen selbst zu erkennen und mit den in der Werbung bezeichneten Arzneimitteln, Gegenständen, Verfahren, Behandlungen oder anderen Mitteln zu behandeln, sowie mit entsprechenden Anleitungen in audiovisuellen Medien,

11. mit Äußerungen Dritter, insbesondere mit Dank-, Anerkennungs- oder Empfehlungsschreiben, oder mit Hinweisen auf solche Äußerungen“[277].

Darüber hinaus verbietet das HWG Werbung unter Bezugnahme auf bestimmte Krankheiten und Leiden außerhalb der Fachkreise.[278] Ein Verstoß gegen das Verbot irreführender Werbung kann mit einer Freiheitsstrafe von bis zu einem Jahr oder durch Geldstrafen geahndet werden.[279]

Weitere Vorschriften zur Werbung durch Ärzte enthält die (Muster-)Berufsordnung für Ärzte. Der Adressatenkreis der MBO-Ä umfasst - wie der des HWG - sämtliche Ärzte, und zwar unabhängig davon, ob sie als niedergelassener Arzt oder als Angestellter eines Krankenhauses oder einer anderen Gesundheitseinrichtung tätig sind.[280] Die MBO-Ä gestattet den Ärzten grundsätzlich sachliche berufsbezogene Informationen.[281] Ärzte dürfen auf dieser Basis nach der

---

277 § 11 Abs. 1 HWG.

278 Vgl. dazu §§ 11 u. 12 HWG.

279 Vgl. § 14 HWG.

280 Zum Adressatenkreis des HWG zählen darüber hinaus sämtliche Anbieter von Arzneimitteln, Medizinprodukten i. S. des § 3 des Medizinproduktegesetzes sowie andere Mittel, Verfahren, Behandlungen und Gegenständen zur Erkennung, Beseitigung oder Linderung von Krankheiten, Leiden, Körperschäden oder krankhaften Beschwerden bei Mensch oder Tier.

281 Vgl. § 27 Abs. 2 MBO-Ä.

Weiterbildungsordnung erworbene Bezeichnungen, nach sonstigen öffentlich-rechtlichen Vorschriften erworbene Qualifikationen, Tätigkeitsschwerpunkte und organisatorische Hinweise ankündigen.[282]

Andere Qualifikationen und Tätigkeitsschwerpunkte dürfen jedoch nur angekündigt werden, wenn diese Angaben nicht mit solchen nach geregeltem Weiterbildungsrecht erworbenen Qualifikationen verwechselt werden können.[283] Anpreisende, irreführende oder vergleichende Werbung wird hingegen als berufswidrig eingestuft und deshalb untersagt.[284] Ärzten, die die für sie maßgebliche Berufsordnung missachten, drohen berufsrechtliche Konsequenzen, unter besonderen Umständen bis hin zu einem Entzug ihrer Approbation. Die Werbeverbote aufgrund anderer gesetzlicher Bestimmungen - und damit auch die des HWG und des Gesetzes gegen unlauteren Wettbewerb - bleiben von den Vorgaben der MBO-Ä unberührt.[285]

Wie die Vorschriften des HWG und der MBO-Ä setzt auch das Gesetz gegen den unlauteren Wettbewerb der Werbung durch Ärzte und Krankenhäuser Grenzen. So kann gemäß § 3 UWG derjenige auf Unterlassung der von ihm getroffenen Angaben in Anspruch genommen werden, der „über die Beschaffenheit, ... die Herstellungsart ... einzelner Waren oder gewerblicher Leistungen oder des gesamten Angebots, ... über den Besitz von Auszeichnungen ... irreführende Angaben macht“[286].

4.2 Analyse der Funktionsfähigkeit im GKV-System

Die vorangegangene Darstellung der gesetzlichen Rahmenbedingungen für die Werbung durch Ärzte und Krankenhäuser macht deutlich, dass das Verbot irreführender Werbung sowohl im Heilmittelwerbegesetz und in der (Muster-)Berufsordnung für Ärzte als auch im Gesetz gegen unlauteren Wettbewerb verankert ist. Geht man davon aus, dass die kaum zu vermeidende Grauzone nicht verfolgter Irreführungen allenfalls eine untergeordnete Rolle spielt, so erscheint Werbung auf den ersten Blick für Ärzte und Kliniken ein geeignetes Instrument zu sein, um ihren (potenziellen) Patienten die hohe Qualität ihrer Behandlungsleistungen zu signalisieren.

---

[282] Vgl. § 27 Abs. 4 MBO-Ä.

[283] Vgl. § 27 Abs. 4 MBO-Ä.

[284] Vgl. § 27 Abs. 3 MBO-Ä.

[285] Vgl. § 27 Abs. 3 MBO-Ä.

[286] § 3 UWG.

Insbesondere die zitierten Vorschriften des HWG bewirken allerdings, dass es Ärzten und Krankenhäusern derzeit nur beschränkt möglich ist, ihre (potenziellen) Patienten mit Hilfe von Werbemaßnahmen über die Qualität der von ihnen angebotenen Leistungen zu informieren. Nicht zuletzt die in den vergangenen Jahren vom Deutschen Ärztetag eingeleiteten Schritte zur Lockerung des ärztlichen Werbeverbots, welche vor allem durch entsprechende Entscheidungen des Bundesverfassungs- und des Bundesverwaltungsgerichtes forciert wurden[287], lassen eine weitere Verbesserung der Informationsmöglichkeiten für die Zukunft jedoch als möglich erscheinen. Doch selbst bei einer umfassenden Liberalisierung der Bestimmungen führt Werbung nicht zwingend zu einer Verbesserung der Informationsmöglichkeiten von Patienten.

Konsens besteht in der Literatur derzeit weder über die Funktionsweise von Werbung noch darüber, inwieweit Werbung Qualitätsinformationen transportiert.[288] Grundsätzlich kann aber davon ausgegangen werden, dass die Aussagekraft von Werbung unter anderem davon abhängt, ob die umworbenen Leistungsmerkmale den Charakter von Such-, Erfahrungs- oder Vertrauensgüter aufweisen.[289]

So beinhaltet Werbung für ***Leistungsmerkmale mit Suchgutcharakter*** schwerpunktmäßig vor allem direkte, harte Informationen über die besonderen Eigenschaften der umworbenen Leistungen.[290] In Verbindung mit dem bestehenden Verbot irreführender Werbung besitzt Werbung somit im Grundsatz das Potenzial, einen wesentlichen Beitrag zum Abbau der seitens der Patienten bestehenden Qualitätsunkenntnisse zu leisten.

Dieses Zwischenergebnis ist jedoch aus zwei Gründen erheblich einzuschränken. Einerseits ist zu berücksichtigen, dass Ärzte und Krankenhäuser ein Interesse daran haben, nur über die positiven Eigenschaften der von ihnen angebotenen Leistungen zu informieren. Unwahrscheinlich ist hingegen, dass sie auch über jene Leistungsmerkmale informieren, deren Qualität im Vergleich zur Konkurrenz niedrig ist. Umfassende Informationen über die negativen Eigenschaften der von Ärzten und Krankenhäusern angebotenen Leistungen auf dem Wege der Werbung sind deshalb allenfalls für den Fall zu erwarten, dass den Anbietern im Gegensatz zur derzeitigen Situation[291] auch das Recht zur vergleichenden Wer-

---

287 Vgl. KLINKHAMMER, G. [2002], S. A-1571.

288 Vgl. dazu COMANOR, W. S., WILSON, T. A. [1979], S. 457 sowie VAHRENKAMP, K. [1991], S. 32.

289 Vgl. NELSON, P. [1974], S. 729 ff.

290 Vgl. ebenda, S. 729.

291 Vgl. dazu VARLAM, D. [2000], S. 7 ff.

bung eingeräumt wird. Für die konkurrierenden Anbieter bestünde unter dieser Voraussetzung die Möglichkeit, über die schlechten Eigenschaften der von der Konkurrenz angebotenen Güter zu informieren. Vergleichende Werbung wird von Werbefachleuten allerdings als ein äußerst sensibles Marketing-Instrument eingestuft. Insbesondere die Gefahr, dass sie dem werbenden Unternehmen mehr schadet als nützt, wird als groß angesehen.[292] Für den ohnehin „emotionalen" Markt für Gesundheitsdienstleistungen gilt dies in besonderem Maße.

Um die Aussagekraft von Werbung für Leistungen mit Suchgutcharakter bewerten zu können, ist darüber hinaus zu berücksichtigen, dass Werbung auch dann zu keiner Erhöhung der Qualitätstransparenz führt, wenn die auf diesem Wege ausgesendeten Informationen zwar der Wahrheit entsprechen, die Patienten deren Bedeutung für die Höhe der Leistungsqualität jedoch nicht richtig einschätzen können. Wirbt zum Beispiel ein niedergelassener Arzt damit, dass er bestimmte Fortbildungszertifikate erworben hat oder er im Rahmen der Versorgung seiner Patienten stets die Behandlungsleitlinien einer bestimmten medizinischen Fachgesellschaft beachtet, so führt dies dann zu keinem Abbau der seitens der Patienten bestehenden Qualitätsunkenntnis, wenn die Patienten nicht wissen, welche Anforderungen an den Erwerb des Zertifikates geknüpft waren bzw. ob die jeweiligen Behandlungsleitlinien dem aktuellen Stand der wissenschaftlichen Erkenntnisse entsprechen. Maßgeblich für die Frage, ob die Patienten die Werbebotschaften richtig einschätzen können, ist in erster Linie ihre individuelle Informationsverarbeitungskapazität. Die sie beeinflussenden Faktoren sind im Folgenden in Kapitel B 1.5 umfassend untersucht.

Über Qualitätsaspekte, die den Charakter von ***Erfahrungsgütern*** besitzen, transportiert Werbung in erster Linie indirekte, weiche Informationen.[293] Insbesondere gilt dies für Leistungsmerkmale, bei denen die Nachfrager - wie z. B. im Falle der Qualität der Arzt-Patient-Beziehung - aufgrund der Bedeutung subjektiver Empfindungen zur Qualitätsermittlung nicht ohne weiteres auf die von anderen Nachfragern gemachten Erfahrungen zurückgreifen können. „Harte" Informationen über die Qualität dieser Leistungsmerkmale erhalten die potenziellen Nachfrager nicht. Werbung erscheint für diese Merkmale somit einerseits als vollkommen ungeeignet, um zu einem Abbau der Qualitätsunkenntnisse beizutragen.

Andererseits lässt sich argumentieren, dass den Konsumenten die hohe Qualität der beworbenen Leistung schon alleine durch die Tatsache signalisiert werden

---

292 Vgl. ebenda, S. 190.

293 Vgl. NELSON, P. [1974], S. 745.

könnte, dass für eine bestimmte Leistung geworben wird.[294] So ist zumindest nicht auszuschließen, dass die Nachfrager davon ausgehen, dass sich Werbung vor allem für die Anbieter hoher Qualität lohnt, da diese aufgrund der hohen Qualität ihrer Leistungen mit mehr Wiederholungsverkäufen rechnen können als Anbieter niedriger Qualität. Ein vergleichsweise hoher Werbeaufwand übermittelt den Nachfragern in diesem Fall die Botschaft, dass der betreffende Anbieter davon überzeugt ist, es lohne sich für seine Leistungen zu werben, weil diese qualitativ so hochwertig sind, dass nicht nur Erst-, sondern auch Wiederholungsverkäufe getätigt werden.[295]

Doch selbst für den Fall, dass die Patienten Werbung für Leistungsmerkmale mit Erfahrungsgutcharakter - trotz des Fehlens „harter" Informationen - als Signal für überdurchschnittliche Qualität ansehen, ist zu bezweifeln, dass eine solche Werbung ein zuverlässiges Qualitätssignal darstellt. So ist zu berücksichtigen, dass die Anbieter niedrigerer Qualität den Vorteil, den die Anbieter qualitativ besonders hochwertiger Leistungen unter Umständen in Form von Wiederholungskäufen haben, ausgleichen oder gar überkompensieren können, wenn ihnen die Erstellung ihrer Leistungen niedrigere Kosten verursacht als den Erstellern höherer Qualitäten.[296]

Ohnehin ist auch für Gütermerkmale mit Erfahrungsgutcharakter die Zuverlässigkeit des Qualitätssignals Werbung nicht nur davon abhängig, ob dessen Aussendung für die Anbieter hoher Qualität lohnender ist als für Anbieter vergleichsweise niedriger Qualität. Vielmehr ist auch das Signal „Werbung" nur dann zuverlässig, wenn seine Aussendung für Anbieter relativ niedriger Qualität nicht profitabel möglich ist. Da Werbung auch für Anbieter vergleichsweise schlechter Qualitäten profitabel sein kann (insofern sie keine irreführenden Werbebotschaften enthält), ist diese Bedingung offensichtlich nicht erfüllt. Werbung kann deshalb auch für Merkmale von Gesundheitsdienstleistungen mit Erfahrungsgutcharakter keinen entscheidenden Beitrag zum Abbau der seitens der Patienten bestehenden Qualitätsunkenntnis leisten. Aufgrund der per definitionem vorliegenden Schwierigkeiten bei der Qualitätsermittlung gilt das Gleiche auch für die Erfolgsaussichten von Werbung für Leistungsmerkmale mit ***Vertrauensgutcharakter***.

---

[294] Vgl. VAHRENKAMP, K. [1991], S. 60 f.

[295] Vgl. DEMMLER, H. [2000], S. 225.

[296] Vgl. ebenda.

4.3 Ansätze zur Förderung der Funktionsfähigkeit

Die vorangegangene Analyse hat zum Ergebnis, dass Werbung letztlich weder für Qualitätsaspekte mit Suchgutcharakter noch für solche mit Erfahrungsgut- oder gar Vertrauensgutcharakter als verlässliches Instrument zum Abbau der bestehenden Qualitätsunkenntnisse angesehen werden kann.

Wenngleich der Informationsgehalt von Werbung nicht unbedingt als hoch einzustufen ist, gilt es jedoch zu berücksichtigen, dass eine weitere Lockerung der derzeit geltenden, z. T. äußerst restriktiven Vorschriften über die Werbung von Ärzten und Krankenhäusern durchaus zu einer Verbesserung der Informationsbedingungen für die Patienten beitragen könnte. So kann Werbung vor allem einen nicht unbeträchtlichen, positiven Einfluss auf den Aufwand haben, den die Nachfrager zur Beschaffung der von ihnen gewünschten Informationen betreiben müssen.[297] Die derzeitigen Werbebeschränkungen stellen insofern ein erhebliches institutionelles Hemmnis zur Weitergabe qualitätsrelevanter Informationen durch Ärzte und Krankenhäuser dar und führen damit zu einer nicht wünschenswerten Erhöhung der Informationskosten der Patienten.[298]

5 Zwischenergebnis

Ergebnis der vorangegangenen Analyse ist, dass die untersuchten Signaling-Instrumente zum Teil durchaus zu einem Abbau der bestehenden Unkenntnis der Patienten über die Qualität der Leistungen von Ärzten und Krankenhäusern beitragen können. Insbesondere bietet sich Anbietern, die Gesundheitsdienstleistungen erstellen können und möchten, deren Qualität die gesetzlichen Mindeststandards übertrifft, der Aufbau von Reputation an. Mit einer positiven Reputation können sie - nicht nur ihren potenziellen Patienten, sondern auch den über- und einweisenden Ärzten - über die hohe Qualität der von ihnen in der Vergangenheit erstellten Leistungen und das von ihnen auch für die Zukunft zu erwartende hohe Qualitätsniveau signalisieren. Auch durch das Einräumen freiwilliger Garantien können sich die Anbieter von vergleichsweise hohen Leistungsqualitäten - wenn auch aus den zuvor erläuterten Gründen nur in sehr begrenztem Umfang - positiv von ihren Konkurrenten absetzen.

Der zu erwartende Informationsgehalt von Werbung ist im Vergleich zu dem einer positiven Reputation und freiwilliger Garantien als gering einzustufen.

---

[297] Vgl. LAMOUROUX, H. [1979], S. 163.

[298] Zu den Faktoren, die die Höhe der Informationskosten im Einzelnen bestimmen, vgl. Kapitel B 1.3.

Eine Fortsetzung der in den letzten Jahren eingeleiteten Lockerung des ärztlichen Werbeverbots erscheint dennoch als geboten, da so ein wesentliches institutionelles Hemmnis, das der Weitergabe von Qualitätsinformationen durch die Leistungserbringer an die Patienten derzeit entgegensteht, beseitigt werden kann.

Deutlich wurde jedoch auch, dass die diskutierten Signaling-Instrumente bei weitem nicht ausreichen, um die Qualitätstransparenz hinreichend abzubauen und zwar insbesondere deshalb, weil der Missbrauch der Signaling-Instrumente zur Täuschung der Patienten nicht ausgeschlossen werden kann. Ob die unterschiedlichen Screening-Instrumente besser zum Abbau der Qualitätsintransparenz geeignet sind, ist im folgenden Kapitel untersucht.

C Screening

1 Selbstinformation

1.1 Abgrenzung

Nach einer Abgrenzung der Screening-Instrumente „Selbstinformation“ und „Einschaltung spezialisierter Dritter“ ist im folgenden Kapitel zunächst auf die Kritik an der Annahme rationalen Konsumentenverhaltens eingegangen. Soweit die einzelnen Kritikpunkte dabei als gerechtfertigt eingestuft werden, sind sie in der anschließenden Analyse der Funktionsfähigkeit der Selbstinformation berücksichtigt.

Die Initiative zum Abbau bestehender Qualitätsunkenntnisse geht bei Screening-Aktivitäten „nicht von der besser informierten, sondern von der unvollkommen informierten Marktseite aus.“[299] Auf dem Markt für Gesundheitsdienstleistungen sind die Patienten die zunächst schlechter informierte Marktseite. Grundsätzlich können sich die Patienten die für sie relevanten Informationen entweder selbst beschaffen oder zu diesem Zwecke Dritte einschalten, die auf die Beschaffung, Verarbeitung und Weitergabe der gesuchten Informationen spezialisiert sind.[300]

Unter dem Begriff der „Selbstinformation“ sind im Folgenden sämtliche Aktivitäten zusammengefasst, mit deren Hilfe die Patienten aktiv versuchen, sich die von ihnen gewünschten Qualitätsinformationen direkt von den jeweiligen Leistungserbringern zu beschaffen (vgl. dazu Abbildung 9).

---

[299] SCHUMACHER, A. [1994], S. 45.

[300] Vgl. FRITSCH, M., WEIN, T., EWERS, H.-J. [2003], S. 297.

Abbildung 9: Selbstinformation

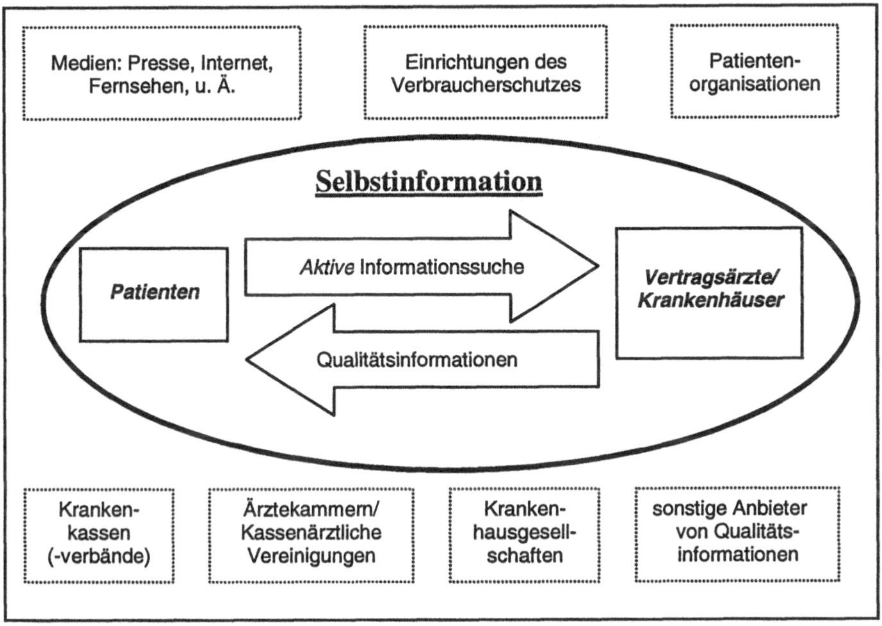

Quelle: Eigene Darstellung.

Explizit nicht erfasst ist damit sowohl die passive Informationsaufnahme der Patienten, die aus den Signaling-Aktivitäten der Anbieter resultiert, als auch die Nachfrage der Patienten nach Qualitätsinformationen, die von Ärztekammern, Kassenärztlichen Vereinigungen, Krankenkassen und deren Verbänden, Selbsthilfegruppen, Patienteninitiativen und -organisationen, den Medien (Presse, Fernsehen, Internet) oder sonstigen Anbietern angeboten werden und damit von Quellen stammen, die mehr oder weniger auf die Beschaffung, Verarbeitung und Weitergabe von Informationen spezialisiert sind. Die Funktionsfähigkeit der „Einschaltung Dritter" ist in Abschnitt 2 untersucht.

1.2 Zur Kritik an der Annahme rationalen Konsumentenverhaltens

Die Beziehungen zwischen unvollständiger Information, Informationskosten und Informationsaktivitäten sind einer der zentralen Forschungsgegenstände der Informationsökonomik.[301] Einige der Vorgehensweisen und Grundannahmen der Informationsökonomik gelten in der Literatur als umstritten. Insbesondere die Vertreter der so genannten Evolutionsökonomik erachten die in den informationsökonomischen Screening-Modellen - zumeist Suchkostenmodelle[302] - zu Grunde gelegten Verhaltensannahmen und die darin enthaltene Konzentration auf das Aufzeigen möglicher Grenzen der Informationsbeschaffung und –übertragung als wesentliche, wenn nicht gar einzige Ursache für das Vorhandensein asymmetrischer Informationsverteilung, als ungeeignet zur Erklärung der auf vielen realen Märkten dauerhaft bestehenden Informationsdefizite.[303]

Patienten, die sich unzureichend über die Qualität der ihnen angebotenen Gesundheitsdienstleistungen informiert fühlen und die sich die ihnen fehlenden Informationen beschaffen möchten, ohne dazu Dritte einzuschalten, müssen zunächst über den für sie optimalen Umfang der Informationssuche entscheiden.[304] In der informationsökonomischen Literatur wird in diesem Zusammenhang üblicherweise unterstellt, dass sich die Informationssuchenden rational verhalten und deshalb bewusst oder unbewusst Kosten-Nutzen-Vergleiche anstellen. Aufgrund ihres Optimierungskalküls werden sie die Informationssuche nur so lange fortsetzen, wie der von ihnen erwartete zusätzliche Nutzen der Suche die aus der Suche resultierenden zusätzlichen Kosten gerade noch übersteigt.[305] Ein vollständiger Abbau der Qualitätsunkenntnisse ist wegen des skizzierten Optimierungskalküls im Regelfall nicht zu erwarten.

Die hinter dieser Verhaltensannahme stehende Unterstellung von Konsumentenrationalität wird von den Vertretern der Evolutionsökonomik kritisch hinterfragt. Insbesondere weisen sie darauf hin, dass die Informationsökonomik letztlich keine Antwort auf die Frage liefert, weshalb die Konsumenten überhaupt nach Informationen suchen, „deren Inhalt und Bedeutung sie vor Aufnahme der Suche definitionsgemäß nicht positiv antizipieren können."[306]

---

301 Vgl. SCHUMACHER, A. [1994], S. 30.

302 Vgl. HOPF, M. [1983], S. 39.

303 Für einen Überblick über die einzelnen Kritikpunkte vgl. SCHUMACHER, A. [1994], 72 ff.

304 Vgl. KROEBER-RIEL, W., WEINBERG, P. [2003], S. 251.

305 Vgl. FRITSCH, M., WEIN, T., EWERS, H.-J. [2003], S. 297.

306 SCHUMACHER, A. [1994], S. 115.

Gestützt werden diese Kritikpunkte zumindest auf den ersten Blick von empirischen Untersuchungen zum Informationssuchverhalten von Konsumenten. So haben diese häufig zum Ergebnis, dass „viele Konsumenten vor einem Kauf gar keine Informationen suchen und der übrige Teil ... nur wenige (Such-)Aktivitäten entfaltet."[307] Das aus der Annahme rationaler Kaufentscheidungen abgeleitete Optimierungskalkül scheint deshalb mit dem in der Realität vorzufindenden Konsumentenverhalten nicht vereinbar und insoweit auch nicht auf reale Suchprozesse übertragbar zu sein.

Eine tiefer gehende Betrachtung der Studien, die das Informationsverhalten von Konsumenten und dabei insbesondere das Ausmaß der zu erwartenden Informationssuche vor Kaufentscheidungen analysieren, zeigt, dass zwischen so genannten „Impuls"- und „Involvementkäufen" zu unterscheiden ist (vgl. dazu Abbildung 10).

Abbildung 10: Spektrum zwischen einem Kauf ohne Informationsverarbeitung und einem Kauf mit hoch involviertem Vorgehen sowie voller Informationsverarbeitung für den Kauf

Quelle: In Anlehnung an TROMMSDORFF, V. [2002], S. 304.

Das vollständige Fehlen rationaler Abwägungen bei der Entscheidungsfindung anhand zuvor gesammelter Informationen ist lediglich für ***Impulskäufe*** kennzeichnend.[308] ***Involvementkäufe*** finden demgegenüber definitionsgemäß unter Beachtung und nach Verarbeitung aller relevanten Informationen sowie anhand

---

307 KROEBER-RIEL, W., WEINBERG, P. [2003], S. 248.

308 Vgl. TROMMSDORFF, V. [2002], S. 306.

zuvor festgelegter Entscheidungsregeln statt.[309] „Impuls"- und „Involvementkäufe" sind allerdings Extremfälle des Informationsverhaltens von Konsumenten.[310]

Wie hoch die persönliche Informationsneigung im Einzelfall ist, hängt vor allem von dem Kaufrisiko ab, das die Konsumenten in der jeweiligen Entscheidungssituation wahrnehmen: Je größer das Kaufrisiko ist, umso stärker ist der Antrieb zur Suche nach zusätzlichen Informationen.[311] Da einerseits mit fast allen Käufen ein gewisses Kaufrisiko verbunden ist - und sei es nur in Form der „Gefahr", dass sich der Kaufpreis im Verhältnis zur Produktqualität im Nachhinein als zu hoch erweist -, andererseits aber mit kaum einem Kauf existenzielle Risiken (Verlust der Gesundheit bis hin zum Tod, Armut usw.) einhergehen, betreiben die Konsumenten im Regelfall vor einem Kauf weder eine extrem akribische Informationssuche und -verarbeitung, noch treffen sie ihre Kaufentscheidungen ohne jegliche Produkt- oder Leistungsinformationen.[312] Die meisten Käufe finden vielmehr unter „teilweise unvollkommener Informationsverarbeitung"[313] statt. Ein vollständiger Abbau der Informationsdefizite findet deshalb in der Regel nicht statt. Dieses Ergebnis empirischer Untersuchungen aus dem Bereich der zumeist betriebswirtschaftlich geprägten Konsumentenforschung steht ganz offensichtlich mit dem aus der Annahme des Rationalverhaltens abgeleiteten Optimierungskalkül in Einklang. Der Kritik an der Annahme des Rationalverhaltens ist deshalb nicht zuzustimmen.

Überzeugender als die Einwände gegen das Kosten-Nutzen-Optimierungskalkül ist der von Evolutionsökonomen geäußerte Vorwurf, dass die Informationsökonomik das Vorhandensein von Informationsmängeln zumeist nur auf objektive Ursachen zurückführt.[314] Subjektive Faktoren der Informationsverarbeitung blieben hingegen in der Regel weitgehend unberücksichtigt, obwohl auch sie wesentlichen Einfluss auf die Funktionsfähigkeit der unterschiedlichen Informationsaktivitäten haben.[315] Angesprochen sind damit insbesondere die Grenzen der menschlichen Informationsverarbeitungs- und -speicherkapazität. Deren Bedeutung für die Funktionsfähigkeit des Screening-Instruments „Selbstinformation" ist in Abschnitt 1.5 untersucht.

---

309 Vgl. ebenda, S. 305 f.

310 Vgl. ebenda, S. 304.

311 Vgl. KROEBER-RIEL, W., WEINBERG, P. [2003], S. 251.

312 Vgl. TROMMSDORFF, V. [2002], S. 304.

313 Ebenda.

314 Vgl. WESSLING, E. [1991], S. 99.

315 Vgl. SCHUMACHER, A. [1994], S. 132.

1.3 Kosten der Informationsbeschaffung und -verarbeitung

1.3.1 Überblick

Sind die Kosten der Selbstinformation im Verhältnis zum Nutzen der Suche niedrig, so ist der Patient bereits freiwillig darum bemüht, sich die von ihm als qualitätsrelevant eingestuften Informationen zu beschaffen. Im Folgenden ist untersucht, bei welchen (Aspekten von) Gesundheitsdienstleistungen die Kosten der Informationssuche für die Patienten vergleichsweise niedrig sind und der Nutzen der Informationssuche vergleichsweise hoch ist. Dazu sind zunächst sämtliche Faktoren, die die Höhe der Informationskosten und des Nutzen der Informationen beeinflussen, gegenübergestellt.

Abbildung 11: Informationskosten

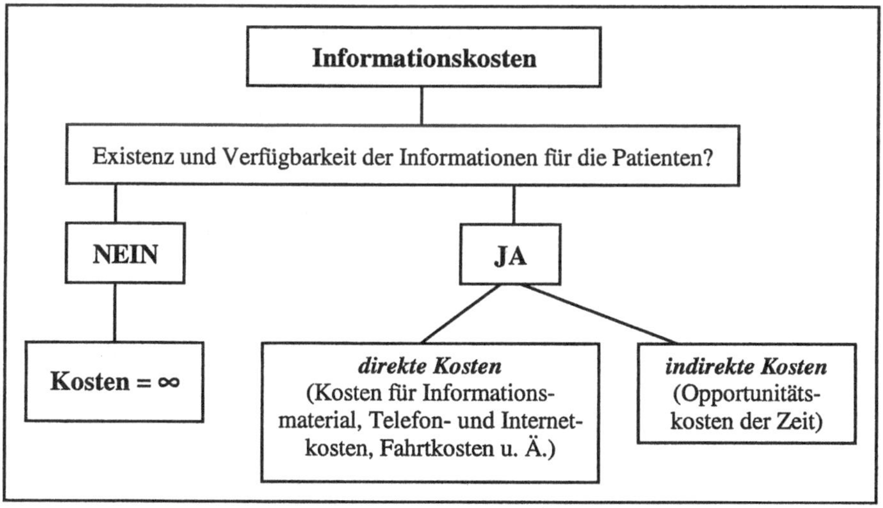

Quelle: Eigene Darstellung.

Einen Überblick über die Zusammensetzung der Informationskosten gibt Abbildung 11. Als erstes wird deutlich, dass die Informationskosten für die Patienten unendlich hoch sind, wenn die gewünschten Qualitätsinformationen selbst den Erstellern der Gesundheitsleistungen nicht vorliegen, von diesen nicht ermittelbar sind oder von den „Besitzern" der Informationen nicht an die Patienten weitergegeben werden.[316] Bei unendlich hohen Informationskosten ist das Screening-Instrument „Selbstinformation" nicht funktionsfähig.

Besteht für die Patienten hingegen grundsätzlich die Möglichkeit, sich die gewünschten Informationen zu beschaffen, so entstehen ihnen durch die Informationsbeschaffung und -verarbeitung direkte und indirekte Kosten.[317] Die indirekten Kosten stellen im Vergleich zu den direkten Kosten dabei im Regelfall den weitaus bedeutenderen Bestandteil innerhalb der Informationskosten dar.[318] Deshalb kann auf eine Erörterung der direkten Kosten verzichtet werden. Die volle Aufmerksamkeit gilt somit im Folgenden zum einen der Frage, welche Qualitätsinformationen für die Patienten derzeit überhaupt verfügbar sind, und zum anderen den Faktoren, die die Höhe der indirekten Informationskosten bestimmen.

1.3.2 Nicht verfügbare Informationen

Liegen selbst den Leistungserbringern keine Informationen über bestimmte Qualitätseigenschaften ihrer Leistungen vor und sind diese Informationen von ihnen auch nicht ermittelbar oder sind die Leistungserbringer nicht zu deren Weitergabe an die Patienten berechtigt oder gewillt, so stößt die Selbstinformation zwangsläufig an ihre Grenzen. Schließlich können die Patienten in diesem Fall selbst unter Inkaufnahme sehr hoher Kosten nicht an die von ihnen gesuchten Informationen gelangen.

Grundsätzlich ist zunächst davon auszugehen, dass die Anbieter von Gesundheitsdienstleistungen sämtliche Informationen besitzen, die zur Bestimmung der Qualität ihrer ***Behandlungsstrukturen und -prozesse*** notwendig sind. Im Einzelfall mag es zwar vorkommen, dass ein Arzt oder eine Klinik in der Ausgangssituation nicht oder nur unvollständig informiert ist, doch sollte sie die Beschaffung dieser Informationen im Allgemeinen nicht vor unüberwindbare Hindernisse stellen.

Deutlich schwieriger sind hingegen generelle Aussagen darüber, inwieweit die Leistungserbringer über die Qualität ihrer ***Behandlungsergebnisse*** informiert sind. Ebenfalls nicht pauschal zu beurteilen ist, inwieweit sie in der Lage sind, aus den ihnen vorliegenden Behandlungsdaten die gesuchten Informationen zu gewinnen. Vergleichsweise leicht sollte Ärzten und Krankenhäusern die Berechnung krankheitsspezifischer Mortalitätsraten fallen. Die Ermittlung von risiko-

---

[316] Vgl. KUHLMANN, E., BRÜNNE, M., SOWARKA, B. H. [1992], S. 24.

[317] Vgl. LAMOUROUX, H. [1979], S. 155.

[318] Vgl. ebenda.

und schweregradangepassten Mortalitäts- und Morbiditätsraten, welche aus den in Kapitel A 4.4 in Teil I dieser Arbeit genannten Gründen für die Qualität von Behandlungsergebnissen aussagekräftiger sind, stellt die Leistungserbringer grundsätzlich vor deutlich größere Probleme. Insbesondere die große Zahl von Behandlungsfällen, die zur Berechnung statistisch aussagekräftiger Raten benötigt wird, sowie die hohe Komplexität der Aufbereitung des Datenmaterials, welche zur Risikoadjustierung und Schweregradanpassung vorgenommen werden muss, lässt erwarten, dass nur wenige Leistungserbringer derzeit über diese Qualitätsinformationen verfügen oder zumindest in der Lage sind, diese zu berechnen.

Auch die Bestimmung weiterer Komplikationsraten kann die Leistungserbringer vor unüberwindbare Hindernisse stellen. So ist z. B. vor der Ermittlung nosokomialer Infektionsraten nicht nur zu beantworten, ob die an den Patienten während eines Krankenhausaufenthaltes diagnostizierten Infektionen tatsächlich auf diesen zurückzuführen sind oder sie bereits vor der Krankenhausbehandlung vorgelegen haben. Vielmehr gilt es, auch jene Infektionen zu erfassen, die zwar erst nach dem Krankenhausaufenthalt diagnostiziert wurden, aber dennoch auf diesen zurückzuführen sind. Aufgrund der zumeist fehlenden Vernetzung der stationären mit der ambulanten Versorgung können die Krankenhäuser die lückenlose Erfassung sämtlicher nosokomialen Infektionen derzeit im Regelfall nicht sicherstellen.

Einem ähnlichen Informationsproblem sehen sich die Krankenhäuser bei der Ermittlung der Rate der (ungeplanten) Rehospitalisierungen gegenüber. Eine unvollständige Erfassung der Rehospitalisierungen ist vor allem dann zu erwarten, wenn Patienten, die sich bereits in stationärer Behandlung befunden haben, wegen der gleichen Krankheit erneut in ein Krankenhaus eingewiesen werden, und sie - z. B. weil sie mit dem ersten Krankenhaus nicht zufrieden waren - zur erneuten Behandlung ein anderes Krankenhaus wählen und das ursprünglich für die Behandlung zuständige Krankenhaus nicht über die erneute Aufnahme seines ehemaligen Patienten in Kenntnis gesetzt wird.

Doch selbst wenn die benötigten Ergebnisdaten vollständig vorhanden sind und der betreffende Leistungserbringer zur Gewinnung zuverlässiger Qualitätsinformationen in der Lage ist, bedeutet dies nicht zwangsläufig, dass die Patienten an die von ihnen gesuchten Informationen gelangen können. Da den Leistungserbringern insbesondere aufgrund der im Jahr 2002 beschlossenen Änderungen der (Muster-)Berufsordnung für Ärzte[319] im Wesentlichen nur noch irre-

---

319 Vgl. dazu umfassend Kapitel B 4.

führende, vergleichende und anpreisende Werbung untersagt ist, beschränken die Vorschriften der MBO-Ä, des HWG sowie des UWG für die Leistungserbringer die Weitergabe von Informationen über die Qualität der von ihnen angebotenen Leistungen nur noch in beschränktem Umfang.

Schwierigkeiten kann den informationssuchenden Patienten allerdings bereiten, dass die Leistungsanbieter bei rationalem Verhalten im Regelfall nur bedingt dazu bereit sind, ihren (potenziellen) Patienten die ihnen vorliegenden Qualitätsinformationen zur Verfügung zu stellen. Die Art und der Umfang der von ihnen letztlich bereitgestellten Informationen hängt von den (Grenz-)Kosten, die mit der Informationsbereitstellung oder -weitergabe verbunden sind, und von den (Grenz-)Erlösen ab, die die Leistungserbringer als Folge der Informationsweitergabe erzielen können (vgl. dazu Abbildung 12).

Abbildung 12: Faktoren mit Einfluss auf die Kosten und die Erlöse der Informationsbereitstellung der Leistungserbringer

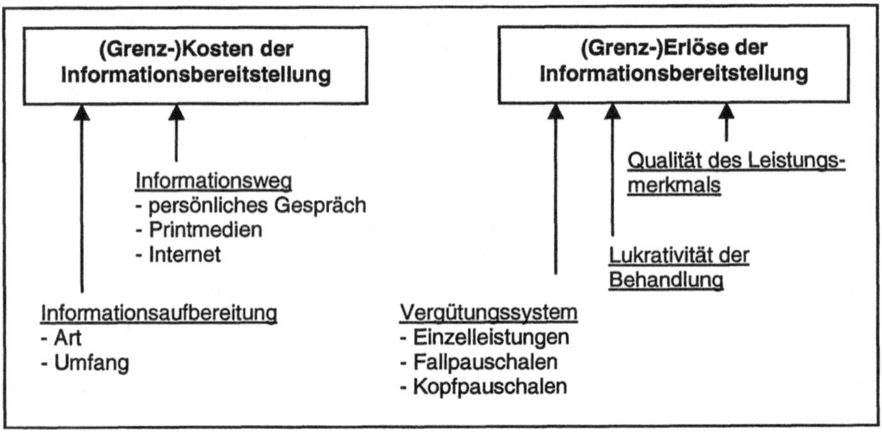

Quelle: Eigene Darstellung.

Erheblichen Einfluss auf die Höhe der Kosten der Informationsbereitstellung von Ärzten oder Krankenhäusern haben die Art und der Umfang der von ihnen durchgeführten Informationsaufbereitung, d. h. wie sehr die Leistungserbringer die Art, den Umfang und die Verständlichkeit der Informationen an die individuellen Bedürfnisse der Patienten anpassen. Für die Höhe der Informationskosten der Patienten ist nicht zuletzt auch von Bedeutung, in welchem Ausmaß der Arzt aufgrund der in die Patienteninformation investierten Zeit auf Erträge aus der

Behandlung anderer Patienten verzichten muss. Je mehr die Behandlungskapazitäten des Leistungserbringers ausgelastet sind, desto höher sind tendenziell die Opportunitätskosten der Patienteninformation.

Die Höhe der Informationskosten hängt für die Leistungserbringer darüber hinaus davon ab, auf welchem Weg sie die Qualitätsinformationen an die Patienten weitergeben. So sind ihre Informationskosten tendenziell am höchsten, wenn sie die Patienten in persönlichen Gesprächen über die qualitätsrelevanten Merkmale ihrer Behandlungsleistungen informieren. Weniger zeitaufwendig und damit im Regelfall kostengünstiger dürfte es sein, wenn sich der Arzt oder das Krankenhaus dazu entscheidet, die Qualitätsinformationen über Printmedien (wie Praxis- oder Klinikbroschüren) oder über das Internet bereitzustellen.

Für die Höhe der Zusatzerlöse, die die Leistungserbringer erzielen können, wenn sie durch die Weitergabe von Qualitätsinformationen neue Patienten gewinnen oder alte Patienten an sich binden können, ist das zur Anwendung kommende Vergütungssystem von großer Bedeutung.[320] So ist es bei einer Vergütung, die sich ausschließlich an der Zahl der erbrachten Einzelleistungen orientiert, irrelevant, an wie vielen Patienten diese Einzelleistungen erbracht werden. Dementsprechend setzt eine Erhöhung der Erlöse bei diesem Vergütungssystem nicht zwingend die Attrahierung neuer Patienten oder mehr Behandlungsfälle voraus. Offensichtlich gilt dies nicht bei Vergütungssystemen, die als Honorierungsmaßstab vor allem die Zahl der nach Diagnosen unterschiedenen Behandlungsfälle oder die Zahl der in einem Zeitraum bei einem Arzt eingeschriebenen Patienten heranziehen.

Die Höhe der Zusatzerlöse hängt außerdem davon ab, wie lukrativ die Behandlung der betreffenden Krankheit für den Arzt ist: Je höher die Vergütung der notwendigen Behandlungsleistungen im Verhältnis zum Behandlungsaufwand ausfällt, desto mehr wird der Leistungserbringer an der Behandlung des Patienten interessiert sein.

Darüber hinaus ist zu berücksichtigen, dass eine i. S. der MBO-Ä „sachliche Information" für den betreffenden Leistungserbringer nur dann Zusatzerlöse erwarten lässt, wenn sich der Leistungserbringer durch sie positiv von anderen Ärzten oder Krankenhäusern absetzen kann. Informationen über schlechte Qualitätseigenschaften der von ihnen angebotenen Leistungen können dazu kaum beitragen. Sie werden deshalb in der Regel nicht an die Patienten weitergegeben.

---

[320] Vgl. zu den Anreizwirkungen unterschiedlicher Entlohnungssysteme BREYER, F., ZWEIFEL, P. S., KIFMANN, M. [2003], S. 353 ff.

1.3.3 Indirekte Informationskosten

Liegen den Leistungserbringern sämtliche aus Patientensicht qualitätsrelevanten Informationen vor und sind diese auch zur Veröffentlichung und Weitergabe der Informationen befugt und gewillt, so sind die Kosten der Informationsbeschaffung für die Patienten nicht unendlich hoch. Die Grundvoraussetzung für eine erfolgreiche Selbstinformation der Patienten über die Qualität von Ärzten und Krankenhäusern ist somit erfüllt.

Die Höhe der indirekten Informationskosten wird dann sowohl von Faktoren, die von Patient zu Patient variieren, als auch von Faktoren beeinflusst, die vom Verhalten der Leistungsanbieter und den spezifischen Eigenschaften der betreffenden Gesundheitsdienstleistung abhängen (vgl. dazu Abbildung 13).

Abbildung 13: Faktoren mit Einfluss auf die Höhe der indirekten Informationskosten

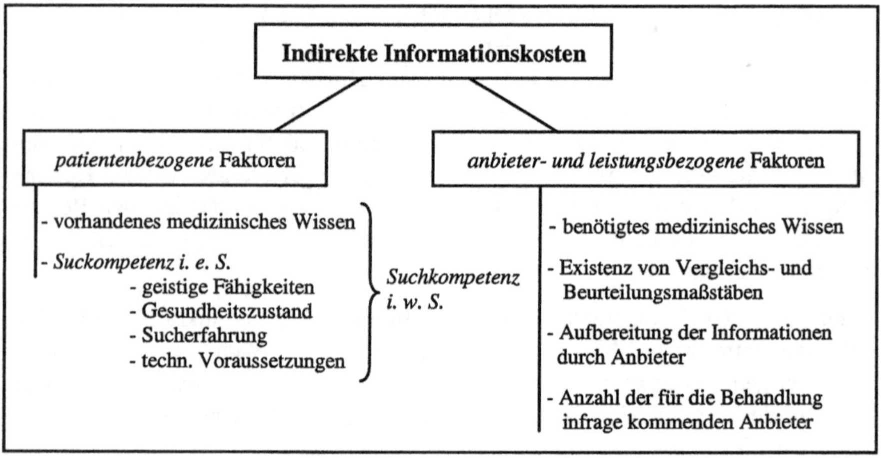

Quelle: Eigene Darstellung.

Vor der Aufnahme ihrer Informationssuche verfügen die Patienten im Regelfall nicht in gleichem Maße über medizinisches Wissen. Da das bei den Patienten vorhandene medizinische Wissen zudem die Höhe der Informationskosten beeinflussen kann, ist es den ***patientenspezifischen Kostenfaktoren*** zuzuordnen. Auf die Höhe der Informationskosten wirkt sich das medizinische Wissen immer dann aus, wenn aus den für die Patienten zugänglichen Informationen über die besonderen Eigenschaften einer Gesundheitsdienstleistung (oder über deren Erbringer) ohne entsprechendes Fachwissen keine Rückschlüsse auf die Behandlungsqualität gezogen werden können.[321] Je weniger die Patienten zu Beginn der Informationssuche über das für die Qualitätsbewertung notwendige medizinische Fachwissen verfügen, umso mehr müssen sie dieses - unter Umständen mit großem Zeitaufwand - erst erwerben. Entsprechend höher sind die resultierenden indirekten Informationskosten.

Welche Kosten der Erwerb des notwendigen Fachwissens den Patienten letztlich verursacht, hängt allerdings nicht nur vom Ausgangsniveau des Wissens, sondern auch davon ab, inwieweit die Patienten in der Lage sind, sich das fehlende Fachwissen effizient anzueignen. Angesprochen sind damit die für die Selbstinformation notwendigen geistigen Fähigkeiten.

Auch die zur Informationssuche notwendigen geistigen Fähigkeiten liegen von Patient zu Patient in unterschiedlichem Maße vor und sind deshalb ebenfalls den patientenspezifischen Einflussfaktoren zuzuordnen. Die individuellen geistigen Fähigkeiten der Patienten wirken sich nicht nur bei der Aneignung medizinischen Wissens auf die Kosten der Selbstinformation aus, sondern auch, wenn es für die Patienten gilt, eine effektive und effiziente Suchstrategie zu entwickeln.[322]

Erheblichen Einfluss auf die geistigen Fähigkeiten der Patienten hat neben den naturgegebenen Voraussetzungen nicht zuletzt auch deren Gesundheitszustand. So können sowohl psychische als auch physische Krankheiten die geistigen Fähigkeiten der Betroffenen derart einschränken, dass diese allenfalls unter hohem Aufwand und damit zu hohen Kosten zur Selbstinformation in der Lage sind.

Die Fähigkeit der Patienten, die Informationssuche und -verarbeitung effizient und effektiv zu gestalten („Suchkompetenz i. e. S."), kann neben den geistigen Voraussetzungen und dem Gesundheitszustand der Patienten auch davon abhängen, wie häufig der Patient bereits in der Vergangenheit versucht hat, sich über die Qualität bestimmter Leistungserbringer - ohne Rückgriff auf die Informationen „Dritter" - zu informieren. Die dabei gesammelten Erfahrungen erhöhen tendenziell die Suchkompetenz des Patienten, indem sie dazu beitragen, dass

---

321 So ist beispielsweise die Information, dass eine Arztpraxis mit einem bestimmten medizinisch-technischen Großgerät ausgestattet ist, für die Bewertung der Qualität der Behandlungsstrukturen nur dann hilfreich, wenn der Patient die Einsatzmöglichkeiten des betreffenden Gerätes kennt und damit auch dessen Notwendigkeit zur Behandlung von Krankheiten beurteilen kann.

322 So müssen sich die Patienten vor der Suchaufnahme entscheiden, welche Quellen sie für welche Informationen und in welcher Reihenfolge heranziehen und wie sie die so gesammelten Informationen anschließend verarbeiten, um sich anschließend für einen bestimmten Leistungserbringer entscheiden zu können.

sich der Patient bei einer erneuten Suche direkt an jene Informationsquellen und -kanäle wendet, die ihm die gesuchten Informationen im Regelfall am besten bereitstellen - seien es Informationsgespräche mit den Leistungserbringern, deren Internetauftritte oder von diesen veröffentliche Informationsbroschüren, sei es die persönliche Inaugenscheinnahme der Behandlungsbedingungen vor Ort o. Ä.

Die individuelle Suchkompetenz der Patienten hängt darüber hinaus davon ab, inwieweit die Patienten über die technischen Voraussetzungen verfügen, die unter Umständen notwendig sind, um mit minimalem Zeitaufwand an die von den Leistungserbringern bereitgestellten Informationen zu gelangen.[323] Fehlen diese Voraussetzungen, so kann die Selbstinformation für den betreffenden Patienten mit höherem Suchaufwand verbunden sein als für diejenigen, die die genannten technischen Voraussetzungen besitzen.[324]

Die Höhe der indirekten Informationskosten wird nicht nur von patientenspezifischen, sondern auch von ***anbieter- und leistungsspezifischen Faktoren*** bestimmt. Bei der vorangegangenen Erörterung der patientenspezifischen Kostenfaktoren wurde bereits die Bedeutung des bei den Patienten vorhandenen medizinischen Wissens erläutert. Maßgeblich für die Höhe der Informationskosten ist allerdings nicht nur das beim Patienten schon vor Aufnahme der Informationssuche vorhandene Fachwissen, sondern auch der Umfang des medizinischen Wissens, das notwendig ist, um die Qualität einer bestimmten Behandlungsleistung bewerten zu können. Dieses (mindest-)notwendige Fachwissen kann von Leistung zu Leistung variieren und mit steigender Komplexität des Behandlungsfalls so groß werden, dass die Informationen über die spezifischen Qualitätseigenschaften einer Leistung nur noch von Spezialisten ausgewertet werden können.[325] So stellt z. B. die Bewertung der „zeitlichen und institutionellen Erreichbarkeit" (Kriterium der Strukturqualität) selbst medizinische Laien vor keine größeren Probleme. Die Frage, ob ein Arzt bei der Behandlung einer bestimmten Krankheit den Vorgaben einer Behandlungsleitlinie gefolgt ist (Kriterium der Prozessqualität) kann hingegen schon deutlich schwieriger zu beantworten sein. Dies gilt in besonderem Maße dann, wenn zusätzlich zu prüfen ist, ob ein Abweichen von der Behandlungsleitlinie im konkreten Fall unter medizinischen Gesichtspunkten eventuell sogar sinnvoller gewesen wäre.

---

323 So haben zwar fast alle deutschen Haushalte einen Telefonanschluss, doch ist bisher weder jeder Haushalt technisch dazu in der Lage, Faxe abzurufen, noch verfügt jeder Haushalt über einen eigenen Internet-Zugang; zu den aktuellen Zahlen vgl. STATISTISCHES BUNDESAMT [2003e].

324 Der Einsatz der genannten Informationstechniken erfordert allerdings nicht nur deren Verfügbarkeit. Vielmehr müssen die Patienten auch mit deren Umgang so vertraut sein, dass sie in der Lage sind, die gewünschten Informationen zu finden und abzurufen.

325 Vgl. VAHRENKAMP, K. [1991], S. 38.

Für die Höhe der indirekten Informationskosten ist darüber hinaus von Bedeutung, in welcher Form die Ärzte oder Krankenhäuser die Informationen über die Qualität ihrer Leistungen den Patienten darbieten.[326] So ist die Informationsgewinnung für die Patienten vor allem dann mit vergleichsweise hohen Kosten verbunden, wenn die Leistungserbringer ihnen das dazu benötigte Datenmaterial nur in unaufbereiteter Form zur Verfügung stellen. Dies kann beispielsweise der Fall sein, wenn die Patienten an Informationen über die operationsspezifischen Komplikationsraten eines Krankenhauses interessiert sind, ihnen von den Krankenhäusern jedoch nur unstrukturierte Daten über Art und Anzahl sämtlicher innerhalb eines Jahres durchgeführten Operationen und der dabei aufgetretenen Komplikationen übermittelt würden. Ist ein Krankenhaus hingegen bereit, die für die Patienten relevanten Informationen in der von ihnen gewünschten Form herauszugeben, so entstehen für die Patienten keine weiteren Informationskosten.

Der Aufwand, den Patienten betreiben müssen, um die von ihnen gesammelten Qualitätsinformationen bewerten zu können, hängt außerdem von der Existenz eines geeigneten Vergleichsmaßstabs ab. Gibt es einen solchen, so können sie von der ermittelten Ausprägung eines bestimmten Merkmals einer Gesundheitsdienstleistung direkte Rückschlüsse auf deren Qualität - im Vergleich zur Qualität der Leistungen, die von anderen Ärzten oder Krankenhäusern angeboten werden - ziehen. Als Beispiel sei hier auf die Komplikationsraten von Krankenhäusern verwiesen (Kriterium der Ergebnisqualität). Sie sind für die Patienten für die Qualität der dort in der Vergangenheit erbrachten Leistungen nur dann aussagekräftig, wenn sie mit den entsprechenden Raten anderer Krankenhäuser verglichen werden können.

Behandlungsleitlinien sind ein weiterer Vergleichsmaßstab, dessen Existenz unter Umständen eine deutliche Reduzierung der indirekten Informationskosten ermöglicht. So kann die Beurteilung der Qualität von Behandlungsprozessen für die Patienten mit vergleichsweise niedrigen Kosten verbunden sein, wenn sie das Vorgehen eines Arztes bei der Behandlung bestimmter Krankheiten mit den entsprechenden Vorgaben innerhalb von Behandlungsleitlinien vergleichen können. Existieren für eine bestimmte Krankheit hingegen noch keine Behandlungsleitlinien, so kann es sich als notwendig erweisen, dass sich derjenige, der die Qualität eines Behandlungsprozesses bewerten möchte, zunächst über den aktuellen Stand der wissenschaftlichen Erkenntnisse über die beste Behandlung der jeweiligen Krankheit informieren muss. Der damit verbundene Zeitaufwand ist

---

[326] Vgl. LAMOUROUX, H. [1979], S. 192 f.

im Allgemeinen deutlich größer als in dem Fall, in dem eine entsprechende Behandlungsleitlinie als Beurteilungsmaßstab herangezogen werden kann.

Ein weiterer Faktor mit Einfluss auf die Höhe der Informationskosten ist die Anzahl der für die Behandlung des Patienten grundsätzlich infrage kommenden Leistungserbringer. Insbesondere die Entfernung, welche der Patient zu überwinden bereit ist, um zu dem Leistungserbringer zu gelangen, und damit die Größe der Region, auf die der Patient seine Suche nach dem für ihn besten Leistungserbringer beschränkt, dürfte im Regelfall nicht nur von Patient zu Patient unterschiedlich sein, sondern auch von der Art der vorliegenden Krankheit sowie unter Umständen auch von der Fachrichtung des gesuchten Leistungserbringers abhängen. Je größer die vom Patienten gewählte Region und die Anzahl der in ihr befindlichen Krankenhäuser oder praktizierenden Ärzte ist, desto höher sind in der Tendenz die mit der Beschaffung der Qualitätsinformationen verbundenen Kosten.[327]

1.4 Nutzen der Informationsbeschaffung und -verarbeitung

Der Nutzen von Qualitätsinformationen resultiert vor allem aus deren Fähigkeit, das Risiko von (Kauf-) Entscheidungen zu reduzieren.[328] Je höher nach Ansicht der Konsumenten das Risiko einer bestimmten Kaufentscheidung ist, desto größer ist der Nutzen von Informationen, die zum Abbau der Qualitätsunkenntnisse beitragen.

Das Risiko, das für Patienten mit der Wahl eines Arztes oder Krankenhauses verbunden ist, besteht in erster Linie darin, von dem gewählten Leistungserbringer nicht bestmöglich behandelt zu werden. Eine geringere Lebensqualität nach und während der Behandlung sowie eine verkürzte (Rest-)Lebenserwartung können die Folgen qualitativ minderwertiger Gesundheitsdienstleistungen sein. Im Einzelfall sind für die Höhe des Risikos bei der Wahl eines Arztes oder Krankenhauses unterschiedliche Faktoren ausschlaggebend. Abbildung 14 liefert einen Überblick über diese Faktoren.

Ein erster Faktor ist die Art und der Schweregrad der vorliegenden Krankheit. Je größer die potenziellen körperlichen oder geistigen Einschränkungen sind, die für den Patienten aus der Krankheit resultieren, und je größer die von der Krankheit ausgehende Lebensbedrohung ist, desto risikoreicher ist c. p. die Wahl des

---

327 Vgl. ANDERSEN, H. H., SCHWARZE, J. [1997], S. 66 f.

328 Vgl. KROEBER-RIEL, W., WEINBERG, P. [2003], S. 251.

behandelnden Arztes oder Krankenhauses. Die „Risikoreduzierungskapazität“[329] von Informationen über die Qualität von Leistungserbringern und damit der Nutzen, den diese Informationen stiften, ist deshalb beispielsweise bei einer lebensbedrohlichen Krankheit deutlich höher als im Fall einer Krankheit, die nur zu einer vorübergehenden Einschränkung der körperlichen Fähigkeiten führt (Grippe o. Ä.). Der betroffene Patient wird deshalb c. p. im Fall der lebensbedrohenden Krankheit bereit sein, höhere Kosten für die Beschaffung und Verarbeitung der benötigten Qualitätsinformationen zu tragen als im Fall der weniger gravierenden Krankheit.

Abbildung 14: Faktoren mit Einfluss auf das mit der Wahl eines Leistungserbringers verbundene Risiko

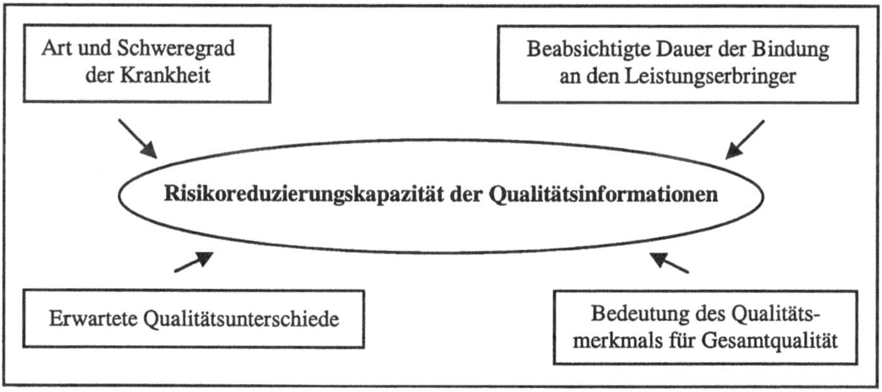

Quelle: Eigene Darstellung.

Die Dauer, für die ein Patient beabsichtigt, sich an einen Leistungserbringer zu binden, beeinflusst ebenfalls die Höhe des Nutzens der Informationssuche. Ein Beispiel für eine Entscheidung, mit der eine dauerhafte Bindung an einen Leistungserbringer einhergeht, ist die Wahl des Hausarztes innerhalb eines Versorgungssystems, das nach dem Gatekeeper-Prinzip aufgebaut ist. In einem solchen Primärarzt-System geben die Versicherten in der Regel auf freiwilliger Basis einen Arzt als ihren Hausarzt an und verpflichten sich, diesen im Krankheitsfall stets als erstes aufzusuchen und sich nur dann von Fachärzten oder in Krankenhäusern weiterbehandeln zu lassen, wenn ihr Hausarzt dies für nötig hält. Als Gegenleistung für die Beschränkung ihres Rechts auf freie Arztwahl erhalten die Versicherten von ihren Krankenkassen eine finanzielle Belohnung - zumeist in

[329] Ebenda, S. 252.

Form einer Reduzierung der zu zahlenden Versicherungsbeiträge. Da sich die Patienten innerhalb eines solchen Gatekeeper-Modells stets für eine vorab festgelegte Mindestdauer an ihren Hausarzt binden müssen, ist es für sie von großer Bedeutung, möglichst denjenigen Arzt als ihren Primärarzt zu benennen, der ihren persönlichen Qualitätsansprüchen am besten gerecht wird. Denn haben sie sich für einen Arzt entschieden und sind sie mit diesem anschließend unzufrieden, so können sie zwar grundsätzlich einen neuen Primärarzt benennen, doch müssen sie dafür zumindest auf die ihnen in Aussicht gestellte finanzielle Belohnung verzichten. Für Patienten, die sich für ein Gatekeeper-Versorgungssystem entschieden haben, ist die Wahl ihres Hausarztes deshalb mit einem größeren Risiko verbunden, als für Patienten, die sich gegen eine freiwillige Beschränkung ihrer freien Arztwahl entschieden haben.

Wie sehr die Arzt- und Krankenhauswahl mit einem Risiko behaftet ist, hängt auch von dem Ausmaß ab, in dem die Patienten Qualitätsunterschiede zwischen den zur Wahl stehenden Leistungserbringern erwarten. Je größer die erwarteten Qualitätsunterschiede sind, desto größer ist für die Patienten das mit der Entscheidung für oder gegen einen bestimmten Leistungserbringer verbundene Risiko.

Einfluss auf die Höhe des Informationsnutzens hat darüber hinaus, als wie bedeutend das jeweilige Leistungsmerkmal von den Patienten für die Gesamtqualität der angebotenen Gesundheitsdienstleistung eingestuft wird. Je niedriger der Patient ein Qualitätsmerkmal gewichtet, desto geringer ist das Entscheidungsrisiko und damit der Nutzen der Information, die über die Qualität des Leistungsmerkmals Auskunft gibt. Welches Qualitätskriterium wie hoch gewichtet wird, ist von Patient zu Patient unterschiedlich und nicht zuletzt auch von der Art der Gesundheitsdienstleistung abhängig.

1.5 Menschliche Informationsverarbeitungskapazität als Grenze der Selbstinformation

In der bisherigen Analyse wurde davon ausgegangen, dass sich die Unkenntnis der Patienten über die Qualität von Gesundheitsdienstleistungen umso besser abbauen lässt, je mehr Qualitätsinformationen den Patienten zur Verfügung stehen. Die auf Jacoby zurückgehende These des „information overload" widerspricht dieser Annahme.[330] Vielmehr gibt es gemäß dieser These „für die menschliche Fähigkeit, in einer bestimmten Zeitspanne Informationen aufzu-

330 Vgl. ebenda, S. 380.

nehmen und zu verarbeiten ... eng abgesteckte Grenzen".[331] Eine Überschreitung dieser Grenzen führt zu einer Überlastung des Informationssystems und infolgedessen zu einer Reduktion der Entscheidungseffizienz.[332] Abbildung 15 illustriert diesen Zusammenhang.

Abbildung 15: Informationsverarbeitung bei steigendem Niveau der Informationsversorgung

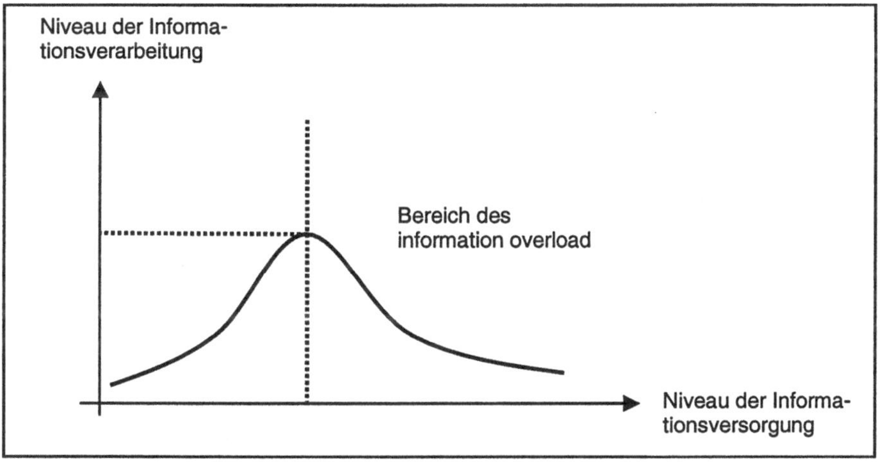

Quelle: In Anlehnung an KRUSE, J. [1979], S. 21.

Ausgehend von einem geringen Niveau der Informationsversorgung führt eine Erhöhung der Zahl der zur Verfügung stehenden Informationen zunächst zu einem Anstieg des Niveaus der Informationsverarbeitung. Ab einem bestimmten Niveau der Informationsversorgung tragen zusätzliche Informationen jedoch nicht mehr zu einer Erhöhung des Informationsverarbeitungsniveaus bei. Das maximale Informationsverarbeitungsniveau ist in diesem Punkt erreicht. Ab dort werden nicht nur zusätzliche Informationen nicht mehr aufgenommen. Vielmehr sinkt sogar der Umfang der insgesamt aufgenommenen Informationen (Bereich des information overload).[333] Folge dessen ist ein Rückgang des Informationsverarbeitungsniveaus.

---

331 JACOBY, J. [1977], S. 569; hier zitiert nach KROEBER-RIEL, W., WEINBERG, P. [2003], S. 381.

332 Vgl. KROEBER-RIEL, W., WEINBERG, P. [2003], S. 381.

333 Vgl. LAMOUROUX, H. [1979], S. 196.

Die Höhe des Informationsverarbeitungsniveaus hängt nicht nur von der Menge der verfügbaren Informationen, sondern auch vom Differenzierungsvermögen der Konsumenten ab.[334] Das Differenzierungsvermögen ist von Individuum zu Individuum unterschiedlich. Je höher es ist, desto mehr Informationen können verarbeitet werden, ohne in den Bereich des information overloads zu gelangen. Das Maximum des Informationsverarbeitungsniveaus wird von Miller als Kanalkapazität bezeichnet.[335]

Abbildung 16: 'Umkippen' eines Involvementkaufs in einen Impulskauf

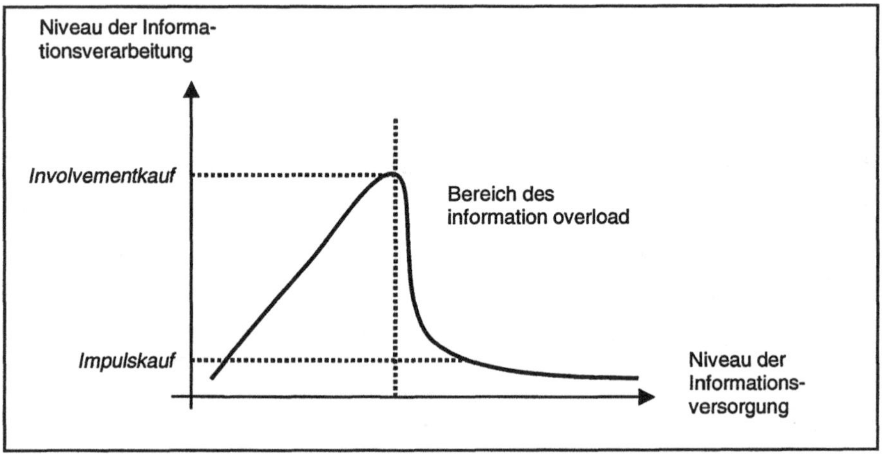

Quelle: Eigene Darstellung.

Ebenfalls individuell unterschiedlich und nicht zuletzt auch von äußeren Einflussfaktoren abhängig ist darüber hinaus die Geschwindigkeit, mit dem das Niveau der Informationsverarbeitung sinkt, wenn dessen Maximum durch zusätzliche Informationen überschritten worden ist. Im Extremfall kann dies dazu führen, dass ein Konsument zunächst beginnt, sich Informationen zu beschaffen und diese zu verarbeiten, er diesen Prozess aber wegen der als zu stark empfundenen Informationsbelastung abrupt abbricht (vgl. dazu Abbildung 16). Diese Situation kann als „'Umkippen' eines Involvementkaufs in einen Impulskauf"[336]

334 Vgl. ebenda, S. 197.

335 Vgl. MILLER, G. A. [1956], S. 83ff; hier zitiert nach LAMOUROUX, H. [1979], S. 193. Welche Anforderungen an verbraucherpolitische Maßnahmen aus den von Patient zu Patient unterschiedlich verlaufenden Grenzen der Informationsverarbeitungskapazität resultieren, ist umfassend in Abschnitt 2.3 diskutiert.

336 TROMMSDORFF, V. [2002], S. 306.

charakterisiert werden. Ursache für eine solch extreme und plötzliche Verhaltensänderung kann die aus einer subjektiv empfundenen Überforderung resultierende Resignation bzw. Frustration sein.[337]

Für die Funktionsfähigkeit der Selbstinformation bleibt somit festzuhalten, dass ein Mehr an Informationen selbst dann nicht immer besser ist, wenn aus der Informationsbeschaffung und -verarbeitung keine Kosten entstehen.[338] Wann der Bereich der Informationsüberlastung für Patienten, die sich über die Qualität der ihnen angebotenen Gesundheitsdienstleistungen informieren möchten, im Einzelfall erreicht ist, hängt von unterschiedlichen Faktoren ab.

Für die Komplexität der Qualitätsinformationen sind in erster Linie die Anzahl der Leistungserbringer, die als potenzielle Ersteller der Gesundheitsdienstleistungen infrage kommen, sowie die Anzahl und die Art der Qualitätskriterien, die der Patient auswerten möchte, ausschlaggebend. Die Ausprägungen dieser Faktoren sind in erster Linie das Resultat der zuvor erörterten, individuellen Kosten-Nutzen-Optimierungskalküle. Als weiterer Faktor wurde das individuelle Differenzierungsvermögen der Konsumenten identifiziert. Dieses ist nicht nur von Patient zu Patient unterschiedlich, sondern wird nicht zuletzt auch vom jeweils aktuellen Gesundheitszustand beeinflusst. Umso mehr die körperlichen und geistigen Fähigkeiten eingeschränkt sind, desto weniger sind Patienten in der Regel fähig, komplexe Informationen zu suchen und vor allem sinnvoll zu verarbeiten.[339]

Somit wird deutlich, dass schon alleine die hier erörterten Grenzen der menschlichen Informationsverarbeitungskapazität - unabhängig von der Höhe der Informationskosten und des Informationsnutzens - bewirken, dass das Screening-Instrument „Selbstinformation“ keineswegs für alle Patienten bzw. Arten von Gesundheitsdienstleistungen als funktionsfähige Informationsmaßnahme einzustufen ist.

---

337 Vgl. KRUSE, J. [1979], S. 22.

338 Vgl. LAMOUROUX, H. [1979], S. 196 f.

339 „Beim Kauf langlebiger Konsumgüter war ... unter den Konsumenten mit höherer Schulbildung der Anteil derer, die eine besonders intensive Informationssuche betrieben, größer, und der Anteil derer, die sich vor dem Kauf kaum Informationen beschafften, niedriger als unter den Konsumenten mit geringerer Schulbildung“; LAMOUROUX, H. [1979], S. 202.

1.6 Zwischenfazit und Ansatzpunkte zur Förderung der Funktionsfähigkeit

Die Diskussion der gegen die Annahme rationalen Konsumentenverhaltens gerichteten Einwände führte zu dem Ergebnis, dass das aus der mikroökonomischen Haushaltstheorie stammende Kosten-Nutzen-Optimierungskalkül durchaus ein geeigneter Ansatz zur Erklärung des in der Realität zu beobachtenden Informationssuchverhaltens von Konsumenten ist. Die Funktionsfähigkeit des Screening-Instruments Selbstinformation wurde deshalb auf der Basis einer Erörterung der unterschiedlichen Faktoren, die die Höhe der Informationskosten und des Nutzens der Informationen beeinflussen, analysiert.

Als Grundvoraussetzung für die Funktionsfähigkeit der Selbstinformation wurde identifiziert, dass die Patienten die von ihnen gewünschten Qualitätsinformationen oder zumindest die zu deren Gewinnung benötigten Daten von den Leistungserbringern zur Verfügung gestellt bekommen. Die Leistungserbringer können den Patienten jedoch nur dann Qualitätsinformationen bereitstellen, wenn ihnen diese selbst vorliegen oder sie zumindest theoretisch in der Lage sind, diese zu gewinnen.

Diese Voraussetzung ist für Informationen, die über die Qualität der Behandlungsstrukturen und -prozesse Aufschluss geben, erfüllt. Vor allem die - wenngleich noch nicht vollständige - Liberalisierung des ärztlichen Werbeverbots trägt außerdem dazu bei, dass Ärzte und Krankenhäuser einfacher als in der Vergangenheit die ihnen zur Verfügung stehenden Qualitätsinformationen an die Patienten weitergeben können. Insbesondere eine umfassende Liberalisierung der Vorschriften des Heilmittelwerbegesetzes erscheint jedoch geboten, um unnötige Kosten der Informationsübermittlung für die Leistungserbringer und die damit einhergehende Abschwächung der Informationsbereitschaft von Ärzten und Krankenhäusern zu vermeiden.

Im Gegensatz zur Struktur- und Prozessqualität sind zahlreiche Indikatoren, die Aufschluss über die Qualität der Behandlungsergebnisse geben (risiko- und schweregradangepasste Morbiditäts- und Mortalitätsraten etc.), derzeit selbst für die Leistungsanbieter nicht verfügbar. Dies ist darauf zurückzuführen, dass die Anbieter zur Gewinnung dieser Informationen zumeist auch Daten benötigen, die nicht bei ihnen selbst, sondern im Rahmen der Behandlung durch andere Ärzte oder Krankenhäuser anfallen. In der Regel besteht für die Leistungserbringer derzeit jedoch nicht die Möglichkeit, vollständig an diese Daten zu gelangen. Eine zentrale Zusammenführung der qualitätsrelevanten Patienten- und Behandlungsdaten und die anschließende Weitergabe an die Leistungserbringer könnte dieses Problem grundsätzlich lösen. Neben datenschutzrechtlichen Bedenken stellt sich dabei jedoch die Frage, ob es unter Effizienzgesichtspunkten sinnvoll ist, dass die Leistungserbringer jene Qualitätsinformationen, die ihnen nicht im Rahmen ihrer sonstigen Tätigkeiten als Nebenprodukt anfallen, mit in der Regel hohem Aufwand selbst gewinnen. Aus gesamtwirtschaftlicher Perspektive ist zu erwarten, dass andere Institutionen dazu effizienter in der Lage sind. Eine tiefer gehende Beantwortung dieser Frage ist einer der zentralen Untersuchungsgegenstände von Kapitel C.

Doch selbst für den Fall, dass die Leistungserbringer über die von den Patienten gewünschten Informationen verfügen - bzw. sie zu deren Gewinnung fähig sind - und der Weitergabe der Informationen kein standesrechtliches (Werbe-) Verbot entgegensteht, ist davon auszugehen, dass Ärzte und Krankenhäuser nur dann freiwillig Informationen über die Qualität ihrer Gesundheitsdienstleistungen in dem Umfang (und der Form), wie es sich die informationssuchenden Patienten wünschen, weitergeben, wenn den Kosten der Informationsübermittlung mindestens ebenso hohe Erlöse gegenüberstehen. Deshalb ist es notwendig, Ärzten und Krankenhäusern ausreichend hohe Anreize zu setzen, neue Patienten zu gewinnen und Patienten, die bereits von ihnen behandelt wurden, zu bewegen, sich im Bedarfsfall erneut bei ihnen behandeln zu lassen. Solche Anreize können mit Hilfe entsprechend ausgestalteter Vergütungssysteme erzielt werden. Vergütungssysteme, die zumindest teilweise auf Kopf- oder Fallpauschalen basieren, kommen zu diesem Zweck vor allem infrage.[340]

Als keinesfalls ausreichend erweisen sich die von den Vergütungssystemen ausgehenden Anreize zur Bereitstellung von Qualitätsinformationen für jene Leistungsmerkmale, deren Qualität selbst von dem betreffenden Leistungserbringern als im Vergleich zur Konkurrenz niedrig eingestuft wird. Grundsätzlich besteht jedoch die Möglichkeit, die Leistungserbringer gesetzlich zu verpflichten, bestimmte Qualitätsinformationen stets bereitzuhalten und diese an interessierte Patienten weiterzugeben. Ob eine solche Verpflichtung den Wünschen der Patienten über die Auswahl der Informationen und den Grad der Aufbereitung, in dem die Informationen den Patienten zur Verfügung gestellt werden, gerecht werden kann, ist jedoch äußerst fraglich. So darf nicht außer Acht gelassen werden, dass insoweit die Anforderungen nicht nur von Patient zu Patient unterschiedlich sind, sondern auch im Zeitablauf Veränderungen unterliegen.

Die vorangegangene Analyse hat darüber hinaus zum Ergebnis, dass es für die Funktionsfähigkeit des Screening-Instruments Selbstinformation nicht ausreicht, dass die relevanten Informationen den Ärzten und Krankenhäusern vorliegen und

---

340 Vgl. dazu Abschnitt 1 innerhalb der einleitenden Bemerkungen zu Beginn dieser Arbeit.

diese auch für interessierte Patienten zugänglich sind. Ein Abbau der bestehenden Qualitätsunkenntnisse ist durch Selbstinformation der Patienten vielmehr nur dann zu erwarten, wenn sich die Patienten von einer Aufnahme der nötigen Informationsgewinnungs- und -verarbeitungsaktivitäten einen positiven Ertrag versprechen. In der Gesamtbetrachtung trifft dies in der Regel nur für Patienten (oder deren Angehörige) zu, die

1. das zur Selbstinformation notwendige medizinische Wissen besitzen oder zumindest in der Lage sind, sich dieses mit vergleichsweise niedrigen Kosten zu erwerben und
2. über eine ausreichende Suchkompetenz i. e. S. (technische Voraussetzungen, Sucherfahrung, körperliche und geistige Fähigkeiten) verfügen, um ihre Informationsaktivitäten effizient und effektiv gestalten zu können und
3. über den Nutzen erhöhter Qualitätsunkenntnisse hinreichend sensibilisiert sind.

Eine aufwendige Selbstinformation ist jedoch selbst für diese Patienten in der Regel nur dann lohnend, wenn

1. die gesundheitlichen Einschränkungen, die von ihrer Krankheit und deren Behandlung potenziell ausgehen, gravierend sind und
2. die Komplexität der Qualitätsinformationen ihre individuelle Informationsverarbeitungskapazität nicht übersteigt.

Somit bleibt festzuhalten, dass schon aus Gründen der mangelnden Verfügbarkeit und der z. T. fehlenden Bereitschaft der Leistungserbringer, die ihnen vorliegenden Informationen an die Patienten weiterzugeben, das Screening-Instrument Selbstinformation wenig effektiv ist. Weitere Einschränkungen der Selbstinformation resultieren aus den zum Teil sehr hohen Kosten, die den Patienten bei der Beschaffung und Verarbeitung der von ihnen als qualitätsrelevant eingestuften Informationen unter Umständen entstehen. Bei vergleichsweise hohen Kosten erweist sich die Selbstinformation für die Patienten nur dann als lohnenswert, wenn sie die Risikoreduzierungskapazität und damit den Nutzen der Informationen als hoch einstufen. Im Allgemeinen ist dies nur bei Vorliegen sehr schwerer oder chronischer Krankheiten oder bei längerfristigen Entscheidungen - wie etwa bei der Wahl eines Hausarztes - der Fall.

Nicht zu unterschätzen ist die Wirkung, die von den Grenzen der menschlichen Informationsverarbeitungskapazität auf die Funktionsfähigkeit der Selbstinformation ausgeht. Aufgrund der in der Regel hohen Anzahl der zur Qualitätsermittlung zu verarbeitenden Informationen und der resultierenden Komplexität der anzuwendenden Methoden ist davon auszugehen, dass nicht nur medizinische Laien und Patienten, deren körperlichen und geistigen Fähigkeiten krankheitsbedingt eingeschränkt sind, sondern auch medizinisch vorgebildete und gesunde Menschen schnell an ihre Grenzen stoßen, wenn sie sich über die Qualität von Ärzten oder Krankenhäusern selbst informieren möchten.

Inwieweit die Einschaltung spezialisierter Dritter besser als die Selbstinformation geeignet ist, die seitens der Patienten bestehenden Qualitätsunkenntnisse abzubauen, ist im folgenden Kapitel untersucht.

2 Einschaltung spezialisierter Dritter

2.1 Vorbemerkungen

Patienten, die sich über die Qualität von Ärzten oder Krankenhäusern informieren möchten, können sich an Personen oder Institutionen, die auf die Beschaffung, die Gewinnung und die Weitergabe von Qualitätsinformationen zumindest teilweise spezialisiert sind, wenden. Dies ist insbesondere dann eine Alternative zur Selbstinformation, wenn sich diese entweder als zu komplex erweist oder wenn die Selbstinformation im Verhältnis zu dem aus ihr resultierenden Nutzen mit zu hohen Kosten verbunden ist.

Inwieweit es Patienten derzeit möglich ist, auf dem Wege der Einschaltung spezialisierter Dritter an die von ihnen gesuchten Qualitätsinformationen zu gelangen, ist Untersuchungsgegenstand des folgenden Kapitels. Nach einer Abgrenzung der „Einschaltung spezialisierter Dritter" sind Kriterien entwickelt, anhand derer die gegenwärtig den Patienten zur Verfügung stehenden Informationsangebote kritisch gewürdigt werden können.

2.2 Begriffsabgrenzung

Innerhalb der Institutionen, die Patienten informieren oder unterstützen, kann zwischen Anbietern, die auf die Nachfrager von Gesundheitsdienstleistungen spezialisiert sind, und Anbietern, bei denen die Patienten nur einen Teil ihrer Klientel ausmachen, unterschieden werden.[341] Grenzt man den Begriff der „spezialisierten Dritten" eng ab, so umfasst er nur Instanzen, die darauf spezialisiert sind, Informationen über die Qualität von Ärzten und Krankenhäusern zu sam-

[341] Vgl. KRANICH, C. [1999], S. 311.

meln, zu verarbeiten und diese - typischerweise gegen Entgelt - den Patienten anzubieten.

Bei Verwendung einer engen Begriffsabgrenzung sind auch solche Institutionen nicht zu den „spezialisierten Dritten“ zu zählen, die den Patienten nicht nur Informationen über die Qualität der Leistungserbringer anbieten, sondern zugleich auch direkten Einfluss auf die Qualität der Patientenversorgung haben oder gar an der Finanzierung der Behandlungsleistungen beteiligt sind. Bei einer Entscheidung für eine solch enge Abgrenzung ist die Inanspruchnahme von Informationsangeboten der Ärztekammern, der Kassenärztlichen Vereinigungen, der Krankenhausgesellschaften oder der Krankenkassen nicht mit einer „Einschaltung spezialisierter Dritter“ gleichzusetzen.

Für diese enge Abgrenzung spricht, dass den marktinternen Informationsmechanismen Signaling und Screening in der Literatur üblicherweise die staatliche Bereitstellung oder Subventionierung von Verbraucherinformationen gegenübergestellt wird[342] und die Sozialversicherungszweige (und damit auch deren Institutionen) innerhalb der Volkswirtschaftlichen Gesamtrechnung dem Staatssektor zugeordnet werden. Insofern liegt es nahe, der Gruppe der „spezialisierten Dritten“ nur private Anbieter zuzuordnen.

Eine nähere Betrachtung der derzeit vorzufindenden Informationsangebote zeigt allerdings, dass eine strikte Trennung privater und staatlicher Informationsquellen häufig nicht möglich ist. Zahlreiche Angebote und Projekte der Krankenkassen und der Ärzteorganisationen, die einer Verbesserung der Informationsmöglichkeiten der Patienten dienen, basieren nämlich auf einer mehr oder minder engen Zusammenarbeit mit privaten Anbietern.[343] Aus diesem Grund liegt der folgenden Analyse der Funktionsfähigkeit der „Einschaltung spezialisierter Dritter“ eine eher breite Begriffsabgrenzung zu Grunde. Neben gewinnorientierten Unternehmen, die ihre Informationen den Patienten in erster Linie über Printmedien, Telefon und Internet anbieten, und Patientenorganisationen (Selbsthilfegruppen, Patienteninitiativen/-verbände u. Ä.) sowie den unterschiedlichen Einrichtungen des Verbraucherschutzes sind unter dem Begriff der „spezialisierten Dritten“ deshalb auch die gesetzlichen Krankenkassen, die Krankenhausgesellschaften, die Ärztekammern sowie die Kassenärztlichen Vereinigungen gefasst (vgl. dazu Abbildung 17).

---

[342] Vgl. FRITSCH, M., WEIN, T., EWERS, H.-J. [2003], S. 296 ff. sowie MITROPOULOS, S. [1997], S. 339.

[343] Vgl. dazu insbesondere Abschnitt 2.5.9.

Abbildung 17: Einschaltung spezialisierter Dritter

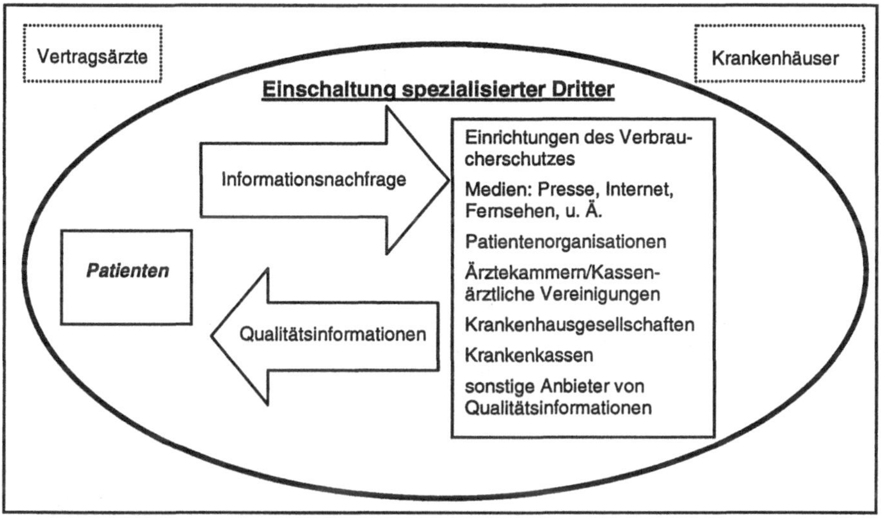

Quelle: Eigene Darstellung.

Die Bereitstellung von Qualitätsinformationen durch Krankenkassen, Krankenhausgesellschaften, Ärztekammern und Kassenärztlichen Vereinigungen (KVen) führt bei diesen u. U. zu Zielkonflikten.[344] Krankenhausgesellschaften, Ärztekammern und KVen sehen sich vor allem dann einem Zielkonflikt gegenüber, wenn zwischen ihren Mitgliedern erhebliche qualitative Unterschiede bestehen, sie aber gezwungen sind, die Interessen sämtlicher Mitglieder zu vertreten, und ihnen deshalb die Hervorhebung einzelner Ärzte oder Krankenhäuser - sei es positiv oder negativ - nicht erlaubt ist. Um dieser Tatsache gerecht zu werden, sind sämtliche Informationsangebote, an denen die zuvor genannten Institutionen beteiligt sind, getrennt von denen „unabhängiger" Instanzen untersucht.

Die Untersuchung der derzeitigen Informationsangebote erfolgt auf Basis der im folgenden Abschnitt entwickelten Bewertungskriterien. Nicht alle potenziellen Informationsanbieter bieten derzeit jedoch tatsächlich am Markt konkrete Qualitätsinformationen an. Um die spezifischen Stärken und Schwächen dieser potenziellen Anbieter dennoch beleuchten zu können, sind auch sie soweit möglich gewürdigt.

---

[344] Vgl. dazu Abschnitt 2.4.

Umfassende Informationen: Die Einschaltung spezialisierter Dritter kann nur dann zu einem Abbau der seitens der Patienten bestehenden Qualitätsunkenntnisse beitragen, wenn sich die den Patienten zur Auswahl stehenden Informationsangebote zumindest auf die für sie wichtigsten Qualitätsmerkmale der Behandlungsstrukturen, -prozesse und –ergebnisse eines Arztes oder eines Krankenhauses erstrecken. Darüber hinaus muss es den Patienten möglich sein, sich nicht nur über die Qualität ausgewählter Ärzte oder Krankenhäuser, sondern über die Qualität sämtlicher Leistungserbringer, die für sie in Frage kommen, zu informieren.

Zuverlässigkeit der Informationen: Patienten fragen tendenziell umso mehr Informationen nach, je höher sie deren Zuverlässigkeit einschätzen.[345] Als Indikator für die Zuverlässigkeit von Informationen kann die ***rechtliche und wirtschaftliche Unabhängigkeit der Informationsanbieter von den Leistungserbringern und den Trägern der Behandlungskosten*** betrachtet werden. Das Ausmaß der zu erwartenden Zuverlässigkeit von Informationen wird darüber hinaus davon beeinflusst, inwieweit die Informationsanbieter zu einer ***Offenlegung der verwendeten Informationsgewinnungsmethoden*** bereit sind. Von besonderer Bedeutung für die Zuverlässigkeit der Informationen ist nicht zuletzt, auf welche ***Quellen*** die Informationsanbieter im Rahmen ***der Datenerhebung*** zurückgreifen. So sind insbesondere jene Daten und Angaben, die der zu beurteilende Leistungserbringer selbst erstellt hat, aufgrund des dabei für ihn bestehenden Spielraums zur Datenmanipulation als problematisch und wenig zuverlässig einzustufen.[346]

Aktualität und Flexibilität der Informationen: Der medizinisch-technische Fortschritt macht eine kontinuierliche Anpassung der Behandlungsstrukturen und -prozesse an den jeweils aktuellen Stand der wissenschaftlichen Erkenntnisse notwendig. Nur die Leistungserbringer, die stetig in ihr Human- und Sachkapital investieren (etwa durch Teilnahme an Fort- und Weiterbildungsmaßnahmen oder durch die fortwährende Verbesserung ihrer apparativen Ausstattung) und die

---

345 Allerdings hat MEFFERT „gezeigt, dass »die Befragten beim Kauf eines bestimmten Produktes andere Informationsquellen heranziehen als diejenigen, die - von ihnen - relativ hoch eingeschätzt werden«. Das gilt ganz besonders für hoch eingeschätzte Informationen durch verbraucherpolitische Medien wie Beratungsstellen und Testzeitschriften. Dieses Ergebnis zeigt den oft auftretenden Widerspruch zwischen allgemeiner Einschätzung einer Kommunikationsquelle und dem tatsächlichen Verhalten gegenüber dieser Quelle"; MEFFERT, H. [1979], S. 59, hier zitiert nach KROEBER-RIEL, W., WEINBERG, P. [2003], S. 253.

346 „Wenn Du die Qualität einer Küche beurteilen willst, dann frage nicht den Koch, sondern diejenigen, die dort gegessen haben"; HILDEBRANDT, H., MARTINI, O. [1999], S. 13.

bereit sind, auch ihre Behandlungsverfahren und -abläufe an neue medizinische oder organisatorische Erkenntnisse anzupassen, können ihren Patienten auch dauerhaft eine bestmögliche Behandlung in Aussicht stellen. Die Anbieter von Qualitätsinformationen müssen der hohen Geschwindigkeit, mit dem sich der Stand der medizinischen Erkenntnisse zumindest in einzelnen Fachbereichen weiterentwickelt, Rechnung tragen. Die derzeitigen Informationsangebote sind deshalb auch daraufhin zu untersuchen, ob sie einer ***regelmäßigen Aktualisierung*** unterliegen und sie – soweit erforderlich – ***flexibel an die Fortentwicklungen des medizinisch-technischen Wissens angepasst*** werden (können).

Verfügbarkeit der Informationen: Darüber hinaus sind die gegenwärtigen Informationsangebote auch daraufhin zu überprüfen, ob sie den interessierten Patienten jederzeit zur Verfügung stehen. Anderenfalls sind die betreffenden Informationsquellen allenfalls beschränkt funktionsfähig.

Patientengerechte Aufbereitung der Informationen: Zentrales Ergebnis von Abschnitt 1.5 ist, dass Qualitätsinformationen nur dann einen Beitrag zum Abbau der seitens der Patienten bestehenden Qualitätsunkenntnisse leisten können, wenn deren Komplexität die Informationsverarbeitungskapazität der Patienten nicht übersteigt.[347] Darüber hinaus wurde deutlich, dass die Höhe der Informationsverarbeitungskapazität von Patient zu Patient unterschiedlich ist. Ein weiteres Kriterium, anhand dessen die derzeit angebotenen Informationen über die Qualität von Ärzten und Krankenhäusern zu würdigen sind, ist deshalb, ob die Informationsangebote die existierenden ***Grenzen der menschlichen Informationsverarbeitungskapazität*** beachten und inwieweit sie dabei auch die ***intraindividuellen (zielgruppenspezifischen) Unterschiede berücksichtigen***.

Berücksichtigung der Unterschiede in den Patientenpräferenzen: Von Patient zu Patient unterschiedlich ist nicht nur deren Fähigkeit, die zur Verfügung stehenden Informationen zu verarbeiten. Unterschiedlich sind vielmehr auch die Auffassungen der Patienten darüber, welche Merkmale und Merkmalsausprägungen für eine qualitativ hochwertige Gesundheitsdienstleistung bzw. einen guten Arzt oder ein gutes Krankenhaus kennzeichnend sind.[348] Ein Informationsangebot, das Qualitätsunkenntnisse der Patienten abbauen soll, muss auch diesen Unterschieden Rechnung tragen. Insbesondere sollte jedem Patienten die Möglichkeit offen stehen, eine Gewichtung der bereit gestellten Qualitätsinformationen auf Basis der persönlichen Präferenzen vorzunehmen.

---

[347] Vgl. dazu auch Teil II, Kapitel D, in dem die entsprechenden US-Erfahrungen erörtert sind.

[348] Vgl. dazu Teil I, Kapitel A 4.

2.4 Würdigung der Informationsangebote von Krankenkassen, Ärztekammern, Kassenärztlichen Vereinigungen und Krankenhausgesellschaften

2.4.1 Gesetzliche Krankenkassen

2.4.1.1 Überblick

Die gesetzlichen Krankenkassen bieten ihren Mitgliedern zahlreiche Informationen zur Gesundheitsversorgung an. In erster Linie erfolgt dieses Informationsangebot in Form von Broschüren, die nicht nur über das Leistungsangebot der Kassen informieren, sondern auch patientengerecht aufbereitete Informationen über die Ursachen und Symptome ausgewählter Krankheiten, über ggf. zur Auswahl stehende Behandlungsmöglichkeiten sowie ggf. geeignete Präventionsmaßnahmen beinhalten.[349] Informationen, die den Patienten bei der Suche nach dem für sie „richtigen" Arzt oder Krankenhaus helfen, bieten die Krankenkassen ihren Mitgliedern bisher in der Regel nur über das Internet oder über telefonische Auskunftsdienste an, die für die Mitglieder zumeist kostenlos sind.[350]

In der Regel betreiben die Krankenkassen weder ihre Telefon- noch ihre Internetdienste selbst. Vielmehr erreichen die Versicherten, wenn sie die Service-Nummer ihrer Krankenkasse wählen, zumeist private Telefondienstleister. Auch für den Versicherten angebotene Internetdienste greifen die Krankenkassen in der Regel auf Datenbanken privater Anbieter zurück. Beispiele für die von den Krankenkassen angebotenen Telefon- und Internetdienste sind „Infomed - Der Gesundheitswegweiser" der Betriebskrankenkassen, „Clarimedis" der AOK sowie die telefonische Patientenberatung „IKKmed" der Innungskrankenkassen. Als Beispiel für einen privaten, auf das Gesundheitswesen spezialisierten Anbieter von Telefon- und Internetdiensten sei das Unternehmen MD Medicus genannt, das derzeit gleich im Auftrag mehrerer Krankenkassen arbeitet.[351] Da die Informationsangebote der privaten Telefon- und Internetdienstleister umfassend in Abschnitt 2.5.9 gewürdigt sind, kann an dieser Stelle auf eine Analyse der von den Krankenkassen zwar für ihre Mitglieder finanzierten, aber mit denen der Privaten inhaltsgleichen Informationsangebote verzichtet werden.

Indem er über die Qualität einzelner Klinikabteilungen informiert, stellt der „Krankenhaus-Ratgeber" der DAK Hamburg ein für den Bereich der Krankenkassen einmaliges Informationsangebot dar. Eine umfassende Würdigung des Krankenhaus-Ratgebers und ein Überblick über die Erfahrungen, die die DAK

---

349 Vgl. KRANICH, C. [1999], S. 339.

350 Vgl. KRÜGER-BRAND, H. E. [1998], S. A-1514.

351 Vgl. DEUTSCHE GESELLSCHAFT FÜR VERSICHERTE UND PATIENTEN [2003].

im Umfeld des Projektes sammelte, erweist sich zur Identifizierung der Möglichkeiten und Grenzen der Bereitstellung von Qualitätsinformationen durch die Krankenkassen als äußerst fruchtbar. Im Folgenden ist der „Krankenhaus-Ratgeber“ deshalb daraufhin untersucht, inwieweit er zu einem Abbau der seitens der Patienten bestehenden Qualitätsunkenntnisse beitragen kann.

2.4.1.2 Der „Krankenhaus-Ratgeber“ der DAK Hamburg

Der im Jahr 1997 von der DAK-Hamburg veröffentlichte „Krankenhaus-Ratgeber“ entstand in Zusammenarbeit mit der Hildebrandt GesundheitsConsult GmbH, einer auf das Gesundheitswesen spezialisierten Unternehmensberatung.[352] Inhaltlich basiert der Ratgeber auf einer zu Beginn des Jahres 1996 durchgeführten, breit angelegten Patientenbefragung.[353] Insgesamt 45 Hamburger Krankenhäuser waren in die Befragung einbezogen; darunter befanden sich sowohl Krankenhäuser der Zentralversorgung als auch solche der Grund- und Regelversorgung sowie Schwerpunkt-, Beleg- und Fachkliniken.[354]

Die Ergebnisse der Studie wurden im Jahr 1996 zunächst den Leitungen der beteiligten Krankenhäuser und anschließend der Öffentlichkeit in einer Pressekonferenz vorgestellt.[355] Bei den Patienten stieß die DAK durchweg auf positive Resonanz und auch die in Hamburg niedergelassenen Ärzte zeigten sich an den Ergebnissen der Patientenbefragung interessiert.[356] Mit Ausnahme der Veröffentlichung der Befragungsergebnisse stuften die beteiligten Krankenhäuser das DAK-Projekt im Grundsatz ebenfalls als gut ein.[357] Die Veröffentlichung des „Krankenhaus-Ratgebers“ in Form einer 145 Seiten umfassenden DIN A 4-Druckschrift erfolgte 1997.

Bei der Befragung wurden sämtliche DAK-Mitglieder berücksichtigt, die im Jahr 1995 in einer der Hamburger DAK-Geschäftsstellen registriert waren und im selben Jahr in einer der 45 Kliniken für mindestens einen Tag behandelt wurden.[358] Von den 22.745 Personen, die diese Kriterien erfüllten und einen Frage-

---

352 Vgl. DEUTSCHE ANGESTELLTEN KRANKENKASSE (Hrsg.) [1997].

353 Vgl. HILDEBRANDT, H., NICKEL, S., TROJAN, A. [1999], S. 58.

354 Vgl. DEUTSCHE ANGESTELLTEN KRANKENKASSE (Hrsg.) [1997], S. 8 ff. sowie HILDEBRANDT, H., NICKEL, S., TROJAN, A. [1999], S. 58.

355 Vgl. HILDEBRANDT, H., NICKEL, S. [1999], S. 141.

356 STURM, H., TROJAN, A., HILDEBRANDT, H. [1999b], S. 209 ff.

357 Ebenda, S. 203.

358 Vgl. HILDEBRANDT, H., NICKEL, S., TROJAN, A. [1999], S. 71.

bogen zugeschickt bekamen, antworteten 12.288. Dies entspricht einer Rücklaufquote von 54 Prozent.[359]

Der Kern des Fragebogen bestand aus 45 Einzelfragen, aufgegliedert in die folgenden acht Hauptbereiche: [360]

1. ***Aufklärung über die Abläufe***, ermittelt anhand von Fragen zur Erreichbarkeit der Ansprechpartner, zu Informationen über Tagesablauf, Untersuchungszeitpunkt und Leistungen des Krankenhauses,
2. ***Medizinisch-ärztliche Versorgung***, ermittelt anhand von Fragen zur Aufklärung über Gesundheitszustand, zu Behandlung und Eingriffen, Gründlichkeit der ärztlichen Untersuchung sowie Entscheidungsbeteiligung,
3. ***Pflegerische Versorgung***, ermittelt anhand von Fragen zu fachlichem Können, Freundlichkeit, Schnelligkeit und ausreichender Besetzung des Pflegepersonals,
4. ***Organisation und Wartezeiten***, ermittelt anhand von Fragen zu Weckzeiten und betriebsbedingten Wartezeiten,
5. ***Ausstattung und Service***, ermittelt anhand von Fragen zu sanitärer Ausstattung, Schutz der Privatsphäre und Qualität der Verpflegung,
6. ***Hilfe im Umgang mit der Krankheit,*** ermittelt anhand von Fragen zur praktischen Anleitung zum besseren Umgang mit der Krankheit und zu Informationen über Unterstützung und Hilfen nach der Entlassung,
7. ***Informationen zur Nachbetreuung***, ermittelt anhand von Fragen zur Aufklärung über körperliche Belastbarkeit und Medikamenteneinnahme,
8. ***Subjektiver Behandlungserfolg***, ermittelt anhand von Fragen zur Zufriedenheit mit dem Behandlungsergebnis und der Veränderung der Lebensqualität.

Der Skalenbereich der möglichen Antworten reichte jeweils von 1 („sehr gut“) bis 5 („sehr schlecht“).[361] Abbildung 18 zeigt die Ergebnisse der Befragung im Überblick.

---

[359] Vgl. ebenda.

[360] Vgl. ebenda, S. 62 ff.

[361] Vgl. ebenda, S. 65.

Abbildung 18: Ergebnisse der DAK-Versichertenbefragung im Überblick

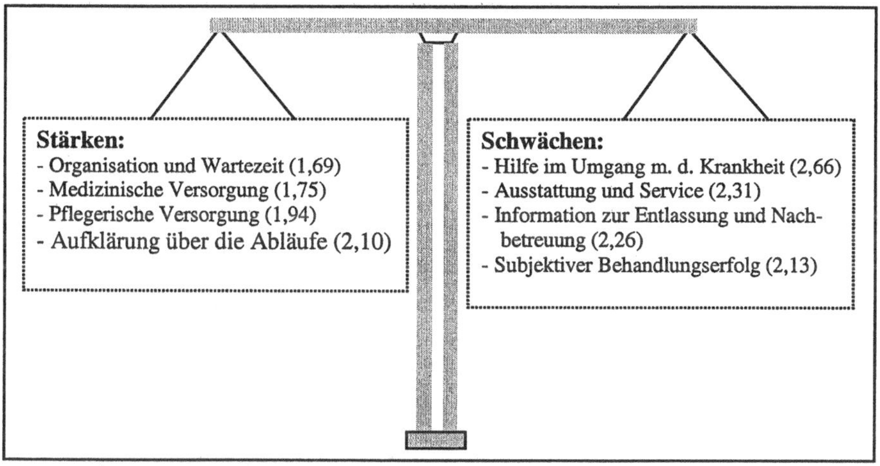

Quelle: In Anlehnung an HILDEBRANDT, H., STURM, H. [1999], S. 85.

Äußerst positiv fielen nicht nur die in der obigen Abbildung erfassten Durchschnittsnoten der acht Hauptbereiche des Fragenkatalogs aus. Auch die Gesamtnoten der Kliniken stellen den Hamburger Krankenhäusern mit Werten zwischen 1,6 und 2,4 ein gutes Zeugnis aus.[362] Eine hohe Patientenzufriedenheit, die für Patientenbefragungen typisch ist[363], findet sich somit ganz offensichtlich auch in den Antworten der DAK-Versicherten.

Die Ermittlung der Patientenzufriedenheit beschränkte sich im DAK-Projekt auf 15 Fachabteilungen. Die Noten, die die Patienten den einzelnen Abteilungen innerhalb der acht Hauptbereiche des Fragebogens gegeben haben, macht der Krankenhaus-Ratgeber in Tabellenform transparent (vgl. dazu beispielhaft Tabelle 11).

---

362 Vgl. HILDEBRANDT, H., STURM, H. [1999], S. 85.

363 Vgl. dazu Teil I, Kapitel A 4.4.

Tabelle 11: Krankenhausbewertung der DAK-Patienten nach Fachabteilungen,

ALLGEMEINE CHIRURGIE Krankenhaus	Aufklärung über Abläufe	Medizinische Versorgung	Pflegerische Versorgung
Endo-Klinik Hamburg	1,6	1,4	1,8
Ev. Krankenhaus Alsterdorf	1,7	1,5	1,6
Krankenhaus Tabea	1,6	1,4	1,6
Klinik Dr. Guth	1,6	1,5	1,7
Israelitisches Krankenhaus	1,6	1,5	1,7
Krankenhaus Elim	1,6	1,4	1,6
Krankenhaus Jerusalem	1,7	1,4	1,7
Marienkrankenhaus	1,9	1,5	1,7
Michaelis-Krankenhaus	1,6	1,4	1,7
Ev. A.-Sieveking-Krankenhaus	1,8	1,6	1,8
KH Reinbek St.-Adolf-Stift	1,8	1,7	1,8
Albertinen-Krankenhaus	2,0	1,7	1,8
AK Wandsbek	2,1	1,7	1,9
Ev. Krankenhaus Bethesda	2,0	1,7	1,9
Krankenhaus Rissen	1,8	1,7	1,8
AK Bergedorf	2,1	1,8	1,9
Diakonie-KH Alten Eichen	2,0	1,6	1,9
Klinik Poppenbüttel	2,0	1,7	1,6
Krankenhaus Mariahilf	1,9	1,8	1,9
Hafenkrankenhaus	2,0	1,6	1,9
AK Altona	2,3	1,8	2,0
AK Eilbek	2,2	1,8	2,1
AK Harburg	2,2	1,8	2,1
AK Heidberg	2,1	1,8	2,0
AK Ochsenzoll	2,3	2,0	2,0
AK St. Georg	2,3	1,8	2,1
Universitäts-KH Eppendorf	2,4	1,8	2,2
AK Barmbek	2,6	2,2	2,3
BG-Unfallkrankenhaus Boberg	1,6	1,4	1,6
Kinderkrankenhaus Wilhelmstift	2,3	1,7	2,0
Wilhelmsb. KH „Groß-Sand“	2,2	2,0	2,1

• G = Grund- oder Regelversorgung • S = Schwerpunktversorgung • Z = Zentralversorgung

Quelle: DEUTSCHE ANGESTELLTEN KRANKENKASSE (Hrsg.) [1997], S. 36 f.

Beispiel „Allgemeine Chirurgie“

Organisation und Wartezeiten	Ausstattung und Service	Hilfe im Umgang mit der Krankheit	Informationen zur Nachbetreuung	Subjektiver Behandlungserfolg	Krankenhaus Art
1,5	1,8	2,2	1,8	1,6	G
1,4	1,7	2,1	2,1	1,8	G
1,5	1,9	1,9	1,7	1,8	G
1,4	1,6	2,0	1,9	1,7	G
1,4	2,0	2,4	2,1	1,8	G
1,5	2,1	2,3	1,9	1,7	G
1,5	2,2	2,5	1,8	1,7	B
1,5	1,9	2,3	2,0	1,8	S
1,5	2,1	2,2	1,9	1,9	B
1,5	1,9	2,4	2,1	2,0	G
1,6	2,0	2,5	2,1	1,9	G
1,6	2,0	2,6	2,4	2,0	S
1,6	2,1	2,6	2,3	2,0	S
1,7	2,2	2,4	2,4	2,0	G
1,5	2,5	2,8	2,2	1,9	G
1,7	2,4	2,8	2,2	2,2	G
1,7	2,1	2,8	2,3	2,0	G
1,6	2,2	2,7	2,4	2,2	G
1,6	2,0	2,8	2,5	2,1	G
1,6	2,4	2,7	2,6	2,1	G
1,7	2,2	2,9	2,5	2,0	Z
1,7	2,5	2,6	2,3	2,4	S
1,7	2,3	3,0	2,5	2,2	S
1,7	2,6	3,0	2,5	2,1	S
1,7	1,9	3,0	2,6	2,4	S
1,8	2,5	2,7	2,3	2,3	Z
2,0	2,6	2,8	2,5	2,2	Z
2,0	2,6	3,2	3,0	2,3	S
1,4	1,5	n.a.	n.a.	1,9	S
1,6	2,1	n.a.	2,0	2,0	S
1,7	2,2	n.a.	n.a.	2,3	G

• B = Belegkrankenhaus • F = Fachklinik (Schleswig-Holstein) • n.a. = nicht ausgewertet

(Abschrift, Original in Farbe)

Abbildung 19: DAK-Krankenhausdarstellung, Allgemeines Krankenhaus Eilbek

DAK-Krankenhaus-Ratgeber

Allgemeines Krankenhaus Eilbek

Friedrichsberger Str. 60 · 22081 Hamburg ·Tel.: 040-20200-1 · Fax 040-20200-377 / 20200-2088

Das Allgemeine Krankenhaus Eilbek ist eine staatliche Klinik der Schwerpunktversorgung mit rund 660 Betten. Es verfügt über folgende Fachabteilungen:

Abteilung	**Zimmerzahl und -ausstattung**	
	Einbettzimmer	**Zweibettzimmer**
Allgemeine Chirurgie*	3 mit Wg. 4 mit Dusche/WC	4 mit Dusche/WC
Innere Medizin*	7 mit Wg. 2 mit Dusche/WC	15 mit Wg. 2 mit Dusche/WC
Neurologie*	8 mit Wg.	32 mit Wg.
Physikalische Therapie und Frührehabilitation	12 mit Wg.	40 mit Wg.
Psychiatrie	1 Beobachtungs-zimmer mit Wg. 8 mit Dusche/WC	19 mit Wg. 11 mit Dusche/WC
Rheumatologie	6 mit Wg.	24 mit Wg.
Urologie	7 mit Wg.	2 mit Wg.
Zentrum für Schwerst-Schädel-Hirnverletzte	1 Intensivzimmer mit Dusche/WC	10 mit Dusche/WC
Operative Intensivstation*	Es gelten die Besonderheiten einer	

* Im Rahmen der Patientenbefragung ausgewertete Abteilung

Quelle: DEUTSCHE ANGESTELLTEN KRANKENKASSE (Hrsg.) [1997], S. 76 f. (Abschrift, Original in

Zimmerzahl und -ausstattung	
Dreibettzimmer	**Zimmer mit mehr als drei Betten**
10 mit Wg. 16 mit Dusche/WC	-
16 mit Wg.	2 mit Wg. 6 mit Dusche/WC
-	-
-	-
1 Beobachtungs-zimmer mit Wg. 6 mit Dusche/WC	3 mit Wg.
-	-
2 mit Wg.	7 mit Wg.
-	1 Intensivzimmer mit Dusche/WC
Intensivstation	

Wg. = Waschgelegenheit

In der Klinik gibt es eine Cafeteria, einen Kiosk, einen Frisör, seelsorgerische Betreuung sowie einen Sozialdienst. Auf der medizinischen Seite bietet das AK Eilbek außerdem Logopäden, Krankengymnasten, Masseure, Ergotherapeuten und Diätassistenten. Es ist Lehrkrankenhaus. Die Besuchszeiten sind flexibel. Beim Mittagessen können die Patienten unter mehreren Gerichten wählen. Menüs für Vegetarier und Moslems werden angeboten.

Besonderheiten 1995:

Das Allgemeine Krankenhaus Eilbek hatte infolge sanitärer Umbauten zwei chirurgische Stationen vorübergehend in einem älteren, nicht den heutigen Ausstattungsansprüchen genügenden Gebäuden untergebracht. Die renovierten Stationen sind nun überwiegend mit Zwei-Bett-Zimmern ausgestattet.

Farbe).

Eine Auswertung der Tabellen im Hinblick darauf, welche der Fachabteilungen insgesamt am besten bewertet wurden, findet lediglich derart statt, dass die zwei (z. T. auch drei) Fachabteilungen an anderer Stelle des Ratgebers genannt werden, die nach ungewichteter Addition der acht Einzelnoten am besten abgeschnitten haben. Die Ergebnisse der Patientenbefragung werden ergänzt durch Angaben der „Krankenhausleitungen zur jeweiligen Leistungsfähigkeit, zu den Kompetenzschwerpunkten, den Serviceangeboten und den internen Qualitätsverbesserungsmaßnahmen“[364] (vgl. dazu beispielhaft Abbildung 19).

Die oben genannten Klinik-Gesamtnoten sind im „Krankenhaus-Ratgeber“ weder getrennt voneinander noch als direkter Vergleich in Form eines Rankings ausgewiesen, sondern entstammen einer detaillierten Projektbeschreibung, die gemeinsam von der DAK-Hamburg und der Beratungsgesellschaft Hildebrandt GesundheitsConsult in Buchform veröffentlicht wurden.[365] Die dort vorgenommene Ausweisung der Klinik-Gesamtnoten erfolgt in anonymisierter Form.

Umfassende Informationen: Die Ergebnisse von Befragungen zur Patientenzufriedenheit sind zweifellos zu den von Patienten als wichtig erachteten Informationen zu zählen.[366] Gleichwohl decken sie nur einen Teil der von den Patienten gewünschten Informationen zur Qualität von Ärzten und Krankenhäusern ab. Dies spiegelt sich auch im Inhalt des Krankenhaus-Ratgebers der DAK wider. So beinhalten die Ergebnisse der Patientenbefragung zwar sowohl Bewertungen der Behandlungsstrukturen der Hamburger Kliniken („Ausstattung und Service“) als auch Beurteilungen der Behandlungsprozesse („Aufklärung über Abläufe“, „Medizinische und pflegerische Versorgung“, „Organisation und Wartezeiten“, „Hilfe im Umgang mit der Krankheit“, „Informationen zur Nachbetreuung“) und Behandlungsergebnisse („Subjektiver Behandlungserfolg“). Zahlreiche Qualitätsaspekte, wie die Frage nach der Befolgung von Behandlungsleitlinien oder die Rehospitalisierungs- und Infektionsraten der erfassten Kliniken, bleiben jedoch unbeantwortet. Darüber hinaus ist der Krankenhaus-Ratgeber auch deshalb als unzureichend einzustufen, weil er keine diagnosespezifischen Qualitätsinformationen enthält und - bis auf die wenigen Angaben der Krankenhausleitungen zu den Behandlungsstrukturen - keine objektiven Bewertungen beinhaltet, da die Qualitätsurteile der Patienten auf rein subjektiven Einschätzungen beruhen. Zu vermissen sind außerdem Informationen über die Behandlungsqualitäten von Krankenhäusern, die außerhalb der Stadtgrenzen Hamburgs angesiedelt sind.

---

364 HILDEBRANDT, H., NICKEL, S. [1999], S. 141 f.

365 Vgl. SCHUPETA, E., HILDEBRANDT, H. [1999].

366 Vgl. dazu die Ausführungen in Teil I, Kapitel A 4.4.

Zuverlässigkeit: Die umfassende Offenlegung der Methoden, mit deren Hilfe die Befragung durchgeführt und ausgewertet wurde, wirkt sich positiv auf die Zuverlässigkeit der Qualitätsinformationen des Krankenhausratgebers aus. Die Offenlegung erfolgte in der bereits angesprochenen, von der DAK-Hamburg und der Beratungsgesellschaft Hildebrandt GesundheitsConsult erstellten Projektbeschreibung. Negativ ist zu bewerten, dass mit der DAK-Hamburg als Herausgeber des Ratgebers eine Institution Anbieter der Qualitätsinformationen ist, die nicht frei von eigenen Interessen ist. Als Träger der Behandlungskosten profitiert sie vielmehr von einer Lenkung der Patientenströme zu den Ärzten und Krankenhäusern, die am kostengünstigsten arbeiten, die aber u. U. nicht die höchste Qualität produzieren.

Ein prägnantes Beispiel für die Notwendigkeit der wirtschaftlichen und rechtlichen Unabhängigkeit des Informationsanbieters von den Trägern der Behandlungskosten ist ein Ende des Jahres 2001 vorgestelltes Pilotprojekt der DAK Hamburg und der LBK Hamburg Gruppe.[367] Inhalt dieses Pilotprojektes ist ein Vertrag, in dem erstmals „Qualität, Leistung, Preis und Behandlungsfälle zwischen einer einzelnen Krankenkasse und einem einzelnen Klinikunternehmen direkt vereinbart“[368] wurden. Wenngleich nur „die transurethrale Resektion von Blasentumoren ... in der urologischen Abteilung des AK Barmbek“[369] Gegenstand des Vertrages ist und das Recht der DAK-Mitglieder auf freie Arzt- und Krankenhauswahl von dem Pilotprojekt unberührt bleibt, stellt sich doch die Frage, inwieweit zukünftige Bewertungen von Fachabteilungen, die von der DAK direkt oder in Auftrag erstellt wurden, von den Patienten noch als zuverlässig eingestuft werden können. So belegte etwa die Fachabteilung Urologie des AK Barmbeks innerhalb der im Jahr 1996 durchgeführten Patientenbefragung lediglich den sechsten Platz unter sieben in die Umfrage einbezogenen Fachabteilungen.[370] Fraglich ist, ob die DAK ein solches, vergleichsweise schlechtes Befragungsergebnis für eine mit ihr in enger Verbindung stehende Fachabteilung in Zukunft noch akzeptieren bzw. veröffentlichen wird.

---

[367] Die LBK (Landesbetrieb Krankenhäuser) Hamburg Gruppe ist ein Unternehmen, das aus der Kooperation der städtischen Kliniken Hamburgs hervorgegangen ist. Zur LBK gehören derzeit sieben Krankenhäuser sowie 22 weitere Betriebe, Servicecenter und Tochtergesellschaften mit insgesamt 13.000 Beschäftigten. Nach eigenen Angaben erbringt die LBK einen Anteil von 50 Prozent aller Krankenhausbehandlungen in Hamburg; in der Not- und Unfallversorgung liegt der Anteil sogar bei über 65 Prozent; vgl. LBK HAMBURG GRUPPE [2003].

[368] LBK HAMBURG GRUPPE [2001].

[369] Ebenda.

[370] Vgl. DEUTSCHE ANGESTELLTEN KRANKENKASSE (Hrsg.) [1997], S. 64 f.

Aktualität und Flexibilität: Die DAK strebte an, Veränderungen der Behandlungsstrukturen (z. B. der Bettenzahl je Zimmer oder der sanitären Ausstattung) und der Behandlungsprozesse (z. B. organisatorische Änderungen des Stationsablaufs oder des Aufnahmeverfahrens), die in den Kliniken im Jahr der Befragung durchgeführt wurden, bei der Interpretation und der Veröffentlichung der Befragungsergebnisse noch zu berücksichtigen. Deshalb räumte die DAK den Krankenhäusern die Möglichkeit ein, ihr im Jahr 1995 eingetretene Ereignisse mitzuteilen.[371] Eine weitgehende Aktualität der Qualitätsinformationen liegt deshalb zum Zeitpunkt der Veröffentlichung der Informationsdruckschrift im Jahr 1997 vor. Die DAK beabsichtigt allerdings keine Neuauflage ihres Hamburger Projektes oder gar dessen bundesweite Ausweitung.[372] Als Grund für diesen Verzicht gibt die DAK an, dass sie die Datenermittlung, die für einen öffentlichen Vergleich zwischen Krankenhäusern oder Fachabteilungen notwendig ist, für zu aufwendig und erst recht bundesweit nicht für finanzierbar hält.[373] Dies macht deutlich, dass Qualitätsinformationen, die durch Projekte wie das der DAK gewonnen werden, derzeit allenfalls unter Hinnahme hoher Kosten hinreichend aktuell gehalten und flexibel an Änderungen des medizinisch-technischen Fortschritts angepasst werden können.

Verfügbarkeit: Hauptbeweggrund der DAK für ihr Engagement zur Erstellung eines Krankenhaus-Ratgebers war nach eigenen Angaben die „Positionierung der DAK insbesondere im regionalen Umfeld Hamburgs ... als Krankenkasse, die sich um ihre Mitglieder ‚kümmert'"[374]. Darüber hinaus sollte durch das Projekt ein alternativer Zugang zur Intensivierung der eigenen Kundenbindung erprobt werden.[375] Die DAK-Hamburg bot den Krankenhaus-Ratgeber ihren Mitgliedern deshalb exklusiv über ihre Geschäftsstellen an.[376] Wenngleich die lokale und überregionale Presse zum Teil sehr ausführlich über die Patientenbefragung und deren Ergebnisse berichtete, waren die von der DAK gewonnenen Qualitätsinformationen den Mitgliedern anderer Krankenkassen somit nur im beschränkten Umfang zugänglich.[377] Auf die allgemeine Verfügbarkeit der Informationen wirkt sich dies negativ aus.

---

371 Vgl. HILDEBRANDT, H., NICKEL, S., TROJAN, A. [1999], S. 59.

372 Gemäß telefonischer Auskunft der DAK-Hamburg am 14.02.2002.

373 Vgl. RIEDIGER, A. [1998] sowie NICKEL, S., HILDEBRANDT, H., TROJAN, A. [1999], S. 191.

374 HILDEBRANDT, H., NICKEL, S., TROJAN, A. [1999], S.58.

375 Vgl. HILDEBRANDT, H., NICKEL, S., TROJAN, A. [1999], S.58.

376 Vgl. HILDEBRANDT, H., NICKEL, S. [1999], S. 141 f.

377 Zur Resonanz der Patientenbefragung in den Medien vgl. STURM, H., TROJAN, A., HILDEBRANDT, H. [1999a], S. 201 ff.

Patientengerechte Aufbereitung: Das Fehlen einer tiefer gehenden Aufbereitung und Interpretation der Befragungsergebnisse wirft die Frage auf, inwieweit die für den Ratgeber gewählte Form der Qualitätsinformationen der begrenzten Informationsverarbeitungskapazität der Patienten ausreichend Rechnung trägt. Wenngleich die Patienten über kein medizinisches Wissen verfügen müssen, um die Befragungsergebnisse zu verstehen, ist doch die Gefahr als hoch einzustufen, dass die teils geringen Notenunterschiede und vor allem die oft große Zahl an Einzelnoten[378] zu einer Informationsüberlastung und damit zu einer deutlichen Reduktion der Entscheidungsqualität der Patienten führt. Hinweise z. B. darauf, dass selbst eine positive Note 2,2 bis zu 30 Prozent „mangelhafte" Bewertungen enthalten kann[379], oder darauf, dass Befragungsergebnisse bereits dann als Anzeichen erheblicher Qualitätsmängel in einer Fachabteilung anzusehen sind, wenn weniger als 75 Prozent der Befragten mit diesen zufrieden waren[380], enthält der DAK-Ratgeber nicht.

Die Aussagekraft der Befragungsergebnisse ließe sich für die Patienten darüber hinaus dadurch erhöhen, dass die Einzelnoten zu Gesamtnoten für die verschiedenen Fachabteilungen zusammengefasst werden. Daraus erwächst kein Konflikt mit der Anforderung, die unterschiedlichen Patientenpräferenzen zu berücksichtigen, wenn sowohl die Gewichtung der Einzelnoten als auch die Einzelnoten selbst weiterhin offen für die Patienten ausgewiesen werden.

Berücksichtigung der Unterschiede in den Patientenpräferenzen: Den Verzicht sowohl auf eine tiefer gehende Zusammenfassung der Ergebnisse als auch auf eine Gewichtung der acht Einzelnoten begründet die DAK damit, dass der Zweck des Ratgebers nicht in der generellen Empfehlung bestimmter Krankenhäuser läge. Vielmehr sollte jedem Patienten bei der Wahl einer Klinik ermöglicht werden, danach zu „entscheiden, was für ihn selbst am wichtigsten ist".[381] Durch die Veröffentlichung der Einzelnoten wird der DAK-Ratgeber der in Abschnitt 2.3 aufgestellten Forderung nach einer Darstellung der Qualitätsinformationen, die sich an den unterschiedlichen Erwartungen der Patienten an eine qualitativ hochwertige Behandlung orientiert, gerecht.

---

378 So enthält oben als Beispiel herangezogene Tabelle für die Fachabteilung „Allgemeine Chirurgie" mehr als 240 Einzelnoten.

379 Ein ähnlicher Hinweis findet sich lediglich in der von der DAK und der Hildebrandt GesundheitsConsult veröffentlichten, ausführlichen Projektbeschreibung; vgl. HILDEBRANDT, H., STURM, H. [1999], S. 85.

380 Vgl. OLANDT, H., KRENTZ, H. [1998], S. 722.

381 DEUTSCHE ANGESTELLTEN KRANKENKASSE (Hrsg.) [1997], S. 7.

2.4.2 Ärztekammern und Kassenärztliche Vereinigungen

In Deutschland gibt es derzeit 17 Ärztekammern. Auf Bundesebene haben sich diese zu einer Arbeitsgemeinschaft - der Bundesärztekammer - zusammengeschlossen.[382] Neben der Aufsicht über die Ärzte ihres Bereiches und der Wahrung der beruflichen Belange der Ärzte obliegt ihnen die Aufgabe, „die ärztliche Ausbildung und Fortbildung zu fördern, für einen sittlich und wissenschaftlich hoch stehenden Ärztestand zu sorgen, die ärztlichen Berufspflichten und die Weiterbildung zu ordnen und an der Gesetzgebung auf dem Gebiet des öffentlichen Gesundheitswesens mitzuwirken“[383].

Wie die Ärztekammern sind auch die Kassenärztlichen Vereinigungen Körperschaften des öffentlichen Rechts. Auf Bundesebene bilden die 23 Kassenärztlichen Vereinigungen die Kassenärztliche Bundesvereinigung.[384] Jeder Arzt, der zur vertragsärztlichen Versorgung zugelassen ist, ist Pflichtmitglied der für ihn zuständigen Kassenärztlichen Vereinigung. Die KVen haben die Aufgabe, die Rechte und die wirtschaftlichen Interessen der Kassenärzte gegenüber den Krankenkassen zu wahren.[385] Außerdem müssen sie den GKV-Versicherten eine qualifizierte ambulante medizinische Versorgung im Sinne des Sicherstellungsauftrags des SGB V garantieren.[386]

Dass auch die Information der Bürger über gesundheitliche Sachverhalte zu den Aufgaben der Organe der ärztlichen Selbstverwaltung gehört, bekräftigten u. a. die Delegierten des 103. Deutschen Ärztetages im Jahr 2000.[387] Ärztekammern und Kassenärztliche Vereinigungen wurden aufgefordert, entsprechende Aktivitäten zu intensivieren und stärker als bisher zu koordinieren. Dass sich die Ärztekammern und die Kassenärztlichen Vereinigungen der Aufgabe der Patienteninformationen seitdem tatsächlich verstärkt annehmen, verdeutlicht ein Vergleich der entsprechenden Aktivitäten zwischen den Jahren 1999 und 2002. So hatten zu Beginn des Jahres 1999 nur zwei der 17 Landesärztekammern und fünf

---

382 BUNDESÄRZTEKAMMER [2003a]. Grundsätzlich gibt es in jedem Bundesland eine Ärztekammer. Nordrhein-Westfalen verfügt - entsprechend den beiden Landesteilen – jedoch über zwei Ärztekammern.

383 BUNDESÄRZTEKAMMER [2003b], sowie § 3 Abs. 1 Heilberufsgesetz Rheinland-Pfalz (HeilBG) vom 20.10.1978 (GVBl. S. 649; 1979 S. 22), zuletzt geändert durch Artikel 65 des Gesetzes vom 12.10.1999 (GVBl. S. 325), BS 2122-1.

384 KASSENÄRZTLICHE BUNDESVEREINIGUNG [2002b].

385 Ebenda.

386 Vgl. § 72 SGB V.

387 Vgl. RIESER, S. [2000], S. A 2080.

der 23 KVen ein eigenes System der Bürgerinformation installiert.[388] Schon drei Jahre später verfügten die meisten Kammern und KVen über Telefon-Hotlines und waren darüber hinaus auch im Internet präsent. Abbildung 20 gibt einen Überblick über die entsprechenden Aktivitäten der Kammern und KVen im Jahr 2002.[389]

Abbildung 20: Informationsangebote der Ärztekammern und der Kassenärztlichen Vereinigungen

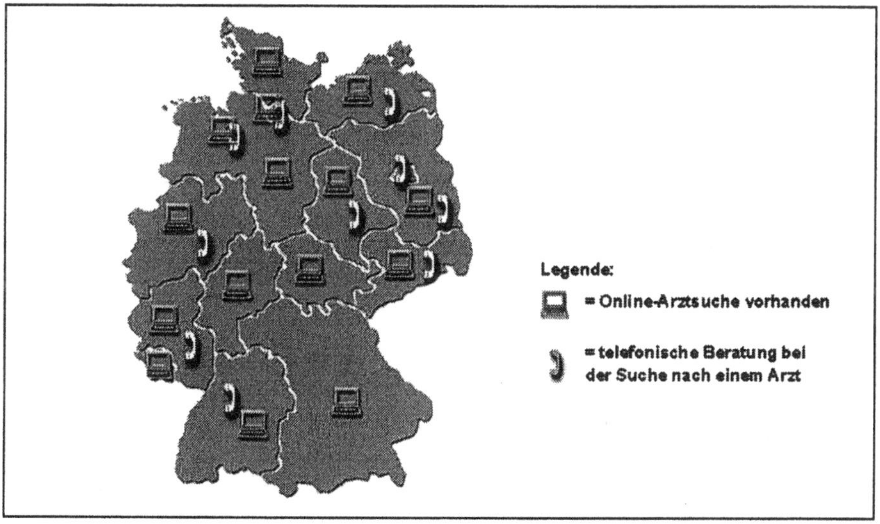

Quelle: DEUTSCHES ÄRZTENETZ [2002a] (Original in Farbe).

Die von den Ärztekammern und KVen eingerichteten Informationsangebote dienen in erster Linie der Unterstützung der Patienten bei der Suche nach einem für sie geeigneten Arzt. Zumeist greifen die Auskunftssysteme auf Daten und Informationen zurück, die bei den betreffenden Kammern oder KVen aufgrund ihrer sonstigen Aufgaben ohnehin anfallen und ihnen deshalb stets vorliegen. Als Folge dessen bleibt die Arztsuche in der Regel auf die Region der jeweiligen Kammer oder KV begrenzt.[390] Im Wesentlichen konzentrieren sich die Informationsangebote der Kammern und KVen auf die Weitergabe der Anschriften von

---

388 Vgl. ebenda.

389 Zu detaillierteren Informationen über die Aktivitäten der einzelnen Ärztekammern und KVen vgl. DEUTSCHES ÄRZTENETZ [2002b].

390 Vgl. DEUTSCHES ÄRZTENETZ [2002a].

Ärzten in Wohnortnähe des Patienten sowie auf die Auskunft über fachspezifische Zusatzqualifikationen einzelner Ärzte. Die Online-Arztsuche ermöglicht den Patienten in erster Linie, die Anschriften von Ärzten und Kliniken sowie deren Selbstdarstellungen einzusehen.

Ein Beispiel für die Informationsangebote der Kammern und KVen ist der Patienteninformationsdienst der KV Nordrhein. Über ein gebührenfreies Callcenter, in dem auch eine Ärztin und eine Apothekerin beratend zur Seite stehen[391], und ein Online-Arztverzeichnis (vgl. dazu Abbildung 21) bietet sie seit Oktober 2002 den Patienten ihre Unterstützung bei der Arztsuche an. Das Callcenter soll den Patienten zudem auch bei Fragen zu einzelnen Therapien, Medikamenten oder Heil- und Hilfsmitteln helfen.[392]

Abbildung 21: Das Online-Arztverzeichnis der KV Nordrhein

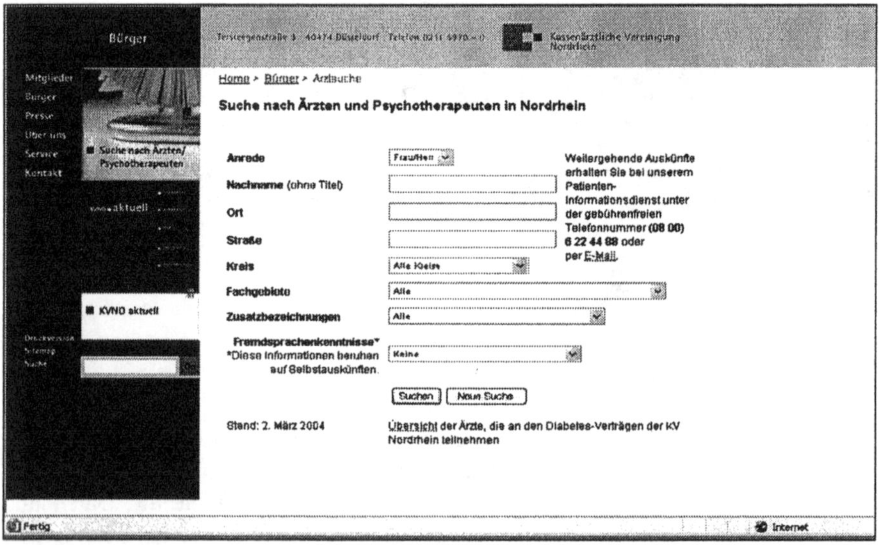

Quelle: KASSENÄRZTLICHE VEREINIGUNG NORDRHEIN [2004a].

Umfassende Informationen: Eine auf den Abrechnungsdaten der Ärzte oder ähnlichen Daten basierende qualitative Bewertung der Leistungserbringer der jeweiligen Region oder gar eine gezielte Empfehlung einzelner Ärzte oder Klini-

---

391 Vgl. KASSENÄRZTLICHE VEREINIGUNG NORDRHEIN [2004b].

392 Vgl. dazu KASSENÄRZTLICHE VEREINIGUNG NORDRHEIN [2004b] sowie O. V. [2002a].

ken erfolgt weder durch die Ärztekammern noch durch die KVen.[393] Das Spektrum der von Kammern und KVen angebotenen Informationen umfasst somit nur einen äußerst kleinen Ausschnitt der Informationen, die von Patienten im Regelfall als qualitätsrelevant eingestuft werden. Dem Kriterium „Umfassende Informationen" werden die Angebote der Kammern und KVen somit offensichtlich nicht gerecht. Aufgrund der geringen Zahl bereitgestellter Qualitätsinformationen kann darauf verzichtet werden, die aktuellen Informationsangebote von Kammern und KVen auf die Erfüllung der Kriterien ***„Aktualität und Flexibilität"***, ***„Verfügbarkeit"***, ***„patientengerechte Aufbereitung"*** und ***„Berücksichtigung der Unterschiede in den Patientenpräferenzen"*** zu untersuchen.

Die Landesärztekammern und die Kassenärztlichen Vereinigungen der Regionen sind derzeit in Deutschland die einzigen Einrichtungen, die über valide Angaben über die Qualifikation sämtlicher in Deutschland tätigen Ärzte verfügen.[394] Darüber hinaus besitzen die KVen in Form der ihnen vorliegenden Abrechnungsdaten der niedergelassenen Ärzte und aufgrund ihrer vermutlichen medizinischen Kompetenz im Grundsatz über weitere Voraussetzungen, die notwendig sind, um den Patienten Qualitätsinformationen anbieten zu können. Wenngleich eine weitergehende Information und Beratung der Bürger grundsätzlich eine Änderung des Heilberufsgesetzes (und des SGB V) notwendig machen würde, da die Kammern (und die KVen) die ihnen übertragenen Aufgaben nicht beliebig ausweiten dürfen[395], stellt sich aufgrund der genannten strategischen Vorteile der Kammern und KVen gegenüber anderen potenziellen Informationsanbietern die Frage, ob diese nicht geradezu prädestiniert sind, neben ihren bisherigen Tätigkeiten in Zukunft verstärkt auch als Anbieter von Qualitätsinformationen aufzutreten.

Zuverlässigkeit: Gegen eine Ausdehnung der bisherigen Informationsangebote spricht vor allem die fehlende Neutralität der Kammern und KVen, die aus deren Rolle als Organe der ärztlichen Selbstverwaltung und den ihnen dazu übertragenen Aufgaben resultiert und sich auf die Zuverlässigkeit der von ihnen bereitgestellten Qualitätsinformationen tendenziell negativ auswirkt. So obliegt den Ärztekammern – wie bereits oben erläutert – schließlich nicht nur die Aufgabe, „die Einhaltung der Berufspflichten der Kammermitglieder zu überwachen"[396]. Vielmehr haben sie auch „für die Wahrung des Ansehens des Berufsstandes einzutreten [und] für ein gedeihliches Verhältnis der Kammermitglieder unter-

---

[393] Vgl. VERBRAUCHERZENTRALE HAMBURG (Hrsg.) [2001], S. 152.

[394] Vgl. DEUTSCHES ÄRZTENETZ [2002a].

[395] Vgl. RIESER, S. [2000], S. A 2080.

[396] § 3 Abs. 1 HeilBG.

einander zu sorgen“[397]. Zu den zentralen Aufgaben der KVen und deren Bundesvereinigung gehört die Vertretung der politischen Interessen und Belange aller ihnen angehörenden Ärzte.[398] Offensichtlich ist eine Veröffentlichung eines Ärztevergleichs auf der Basis von Qualitätsbewertungen oder gar darauf basierende Empfehlungen bestimmter Ärzte (oder Krankenhäuser) mit diesen Aufgaben nicht zu vereinbaren.

Dass die Ärztekammern aufgrund der ihnen übertragenen Aufgaben „Wahrung des Ansehens des Berufsstandes“ und „Sorgen für ein gedeihliches Verhältnis der Kammermitglieder untereinander“ in einen Interessenskonflikt geraten, wenn sie gegenüber Patienten Aussagen über die Qualität einzelner Ärzte treffen sollen, zeigt sich bereits heute, wenn sich Patienten wegen vermuteter Behandlungsfehler an die Ärztekammern wenden:

„Wird ... eine Beschwerde gegen eine Ärztin vorgebracht, versuchen sie [die Ärztekammern] zunächst, den Vorwurf abzuwehren, um den Ruf der Ärzteschaft nicht zu gefährden. Erst wenn sich deutlich und unabweisbar die Schuld oder das Fehlverhalten der Ärztin herauszustellen droht, kippt die Kammer um und verfolgt das ‚schwarze Schaf', um den Ruf der Ärzteschaft vor Verschmutzung zu bewahren. Dies geschieht keineswegs in Verfolgung des Patienteninteresses, wenn es auch teilweise mit diesem übereinstimmt. Am unteren und am oberen Ende der Qualitätsskala, bei den weißen Lämmern und den schwarzen Schafen, haben Ärzte und Patienten dasselbe Interesse: gute Qualität der Versorgung und Eliminierung von Mängeln und Fehlern. Aber im Zwischenbereich, wo es um ‚graue Daten' geht, wo die Fehler möglicherweise nicht so schwer wiegen oder erst noch zu beweisen sind, divergieren die Interessen deutlich: die Kammern sind bestrebt zu verharmlosen, die Patienten wollen dagegen Mißstände schon im Ansatz aufdecken.“[399]

Zusammenfassend bleibt somit festzuhalten, dass die Ärztekammern und KVen in Form der ihnen vorliegenden Daten und des bei ihnen angesiedelten Fachwissens über Eigenschaften verfügen, die ihnen gegenüber anderen potenziellen Anbietern von Qualitätsinformationen einen Vorteil verschaffen. Aufgrund der Aufgaben, die ihnen vom Gesetzgeber übertragen wurden, genießen die Interessen der Ärzteschaft jedoch im Falle eines Zielkonflikts zumindest tendenziell Vorrang gegenüber den Interessen der Patienten. Bedeutende Beiträ-

---

397 Ebenda.

398 Vgl. KASSENÄRZTLICHE BUNDESVEREINIGUNG [2002b] sowie KV HESSEN [2002].

399 KRANICH, C. [1999], S. 342 f.

ge zum Abbau der seitens der Patienten bestehenden Qualitätsunkenntnisse sind von den Ärztekammern und KVen deshalb auch in Zukunft nicht zu erwarten.

2.4.3 Krankenhausgesellschaften

Die Krankenhausgesellschaften der Länder sind Zusammenschlüsse der Träger zugelassener Krankenhäuser und ihrer Spitzenverbände.[400] Auf Bundesebene haben sich die 16 Landeskrankenhausgesellschaften zur Deutschen Krankenhausgesellschaft zusammengeschlossen. Neben der Förderung und Beratung ihrer Mitglieder liegen die Hauptaufgaben der Krankenhausgesellschaften in der Sicherstellung einer Krankenhausbehandlung, die den Vorgaben des Sozialgesetzbuches entspricht[401], und in der Gewährleistung einer nahtlosen ambulanten und stationären Behandlung der Versicherten.[402]

Die Krankenhausgesellschaften unterstützen die Patienten bei deren Suche nach einer für sie geeigneten Klinik derzeit ausschließlich über das Internet. Telefon-Hotlines bieten die Krankenhausgesellschaften im Gegensatz zu Kammern und KVen den Patienten nicht an. Wenngleich sich die Online-Klinik-Suchdienste der Krankenhausgesellschaften nach Art und Umfang der bereitgestellten Informationen durchaus voneinander unterscheiden, kann der Informationsgehalt der verschiedenen Angebote generell als niedrig eingestuft werden. Eines der inhaltsreichsten Klinik-Register bietet die bayerische Krankenhausgesellschaft an (vgl. dazu Abbildung 22). Offensichtlich geht jedoch selbst dieses Angebot über einige wenige Basisinformationen über die bayerischen Krankenhäuser nicht hinaus. Auf eine tiefer gehende Würdigung der Online-Klinik-Suchdienste der Krankenhausgesellschaften kann daher verzichtet werden.

Bei den bisher untersuchten und durchweg als nicht ausreichend eingestuften Informationsangeboten handelt es sich um Einzelprojekte der Krankenkassen, der Kammern, der KVen und der Krankenhausgesellschaften. Die genannten Institutionen engagieren sich darüber hinaus in weiteren, von ihnen jedoch gemeinschaftlich betriebenen Projekten, deren Ziel ebenfalls die Erhöhung der Qualitätstransparenz ist. Diese Projekte sind im Folgenden vorgestellt und auf ihre Fähigkeit, die seitens der Patienten bestehenden Qualitätsunkenntnisse abzubauen, untersucht.

---

400 Vgl. § 108a SGB V sowie § 1 Abs. SKHGRLP.

401 Vgl. dazu § 112 Abs. 1 SGB V.

402 Vgl. § 115 Abs. 1 SGB V.

Abbildung 22: Das Krankenhausregister der bayerischen Krankenhausgesellschaft

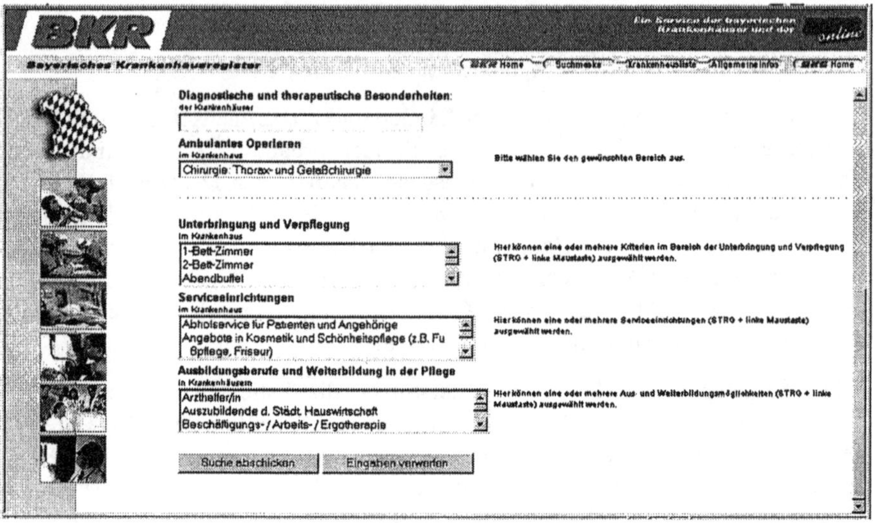

Quelle: BAYERISCHE KRANKENHAUSGESELLSCHAFT E.V. [2002].

2.4.4 Gemeinschaftsprojekte

2.4.4.1 Die „Kooperation für Transparenz und Qualität im Krankenhaus"

Die „Kooperation für Transparenz und Qualität im Krankenhaus gGmbH" (KTQ) ist ein gemeinsames Projekt der Bundesärztekammer, der Spitzenverbände der Krankenkassen, der Deutschen Krankenhausgesellschaft und des Deutschen Pflegerates (DPR).[403] Ziel der KTQ ist es, die Qualität der Leistungs-

[403] Initiiert wurde die KTQ ursprünglich nur von der BÄK und den Ersatzkassenverbänden (VdaK, AEV) im Jahr 1997 in Form eines Rahmenvertrages. Die übrigen Spitzenverbände der Krankenkassen und die Deutsche Krankenhausgesellschaft sind dem Projekt erst nachträglich beigetreten. Der Deutsche Pflegerat war zunächst nur Kooperationspartner der KTQ. Nach Abschluss der Pilotphase gründeten BÄK, die Spitzenverbände der Krankenkassen, die DKG sowie der Deutsche Pflegerat am 17.12.2001 die KTQ-gGmbH. Deren Aufgabe ist die Überführung des innerhalb der Pilotphase erarbeiteten Zertifizierungsverfahrens in den Routinebetrieb. Vgl. dazu ausführlich FLINTROP, J. [2001], S. A-3002 sowie KOOPERATION FÜR TRANSPARENZ UND QUALITÄT IM KRANKENHAUS [2004a].

erbringung von Krankenhäusern zu erhöhen und „transparent zu machen und dadurch auch den Patienten neue Informationsmöglichkeiten zu eröffnen“[404].

Ein krankenhausspezifisches Zertifizierungsverfahren und die so genannten KTQ-Qualitätsberichte sind die zentralen Instrumente, mit deren Hilfe diese Ziele erreicht werden sollen. Das Zertifizierungsverfahren wurde in einer rund zweijährigen Pilotphase, die im März 2001 endete, von der KTQ mit Unterstützung von 25 Pilotkliniken entwickelt. Nach einer Auswertung der Pilotphase, die vom Tübinger Institut für Medizinische Informationsverarbeitung (IMI) wissenschaftlich begleitet wurde, hat der Routinebetrieb der KTQ am 1.1.2002 begonnen. Seitdem können sich interessierte Krankenhäuser die Qualität ihrer Leistungserbringung von so genannten externen KTQ-Visitoren zertifizieren lassen. Bisher (Stand: März 2004) wurden bundesweit 54 Krankenhäuser von der KTQ zertifiziert; das erste Zertifikat wurde Ende Juni 2002 verliehen.[405] Jeder dieser Fremdbewertungen geht eine Selbstbewertung der Krankenhäuser voraus. Sowohl Selbst- als auch Fremdbewertung erfolgen anhand des in der Pilotphase entwickelten, umfassenden Kriterienkatalogs bzw. anhand dessen Weiterentwicklungen. Voraussetzung für die Zertifikatsvergabe ist, dass das jeweilige Krankenhaus als Ergebnis der Fremdbewertung mindestens 55 Prozent der maximalen Gesamtpunktzahl erreicht.

Da die Veröffentlichung der von den Kliniken selbst erstellten und von den Fremdbewertern auf ihren Wahrheitsgehalt geprüften Qualitätsberichte eine der Voraussetzungen für die Erteilung des KTQ-Zertifikats ist, kann das Zertifizierungsverfahren im Grundsatz einen Beitrag zum Abbau der seitens der Patienten bestehenden Qualitätsunkenntnisse leisten. So ist die erklärte Hoffnung der KTQ-Initiatoren, dass die Veröffentlichung der Qualitätsberichte den Patienten die Möglichkeit eröffnet, sich über die Qualität der Krankenhäuser zu informieren und diese zu vergleichen, bevor sie ein Krankenhaus für ihre Behandlung auswählen.[406] Darüber hinaus sollen die Berichte auch niedergelassenen Ärzten, die über die Einweisung ihrer Patienten in ein Krankenhaus entscheiden müssen, als Informationsinstrument dienen und von den zertifizierten Krankenhäusern als Marketinginstrument eingesetzt werden können.[407] Inwieweit die KTQ das von ihr selbst formulierte Ziel einer erhöhten Qualitätstransparenz für die Patienten tatsächlich erreicht, ist im Folgenden anhand des Qualitätsberichts des Kreis-

---

404 FLINTROP, J. [2001], S. A-3002.

405 Vgl. KOOPERATION FÜR TRANSPARENZ UND QUALITÄT IM KRANKENHAUS [2002a], S. 1.

406 Vgl. KOOPERATION FÜR TRANSPARENZ UND QUALITÄT IM KRANKENHAUS [2002b], S. 7.

407 Vgl. ebenda, S. 8.

krankenhauses Eichstätt, der seit Oktober 2002 auf den Internetseiten der KTQ veröffentlicht ist, untersucht.[408]

Umfassende Informationen: Der Qualitätsbericht der KTQ setzt sich im Wesentlichen aus zwei Kapiteln zusammen. Der so genannte „Strukturerhebungsbogen" umfasst - wie dessen Name bereits ankündigt - Informationen über die im betreffenden Krankenhaus vorliegenden Behandlungsstrukturen. Neben einigen Basisinformationen (Name des Trägers, Anzahl der Betten und der in einem Jahr behandelten Patienten u. Ä.) enthält dieser Abschnitt Informationen über das Spektrum der angebotenen Behandlungsleistungen und über die Tätigkeitsschwerpunkte der einzelnen Fachabteilungen, wobei die Darstellung der Tätigkeitsschwerpunkte im Wesentlichen auf die Nennung der Anzahl der 5 häufigsten Diagnosen, der Anzahl der 5 häufigsten Operationen innerhalb der operativen Abteilungen sowie der Anzahl der 5 häufigsten ambulanten Operationen beschränkt bleibt.[409] Insbesondere für Krankheiten, die in der Bevölkerung vergleichsweise selten vorzufinden sind und bei denen selbst eine Spezialisierung nur zu einer vergleichsweise niedrigen Anzahl behandelter Fälle führt, erweist sich die inhaltliche Tiefe des Strukturerhebungsbogens als zu gering.[410]

Darüber hinaus beinhaltet der Strukturerhebungsbogen Informationen über einige quantitative und qualitative Aspekte der Personalausstattung (absolute Zahl der Vollkräfte, untergliedert nach Funktionsbereichen, Ausbildungsstand u. Ä.) und Angaben über die räumliche und apparative Ausstattung der Klinik (Anzahl der Ein- und Zwei-Bett-Zimmer mit/ohne Waschgelegenheit, Dusche, WC, Telefon, TV; diagnostische Möglichkeiten der Fachabteilungen). Die Anzahl der in den Fachabteilungen beschäftigten Vollkräfte (insb. der Ärzte und der Pflegekräfte) wird dabei allerdings nicht in ein Verhältnis zur Anzahl der dort behandelten Patienten gesetzt.

Der zweite Teil des Qualitätsberichts „Die KTQ-Kriterien beschrieben vom Kreiskrankenhaus Eichstätt" enthält ausschließlich Angaben, die Aufschluss über die Qualität der Behandlungsprozesse geben sollen. Unter z. T. wenig aussagekräftigen Überschriften - z. B. „Patientenorientierung in der Krankenhausversorgung" oder „Sicherstellung der Mitarbeiterorientierung" - ist erläutert, wie das Krankenhaus eine Aufrechterhaltung bzw. Erhöhung der Qualität der Be-

---

408 Vgl. KOOPERATION FÜR TRANSPARENZ UND QUALITÄT IM KRANKENHAUS [2002c].

409 Vgl. ebenda, S. 9 ff.

410 Die so genannte Glasknochenkrankheit (Osteogenesis imperfecta) stellt ein typisches Beispiel einer vergleichsweise selten auftretenden Krankheit dar; so sind in Deutschland nur 4.000 bis 6.000 Personen von dieser Krankheit betroffen; vgl. DEUTSCHE GESELLSCHAFT FÜR OSTEOGENESIS IMPERFECTA BETROFFENE E.V. [2002].

handlungsprozesse zu realisieren beabsichtigt. Wenngleich positiv hervorzuheben ist, dass in diesem Rahmen sämtliche in dieser Arbeit als (prozess-)qualitätsrelevant identifizierten Aspekte angesprochen sind, ist der Informationsgehalt der Angaben aufgrund fehlender inhaltlicher Tiefe insgesamt als niedrig einzustufen (vgl. dazu beispielhaft Abbildung 23).

Abbildung 23: Kapitel 1.3.7 und 1.3.8 des KTQ-Qualitätsberichts Kreiskrankenhaus Eichstätt

1.3.7 Kooperation mit allen Beteiligten der Patientenversorgung

Die Behandlung des Patienten erfolgt in Zusammenarbeit mit allen Beteiligten der Patientenversorgung.

Die Behandlung der Patienten erfolgt in Zusammenarbeit mit allen Beteiligten der Patientenversorgung. Es existerien Verfahrensanweisungen zum Konsilwesen. Auf den Stationen und in den Funktionsbereichen finden regelmäßig Besprechungen zwischen dem Pflege- und dem ärztlichen Dienst, gegebenenfalls unter Einbeziehung des Physiotherapeuten, Krankengymnasten, klinischen Sozialdienst statt. Bei Bedarf finden zur Analyse von besonderen Krankheitsbildern interdisziplinäre Fallbesprechungen zwischen den unterschiedlichen Ärztegruppen statt.

1.3.8 Kooperation mit allen Beteiligten der Patientenversorgung: Visite

Die Visitierung des Patienten erfolgt in Zusammenarbeit mit allen Beteiligten der Patientenversorgung.

Für jeden Patienten erfolgt täglich mindestens eine Visite durch den Stationsarzt, bzw. den Belegarzt. Bei besonderen oder schwerwiegenden Erkrankungen des Patienten finden mehrfach täglich Visiten statt, gegebenenfalls auch interdisziplinär und interprofessionell besetzt. Auch an Wochenenden und Feiertagen finden tägliche Visiten statt. Auf der Intensivstation findet mehrmals täglich eine Visite statt. Für jeden Patienten erfolgt mehrmals pro Woche eine Oberarztvisite, bzw. eine wöchentliche Chefarztvisite.

Quelle: KOOPERATION FÜR TRANSPARENZ UND QUALITÄT IM KRANKENHAUS [2002c], S. 28.

Für das Kriterium „Umfassende Informationen" bleibt somit festzuhalten, dass der Qualitätsbericht durchaus alle für die Bestimmung von Struktur- und Prozessqualität maßgeblichen Aspekte anspricht, wenn auch zum Teil nicht mit der aus Patientenperspektive wünschenswerten inhaltlichen Tiefe. Zur realisierten Qualität der Behandlungsergebnisse enthält der KTQ-Qualitätsbericht keine Informationen. Dies stellt ein gravierendes Defizit dar.

Zuverlässigkeit: Auf die Zuverlässigkeit des Informationsangebots wirken sich insbesondere zwei Faktoren negativ aus. Zum einen birgt die bereits dargestellte Zusammensetzung der Gesellschafter der KTQ die Gefahr in sich, dass das Qualitätsniveau, das die Kliniken zur Erlangung des Zertifikats erzielen müssen, so niedrig angesetzt wird, dass dessen Realisierung für die Kliniken mit keinen erheblichen Problemen verbunden ist. Insbesondere besteht die Möglichkeit des Auftretens von Zielkonflikten, die bspw. daraus resultieren können, dass die DKG als Arbeitsgemeinschaft der Landeskrankenhausgesellschaften die Interessen aller zugelassenen Krankenhäuser zu vertreten hat und die Verbände der Krankenkassen (AOK, VDAK, IKK, BKK, BLK, Bundesknappschaft) nicht nur an einer hohen Behandlungsqualität, sondern auch an einer kostengünstigen Versorgung ihrer Versicherten interessiert sind. Zum anderen fällt negativ ins Gewicht, dass die Qualitätsberichte zunächst von den zu bewertenden Kliniken selbst verfasst und erst anschließend von den so genannten Fremdbewertern - beruflich gleichgestellte und noch aktive Persönlichkeiten aus der ärztlichen, pflegerischen und verwaltenden Ebene eines anderen Krankenhauses und somit von Kollegen - auf ihre Richtigkeit überprüft werden.[411] Diese Überprüfungen erfolgen darüber hinaus ausschließlich mit Hilfe von Klinikbegehungen und Gesprächen, in denen lediglich „im kollegialen Dialog bestimmte Prozesse stichprobenhaft hinterfragt werden"[412], wobei das betreffende Krankenhaus im Vorfeld der Fremd-Visitation über die von den Fremdbewerten gewünschten Gesprächsthemen und -partner informiert wird.[413] Positiv zu bewerten ist allerdings die durch zahlreiche Projektbeschreibungen der KTQ herbeigeführte, hohe Transparenz über die im Rahmen der Informationsgewinnung herangezogenen Methoden.

Aktualität und Flexibilität: Die Gültigkeitsdauer des KTQ-Zertifikats beträgt drei Jahre.[414] Sowohl strukturelle und organisatorische Veränderungen innerhalb der betreffenden Klinik als auch Weiterentwicklungen des so genannten KTQ-Manuals, das detaillierte Vorgaben für den Inhalt und Ablauf der Selbst- und Fremdbewertungen enthält und derzeit in der vierten Version von der KTQ angeboten wird, werden deshalb erst nach Ablauf dieser Zeit im Rahmen der Qualitätsbewertung erfasst. Auf die Aktualität und Flexibilität des Informationsangebots könnte sich eine Verkürzung der Gültigkeitsdauer positiv auswirken.

---

411 Vgl. SCHOPPE, C. [2000].

412 Ebenda.

413 Vgl. KOOPERATION FÜR TRANSPARENZ UND QUALITÄT IM KRANKENHAUS [2004a].

414 Vgl. KOOPERATION FÜR TRANSPARENZ UND QUALITÄT IM KRANKENHAUS [2004b].

Verfügbarkeit: Die Qualitätsberichte der Krankenhäuser, die das KTQ-Zertifikat erhalten haben, können über die Webseiten der KTQ kostenlos abgerufen wurden. Unter dem Gesichtspunkt der Verfügbarkeit des Informationsangebots ist dies positiv zu bewerten.

Patientengerechte Aufbereitung: Deutlich schlechter fällt die Bewertung der Art der Aufbereitung der von der KTQ bereitgestellten Informationen aus. So ist insbesondere zu bemängeln, dass die im Strukturerhebungsbogen enthaltenen Informationen zur personellen, apparativen und räumlichen Ausstattung ausschließlich darstellender Natur sind und eine Auswertung dieser Angaben für die Qualität der Behandlungsstrukturen ausbleibt (vgl. dazu beispielhaft Abbildung 24). Gleiches gilt für die Informationen über die Organisation der Behandlungsprozesse im zweiten Teil des Qualitätsberichts. So werden die Patienten zwar z. B. darüber informiert, dass das betreffende Krankenhaus „sowohl für den ärztlichen, als auch für den pflegerischen Bereich hausinterne Leitlinien“[415] anwendet, um „eine gleichbleibende Qualität in der Behandlung zu garantieren“[416]. Die Patienten erfahren jedoch nicht, inwieweit diese „hausinternen Leitlinien“ den aktuellen Stand der wissenschaftlichen Erkenntnisse widerspiegeln und welches Niveau die angestrebte „gleichbleibende Qualität“ letztlich erreicht.

Unzureichend ist die Aufbereitung der Informationen aus Patientenperspektive darüber hinaus auch deshalb, weil den Patienten zur eigenständigen Auswertung der Angaben weder Beurteilungsmaßstäbe, z. B. in Form der existierenden Anhaltszahlen für den fachabteilungsspezifischen Personalbedarf im Pflegebereich, noch Vergleichsmöglichkeiten, z. B. durch Angaben zur Anzahl der Pflegekräfte pro Patient in anderen Kliniken, bereitgestellt werden. Unmittelbare Folge davon ist, dass die Bewertung der Qualität der Behandlungsstrukturen und -prozesse des Krankenhauses oder gar ein darauf aufbauender Vergleich mit anderen Kliniken - soweit dies auf Basis des KTQ-Qualitätsberichts überhaupt möglich ist - nicht nur sehr aufwendig wäre, sondern aufgrund der existierenden Grenzen der menschlichen Informationsverarbeitungskapazität von der Mehrzahl der Patienten auch kaum zu bewerkstelligen sein dürfte.

---

[415] KOOPERATION FÜR TRANSPARENZ UND QUALITÄT IM KRANKENHAUS [2002c], S. 26.

[416] Ebenda.

Abbildung 24: C-2 Personalbereitstellung in der Fachabteilung

	Matrix C-2 [Ärzte]	**C-2.1 Ärztliche Leitung ja (j)/nein (n)**	**C-2.2 Anzahl der Ärzte (voll approbiert)**	**C-2.3 Anzahl der Fachärzte**	**C-2.4 Anzahl der Ärzte mit fakultativer Weiter-bildung**	**C-2.5 Anzahl der Ärzte im Praktikum**	**C-2.6 Liegt eine Weiter-bildungs-befugnis vor ja (j)/nein (n)**
0100	Innere Medizin	j	11	4	0	1	j
1500	Allgemeine Chirurgie	j	9	5	0		j
2300	Orthopädie	j	4	4	2		n
2400	Frauenheilkunde und Geburtshilfe		1 3	1	0	1	j
2600	Hals-, Nasen- und Ohrenheilkunde	j	2	2	0		n
2700	Augenheilkunde	j	2	2	0		n
3600	Intensivmedizin	j			0		n
XXXX	Anästhesie	j	5	5	0		j

Abbildung 24: C-2 Personalbereitstellung in der Fachabteilung - Fortsetzung

	Matrix C-2 [Ärzte]	**C-2.7 Anzahl der Pflegekräfte**	**C-2.8 Anzahl der examinierten Krankenschw./ -pfleger**	**C-2.9 Anzahl der Krankenschw./ -pfleger mit entspr. Fach-weiterbildung**	**C-2.10 Anzahl Sonstiger**	**C-2.11 Wird Hilfspersonal eingesetzt? ja (j)/nein (n)**
0100	Innere Medizin	39	38	1	1	j
1500	Allgemeine Chirurgie	36	35	1	1	j
2300	Orthopädie	4	4			n
2400	Frauenheilkunde und Geburtshilfe	20	18		2	j
2600	Hals-, Nasen- und Ohrenheilkunde	4	4			n
2700	Augenheilkunde	1	1			n
3600	Intensivmedizin	16	16	7		n
XXXX	Anästhesie	6	6	6		n

Quelle: KOOPERATION FÜR TRANSPARENZ UND QUALITÄT IM KRANKENHAUS [2002c], S. 17.

Berücksichtigung der Unterschiede in den Patientenpräferenzen: Der KTQ-Qualitätsbericht verzichtet auf eine Aggregation der in ihm enthaltenen Einzelinformationen und umfasst wie bereits angesprochen keine Bewertung der Qualität der Behandlungsstrukturen und -prozesse, welche zwangsläufig auf einer von der KTQ vorgegeben Gewichtung der einzelnen Qualitätsaspekte beruhen müsste. Dies eröffnet den Patienten die Möglichkeit einer eigenständigen Qualitätsbeurteilung anhand ihrer persönlichen Präferenzen. Den bestehenden Unterschieden in den Präferenzen der Patienten trägt die KTQ insoweit Rechnung. Aus den zuvor erörterten Gründen ist die Möglichkeit einer eigenständigen Qualitätsbeurteilung für die meisten Patienten allerdings nur theoretischer Natur.

Zusammenfassend bleibt somit festzuhalten, dass die Qualitätsberichte der KTQ in ihrer derzeitigen Form kaum zu einer Verbesserung der Informationsmöglichkeiten der Patienten beitragen. Die Erhöhung der Qualitätstransparenz für Patienten ist allerdings nicht das einzige Ziel der KTQ. Insofern ist diese Beurteilung nicht auf das Projekt in seiner Gesamtheit übertragbar. Insbesondere erscheint durchaus nahe liegend, dass von dem Zertifizierungsverfahren für die beteiligten Kliniken tatsächlich ein „Anstoß, neue Elemente des Qualitätsmanagements zu implementieren“[417] und somit zur „kontinuierlichen Qualitätsverbesserung“ ausgeht.

2.4.4.2 Das „Qualitätsmodell Krankenhaus“

Das „Qualitätsmodell Krankenhaus“ (QMK) ist ein gemeinsames Projekt des AOK-Bundesverbandes sowie der privaten Krankenhausträger Asklepios Kliniken GmbH und Helios Kliniken GmbH.[418] Eine interdisziplinäre Forschungsgruppe der Ludwig-Maximilians-Universität München und der Harvard University in Boston (USA) sowie das Wissenschaftliche Institut der AOK (WIdO) begleiten das Projekt wissenschaftlich.

Ziel des QMK ist die Entwicklung von Verfahren, die die Qualität stationärer Behandlungen messbar und vergleichbar machen. Darüber hinaus sollen - ähnlich wie im Falle der KTQ - interessierte Patienten auch durch das QMK eine „transparente und differenzierte Informationsbasis über die Leistungen verschie-

---

[417] KOOPERATION FÜR TRANSPARENZ UND QUALITÄT IM KRANKENHAUS [2004a].

[418] Vgl. QUALITÄTSMODELL KRANKENHAUS [2002b].

dener Anbieter"[419] erhalten. Das QMK soll Krankenhäusern außerdem als Qualitätsmanagement- und Marketinginstrument dienen.

Das QMK entwickelte in einer ersten Phase ab dem Jahr 1997 zunächst Instrumente und ein standardisiertes Verfahren für die Datenerhebung.[420] Die anschließende Testphase, in der die Instrumente und Verfahren in vier Krankenhäusern eingesetzt wurden, endete im Jahr 1999.[421] Im Jahr 2000 startete die Feldphase, an der sich 23 Krankenhäuser beteiligten.[422] Ziel der Feldphase war die Erprobung der Praktikabilität des Verfahrens und der Eignung der entwickelten Ergebnisindikatoren.[423] Auf Basis der Ergebnisse der Feldphase sollte entschieden werden, ob das QMK-Verfahren für einen Routine-Einsatz in Frage kommt und wie es für diesen Zweck ggf. weiterentwickelt werden muss. Obwohl die Feldphase bereits Ende 2001 abgeschlossen wurde, ist bisher noch keine endgültige Entscheidung über die Zukunft des QMK getroffen. Innerhalb der QMK-Steuergruppe wurden bisher zwei Szenarien für den zukünftigen Einsatz des QMK diskutiert.[424] Angedacht ist zum einen „die Entwicklung einer reduzierten QMK-Variante, die nur medizinische Ergebnisindikatoren und entsprechende Risikoparameter für internistische Tracer-Diagnosen beinhaltet"[425]. Zugleich könnten die gesetzlich vorgeschriebenen Qualitätssicherungsverfahren gemäß § 137 SGB V und insoweit die Arbeit der Bundesgeschäftsstelle Qualitätssicherung (BQS)[426] integriert werden. Zum anderen gibt es Überlegungen, das QMK zu einem freiwilligen Zertifizierungsverfahren für Krankenhäuser weiter zu entwickeln.[427]

Im Gegensatz zur KTQ, die sich zur Erreichung dieser Ziele auf die Erfassung von Aspekten der Struktur- und Prozessqualität konzentriert, widmet sich das QMK ausschließlich der Ergebnisqualität. Eine hohe Struktur- und Prozessqualität werden zwar auch von der QMK als Grundvoraussetzung einer hochwertigen Versorgung angesehen, doch aufgrund ihres im Einzelnen nicht quantifizierbaren

---

[419] Vgl. ebenda.

[420] Vgl. SCHNEEWEISS, S. [2002], S. 8.

[421] Vgl. WISSENSCHAFTLICHES INSTITUT DER AOK [2002].

[422] Vgl. SCHNEEWEISS, S. [2002], S. 7.

[423] Vgl. dazu detailliert WISSENSCHAFTLICHES INSTITUT DER AOK [2002].

[424] Vgl. SCHNEEWEISS, S., EICHENLAUB, A., SCHELLSCHMIDT, H., WILDNER, M. [2003], S. 120.

[425] Ebenda.

[426] Zur Arbeit der BQS s. Abschnitt 2.4.4.3.

[427] Vgl. SCHNEEWEISS, S., EICHENLAUB, A., SCHELLSCHMIDT, H., WILDNER, M. [2003], S. 120.

Einflusses auf die Qualität der Behandlungsergebnisse als unzureichend für die Verwirklichung der o. g. Ziele eingestuft.[428]

Die Ermittlung der Ergebnisqualität von Krankenhausbehandlungen ist aufgrund der hohen Zahl der dazu benötigten Behandlungs- bzw. Patientendaten mit erheblichem administrativen Aufwand für das Krankenhauspersonal verbunden. Das QMK beschränkt sich bei der Ermittlung der Ergebnisqualität deshalb auf ausgewählte, für größere Versorgungsbereiche repräsentative Tracer-Diagnosen.[429] Die Auswahl der Tracer-Diagnosen erfolgte anhand der Kriterien Häufigkeit, ökonomische Bedeutung, Diagnostizier- und Therapierbarkeit.[430] Die Ergebnisqualitäten, die für die Behandlung der ausgewählten Diagnosen ermittelt wurden, werden als Indikator für die Gesamtqualität betrachtet. Das QMK beschränkt sich zunächst auf Tracer-Diagnosen aus dem Bereich der Inneren Medizin.

Patienten unterscheiden sich hinsichtlich zahlreicher Faktoren, die die erreichbaren und tatsächlichen Behandlungsergebnisse zum Teil erheblich beeinflussen (Alter, Geschlecht, Hauptdiagnose, Schweregrad, Begleiterkrankungen etc.).[431] Im Rahmen eines Vergleichs der Qualität der Behandlungsergebnisse unterschiedlicher Leistungserbringer ist dies zu berücksichtigen.[432] Das QMK kommt dieser Forderung in Form einer statistischen Risikoadjustierung nach, deren Ziel es ist, „nur Patienten mit ähnlichem Risikoprofil, bzw. nur Krankenhäuser mit ähnlicher Patientenzusammensetzung („Case Mix“) zu vergleichen“.[433] Neben den genannten patientenbezogenen Einflussfaktoren umfasst die Risikoadjustierung des QMK auch solche Faktoren, die entweder die Versorgungsstrukturen des Krankenhauses betreffen (Versorgungsstufe, Spezialisierungen der Klinik, Vorhandensein von bestimmten Großgeräten, Erfahrung des behandelnden Arztes, Anzahl der Fachärzte pro Bett in der betreffenden Abteilung, Anzahl von Ärzten pro Bett in der betreffenden Abteilung, Klinikgröße u. a.) oder dem regionalen Umfeld des Krankenhauses zuzurechnen sind (Anzahl von Betten in der Versorgungsregion, Anzahl ambulant tätiger Ärzte/Fachärzte in der Versor-

---

428 Vgl. QUALITÄTSMODELL KRANKENHAUS [2002b].

429 Vgl. SCHNEEWEISS S., SANGHA, O., MANSTETTEN, A. u. a. [2000], S. 173.

430 Vgl. ebenda, S. 174.

431 Vgl. SCHNEEWEISS, S., SANGHA O. [2001], S. 919.

432 Vgl. dazu auch Teil I, Kapitel A 4.4.

433 WISSENSCHAFTLICHES INSTITUT DER AOK [2002].

gungsregion, Anzahl der Pflege- und Altenheime in der Versorgungsregion u. a.; vgl. dazu auch Abbildung 25).[434]

Abbildung 25: Risikoadjustierung des QMK

Risikoadjustierung

Ergebnis-indikator = Leistungs-erbringer + Patienten-eigenschaften + Versorgungs-struktur + Zufällige Faktoren

Quelle: In Anlehnung an SCHNEEWEISS, S. [2002], S. 11.

Das QMK beabsichtigt, die Ergebnisqualität aus den verschiedenen Perspektiven jener zu erfassen, die an der Behandlung der Patienten beteiligt sind. Die Erhebung der benötigten Daten erfolgt deshalb nicht nur durch die Krankenhausärzte. Vielmehr werden auch Pflegekräfte, nachbehandelnde Ärzte und nicht zuletzt die Patienten selbst vom QMK als Informationsquellen herangezogen. Bei jedem Patienten kommen dabei mehrere Fragebögen zum Einsatz:[435] Die behandelnden Klinikärzte tragen in den so genannten „Organ-Modulen" bei Aufnahme und Entlassung diagnosebezogene Daten ein. Einen diagnoseübergreifenden Fragebogen - das so genannte „Allgemein-Modul" - füllen Pflegekräfte zu Beginn der Behandlung aus. Die Patienten nehmen an einer zweistufigen Befragung teil: kurz nach der Aufnahme ist Teil 1 auszufüllen, Teil 2 etwa drei bis vier Wochen nach der Entlassung. Einen Kurz-Fragebogen erhalten die nachbehandelnden Ärzte. Er behandelt Aspekte, die für den Übergang von der stationären in die nachfolgende Behandlung bedeutsam sind.

Für den routinemäßigen Einsatz des Verfahrens zur Ermittlung der Ergebnisqualität sieht das QMK vor, dass die aus den Fragebögen gewonnenen Untersuchungsergebnisse in anonymisierter Form einer neutralen Stelle zugesandt werden. Aufgabe dieser Instanz ist zum einen die Berechnung des aktuellen Standards der Ergebnisqualität in Abhängigkeit des patientenbezogenen Casemixes.[436] Zum anderen soll die Stelle den beteiligten Kliniken eine individuelle Auswertung der von ihnen erreichten Ergebnisqualitäten liefern. Dazu berechnet

[434] Vgl. QUALITÄTSMODELL KRANKENHAUS [2002b].

[435] Vgl. WISSENSCHAFTLICHES INSTITUT DER AOK [2002].

[436] Vgl. SCHNEEWEISS S., SANGHA, O., MANSTETTEN, A. u. a. [2000], S. 180.

sie für jeden der vorab als aussagekräftig eingestuften Qualitätsindikatoren den Quotienten aus dem in dem jeweiligen Krankenhaus beobachteten Wert und dem mittleren Wert der Gesamtheit der beteiligten Krankenhäuser.[437] Sowohl Krankenhäuser als auch Patienten können diesen Quotienten dann als Maß für eine über- oder unterdurchschnittliche Qualität heranziehen. Den Krankenhäusern und Patienten wird die Streubreite der Ergebnisse, die aus zufälligen Schwankungen resultiert, durch die Angabe von Konfidenzintervallen verdeutlicht. Abbildung 26 zeigt diese Darstellungsform exemplarisch anhand eines Parameters.

Abbildung 26: Beispielhafte Darstellung von Ergebnisqualität der stationären internistischen Versorgung anhand der prozentualen Reduktion des Körpergewichts während des stationären Aufenthalts bei Patienten, die mit kardialem Ödem eingeliefert wurden.*

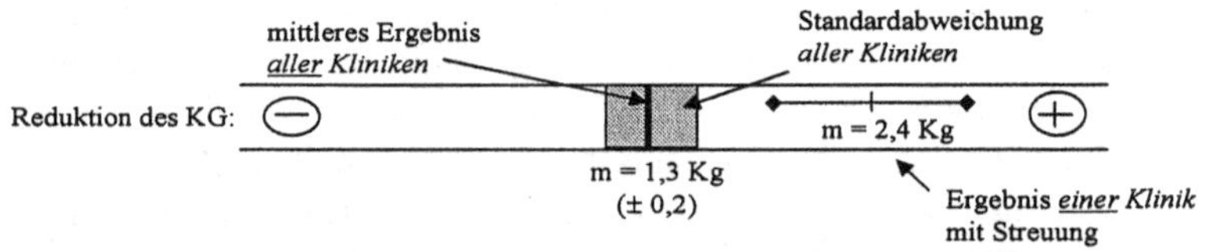

* Der Mittelwert (m) der Ergebnisindikatoren ist mit multivariaten Methoden risikoadjustiert. Der mit + gekennzeichnete rechte Bereich signalisiert eine überdurchschnittliche Ergebnisqualität, d. h. eine höhere prozentuale Gewichtsreduktion wurde erreicht. Der linke Bereich stellt unterdurchschnittliche Ergebnisse dar. Ein vollständiger Ergebnisbericht besteht aus einer Zusammenfassung dieser grafischen Darstellungen für alle Indikatoren zu einem Qualitätsprofil.

Quelle: SCHNEEWEISS S., SANGHA, O., MANSTETTEN, A. u. a. [2000], S. 181.

Die in der Feldphase des Projekts erstellten Berichte, die Auskunft über die Qualität der Behandlungsergebnisse der beteiligten Kliniken geben sollen, sind nicht öffentlich zugänglich. Die Würdigung der Fähigkeit des QMK, die bestehende Qualitäts-intransparenz auf Seiten der Patienten abzubauen, muss sich daher an einem von den Trägern des Projektes veröffentlichen Musterbericht sowie an der bereits zitierten Projektbeschreibung des QMK orientieren.[438]

Umfassende Informationen: Die im Rahmen eines Krankenhausaufenthaltes erzielten Behandlungserfolge sind aus Patientenperspektive keineswegs das allein entscheidende Kriterium für die Qualität einer Gesundheitsdienst-

---

[437] Vgl. ebenda.

[438] Vgl. dazu QUALITÄTSMODELL KRANKENHAUS [2002a].

leistung.[439] Somit erfahren die Qualitätsberichte des QMK aufgrund ihrer Konzentration auf Aspekte der Ergebnisqualität und die damit einhergehende, weitgehende Vernachlässigung von Aspekten der Struktur- und Prozessqualität, unter dem Gesichtspunkt „Umfassende Informationen“ eine erste Einschränkung.

Darüber hinaus ist zu bemängeln, dass im Rahmen des QMK bisher nur die Ergebnisse ausgewählter Behandlungen aus dem Bereich der Inneren Medizin untersucht sind. Aufgrund der Kriterien, die der Auswahl der so genannten Tracer-Diagnosen zu Grunde gelegt wurden, bleiben im Informationsangebot des QMK - ohne eine Ausweitung des bisherigen Diagnosenspektrums - deshalb sowohl nicht-internistische Leistungen, als auch seltene und unter ökonomischen Gesichtspunkten unbedeutende internistische Diagnosen unberücksichtigt.

Noch ist nicht abzuschätzen, wie viele der derzeit 2.300 zur Krankenhausbehandlung innerhalb der GKV zugelassenen Kliniken in Zukunft am QMK teilnehmen werden. Zur Beteiligung an der so genannten Feldphase waren entgegen der vom QMK ursprünglich anvisierten 50 Krankenhäuser letztlich nur 23 Krankenhäuser bereit.[440] Dies lässt darauf schließen, dass der mit dem QMK verbundene administrative Aufwand im Verhältnis zum resultierenden Nutzen von den Krankenhäusern derzeit als zu hoch angesehen wird.[441] Wenngleich davon auszugehen ist, dass der zunehmende Wettbewerbsdruck, dem die Krankenhäuser als Folge der Umstellung der Krankenhausvergütung auf ein Fallpauschalensystem ausgesetzt sein werden[442], den Nutzen aus der Teilnahme an Projekten zur Schaffung von mehr Qualitätstransparenz erhöhen wird, bleibt zweifelhaft, ob die Beteiligung der Krankenhäuser am QMK in Zukunft so groß sein wird, dass sich interessierte Patienten über die Qualität zumindest eines Großteils der für sie in Frage kommenden Krankenhäuser werden informieren können. Ob das QMK das Kriterium „Umfassende Informationen“ in Zukunft wird erfüllen können, ist somit auch aus diesem Grund zu bezweifeln.

Zuverlässigkeit: Die Methodik, die das QMK zur Informationsgewinnung entwickelt hat und in Zukunft eventuell anwenden wird, ist umfassend dokumentiert. Die resultierende Transparenz sorgt für die Erfüllung der ersten Voraussetzung dafür, dass die Patienten die Qualitätsinformationen des QMK als zuverlässig einstufen. Die zweite Voraussetzung für die Zuverlässigkeit des Informa-

---

439 Vgl. Teil I, Kapitel A 4.

440 Vgl. SCHNEEWEISS, S. [2002], S. 7.

441 Auch die QMK-Initiatoren gestehen „den nicht unerheblichen Entwicklungsaufwand und Aufwand im Klinikalltag“ ein; vgl. SCHNEEWEISS S., SANGHA, O., MANSTETTEN, A. u. a. [2000], S. 179.

442 Vgl. dazu z. B. KNÜPPEL, D. [2003] sowie NEUBAUER, G. [2003].

tionsangebots - rechtliche und wirtschaftliche Unabhängigkeit des Informationsanbieters von den Krankenkassen und untersuchten Leistungserbringern - ist insbesondere aufgrund der Beteiligung des AOK-Bundesverbandes nicht erfüllt. So ist zu berücksichtigen, dass die von ihrem Bundesverband vertretenen Ortskrankenkassen als Träger der Behandlungskosten ihrer Versicherten zwangsläufig nicht nur an einer qualitativ hochwertigen, sondern auch an einer kostengünstigen Krankenhausversorgung ihrer Versicherten interessiert sind. Deshalb ist nicht auszuschließen, dass die Patienten eine aus ökonomischen Gründen motivierte Beeinflussung der Informationsangebote befürchten und daher die Informationsquelle QMK als wenig zuverlässig einstufen.

Aktualität und Flexibilität, Verfügbarkeit: Die Frage, inwieweit das Informationsangebot des QMK zu hinreichend flexiblen Reaktionen auf neue medizinische Erkenntnisse in der Lage ist, ist aufgrund des bisherigen Testcharakters des QMK gegenwärtig ebenso wenig zu beantworten wie die Frage nach der Aktualität der Informationsangebote. Gleiches gilt für die tatsächliche Verfügbarkeit der Informationen für die Patienten. Das von den QMK-Verantwortlichen selbst formulierte Ziel, dass Patienten durch das QMK „eine transparente und differenzierte Informationsbasis über die Leistungen verschiedener Anbieter“[443] erhalten sollen, weist auf eine für die Zukunft beabsichtigte Veröffentlichung der Untersuchungsergebnisse hin. Inwieweit es dazu tatsächlich kommen wird, hängt jedoch - anders als bei der KTQ, die eine Veröffentlichung der Qualitätsberichte verpflichtend vorsieht - auch von der Bereitschaft der beteiligten Krankenhäuser ab und ist daher gegenwärtig nicht zuverlässig vorauszusagen.

Patientengerechte Aufbereitung: Die klinik-spezifischen Qualitätsberichte müssen gemäß der Zielsetzung des QMK die folgenden Anforderungen erfüllen[444]:

1. Übersichtliche Gliederung, die eine schnelle Orientierung ermöglicht,
2. Leichte Verständlichkeit des Berichts,
3. Wissenschaftliche Präzision und Vollständigkeit,
4. Moderate Länge des Berichts,
5. Interpretationshilfen für die Ergebnisse,
6. Verständliche Darstellung des inhaltlichen und analytischen Vorgehens.

---

[443] QUALITÄTSMODELL KRANKENHAUS [2002b].

[444] Vgl. SCHNEEWEISS, S. [2002], S. 11.

Wie die für die Zukunft geplanten klinik-spezifischen Qualitätsberichte ist auch der 47 Seiten umfassende QMK-Musterbericht „in einen Abschnitt mit allgemeinen Erläuterungen zum Vorgehen von QMK“ und einen Abschnitt, der eine „Beschreibung der Ausstattung und Patientenzusammensetzung der eigenen Abteilung im Vergleich zu anderen Häusern“[445] sowie medizinische und patientenberichtete Ergebnisse im Vergleich zu anderen Kliniken beinhaltet, gegliedert. Wenngleich der erste Abschnitt u. a. eine zweieinhalb-seitige „Interpretationshilfe“ enthält und die Interpretation der Informationen auch durch entsprechende Fußnoten in den Tabellen tendenziell erleichtert wird (vgl. dazu beispielhaft Tabelle 12) und darüber hinaus die medizinischen Ergebnisindikatoren in einer Übersichtsdarstellung zusammengefasst sind (vgl. dazu Abbildung 27), erfüllt der (Muster-)Qualitätsbericht insbesondere das vom QMK selbst aufgestellte Kriterium der „leichten Verständlichkeit“ allenfalls bedingt. Als patientengerecht, kann die derzeitige Aufbereitungsform der Informationen des Qualitätsberichts offensichtlich nicht eingestuft werden.

Berücksichtigung der Unterschiede in den Patientenpräferenzen: Da der (Muster-)Qualitätsbericht nicht nur eine zusammenfassende Bewertung der Qualität der Behandlungsergebnisse des betreffenden Krankenhauses beinhaltet, sondern er auch die einzelnen Ergebnisindikatoren getrennt voneinander ausweist, trägt er den bestehenden Unterschieden in den Präferenzen der Patienten hinreichend Rechnung.

Zusammenfassend bleibt festzuhalten, dass das „Qualitätsmodell Krankenhaus“ für den Bereich der Inneren Medizin zumindest im Grundsatz in der Lage ist, aussagekräftige Bewertungen der Ergebnisqualität von Krankenhausbehandlungen zu liefern. Sowohl der derzeit noch bestehende Modellcharakter des Projekts, dessen Beschränkung auf den Fachbereich „Innere Medizin“ und die geringe Zahl der bisher beteiligten Kliniken als auch die bisherige Form der Informationsaufbereitung innerhalb der QMK-Qualitätsberichte und die weitgehende Nicht-Berücksichtigung von Aspekten der Struktur- und Prozessqualität bewirken jedoch, dass das QMK in seiner derzeitigen Form keinen entscheidenden Beitrag zur Schaffung von mehr Qualitätstransparenz für die Patienten wird leisten können.

[445] Ebenda.

Tabelle 12: QMK (Muster-) Qualitätsbericht: Ergebnis der Befragung einweisender Ärzte

Tabelle II-4: Ergebnis der Befragung einweisender Ärzte

Ergebnisindikator	Eigene Abteilung		Vergleichsgruppe		RB**
Ärztliche Kompetenz	**1.5**	(1.31 - 1.69)*	1.7	(1.69 - 1.80)	+
Pflegerische Kompetenz	**1.8**	(1.43 - 2.21)	2.1	(2.05 - 2.19)	+
Med.-technische Ausstattung	**1.3**	(1.03 - 1.47)	1.9	(1.79 - 1.91)	+
Erreichbarkeit von Ärzten	**2.1**	(1.82 - 2.46)	2.1	(1.99 - 2.13)	
Qualität der Kurzbriefe	**2.1**	(1.73 - 2.55)	2.2	(2.12 - 2.26)	+
Zügigkeit der Arztbriefe	**2.2**	(1.76 - 2.72)	2.6	(2.53 - 2.71)	+
Umfang der Diagnostik/Abklärung	**1.8**	(1.52 - 2.14)	2.0	(1.98 - 2.10)	+
Psychosoziale Versorgungskonzepte	**1.7**	(1.13 - 2.30)	2.1	(2.03 - 2.21)	+
Informationsweitergabe zur Pflege	**2.3**	(1.84 - 2.85)	2.3	(2.22 - 2.41)	

* 95%-Konfidenzintervall: Unter Berücksichtigung von zufälligen Schwankungen liegt der wahre Wert mit 95%-iger Wahrscheinlichkeit in diesem Bereich.

** Relative Bewertung: Bewertung der eigenen Abteilung im Vergleich zu allen anderen Krankenhäusern: ++ deutlich besser`; + besser`; - schlechter`; -- deutlich schlechter`, kein Symbol bedeutet, die Abteilung liegt im Schnitt' (vgl. Tab. I-5).

Quelle: Qualitätsmodell Krankenhaus [2002a], S. 22.

Abbildung 27: Übersichtsdarstellung des QMK

Abbildung II-1: Übersichtsdarstellung der eigenen Position für alle Indikatoren

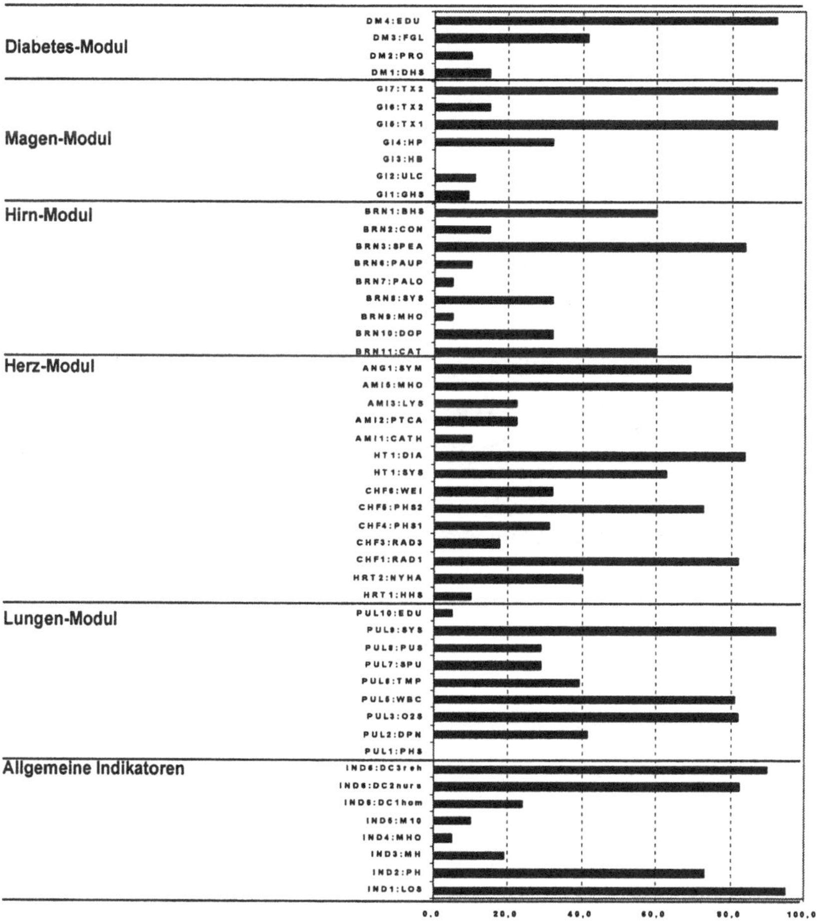

Quelle: QUALITÄTSMODELL KRANKENHAUS [2002a], S. 46.

2.4.4.3 Die „Bundesgeschäftsstelle Qualitätssicherung"

Die Bundesgeschäftsstelle Qualitätssicherung gGmbH wurde im September 2000 von der Bundesärztekammer, der Deutschen Krankenhausgesellschaft, den Spitzenverbänden der Krankenkassen und dem Verband der Privaten Krankenversicherung gegründet.[446]

Im Zentrum der von der BQS am 1. Januar 2001 aufgenommenen Arbeit steht die Leitung und Koordination der inhaltlichen Entwicklung und organisatorischen Umsetzung der externen vergleichenden Qualitätssicherung entsprechend den Vorgaben des § 137 SGB V.[447] Alle zur Teilnahme an der Krankenhausbehandlung in der GKV zugelassenen Kliniken müssen einen exakt definierten Datensatz erfassen und der BQS übermitteln. Mit Hilfe direkter und indirekter Verfahren wertet die BQS diese Daten aus und ermittelt so die klinikspezifischen Ausprägungen der von ihr entwickelten Qualitätsindikatoren.[448] Besonderheiten in der Zusammensetzung der von einer Klinik behandelten Patienten werden durch Risikoadjustierung berücksichtigt.[449]

Damit die bewerteten Kliniken abschätzen können, inwieweit die Qualität der von ihnen erstellten Behandlungsleistungen Verbesserungsbedarf aufweist und wie ihre Behandlungsqualität von der vergleichbarer Kliniken abweicht, beinhalten die den Kliniken von der BQS zur Verfügung gestellten Berichte nicht nur die Ergebnisse der Qualitätsprüfungen, sondern auch für jeden Qualitätsindikator einen Referenzwert für „gute Qualität".[450] Auf diese Weise versucht die BQS, jedem Krankenhaus die Möglichkeit zu geben, „den eigenen Leistungsstand im

---

446 Vgl. BUNDESGESCHÄFTSSTELLE QUALITÄTSSICHERUNG [2004b].

447 Vgl. BUNDESGESCHÄFTSSTELLE QUALITÄTSSICHERUNG [2004d].

448 Je nach Anzahl der teilnehmenden Krankenhausabteilungen wird in der externen Qualitätssicherung zwischen direkten und indirekten Verfahren unterschieden: Das ***direkte Verfahren*** kommt in den Leistungsbereichen Herzchirurgie und Kinderherz sowie zukünftig in der Transplantationsmedizin zum Einsatz; die Betreuung der etwa 80 herzchirurgischen Kliniken und etwa 50 Krankenhäuser, die im Leistungsbereich „Kinderherz" teilnehmen, erfolgt im direkten Verfahren unmittelbar durch die BQS und die Gremien auf der Bundesebene. Das ***indirekte Verfahren*** wird für alle übrigen Leistungsbereiche genutzt; an diesem Verfahren nehmen seit dem 01.01.2001 alle deutschen Krankenhäuser teil. Dabei müssen etwa 2200 Krankenhäuser und über 5000 Krankenhausabteilungen betreut werden. Hier übernehmen die Landesgeschäftsstellen für Qualitätssicherung und die fachlichen Arbeitsgruppen in den einzelnen Bundesländern die Unterstützung der Krankenhausabteilungen und vermitteln die Ergebnisse der Auswertungen auf der Bundes- und der Landesebene im indirekten Verfahren an die Anwender, vgl. BUNDESGESCHÄFTSSTELLE QUALITÄTSSICHERUNG [2004c].

449 Vgl. BUNDESGESCHÄFTSSTELLE QUALITÄTSSICHERUNG [2004e].

450 Vgl. ebenda.

Vergleich mit allen Krankenhäusern kennen zu lernen und konkrete Ansätze für die Qualitätsverbesserung zu entwickeln"[451].

Aufgrund ihrer Bemühungen zur Weiterentwicklung der existierenden Methoden zur Messung der Ergebnisqualität von Krankenhausbehandlungen und wegen ihres Beitrags, den sie zur Schaffung von mehr Qualitätstransparenz für die von ihr geprüften Kliniken leistet, ist die Arbeit der BQS prinzipiell positiv zu bewerten. Wenngleich sich die BQS selbst als „unabhängiger Dienstleister" bezeichnet[452], resultiert allerdings aus der Gesellschafterstruktur, dass die BQS nicht unabhängig von den Leistungserbringern und Krankenkassen ist. Dies ist ebenso negativ zu bewerten wie die Tatsache, dass es zwar die erklärte Vision der BQS ist, die Qualität im Gesundheitswesen auch für die Patienten sichtbar zu machen[453], doch weder der im November 2003 veröffentlichte „BQS-Qualitätsreport 2002"[454] Angaben beinhaltet, anhand derer sich die Patienten über die Ergebnisse einzelner Kliniken informieren können, noch die BQS für die Zukunft klinik-identifizierende Informationen in ihre Qualitätsberichte zu integrieren plant.[455] Ein Beitrag zum Abbau der bestehenden Qualitätsunkenntnis der Patienten ist von der BQS daher kaum zu erwarten.

2.5 Würdigung derzeitiger Informationsangebote sonstiger Dritter

2.5.1 Verbraucherzentralen

In Deutschland gibt es derzeit 16 Verbraucherzentralen. Sie wurden überwiegend in den 1950er-Jahren gegründet und sind als gemeinnützige Vereine organisiert. Bundesweit sind ihnen rund 200 Beratungsstellen angeschlossen.[456] Ihre Aufgabe ist die Verbraucherberatung und –bildung sowie die Vertretung von Verbraucherinteressen auf politisch-parlamentarischer Ebene.[457] Der Schwerpunkt ihrer Tätigkeiten liegt in den Bereichen Ernährung, Bauen, Wohnen, Energie, Umwelt, Kredit, Geld, Versicherungen, Schulden und Verbraucherrecht.[458]

---

[451] BUNDESGESCHÄFTSSTELLE QUALITÄTSSICHERUNG [2004a].

[452] Vgl. BUNDESGESCHÄFTSSTELLE QUALITÄTSSICHERUNG [2004f].

[453] Vgl. ebenda.

[454] Vgl. dazu BUNDESGESCHÄFTSSTELLE QUALITÄTSSICHERUNG [2003].

[455] Gemäß telefonischer Auskunft der BQS am 17. Dezember 2002.

[456] Vgl. ARBEITSGEMEINSCHAFT DER VERBRAUCHERVERBÄNDE [2002b].

[457] Vgl. dazu etwa VERBRAUCHERZENTRALE HESSEN (Hrsg.) [2002].

[458] Vgl. ebenda.

Die Beratung zu Fragen der Gesundheit und des Gesundheitswesens ist ein vergleichsweise neues Angebot der Verbraucherzentralen. So wurde der Fachausschuss Gesundheitsdienstleistungen, in dem sich die Verbraucherzentralen konzeptionell auf die Übernahme der Patientenberatung und -unterstützung vorbereiteten, erst im Jahr 1994 gegründet. Mit hauptamtlichen Kräften wurde die Patientenberatung bis dahin nur in Hamburg und Berlin betrieben.[459] Im Jahr 1999 verabschiedeten die Arbeitsgemeinschaft der Verbraucherverbände (AgV), der Arbeitskreis Kunstfehler in der Geburtshilfe e.V. (AKG), die Bundesarbeitsgemeinschaft der Notgemeinschaften der Medizingeschädigten, die Bundesarbeitsgemeinschaft der PatientInnenstellen sowie die Bundesinteressengemeinschaft Geburtshilfegeschädigter (BIG) ein gemeinsames Konzept zum Aufbau eines flächendeckendes Angebots zur Patientenberatung und -unterstützung.[460] Geplant war zunächst auch die Entwicklung so genannter „Gesundheitswegweiser", mit deren Hilfe die Verbraucherverbände in ihren Beratungsstellen Patienten über die Angebote von Ärzten, Krankenhäusern, Pflegediensten oder Krankenkassen vergleichend informieren wollten.[461] Nach Inkrafttreten des im Rahmen der „Gesundheitsreform 2000"[462] verabschiedeten Paragrafen 65 b SGB V, der die finanzielle Förderung von Einrichtungen zur Verbraucher- und Patientenberatung vorsieht, wurde dieses Gemeinschaftsprojekt jedoch nicht mehr weiterverfolgt; stattdessen konzentrieren sich die Beteiligten seither auf Einzelprojekte, in deren Mittelpunkt die Beratung und Unterstützung der Patienten bei medizinischen Fragen und bei der Durchsetzung ihrer Rechte gegenüber den Leistungserbringern steht.[463]

Der Fachbereich Gesundheitsdienstleistungen der Verbraucherzentrale Hamburg (VZHH) ist mit derzeit neun Mitarbeitern auf vier Stellen die größte unabhängige Patientenunterstützungsstelle Deutschlands.[464] Die VZHH ist bereits seit dem Jahr 1988 in Bereich der Patientenberatung tätig und verfügt damit gemeinsam mit der Verbraucherzentrale Berlin über die größte Erfahrung mit der Beratung und Unterstützung von Patienten.[465] Wenngleich die VZHH wie auch alle anderen Verbraucherzentralen derzeit keine Informationen über die Qualität

---

459 Vgl. KRANICH, C. [1999], S. 320.

460 Vgl. ARBEITSGEMEINSCHAFT DER VERBRAUCHERVERBÄNDE [2002b].

461 Vgl. ARBEITSGEMEINSCHAFT DER VERBRAUCHERVERBÄNDE [2002a].

462 Vgl. BUNDESMINISTERIUM FÜR GESUNDHEIT UND SOZIALE SICHERUNG [1999].

463 Expertengespräch mit Herrn Kranich, Fachbereichsleiter Gesundheitsdienstleistungen der Verbraucherzentrale Hamburg, am 24.04.2002.

464 Vgl. VERBRAUCHERZENTRALE HAMBURG (Hrsg.) [2001], S. 148 sowie KRANICH, C. [1999], S. 320.

465 VERBRAUCHERZENTRALE HAMBURG (Hrsg.) [1998], S. 4.

einzelner Ärzte oder Krankenhäuser anbietet, ist eine Würdigung der Verbraucherzentralen als prinzipielle Anbieter von Qulitätsinformationen anhand der in Abschnitt 2.3 aufgestellten Bewertungskriterien für den weiteren Verlauf der Studie hilfreich. Im Folgenden sind deshalb exemplarisch für alle anderen Verbraucherzentralen die Aktivitäten der VZHH im Bereich der Patientenberatung untersucht.

Umfassende Informationen: Die Beratungsangebote der Patientenstelle der VZHH richten sich im Wesentlichen an vier Zielgruppen.[466] Verbrauchern und Versicherten, die Fragen zu ihrer Krankenversicherung oder zu ihren Rechten als Patient haben, hilft die VZHH vor allem mit Informationen über die Möglichkeiten eines Krankenkassenwechsels oder die Vor- und Nachteile eines Wechsels von der privaten in die gesetzliche Krankenversicherung sowie mit Auskünften über die unterschiedlichen Verfahren bei der Abrechnung von medizinischer Leistungen, welche nicht oder nur teilweise von den Krankenkassen bezahlt werden.[467] Die zweite Zielgruppe der VZHH bilden Patienten, die mit ihrer medizinischen Versorgung unzufrieden sind oder gar den Verdacht von Behandlungsfehlern haben. Ihnen zeigt die VZHH Möglichkeiten zur Beschwerde und Wege zur Erlangung von Schadensersatz und Schmerzensgeld.[468] Zur dritten Zielgruppe gehören „mehrfach geschädigte Patienten, die neben einem Behandlungsfehler schwere psychische Probleme mitbringen oder bereits durch die Maschen der Justiz gefallen sind und bei der VZ eine Art ‚letzte Hilfe' erwarten".[469] Die schriftliche, telefonische und persönliche Beratung kostet die Ratsuchenden je nach Aufwand 5 bis 25 Euro.[470]

Für die VZHH ist Qualitätstransparenz eine notwendige Voraussetzung für das Funktionieren des Wettbewerbs im Gesundheitswesen.[471] Ihre vierte Zielgruppe bilden deshalb Patienten, die sich über die Qualität von Ärzten und Krankenhäusern informieren möchten.[472] Obwohl sie von Patienten oft nach Adressen von „guten" Ärzten gefragt wird[473], bietet die VZHH derzeit keine vergleichen-

---

466 Vgl. KRANICH, C. [1999], S. 320.

467 Vgl. VERBRAUCHERZENTRALE HAMBURG [2002c].

468 Vgl. ebenda.

469 KRANICH, C. [1999], S. 320.

470 Sozialhilfeempfänger sind von den Beratungsgebühren befreit, für einige Personengruppen (z. B. Auszubildende und Studenten) ist eine Ermäßigung möglich; vgl. VERBRAUCHERZENTRALE HAMBURG [2002c].

471 Expertengespräch mit Herrn Kranich, Fachbereichsleiter Gesundheitsdienstleistungen der Verbraucherzentrale Hamburg, am 24.04.2002.

472 KRANICH, C. [1999], S. 320.

473 VERBRAUCHERZENTRALE HAMBURG (Hrsg.) [2002b], S. 2.

den Informationen über die Qualität einzelner Ärzte oder Krankenhäuser an. Den bewussten Verzicht auf die Weitergabe von Qualitätsinformationen erklärt die VZHH mit dem Hinweis darauf, dass ihr derzeit allenfalls rund 5 Prozent der dazu benötigten Informationen vorlägen.[474] Ein seriöser Vergleich von Ärzten und Krankenhäusern sei auf dieser Datenbasis nicht möglich.[475]

Um die zahlreichen Rat suchenden Patienten bei der Wahl eines Arztes oder Krankenhauses dennoch nicht auf sich alleine gestellt zu lassen, bietet die VZHH unter dem Titel „Wie finde ich den richtigen Arzt?"[476] eine 8-seitige Informationsbroschüre an. Diese enthält allerdings weder Qualitätsinformationen noch nennt sie besonders „gute" oder „schlechte" Ärzte. Vielmehr schlägt sie den Patienten Kriterien vor, um die Ärzte und Krankenhäuser selbst zu bewerten und so den für sie „richtigen" Leistungserbringer zu ermitteln. Im Einzelnen dienen die Kriterien der Beurteilung der Arzt-Patient-Vertrauensbeziehung, der Patientenfreundlichkeit der Praxis-/Klinikorganisation, der Praxis-/Klinikatmosphäre und der Qualität der Diagnostik und Therapie.[477] Das Informationsangebot der VZHH umfasst somit - wie bereits mehrfach angesprochen - keine Informationen über die Qualität einzelner Leistungserbringer und erfüllt daher das Kriterium der umfassenden Information nicht.

Zuverlässigkeit, Aktualität und Flexibilität: Die VZHH beschäftigt derzeit 32 fest angestellte und 50 freie Mitarbeiterinnen und Mitarbeiter.[478] Das zur Erfüllung ihrer Aufgaben zur Verfügung stehende Budget in Höhe von 2 Mio. Euro setzt sich zu 60 Prozent aus staatlichen Mitteln und zu 40 Prozent aus eigenen Einnahmen zusammen.[479] Die resultierende finanzielle Unabhängigkeit der VZHH sowohl von den Krankenkassen als auch von Ärzten und Kliniken wirkt sich tendenziell positiv auf die Zuverlässigkeit ihrer Informationen und somit auch auf die Eignung der Verbraucherzentralen als potenzielle Anbieter von Qualitätsinformationen aus.

Dass die Verbraucherzentralen auch von den Patienten als verlässliche Informationsquellen eingestuft werden, zeigen zwei repräsentative EMNID-Studien aus den Jahren 1994 und 1999.[480] So nannten die Patienten auf die Frage, welche

---

474 Vgl. RIEDIGER, A. [1998].

475 Vgl. VERBRAUCHERZENTRALE HAMBURG (Hrsg.) [2002a].

476 VERBRAUCHERZENTRALE HAMBURG (Hrsg.) [2002b].

477 Vgl. ebenda, S. 3 ff.

478 Vgl. VERBRAUCHERZENTRALE HAMBURG [2002c].

479 Vgl. ebenda.

480 Vgl. LANDESZENTRALE FÜR GESUNDHEITSFÖRDERUNG IN RHEINLAND-PFALZ E.V. [2001].

Informationsquellen sie zu nicht-medizinischen Gesundheitsfragen für glaubwürdig halten, im Jahr 1994 die Verbraucherverbände an zweiter Stelle und somit noch vor den Apotheken, Krankenkassen, Selbsthilfegruppen. Die Untersuchung aus dem Jahr 1999 sah die Verbraucherverbände sogar an erster Stelle. Eine besondere Kompetenz wird den Verbraucherverbänden vor allem in den Feldern Informationen zur Verbesserung der Markttransparenz und rechtliche Patientenberatung zugeschrieben.[481] Inwieweit die eventuell in der Zukunft von der VZHH angebotenen Qualitätsinformationen dem Kriterium der Aktualität und Flexibilität genügen, lässt sich gegenwärtig nicht abschätzen.

Verfügbarkeit: Für eine Intensivierung der Patientenberatung durch die Verbraucherzentralen spricht, dass diese dazu auf ein Netz von rund 200 Beratungsstellen zurückgreifen könnten. Neben einer guten Verfügbarkeit der Informationsangebote für die Patienten könnten dabei positive Synergieeffekte durch eine enge Kooperation der Verbraucherzentralen sowie durch die gemeinsame Nutzung der bereits existieren Infrastruktur (Vertriebswege, Räumlichkeiten etc.) erzielt werden.[482]

Patientengerechte Aufbereitung der Informationen: Aufgrund der Erfahrungen, die die VZHH seit ihrer Gründung im Jahr 1957[483] im Bereich der Verbraucherberatung und seit 1988 im Rahmen der Patientenberatung gesammelt hat, verfügt sie über Kenntnisse, die ihr im Falle einer Ausweitung ihrer Tätigkeiten auf das Anbieten von Informationen über die Qualität einzelner Leistungserbringer zu Gute kämen. So hat sie im Lauf der Jahre Kompetenz erworben, selbst komplexe Informationen so aufzubereiten und an die Verbraucher weiterzugeben, dass sie die individuelle Informationsaufnahme- und –verarbeitungskapazität der Ratsuchenden nicht übersteigen.

Berücksichtigung der Unterschiede in den Verbraucherpräferenzen: Darüber hinaus ist bei den Verbraucherzentralen das Wissen über die Unterschiede in den Verbraucherpräferenzen tief verankert. In der Arbeit der Patientenstelle der VZHH spiegelt sich dies beispielsweise im Titel der oben kurz vorgestellten Informationsbroschüre wider. So wurde deren ursprünglicher Titel „Der gute Arzt - Wo finde ich ihn?“ umgewandelt zu „Wie finde ich den richtigen Arzt?“, um den Patienten „gleich von Anfang an deutlich zu machen, daß Sie [die Pati-

---

[481] Vgl. ebenda.

[482] Vgl. ARBEITSGEMEINSCHAFT DER VERBRAUCHERVERBÄNDE [2002a].

[483] Die Gründung erfolgte im Jahr 1957 zunächst unter dem Namen „Arbeitskreis für Verbraucherfragen e.V“; dieser wurde jedoch bereits ein Jahr später zu „Verbraucherzentrale Hamburg e.V.“ geändert; vgl. VERBRAUCHERZENTRALE HAMBURG [o. J.].

enten] die Qualitätsmaßstäbe anlegen müssen. Ihr Nachbar hat vielleicht andere, und für ihn ist ein anderer Arzt der richtige".[484]

Insgesamt bleibt festzuhalten, dass die Verbraucherzentralen aufgrund ihrer Unabhängigkeit gegenüber der Ärzteschaft, den Krankenhausträgern und den Krankenkassen sowie aufgrund ihrer langen Erfahrung in der Verbraucherberatung und der resultierenden Beratungskompetenz über Eigenschaften verfügen, die sie grundsätzlich zu einem geeigneten Anbieter von Informationen über die Qualität von Ärzten und Kliniken machen. Darüber hinaus besitzen die Verbraucherzentralen über das für die Beratungstätigkeit notwendige Vertrauen in der Bevölkerung und in Form ihrer Beratungsstellen auch über einen Teil der dazu benötigten Infrastruktur. Außerdem stehen die Verbraucherzentralen durch ihre bereits heute durchgeführten Tätigkeiten im Bereich der Patientenberatung in einem engen Kontakt zu den Patienten und gelangen auf diesem Wege - beispielsweise in Form von Beschwerden über bestimmte Leistungserbringer - an Informationen, die für die Qualitätsermittlung relevant sein können und anderen potenziellen Informationsanbieter nicht ohne weiteres zur Verfügung stehen.

Dem Beitrag, den die Verbraucherzentralen zum Abbau der seitens der Patienten bestehenden Qualitätsunkenntnis leisten können, setzt allerdings der ihnen derzeit fehlende Zugang zu den für die Qualitätsermittlung notwendigen Leistungs- und Abrechnungsdaten der Leistungserbringer enge Grenzen. Inwieweit die Verbraucherzentralen bei Besitz der Abrechnungs- und Leistungsdaten zu deren Aufbereitung finanziell und organisatorisch in der Lage wären, ist derzeit nicht abzuschätzen.

2.5.2 Stiftung Warentest

Die Stiftung Warentest (SWT) wurde im Jahr 1964 von der Bundesregierung als Institut zur Durchführung vergleichender Waren- und Dienstleistungsuntersuchungen gegründet.[485] Ihre Hauptaufgabe ist die Herstellung von mehr Markttransparenz.[486] Zu diesem Zweck soll die Stiftung „objektivierbare Merkmale des Nutz- und Gebrauchswertes sowie der Umweltverträglichkeit von Waren und Dienstleistungen"[487] veröffentlichen. Im Jahr 2002 führte sie neben 157 Waren-

---

484 VERBRAUCHERZENTRALE HAMBURG (Hrsg.) [2002b], S. 1.

485 Vgl. STIFTUNG WARENTEST [2004b].

486 Vgl. ebenda. Daneben soll die Stiftung Warentest „die Verbraucher über die Möglichkeiten einer optimalen Haushaltsführung, über eine rationale Einkommensverwendung und über gesundheits- und umweltbewusstes Verhalten" aufklären.

487 STIFTUNG WARENTEST [2004b].

untersuchungen und 72 Finanzdienstleistungsuntersuchungen auch 24 Dienstleistungsuntersuchungen durch.[488] Die Dienstleistungsuntersuchungen stammten in erster Linie aus den Bereichen Information/Kommunikation, Reise/Freizeit und Transport/Verkehr.[489]

Innerhalb des Themengebiets Gesundheit liegt der Tätigkeitsschwerpunkt auf der Weitergabe von Informationen zu ausgewählten Krankheiten und möglichen Therapieverfahren sowie auf der Bewertung von Medikamenten und anderen Gesundheitsprodukten. Innerhalb des öffentlichen Gesundheitswesens konzentriert sich die Stiftung bislang vor allem auf die Aufklärung der Patienten bzw. Versicherten über ihre Rechte, die diese gegenüber den gesetzlichen Krankenkassen, den privaten Krankenversicherern und den Anbietern von Gesundheitsprodukten und -dienstleistungen besitzen. Im Zentrum der Bemühungen der Stiftung Warentest standen dabei neben Informationen zu den Möglichkeiten des Krankenkassenwechsels und den Vor- und Nachteilen eines Wechsel von der GKV in die PKV insbesondere Hilfestellungen für Patienten bei vermuteten Behandlungsfehlern oder Abrechnungsbetrügen. Auf Tests, die eine Bewertung der Qualität der Leistungen einzelner Ärzte oder Krankenhäuser beinhalten, verzichtete die Stiftung bislang weitgehend.

Ausnahmen stellen zwei Tests dar, in denen Berliner Kliniken bzw. allgemeinchirurgische Fachabteilungen in Essen, Düsseldorf und Köln bewertet wurden.[490] Exemplarisch ist im Folgenden der im Jahr 1999 unter dem Titel „Hitliste der Hospitäler“ publizierte Test einiger nordrhein-westfälischer allgemein-chirurgischer Fachabteilungen auf seine Eignung untersucht, zu einem Abbau der Qualitätsunkenntnis der Patienten beizutragen.

In diesem Test befragte die SWT zum einen niedergelassene Ärzte, welches Krankenhaus sie bei sieben ausgewählten Diagnosen, die von einer Blinddarmentzündung bis hin zu Darmkrebs reichten, empfehlen würden.[491] Zum anderen flossen in die Klinikbewertungen auch die Ergebnisse einer Patientenbefragung zu Aufenthalt und Service in den Krankenhäusern ein. Als Beispiel zeigt Tabelle 13 die Testergebnisse für Düsseldorf.

---

488 Vgl. STIFTUNG WARENTEST [2004a].

489 Vgl. STIFTUNG WARENTEST [2004b].

490 Vgl. dazu STIFTUNG WARENTEST [1997], sowie STIFTUNG WARENTEST [1999].

491 Bei den ausgewählten Ärzten handelte es sich um in Düsseldorf, Essen und Köln als Chirurgen, Allgemeinmediziner, Internisten oder ohne Zusatzbezeichnung niedergelassene Ärzte; vgl. STIFTUNG WARENTEST [1999], S. 95.

Tabelle 13: Krankenhäuser in Düsseldorf: Allgemeine Chirurgie

Krankenhäuser in Düsseldorf: Allgemeine Chirurgie

		Universitäts - kliniken	Evangelisches Krankenhaus Düsseldorf	Florence-Nightingale-Krankenhaus	Kliniken der Landeshauptstadt Düsseldorf - Krankenhaus Gerresheim
Medizinische Versorgung im Urteil Düsseldorfer Ärzte[1])					
Ärzteurteil insgesamt[3])		1,8	1,9	1,9	1,9
Besonders empfohlen bei folgenden Diagnosen[2])	Schilddrüsenvergrößerung	●	●	●	
	Blinddarmentzündung		●	●	●
	Gallensteinleiden	●	●	●	●
	Darmverschluss	●	●	●	●
	Schwere Durchblutungsstörung der Beine	●			●
	Hüftgelenknaher Oberschenkelbruch			●	
	Darmkrebs (fortgeschr. Stadium)	●	●	●	●
Aufenthalt und Service im Urteil der Patienten					
Patientenurteil[4])		**befriedigend**	**befriedigend**	**befriedigend**	**gut**
Information	**20 %**	○	+	+	+
Interaktion[5])	**20 %**	+	+	+	+
Organisation	**10 %**	○	○	⊖	○
Verpflegung	**20 %**	○	+	−	++
Ruhe	**5 %**	○	○	+	○
Komfort	**10 %**	○	○	○	○
Sanitäre Einrichtungen	**10 %**	−	⊖	++	−
Tagesablauf	**5 %**	+	+	++	+
Angebot und Preise laut Angaben der Kliniken[6]), Stand: August 1999					
Angaben zum Krankenhaus	Akademisches Lehrkrankenhaus oder Universitätsklinik	ja	ja	nein	ja
	Bettenführende Fachabteilungen[8])	25	7	11	7
	Pathologie: eigene/Entfernung vom OP-Bereich in km	ja/< 1	nein/3	nein/16	ja/< 1
Begleitende Hilfen[7])	ca -Wochenstunden pro 100 Betten	35	29	23	45
Angaben zur Chirurgie	Bettenzahl (vollstationär)	122	137	64	118
	Operationen 1998	3 019	3 259	1 469	4 365
	davon minimalinvasiv	88	375	ca. 260	484
	davon ambulant	k. A.	50	15	1 035
	Vor- und nachstationäre Versorgung	ja	ja	ja	ja
	Maximale Bettenzahl im Zimmer[9])	4	3	3	3
Kosten für Wahlleistungen	Zuschlag für Einbettzimmer mit Bad/Dusche, WC: Mark/Tag	202	190	180	194 [15])
	Zuschlag für Zweibettzimmer mit Bad/Dusche, WC: Mark/Tag	140	175	145	139 [15])
	Fernsehen: bei Regelleistung/im Ein- und Zweibettzimmer Mark[10])	62/62	k. A./0	k. A.	35/35
	Telefon: bei Regelleistung/im Ein- und Zweibettzimmer Mark[11])	78/78	[14])	104/104	126/126

3) Mittelwert über alle Diagnosen auf einer Skala von 1 „äußerst empfehlenswert" bis 4 „gar nicht empfehlenswert".

4) Bewertungsschlüssel der Prüfergebnisse: ++ = sehr gut, + = gut, ○ = befriedigend, ⊖ = ausreichend, − = mangelhaft. Prozentangaben = Gewichtungsanteil am Patientenurteil. Geforderte Mindestfallzahl für die Patientenbefragung: 35 Fragebogen. Bei darunter liegender Fallzahl können die Einzelurteile mit einer

Quelle: STIFTUNG WARENTEST (1999), S. 92 f., (Teil-Abschrift, Original in Farbe).

Krankenhäuser in Düsseldorf: Allgemeine Chirurgie

Marien-Hospital	Kliniken der Landeshauptstadt Düsseldorf – Krankenhaus Benrath	Dominikus-Krankenhaus	Krankenhaus Mörsenbroich-Rath	St. Martinus-Krankenhaus	St. Vinzenz-Krankenhaus
2,1	2,3	2,5	2,5	2,6	2,7
●	●				
●					
●					
			●		
	●				●
●					
befriedigend	**ausreichend**	**gut**	**befriedigend**	13)	**ausreichend**
+	⊖	+	○	+	–
○	⊖	○	○	+	⊖
+	⊖	○	+	+	⊖
+	+	+	+	⊖	–
+	○	+	○	+	○
○	⊖	+	⊖	+	⊖
–	–	⊖	⊖	○	–
+	○	+	+	++	+
ja	ja	keine Teilnahme an der Befragung	nein	nein	nein
7	5		8	4	3
nein/< 1	ja/15		nein/3	nein/2	nein/8
31	50		29	54	45
140	80		65	58	86
6 474	1 656		2 585	1 097	1 485
556	202		166	120	238
2 394	23		216	50	64
ja	ja		ja	ja	ja
6 16)	6 16)		4	3	3
195	194		145 12)	180	185
180	139		135	135/170	145
0/0	35/35		0/0	0/0	0/0
71/60	66/66		71/71	104/90	104/90

geringeren statistischen Sicherheit behaftet sein. Auf die Vergabe von zusammenfassenden Urteilen wurde in diesen Fällen verzichtet.
5) Wahrung der Privatsphäre, Anerkennung als Gesprächspartner durch Ärzte und Pflegepersonal, Anteilnahme.
6) Gerundet.
7) Durch Psychologen, Sozialarbeiter, Seelsorger, Übergangspflege; für den Bereich der Akutversorgung – ohne psychiatrische/psychosomatische Abteilungen.
8) Ohne Belegabteilungen.
9) Ohne ggfs. vorhandene Zimmer mit Intensivversorgung.
10) Bei siebentägiger Nutzung, täglich fünf Stunden.
11) Bei siebentägiger Nutzung und 300 Telekom-Einheiten.
12) Ohne Bad/Dusche; WC.
13) Die Beurteilungen erfolgten auf Basis von 34 Fällen.
14) Kein Telekom-Tarif: Bitte erkundigen Sie sich vor Ort.
15) Ohne Bad/Dusche.
16) Überwiegend Drei-Bett-Zimmer.

Umfassende Informationen: Das Kriterium „Umfassende Informationen" verlangt, dass die Informationsangebote sowohl die Strukturqualität der betrachteten Leistungserbringer abbilden als auch Auskunft über die qualitätsrelevanten Aspekte der Behandlungsprozesse und -ergebnisse geben. Aus dem Testbericht der SWT geht nicht hervor, auf welchen Daten, Erfahrungen oder sonstigen Überlegungen die von den befragten Ärzten ausgesprochenen Empfehlungen im Einzelnen basieren. Grundsätzlich kann davon ausgegangen werden, dass den Empfehlungen der Ärzte sowohl von ihnen beobachtete Behandlungsergebnisse als auch Kenntnisse der Behandlungsstrukturen und -prozesse der betreffenden Fachabteilungen zu Grunde liegen. Nicht auszuschließen ist allerdings, dass die Empfehlungen der Ärzte auch von persönlichen Kontakten zu Kollegen, die in den betreffenden Fachabteilungen arbeiten, oder von theoretischen Überlegungen - wie z. B., dass Universitätskliniken bei Diagnosen, die tatsächlich oder vermeintlich einen vergleichsweise hohen Spezialisierungsgrad der behandelnden Ärzte erfordern, im Zweifelsfall Krankenhäusern der Grundversorgung vorzuziehen sind - oder ähnlichen Faktoren geprägt sind. Wie groß der Einfluss der einzelnen Faktoren auf die von den Ärzten ausgesprochenen Empfehlungen ist, bleibt innerhalb des Tests offen.

Die in den Testergebnissen ausgewiesenen Patientenurteile geben Auskunft über ausgewählte Aspekte der von ihnen während des Aufenthalts in der betreffenden Klinik wahrgenommenen Struktur- („Komfort", „Sanitäre Einrichtungen" u. a.) und Prozessqualität („Information", „Interaktion", „Organisation" u. a.; vgl. dazu Tabelle 13). Insgesamt bleibt dennoch festzuhalten, dass das Informationsangebot der SWT nicht als umfassend i. S. des in Abschnitt 2.3 aufgestellten Bewertungskriteriums einzustufen ist. So sind in die Testergebnisse zwar durchaus Aspekte sowohl der Struktur- als auch der Prozess- und Ergebnisqualität eingeflossen, doch weder sind diese in den Testberichten im Einzelnen ausgewiesen, noch geht aus den Berichten hervor, welche Qualitätsaspekte von den Ärzten bei ihren Empfehlungen letztlich berücksichtigt wurden. Den Patienten eröffnet der untersuchte Test somit nicht die Möglichkeit, sich gezielt über die für sie relevanten Qualitätsmerkmale zu informieren.

Darüber hinaus ist zu bemängeln, dass der Test auf die allgemeinchirurgischen Fachabteilungen der Krankenhäuser in Essen, Köln und Düsseldorf beschränkt bleibt. Vor allem bei besonders gravierenden Krankheiten ist jedoch davon auszugehen, dass zumindest ein Teil der betroffenen Patienten bereit ist, zur Behandlung auch Krankenhäuser aufzusuchen, die nicht wohnortsnah angesiedelt sind. Über diese Kliniken stellt die SWT den Patienten jedoch keine Vergleichsmöglichkeiten zur Verfügung.

Zuverlässigkeit: Die Stiftung Warentest ist eine Stiftung bürgerlichen Rechts. Über ihr Testprogramm und ihre Testmethoden kann sie unabhängig von staatlichen Weisungen entscheiden.[492] Die Unabhängigkeit der Stiftung wird zudem durch das in ihrer Satzung verankerte Anzeigenverbot gestärkt. Es soll verhindern, „dass die Stiftung in irgendeiner Form unter finanziellen Einfluss von Anbietern gerät."[493] Als Ausgleich für die aufgrund des Anzeigenverbots fehlenden Einnahmen erhält die SWT Mittel vom Bundesministerium für Verbraucherschutz, Ernährung und Landwirtschaft.[494] Wenngleich sie nach eigenen Angaben auch aus dem Verkauf von Online-Inhalten „beachtliche Einnahmen"[495]erzielt, finanziert sich die SWT in erster Linie über den Verkauf ihrer Veröffentlichungen.[496] Die resultierende Unabhängigkeit der Stiftung - besonders von Ärzten, Krankenhäusern und Krankenkassen - wirkt sich tendenziell positiv auf die Zuverlässigkeit ihres Informationsangebots aus.

Wie in jedem Test, den sie veröffentlicht, informiert die Stiftung Warentest auch in dem hier analysierten Krankenhaustest umfassend über den Testablauf und die von ihr zu Grunde gelegten Bewertungsmaßstäbe. Durch diese Offenlegung der Informationsgewinnungsmethoden erfüllt die SWT auch die zweite Voraussetzung für die Zuverlässigkeit der von ihr bereit gestellten Informationen.

Die im Test ausgewiesenen Ärzte- und Patientenurteile und die daraus abgeleiteten Empfehlungen stimmen nicht zwingend mit den Ergebnissen überein, die entsprechende Analysen der Leistungs- und Abrechnungsdaten der Kliniken liefern würden. Das spricht nicht gegen, sondern letztlich für die von der SWT gewählte Methode der Datenerhebung bzw. Informationsgewinnung und die daraus resultierende Zuverlässigkeit der Testergebnisse.

Aktualität und Flexibilität: Die SWT hat seit der Veröffentlichung des hier untersuchten Tests keine weiteren Klinik- oder Ärztetests durchgeführt, obwohl die Resonanz der Leser auf die beiden bisher publizierten Kliniktests äußerst positiv war.[497] Da die Stiftung grundsätzlich keine Auskunft über Tests gibt, die für die Zukunft geplant sind[498], ist nicht absehbar, ob und ggf. wann die im Jahr

---

492 Vgl. STIFTUNG WARENTEST [2004b].

493 STIFTUNG WARENTEST [2004c].

494 Im Jahr 2002 erhielt die Stiftung Warentest staatliche Zuwendungen in Höhe von 5,88 Mio. €. Die Verkaufserlöse betrugen rund 43,32 Mio. €; vgl. STIFTUNG WARENTEST [2004c].

495 STIFTUNG WARENTEST [2002b].

496 Neben den Zeitschriften test und Finanztest publiziert die Stiftung auch Sonderhefte und Bücher.

497 Gemäß telefonischer Auskunft der Presseabteilung der Stiftung Warentest am 03. April 2002.

498 Gemäß telefonischer Auskunft der Presseabteilung der Stiftung Warentest am 03. April 2002.

1999 geprüften Kliniken einer erneuten - oder weitere Kliniken einer ersten - Untersuchung unterworfen werden. Sowohl die Aktualität des Tests als auch seine Fähigkeit, auf Veränderungen der Behandlungsstrukturen, -prozesse und -ergebnisse in den Kliniken flexibel zu reagieren, ist deshalb als niedrig einzustufen.

Verfügbarkeit: Die Stiftung Warentest bietet die von ihr gewonnenen Informationen nicht nur in ihrer Zeitschrift „test“[499] sowie in Sonderheften und Büchern an, sondern auch über ihre Seiten im Internet. Rund 90 Prozent des Online-Angebots stehen kostenlos zur Verfügung; die vollständigen Testberichte und Ergebnistabellen sind allerdings nur gegen Entgelt abrufbar.[500] Darüber hinaus besteht die Möglichkeit, nicht mehr im Handel erhältliche Publikationen direkt bei der Stiftung Warentest anzufordern. Die Verfügbarkeit ihrer Informationsangebote ist somit als hoch einzustufen.

Patientengerechte Aufbereitung: Auf Basis der Empfehlungen der befragten Ärzte berechnete die Stiftung für jedes der Krankenhäuser eine Gesamtnote (vgl. Zeile „Ärzteurteil insgesamt“ in Tabelle13). Die bewerteten Krankenhäuser sind entsprechend dieser Gesamtnoten in der Ergebnisliste aufgeführt. Dies ist ein erster Grund für die insgesamt gute Aufnehmbarkeit der Testergebnisse.

Die diagnosespezifischen Ärzteempfehlungen und die merkmalspezifischen Patientenurteile sind mit der Hilfe von Symbolen ausgewiesen,[501] die auch ohne Rückgriff auf die Legende der Tabelle verständlich sind. Auch ihre farbliche Gestaltung leistet einen Beitrag zur guten Übersichtlichkeit der Tabelle. Wenngleich die in der Tabelle ausgewiesenen Informationen über „Angebot und Preise laut Angaben der Kliniken“ im Vergleich zu den Ärzte- und Patientenurteilen relativ schlecht aufnehmbar sind, ist die Aufnehmbarkeit der in dem Test enthaltenen Informationen insgesamt als hoch einzustufen, so dass das Kriterium der patientengerechten Aufbereitung als erfüllt angesehen werden kann.

---

[499] Die Zeitschrift test erscheint monatlich mit einer durchschnittlichen verkauften Auflage von 625.000 Exemplaren, von denen rund 100.000 Hefte im Einzelhandel verkauft und rund 100.000 Exemplare an Abonnenten geliefert werden; vgl. STIFTUNG WARENTEST [2004a].

[500] „Die Preise für diese Abrufe liegen zwischen 0,50 und 2,50 Euro pro Testbericht. Bezahlt wird pay-per-click: Der User hat die Wahl zwischen drei unterschiedlichen Micropaymentsystemen. Die Abrechnung erfolgt - ohne Eingabe persönlicher Daten - unkompliziert über die Telefonrechnung oder, nach einmaliger Anmeldung, entweder über Kreditkarte oder durch Abbuchung vom Konto. Abonnenten von test und Finanztest erhalten Sonderkonditionen.“. Alleine im Januar 2002 wurden fast 28.000 Testergebnisse und Infodokumente über das Internet abgerufen; vgl. STIFTUNG WARENTEST [2002b].

[501] Als für einzelne Diagnosen besonders empfehlenswert sind die Kliniken gekennzeichnet, die in der durchschnittlichen Bewertung durch die Ärzte eine Note von 2,0 oder besser erreichten; vgl. STIFTUNG WARENTEST [1999], S. 95.

Berücksichtigung der unterschiedlichen Patientenpräferenzen: Die Berechnung von Gesamtnoten für die Kategorien „Ärzteurteil“ und „Patientenurteil“ macht eine Gewichtung der von den Ärzten und den Patienten vergebenen Einzelnoten notwendig. Für das Ärzteurteil wurde für jede der sieben Diagnosen das arithmetische Mittel der - von 1 („äußerst empfehlenswert“) bis 4 („gar nicht empfehlenswert“) reichenden - Ärzteinschätzungen gebildet und anschließend für jedes Krankenhaus der Mittelwert über die sieben Diagnosemittelwerte berechnet.[502] Jede diagnosespezifische Einzelnote hatte somit einen gleich hohen Einfluss auf die Gesamtnote. Die Gesamtnote „Patientenurteil“ setzt sich aus acht Einzelnoten zusammen, die in die Berechnung der Einzelnoten entsprechend ihres Anteils, den sie an der Gesamtzufriedenheit der Patienten haben, einflossen.[503]

Aufgrund der bestehenden Unterschiede in den Patientenpräferenzen ist davon auszugehen, dass die Patienten auch den einzelnen Qualitätsaspekten, die die SWT in ihrer Patientenbefragung berücksichtigte, unterschiedlich hohe Bedeutungen zumessen. Die in dem Test vorgenommene Gewichtung führt dennoch nicht zu einer Verletzung der Patientenpräferenzen, da in den Ergebnistabellen nicht nur die Gesamt-, sondern auch die Einzelurteile aufgelistet sind. Den Patienten steht somit eine Gewichtung entsprechend ihrer persönlichen Präferenzen offen. Bei über das Internet gegen Entgelt erworbenen Tabellen können die Nachfrager die einzelnen Qualitätsaspekte nach ausgewählten Kriterien neu sortieren, die vorgegebenen Gewichtungen nach persönlichem Geschmack ändern und auf diese Weise einen persönlichen Testsieger ermitteln. Die Berücksichtigung der unterschiedlichen Patientenpräferenzen ist deshalb gewährleistet.

In der Gesamtbetrachtung bleibt festzuhalten, dass der hier analysierte Kliniktest die bestehenden Qualitätsunkenntnisse der Patienten allenfalls im beschränkten Umfang abbauen kann. Hauptgrund dafür ist, dass sich die Stiftung Warentest zur Erstellung ihrer „Hitliste der Hospitäler“ nicht vergleichsweise „harter“ Leistungs- und Abrechnungsdaten bedient, sondern im Wesentlichen auf Urteile von Patienten und im ambulanten Sektor tätiger Ärzte zurückgreift, deren Zustandekommen für Außenstehende im Einzelnen nicht nachvollziehbar ist.

---

502 Vgl. STIFTUNG WARENTEST [1999], S. 95.

503 Vgl. ebenda. Zu detaillierten Angaben über die statistischen Methoden, anhand derer die letztlich zu Grunde gelegte Gewichtung bestimmt wurde, vgl. insbesondere STIFTUNG WARENTEST [1997], S. 105.

Abbildung 28: Öko-Test, Die besten Kliniken für Orthopädie (Ausschnitt)

Gesundheit & Fitness

Die besten Kliniken für Orthopädie

Krankenhäuser, die für alle vier Patienten-Typen unter den ersten 100 liegen	PLZ	Ort	Besucher-Angebot	Hoteleigenschaften	Betreuungsqualität	Ökologie	Größe	Individualität	Qualitätssicherung	Patientenorientierung	Geriatrische Kompetenz	Pflegerische Kompetenz	Vernetzung	Transparenz	Schonende Operationen	Sicherungssysteme	Alternative Methoden	Erfahrung	Verweildauer	Wartezeit	Typ Manager	Typ Alternativmedizin	Typ Sicher-ist-sicher	Typ Chronisch Kranker
			Testkriterien: Erreichte Punktezahl																		Rang			
Universitätsklinikum	04103	Leipzig	3	3	2	3	4	4	3	2	3	5	4	3	4	4	3	3	3	3	73	37	55	51
Krankenhaus für Orthopädie	04849	Bad Düben	4	4	2	2	5	3	3	3	5	3	4	2	2	4	1	3	3	1	79	85	75	69
Thüringen-Klinik Georgius Agricola	07318	Saalfeld	3	4	3	1	2	2	3	2	3	3	5	3	2	5	3	2	4	3	87	87	78	77
Waldkrankenhaus Rudolf Elle	07607	Eisenberg	4	4	4	3	5	5	3	2	3	5	3	4	4	4	1	5	4	4	15	23	21	31
Kliniken Erlabrunn	08349	Erlabrunn	4	4	4	5	4	2	4	2	5	5	3	2	2	5	1	2	3	3	81	64	48	49
Evangelisches Waldkrankenhaus	13589	Berlin	4	4	5	2	5	4	4	3	5	5	4	5	5	5	3	4	3	4	13	6	2	1
DRK-Kliniken Westend	14050	Berlin	4	4	5	4	4	3	4	2	3	3	4	3	3	5	4	3	2	5	64	17	27	20
Immanuel-Krankenhaus Rheumaklinik	14109	Berlin	3	3	4	3	4	2	4	2	5	3	4	3	1	4	1	4	2	3	86	77	73	40
Städtisches Klinikum	14770	Brandenburg	3	3	4	2	2	4	4	3	1	5	3	3	4	5	1	3	4	5	43	45	55	62
Asklepios Klinik	16547	Birkenwerder	5	5	5	3	5	4	5	4	1	3	5	5	3	5	1	4	5	3	2	21	18	23
Krankenhaus Jerusalem	20357	Hamburg	4	3	2	2	2	2	4	3	3	3	4	2	2	5	1	2	4	5	87	98	78	91
Orthoklinik Lüneburg	21335	Lüneburg	4	5	4	2	3	3	5	4	3	5	1	4	3	1	1	2	4	4	67	48	89	89
Krankenhaus Winsen	21423	Winsen	4	3	3	1	4	4	3	2	1	3	5	5	4	5	3	4	4	3	39	55	54	46
Kath. Marienkrankenhaus	22087	Hamburg	4	5	5	2	2	3	4	4	5	5	4	5	2	5	1	3	4	5	14	31	7	13
Allgemeines Krankenhaus Barmbek	22307	Hamburg	4	4	5	1	3	5	2	2	5	3	5	3	5	5	1	5	4	5	15	51	21	17
Klinik Dr. Guth	22609	Hamburg	4	3	3	4	4	2	4	3	5	3	5	2	2	5	3	3	3	5	69	39	36	21
Park-Klinik Manhagen	22927	Großhansdorf	5	5	3	2	5	3	4	3	1	3	5	3	2	4	4	3	2	4	53	55	65	46
Lubinus Clinicum	24106	Kiel	4	4	5	3	5	4	5	4	5	5	4	5	3	5	1	4	4	3	6	10	3	6
Rheumaklinik Bad Bramstedt	24558	Bad Bramstedt	4	5	4	3	4	3	4	3	5	5	4	5	2	5	1	3	2	4	36	32	10	9
Malteser-Krankenhaus St. Franziskus-Hospital	24939	Flensburg	4	4	4	3	1	3	3	2	3	3	3	1	2	5	1	3	4	5	94	85	75	99

Pius-Hospital	26121	Oldenburg	4	4	5	4	3	3	4	2	3	3	5	3	2	5	1	3	4	5	38	39	36	33
Evangelisches Krankenhaus	26122	Oldenburg	4	4	4	3	4	4	4	3	3	3	4	2	3	5	1	3	4	3	29	34	40	46
Klinikum Oldenburg	26133	Oldenburg	4	5	5	5	2	3	5	3	1	5	3	5	2	5	1	3	5	5	15	23	34	53
Diakonie-Krankenhaus	28239	Bremen	4	5	5	4	4	4	4	3	1	1	3	5	4	5	5	4	4	3	8	11	53	41
Paracelsus Kurfürstenklinik	28329	Bremen	4	5	5	4	4	3	4	3	1	1	3	5	2	4	3	3	4	3	29	42	80	59
Kreiskrankenhaus	29451	Dannenberg	4	5	5	3	2	2	4	3	5	3	3	5	3	4	3	2	4	4	65	28	44	44
Orthopädische Klinik der medizinischen Hochschule	30625	Hannover	3	3	3	2	3	4	3	2	1	3	3	3	2	5	1	4	4	2	48	89	95	87
Orthopädisches Fachkrankenhaus Annastift	30625	Hannover	4	2	3	2	5	4	4	3	3	3	4	5	4	4	3	5	4	4	26	15	24	24
St. Vinzenz-Hospital	33378	Rheda-Wied.	4	4	4	1	2	3	5	3	5	5	3	3	3	5	1	2	4	5	51	53	38	35
Kreiskrankenhaus	34369	Hofgeismar	4	5	4	3	2	3	3	3	5	1	3	3	2	5	3	2	4	5	54	64	66	60
Bezirkskrankenhaus	34385	Bad Karlshafen	4	5	3	4	2	2	3	3	3	3	1	3	3	5	3	1	4	3	77	71	92	98
Schwalm-Eder-Kliniken	34613	Schwalmstadt	5	5	5	3	2	3	5	4	5	1	5	5	2	5	4	3	2	4	35	14	20	16
Klinikum der Philipps-Universität	35033	Marburg	5	4	4	1	3	3	4	3	3	5	4	3	2	5	1	3	4	4	29	63	15	29
Orthopädische Klinik	35619	Braunfels	4	4	3	1	3	3	4	2	3	3	4	1	2	4	1	3	4	3	80	99	84	85
Klinikum Fulda	36043	Fulda	3	3	4	1	4	4	3	4	5	5	5	5	4	5	1	3	4	3	26	26	10	9
Orthopädische Klinik und Rehabilitationszentrum	37235	Hess. Lichtenau	5	2	5	4	5	5	4	3	5	3	5	5	4	4	5	4	4	3	23	2	9	7
Kreiskrankenhaus	38889	Blankenburg	3	4	4	1	4	4	4	3	3	5	1	3	3	4	1	4	4	4	21	57	55	51
Pfeiffersche Stiftungen	39114	Magdeburg	4	4	4	3	3	3	3	3	3	3	3	5	2	5	3	3	4	2	40	30	41	49
St. Vinzenz-Krankenhaus	40477	Düsseldorf	3	3	4	3	5	4	4	3	5	5	1	5	3	4	3	4	2	2	50	19	45	14
Johannes-Etienne-Krankenhaus	41462	Neuss	4	4	5	2	3	3	3	3	3	3	3	5	2	5	3	3	4	2	40	35	31	36
St. Josef-Hospital	44791	Bochum	4	2	5	4	3	4	5	4	3	3	1	5	3	5	3	4	4	4	18	5	24	42
Alfried Krupp Krankenhaus	45131	Essen	4	5	5	3	4	3	5	5	5	3	3	5	3	6	1	3	4	3	7	13	19	15

30 ÖKO-TEST 8 | 2002

Quelle: ÖKO-TEST [2002c], S. 30 (Original in Farbe).

Wie die Verbraucherzentralen ist auch die Stiftung Warentest aufgrund ihrer Unabhängigkeit von Klinikträgern, Ärzteschaft und Krankenkassen und wegen ihrer großen Erfahrung und Kompetenz im Bereich der Verbraucherinformation dennoch grundsätzlich ein prädestinierter Anbieter von Informationen über die Qualität von Kliniken und Ärzten.

2.5.3 Öko-Test

Das Spektrum der von der Zeitschrift Öko-Test untersuchten Produkte und Dienstleistungen reicht von Kosmetika, Lebens-, Wasch- und Schmerzmitteln über Laptops und Autos bis hin zu Finanzdienstleistungen, Versicherungen und Aktien. Seit Erscheinen des ersten Heftes im Jahr 1985 hat Öko-Test mehr als 60.000 Produkte untersuchen lassen.[504] Die Frage nach gesundheitlichen Risiken steht in den von Öko-Test durchgeführten Untersuchungen an oberster Stelle.[505] Die verkaufte Auflage des Öko-Test-Magazins betrug im Jahr 2003 im Jahresdurchschnitt rund 150.000 Exemplare.[506]

Krankenhäuser hat Öko-Test zum ersten Mal im Jahr 2002 bewertet. Zwischen Juni und September 2002 wurden Listen der „besten Geburtskliniken", der „besten Kliniken für Frauenheilkunde", der „besten Kliniken für Orthopädie" und der „besten Kliniken für Onkologie" veröffentlicht.[507] Für die Zukunft sind Tests der Fachbereiche Kardiologie und Kinderheilkunde angekündigt. Im Folgenden sind am Beispiel des Tests für den Fachbereich „Orthopädie" die bisher publizierten Tests auf ihre Fähigkeit, die Qualitätsunkenntnisse der Patienten abzubauen, analysiert. Einen beispielhaften Überblick über die Testergebnisse gibt Abbildung 28.

Umfassende Informationen: Öko-Test legte zur Ermittlung der „100 besten Kliniken" ausschließlich Kriterien der Struktur- und Prozessqualität zu Grunde (vgl. dazu Abbildung 28). Der Strukturqualität sind neben dem „Besucher-Angebot" (Besuchszeiten, Anzahl der Besucherparkplätze, u. Ä.), den „Hoteleigenschaften" (Frisörangebot, Kiosk, Fernsehen, Internet u. Ä.), der „Betreuungsqualität" (besondere Betreuungsangebote wie z. B. Psychologen, Rehabilitationsberater, Dolmetscher-Service) und der „Ökologie" (Existenz Ressourcen sparender Beschaffungskonzepte u. Ä.) auch die „Größe" (Anzahl der Betten, Opera-

---

[504] Vgl. ÖKO-TEST [2004d].

[505] Vgl. ebenda.

[506] Vgl. ÖKO-TEST [2004b], S. 3.

[507] Vgl. ÖKO-TEST [2002a], ÖKO-TEST [2002b], ÖKO-TEST [2002c] sowie ÖKO-TEST [2002d].

tionssäle u. Ä.) sowie unter dem Stichwort „Individualität" die medizinisch-technischen Möglichkeiten der Kliniken (computergestützte Operations-Navigationssysteme u. Ä.) zuzuordnen.

Dem Strukturkriterium „Erfahrung" räumte Öko-Test „höchste Priorität" ein.[508] Seine Ausprägungen wurden für die einzelnen Kliniken zum einen anhand der Zahl ausgewählter Behandlungen und zum anderen danach bestimmt, ob die betrachtete Klinik überhaupt über die technischen Möglichkeiten verfügt, bestimmte Operations- und Behandlungsverfahren durchzuführen. Der Kategorie Strukturqualität gehören darüber hinaus die Kriterien „Pflegerische Kompetenz" (Anzahl der „Fälle mit besonders hohem Aufwand"), „Geriatrische Kompetenz" (Anteil der Patienten über 75 Jahre), „Schonende Operationen" (Anteil minimal-invasiver Eingriffe) und „Alternative Methoden" (Erfahrungen mit anthroposophischer oder traditioneller chinesischer Medizin) an.

Aspekte der Prozessqualität berücksichtigte Öko-Test mittels der Kriterien „Qualitätssicherung" (Existenz von Qualitätsbeauftragten, Qualitätszirkeln und Qualitätsberichten), „Transparenz" (Bereitstellung von Patienteninformationen u. Ä.), „Vernetzung" (Kooperationen mit niedergelassenen Fachärzten oder benachbarten Kliniken u. Ä.), „Patientenorientierung" (Existenz von Patientenbeschwerdestellen und strukturierten Patientenbefragungen) und „Sicherungssysteme" (Gewährleistung von 24-Stunden-Bereitschaft u. Ä.).

Somit bleibt festzuhalten, dass die meisten der in Abschnitt 2.3 als qualitätsrelevant eingestuften Merkmale der Behandlungsstrukturen und -prozesse in die Klinikbewertungen eingeflossen sind. Die für die Gesamtqualität nicht minder bedeutenden Behandlungsergebnisse erfasste Öko-Test jedoch nicht. Dies ist ebenso negativ zu bewerten wie die Tatsache, dass die Tests den Patienten nicht die Möglichkeit bieten, sich gezielt über die Qualität der Kliniken für bestimmte Diagnosen oder besondere Behandlungsverfahren zu informieren. Positiv ist, dass die Tests nicht auf Kliniken einzelner Städte oder Regionen beschränkt sind, sondern - zumindest ist dies die erklärte Absicht von Öko-Test[509] - sämtliche deutschen Kliniken in die Untersuchung einbeziehen.

Zuverlässigkeit: Die Zeitschrift Öko-Test erscheint im Öko-Test-Verlag, einer 100 %-igen Tochter der Öko-Test Holding AG.[510] Etwas über 50 Prozent des Grundkapitals der Öko-Test Holding AG sind im Besitz der Deutschen Druck- und Verlagsgesellschaft, den verbleibenden Teil des Kapitals halten die

---

508 Vgl. ÖKO-TEST [2002c], S. 30.

509 Vgl. o. V. [2002e], S. 31.

510 Vgl. ÖKO-TEST [2004a].

rund 1.500 ehemaligen Gesellschafter der inzwischen aufgelösten Öko-Test GmbH & Co KG.[511] Die rechtliche Unabhängigkeit des Verlags von Ärzten, Kliniken, Krankenkassen und deren Interessensvertretern wirkt tendenziell positiv auf die Zuverlässigkeit der Informationsangebote.

Im Gegensatz zu der von der Stiftung Warentest herausgegebenen Zeitschrift „test" finanziert sich „Öko-Test" unter anderem über Einnahmen aus dem Geschäft mit Werbeanzeigen. Dadurch besteht die Gefahr, dass der Öko-Test-Verlag wirtschaftlich nicht ganz unabhängig bleibt, sobald die Einnahmen, die ihm aus Werbeanzeigen von Kliniken, niedergelassenen Ärzten oder Krankenkassen zufließen, einen für ihn bedeutenden Anteil seiner Gesamteinnahmen ausmachen. Wenngleich diese Gefahr derzeit eher als niedrig einzustufen ist, da die bisher publizierten vier Klinik-Tests lediglich einen Bruchteil des Informationsangebots von Öko-Test ausmachen, ist der Einsatz des Finanzierungsinstruments „Werbung" für die Zuverlässigkeit der von Öko-Test angebotenen Informationen dennoch als negativ zu bewerten.

Weitaus negativer als die potenzielle Gefahr des Verlusts der wirtschaftlichen Unabhängigkeit von den Anbietern der getesteten Produkte und Dienstleistungen wirkt auf die Zuverlässigkeit der Testergebnisse, dass Öko-Test nur ungenau darüber informiert, anhand welcher Daten und Informationen die Kliniken im Einzelnen untersucht wurden. So erfährt der Leser in dem hier näher analysierten Test lediglich, dass Öko-Test „von mehr als 800 Kliniken Daten über orthopädische Behandlungen vorliegen [hatte, an diese Kliniken] Fragebögen verschickt und sie insbesondere auf die Spezialisierung abgeklopft"[512] hat.[513]

Um welche Behandlungsdaten es sich dabei im Einzelnen handelte, wie Öko-Test in Besitz dieser im Regelfall wohl kaum öffentlich zugänglichen Daten gekommen ist, wie hoch die Rücklaufquote der verschickten Fragebögen war, inwieweit die darin enthaltenen Angaben der Kliniken auf ihre Richtigkeit überprüft wurden und vor allem, welche der bei der Untersuchung berücksichtigten Informationen aus den Behandlungsdaten und welche aus den Fragebögen gewonnen wurden, ist aus dem Testbericht nicht ersichtlich. Darüber hinaus trägt

---

511 Vgl. ebenda.

512 Öko-Test [2002c], S. 27.

513 Mehr als die Aussage, dass Öko-Test die Kliniken „gründlich unter die Lupe genommen hat", findet sich auch in den beiden Tests der Kliniken für Frauenheilkunde und Onkologie nicht; vgl. dazu Öko-Test [2002b], S. 33 sowie Öko-Test [2002d], S. 29). Der Test der Geburtskliniken enthält immerhin die Information, dass insgesamt „etwa ein Drittel aller Kliniken ... sich geweigert [hat], mit uns zusammenzuarbeiten und ... uns die Veröffentlichung von Daten untersagen" wollte, weshalb diese Häuser nicht unter die 100 besten Kliniken in Deutschland eingeordnet werden konnten; vgl. Öko-Test [2002a], S. 29.

auch die nur in einem Zeitungs-Interview mit dem Chefredakteur von Öko-Test zu findende Information, dass die Öko-Test-Redaktion sich die Behandlungsdaten der Kliniken „auf geheimen Wegen besorgt“[514] habe, weil sich die Krankenhäuser nur „ungern in die Karten schauen [ließen und] ... viel Geheimniskrämerei“[515] machten, nicht zum Vertrauen in die Zuverlässigkeit der Testergebnisse bei.

Aktualität und Flexibilität: Eine regelmäßige Aktualisierung der Ergebnisse der bisher publizierten Kliniktests sieht Öko-Test bisher nicht vor. Da dem Test außerdem nicht zu entnehmen ist, wann die Krankenhausbefragung durchgeführt wurde und wie alt die dem Test zu Grunde gelegten Behandlungsdaten sind, erfüllt der Test das Kriterium Aktualität und Flexibilität nicht.

Verfügbarkeit: Sämtliche seit 1998 erschienenen Testhefte können beim Öko-Test-Verlag nachbestellt werden. Darüber hinaus besteht die Möglichkeit, die Testergebnisse aller untersuchten Kliniken per kostenpflichtigem Fax- oder Internetabruf zu beziehen.[516] Auf die Verfügbarkeit des Informationsangebots wirkt sich dies positiv aus.

Patientengerechte Aufbereitung: Entsprechend der unterschiedlichen Anforderungen, die Patienten an Krankenhausbehandlungen stellen, unterscheidet Öko-Test die vier Patiententypen „Manager“, „Alternativmedizin“, „Sicher-ist-sicher“ und „Chronisch Kranker“.[517] Die Ergebnisse des Kliniktests sind in insgesamt vier Tabellen präsentiert, wobei die erste Tabelle alle Krankenhäuser ausweist, die für alle vier Patienten-Typen unter den ersten 100 liegen, während die weiteren Tabellen jene Kliniken nennen, die für drei, zwei bzw. zumindest einen Patiententyp(en) unter den ersten 100 platziert sind.

Die Kliniken sind gemäß den Postleitzahlen ihres Standorts in den Tabellen ausgewiesen. Einerseits erschwert diese Form der Sortierung den Patienten die Suche nach der für sie besten Klinik. Eine Sortierung entsprechend des für die einzelnen Patiententypen ermitteln Rangs der Kliniken oder entsprechend der im Test nicht ausgewiesenen Gesamtpunktzahl hätte u. U. zu einer besseren Auf-

---

[514] o. V. [2002e], S. 31.

[515] Ebenda.

[516] Vgl. ÖKO-TEST [2004c].

[517] Während dem „Typ Manager“ vor allem das medizinische Know-how der Klinik, eine schnellstmögliche Behandlung, ein hoher Hotelstandard und gute Kommunikationsmöglichkeiten wichtig sind, legt der „Typ Sicher-ist-sicher“ besonderen Wert auf „bestmögliche medizinische Leistungen und die Möglichkeiten einer Klinik“. Der „Typ Alternativmedizin“ achtet vor allem darauf, dass die Kliniken alternative Behandlungsmethoden anbieten. Fast alle Bereiche der Kliniken sind dem „Typ Chronisch Kranker“ wichtig; vgl. ÖKO-TEST [2002c], S. 28.

nehmbarkeit der Ergebnisse führen können. Andererseits ermöglicht die von Öko-Test gewählte Reihenfolge den Patienten einen vergleichsweise leichten Überblick über die Ergebnisse der Kliniken in der Nähe ihres Wohnorts.

Eindeutig negativ auf das Kriterium patientengerechte Aufbereitung wirkt sich die große Fülle der in den Ergebnistabellen enthaltenen Informationen aus. So verfügen sie neben den vier Spalten, in denen die Ränge der Kliniken für die verschiedenen Patiententypen aufgeführt sind, über weitere 18 Spalten, die über die in den einzelnen Testkategorien von den Kliniken erreichten Punktzahlen informieren. Eine getrennte Ausweisung der Ränge und der für deren Berechnung zu Grunde gelegten Einzelergebnisse oder soweit möglich die Verwendung von Symbolen hätte u. U. zu einer besseren Aufnehmbarkeit beitragen können.

Berücksichtigung der Unterschiede in den Patientenpräferenzen: Wie bereits angesprochen definierte Öko-Test vier verschiedene Patiententypen mit unterschiedlichem Anforderungsprofil. Für das Kriterium Berücksichtigung der Unterschiede in den Patientenpräferenzen ist dies positiv zu bewerten. Gleiches gilt für die unter dem Gesichtspunkt der „patientengerechten Aufbereitung“ kritisierte Fülle der in den Ergebnistabellen enthaltenen Informationen, ermöglicht diese den Patienten doch grundsätzlich, eine eigene, ihren persönlichen Präferenzen entsprechende Gewichtung der Einzelergebnisse durchzuführen.

Insgesamt bleibt somit festzuhalten, dass die von Öko-Test angebotenen Klinik-Tests allenfalls sehr begrenzt zu einem Abbau der Qualitätsunkenntnisse der Patienten beitragen können. Die Hauptursache für diese Bewertung liegt in der geringen Zuverlässigkeit der Testergebnisse. Sie ist Folge der mangelhaften Offenlegung der Methoden, die Öko-Test zur Beschaffung der benötigten Daten und bei der Gewinnung und Auswertung der den Testergebnissen zu Grunde liegenden Informationen eingesetzt hat.

2.5.5 Focus-Ärzteliste

Ärztelisten veröffentlicht auch die Zeitschrift Focus. Die erste Ärzteliste des Focus ist im Jahr 1993 als 14-teilige Serie unter dem Titel „Die 500 besten Ärzte Deutschlands“ erschienen.[518] Im Jahr 1997 folgte „Die große Ärzte-Liste, 750 Empfehlungen, Spezialisten aus 67 Fachrichtungen“.[519]

---

[518] Vgl. dazu FOCUS [1993].

[519] Vgl. dazu FOCUS [1997].

Abbildung 29: Focus-Ärzteliste, Gefäßchirurgen

GEFÄSSCHIRURGEN

Arzt/Klinik	Ort/Patiententelefon	wird empfohlen: als Arzt	wird empfohlen: als Medizinforscher	wird empfohlen: von Patienten	Infos: Qualitätsmanagement	Infos: Publikationen	Infos: behandelt Kassenpatienten	drei Spezialisierungen des Arztes
Prof. Dr. Jens Allenberg Universitätsklinikum, Chirurgische Universitätsklinik, Gefäßchirurgie	**Heidelberg** 0 62 21/56 62 49	●●●	●●●	✔✔	▲▲▲	■■	ja	Aussackungen v. Hals-, Brust- u. Bauchschlagader; Gefäßoperationen (offen u. im Gefäß); Nierenarterienrekonstruktion
Dr. Klaus Balzer Evangelisches Krankenhaus, Klinik für Gefäßchirurgie	**Mülheim** 02 08/3 09 24 41	●●●	●●	✔✔	▲▲▲		ja	Operation von hirnversorgenden Arterien; Chirurgie von Gefäßaussackungen; Beinschlagaderwiederherstellung
Priv.-Doz. Dr. Hans-Henning Eckstein Klinikum Ludwigsburg, Gefäßchirurgische Klinik	**Ludwigsburg** 0 71 41/99 71 91	●●	●●	✔	▲▲▲	■	ja	Operationen an der Hals- und Hauptschlagader; Eingriffe innerhalb der Gefäße (endovaskuläre Eingriffe)
Dr. Hans-Joachim Florek Städtisches Klinikum Friedrichstadt, Klinik für Gefäßchirurgie	**Dresden** 03 51/4 80 11 00	●	●	✔	▲▲▲		ja	Operationen innerhalb der Brust- und Bauchschlagader; minimal-invasive Arm- und Beingefäßrekonstruktion
Prof. Dr. Jörg Dieter Gruß Krankenhaus des Kurhessischen Diakonissenhauses, Gefäßchirurgie	**Kassel** 05 61/77 47 77	●●	●	✔✔	▲▲▲	■	ja	Gefäßaussackung der Schlüsselbeinarterie; Kompressionssyndrom der oberen Brustkorböffnung; Arterienverschlüsse
Priv.-Doz. Dr. Thomas Hupp Katharinenhospital, Klinik für Gefäßchirurgie	**Stuttgart** 07 11/2 78 36 00	●		✔	▲▲▲	■	ja	Halsschlagaderchirurgie; Bauchschlagaderchirurgie; Nierenarterienchirurgie
Prof. Dr. Herbert Imig Allgemeines Krankenhaus Harburg, Allgemein-, Gefäß- und Thoraxchirurgie	**Hamburg** 0 40/79 21-1	●●●	●●	✔			k. A.	—— Arzt wurde angeschrieben, beteiligte sich aber nicht an der FOCUS-Befragung. ——
Prof. Dr. Helmut Kortmann Allgemeines Krankenhaus Altona, Thorax- und Gefäßchirurgie	**Hamburg** 0 40/88 22 16 11	●	●	✔	▲▲▲		ja	Ersatz der Brust- und Bauchschlagader; Gefäßprothesen; Rekonstruktion von Gefäßen oberhalb der Hauptschlagader

Prof. Dr. Henning Loeprecht Zentralklinikum, I. Klinik für Gefäß- und Thoraxchirurgie	**Augsburg** 08 21/4 00 26 55	●●●	●	✓	▲▲▲	■	ja*	Chirurgie und Funktionsdiagnostik von Venen; Operation d. Halswirbelsäulengefäße; Rekonstruktion von Knie-/Fußgefäßen
Prof. Dr. Henner Müller-Wiefel Katholisches Klinikum St. Johannes Hospital, Gefäßchirurgische Klinik	**Duisburg** 02 03/5 46 25 51	●●		✓	▲▲▲		ja*	Operationen der Halsschlagader; Aussackung der Körperschlagader; Operationen innerhalb der Gefäße
Prof. Dr. Dieter Raithel Klinikum Süd, Klinik für Gefäßchirurgie, Vasculäre und Endovasculäre Chirurgie	**Nürnberg** 09 11/3 98 26 51	●●●	●●	✓✓	▲▲▲	■	ja	Halsschlagaderverengung; min.-invas. Eingriffe bei Hauptschlagaderaussackung; Gefäßchirurgie von Arm und Bein
Prof. Dr. Wilhelm Sandmann Universitätsklinikum, Klinik für Gefäßchirurgie und Nierentransplantation	**Düsseldorf** 02 11/8 11 70 90	●●●	●●●	✓	▲▲▲	■■	ja*	Brust- u. Bauchschlagaderersatz; Bein- u. Fuß-Bypässe (insb. bei Diabetikern); Rekonstruktion von Organarterien u. Venen
Prof. Dr. Hans Schweiger Herz- und Gefäßklinik, Abteilung für Gefäßchirurgie	**Bad Neustadt a. d. Saale** 0 97 71/66 21 01	●●	●●	✓	▲▲▲	■■	ja	Therapie d. diabetischen Fußes; »Schaufensterkrankheit«; min.-invas. Operationen von Hauptschlagaderaussackungen
Prof. Dr. Bernd Steckmeier Chirurgische Poliklinik, Gefäßchirurgie	**München** 0 89/51 60 36 01	●	●	✓	▲▲▲	■	ja	arterielle Aussackungen; Operationen innerhalb der Gefäße; Bein-Bypass mit körpereigenen Venen (insb. bei Diabetikern)
Prof. Dr. Wolf-Joachim Stelter Städtische Kliniken Frankfurt am Main, Chirurgische Klinik	**Frankfurt** 0 69/31 06 23 23	●●		✓	▲▲▲		ja	Operationen von Hauptschlagaderaussackungen (ohne Bauchschnitt); Halsschlagaderchirurgie; Gefäßprothesen
Prof. Dr. Ludger Sunder-Plassmann Universitätsklinikum, Chirurgische Klinik und Poliklinik	**Ulm** 07 31/5 02 73 00	●●●	●●●	✓	▲▲▲	■■	ja	Lungenteilentnahme bei Bronchialkrebs; Tumoroperation mit Gefäßersatz; Gewebe sparende Metastasenentfernung
Prof. Dr. Giovanni Torsello St. Franziskus Hospital, Gefäßchirurgische Klinik	**Münster** 02 51/9 35 39 33	●●	●	✓	▲▲▲	■	ja	Bauch-/Brustgefäßaussackungen; Kompressionssyndrome d. oberen Brustkorböffnung; endoskop. Nervenentnahme

● = häufig von Kollegen empfohlen ●● = sehr häufig von Kollegen empfohlen ●●● = überdurchschnittlich häufig von Kollegen empfohlen
✓ = häufig von Patienten empfohlen ✓✓ = sehr häufig von Patienten empfohlen
▲ = befriedigend ▲▲ = gut ▲▲▲ = sehr gut ■ = häufig publiziert ■■ = sehr häufig publiziert k. A. = keine Angaben

*in besonderen Fällen

Quelle: BARTHOLOMÄUS, U., ALBERS, R. [2001], S. 30 (Original in Farbe).

Die bislang letzte Liste erschien im Jahr 2000 unter dem Titel „Die große Ärzteliste 2000, 1200 Spezialisten aus 69 Fachgebieten".[520] Aufgrund der positiven Leserresonanz wurde sie im Jahr 2001 in überarbeiteter Form auch als Buch veröffentlicht.[521] Im Folgenden ist sie daraufhin untersucht, inwieweit sie zu einem Abbau der Qualitätsunkenntnisse von Patienten geeignet ist.

Die hier gewürdigte Ärzteliste, die den Lesern bei der Arztwahl als Entscheidungshilfe dienen soll, umfasst insgesamt 1.200 Ärzte aus 69 Fachgebieten. Basis der Empfehlungen sind sechs Qualitätskriterien (vgl. dazu die Spalten 3 bis 9 der Abbildung 29, die als Beispiel die Liste für das Fachgebiet Kinderorthopädie zeigt).

Die ***Reputation*** im Kollegenkreis ***als Arzt*** dokumentiert, „wer als praktizierender Arzt überregional anerkannt ist und von Fachkollegen wegen seines medizinischen Könnens häufig empfohlen"[522] wird. Die Reputation im Kollegenkreis ***als Medizinforscher*** gibt Auskunft darüber, wie sehr die Ärzte „in wissenschaftlichen Fachkreisen geschätzt werden und sich einen guten Ruf ***als Forscher*** erworben haben"[523]. Die ***Empfehlungen von Patienten*** geben einen Überblick darüber, mit welchen Ärzten die Patienten besonders gute Erfahrungen gemacht haben.

Zur Bewertung des *Qualitätsmanagement*s der Ärzte entwickelte Focus in Zusammenarbeit mit dem Kölner Institut für Gesundheitsökonomie einen „Qualitätsmanagement-Score"[524]. Dieser dient als Indikator für das Bemühen eines Arztes (oder einer Fachabteilung) zur Qualitätssicherung und -verbesserung. Berücksichtigt sind im Einzelnen der „Einsatz von Leitlinien, interaktive Fortbildungen, die Verwendung von Computerwarnprogrammen sowie die Anzahl bestimmter Eingriffe für das Jahr 1999"[525]. Die Bewertung des Kriteriums *Publikationen* erfolgte entsprechend der Anzahl der in den letzten zehn Jahren in die internationale Medizin-Datenbank PubMed aufgenommenen Veröffentlichungen der Ärzte. Das Kriterium *Spezialisierungen des Arztes* informiert über dessen „drei wichtigste Untersuchungs- und Behandlungsmethoden"[526].

---

520 Vgl. dazu FOCUS [2000].

521 Vgl. dazu BARTHOLOMÄUS, U., ALBERS, R. [2001].

522 Ebenda, S. 16.

523 Ebenda.

524 Vgl. ebenda.

525 Ebenda.

526 Ebenda.

Umfassende Informationen: Grundsätzlich ist davon auszugehen, dass sowohl die Reputation, die Ärzte bei ihren Kollegen genießen, als auch die Patientenurteile wesentlich von der Qualität der Behandlungsstrukturen, -prozesse und -ergebnisse der Ärzte beeinflusst sind. Weitere Aspekte der Struktur- und Prozessqualität sind in die Empfehlungen der Ärzte-Liste durch die oben genannten Kriterien des Qualitätsmanagement-Scores und durch die ausgewiesenen Spezialisierungen der Ärzte eingeflossen. Die konkreten, bei den Ärzten realisierten Ausprägungen Einzelaspekte von Struktur-, Prozess- und Ergebnisqualität[527] weist die Liste jedoch nicht aus. Dementsprechend können sich die Patienten nicht gezielt über die einzelnen für sie besonders relevanten Qualitätsmerkmale informieren. Schon aus diesem Grund erfüllen die Focus-Ärztelisten das für die Bewertung von Informationsangeboten aufgestellte Kriterium der umfassenden Information nur eingeschränkt.

Im Jahr 2001 waren in Deutschland rund 300.000 Personen als Arzt tätig, davon rund 210.000 als Facharzt.[528] Die in den Focus-Listen genannten 1.200 Spezialisten machen im Verhältnis zur Gesamtzahl der Fachärzte somit nur einen Anteil von rund 0,6 Prozent aus. Darüber hinaus behandeln von den 1.200 erfassten Spezialisten 120 grundsätzlich keine Kassenpatienten und weitere 144 diese nur „in besonderen Fällen"; 56 Ärzte machten keine Angaben darüber, ob sie Kassenpatienten behandeln oder nicht.[529] Auch aufgrund der geringen Zahl der in ihr aufgeführten Ärzte ist die Focus-Liste somit als unzureichend einzustufen.

Zuverlässigkeit: Über die Methoden, mit denen die der Liste zu Grunde liegenden Qualitätsinformationen gewonnen wurden, erhalten die Leser im Wesentlichen die folgenden Informationen: Die beiden Reputationswerte wurden anhand der Ergebnisse einer Befragung von 1.500 Chef- und Oberärzten sowie 15.000 niedergelassenen Ärzten ermittelt.[530] Außerdem wurden 538 Klinikchefs aufgefordert, fachlich besonders kompetente Vertreter ihres Bereichs zu benennen.[531] Die Patientenempfehlungen basieren auf einer Befragung von 850 Selbsthilfegruppen, in deren Rahmen die Patienten gebeten wurden, Ärzte zu benennen, mit denen sie besonders gute Erfahrungen gemacht haben. Der Qualitätsmanagement-Score wurde auf der Basis von Eigenangaben der Ärzte zur Qualitäts-

---

527 Vgl. dazu Teil I, Kapitel A 4.

528 Vgl. BUNDESÄRZTEKAMMER (Hrsg.) [2002a].

529 Eigene Berechnung.

530 Vgl. BARTHOLOMÄUS, U., ALBERS, R. [2001], S. 16.

531 Vgl. ebenda.

sicherung berechnet. Auch die in der Liste ausgewiesenen Spezialisierungen beruhen ausschließlich auf Eigenangaben der Ärzte.[532]

Insgesamt sind die Informationsgewinnungsmethoden somit nur im Ansatz transparent gemacht. Insbesondere eine detailliertere Darstellung des Verfahrens, anhand dessen die von der Zeitschrift befragten Ärzte und Klinikchefs ausgewählt wurden, und eine differenziertere Beschreibung des entwickelten „Qualitätsmanagement-Scores" hätte zu einer höheren Zuverlässigkeit der Informationen beitragen können. Dass sowohl die Daten, auf deren Basis die Qualitätsmanagement-Scores errechnet wurden, als auch die in der Liste angeführten Spezialisierungen ausschließlich auf Eigenangaben der bewerteten Ärzte beruhen, wirkt sich ebenfalls negativ auf die Zuverlässigkeit des Informationsangebots aus.

Darüber hinaus bleibt unklar, inwieweit die positive Reputation der in der Liste aufgeführten Ärzte bei ihren Kollegen tatsächlich auf überdurchschnittlich guten Behandlungsstrukturen, -prozessen und -ergebnissen beruht. Dass Zweifel an der Eignung der *Reputation im Kollegenkreis* als Qualitätsindikator berechtigt sind, spiegelt sich in der Tatsache wider, dass die erste Ärzteliste des Focus aus dem Jahr 1993 „unter den besten Strahlentherapeuten Deutschlands genau denjenigen Arzt [enthielt], der kurze Zeit später als Verursacher des ersten Strahlenskandals im Hamburger Universitätskrankenhaus bekannt wurde. In der kurz darauf erfolgenden Neuauflage fehlte er."[533] Die Verwendung von vergleichsweise „harten" Leistungs-, Abrechnungs- oder Ergebnisdaten zur Überprüfung der Plausibilität der von den Befragten ausgesprochenen Empfehlungen, könnte zweifellos zu einer Erhöhung der Glaubwürdigkeit und Zuverlässigkeit der Qualitätsinformationen beitragen.

Die Unabhängigkeit der Zeitschrift sowohl von den Leistungserbringern als auch von den gesetzlichen Krankenkassen ist für die Zuverlässigkeit der Informationen positiv hervorzuheben. Im Fall einer weiteren Liberalisierung der Vorschriften zur Werbung von Ärzten (und Kliniken) ist allerdings zu prüfen, inwieweit die wirtschaftliche Unabhängigkeit der Zeitschrift von Leistungserbringern und Krankenkassen - als potenzielle Anzeigenkunden - noch ausreichend gewährleistet ist.

Aktualität und Flexibilität: Bevor der Focus die hier untersuchte Ärzte-Liste im Jahr 2000 publizierte, hatte er bereits in den Jahren 1993 und 1997 ähnliche Listen veröffentlicht. Die großen Zeitabstände, in der die Listen bisher erschie-

---

532 Vgl. ebenda.

533 KRANICH, C. [1999], S. 312.

nen, wirken sich auf deren Aktualität und Flexibilität negativ aus. Darüber hinaus ist für die Aktualität und Flexibilität zu berücksichtigen, dass der Ärzte-Liste 2000 nach Angaben des Focus eine fünfmonatige Recherche vorausging.[534]

Verfügbarkeit: Die Ärztelisten erschienen zunächst nur innerhalb der Zeitschrift als wöchentliche Serie. Interessierten Patienten standen sie zu diesem Zeitpunkt somit jeweils nur für eine Woche zum Kauf bereit. Die rund ein halbes Jahr später vorgenommene Veröffentlichung der Liste als Buch führte jedoch zu einer deutlich verbesserten Verfügbarkeit der Listen.

Patientengerechte Aufbereitung der Informationen: Positiv ist zu bewerten, dass interessierte Patienten über keine medizinischen Kenntnisse verfügen müssen, um die in der Liste enthaltenen Qualitätsinformationen zu verstehen. Darüber hinaus wirkt sich die - etwa im Vergleich zum Krankenhaus-Ratgeber der DAK oder dem Krankenhausguide der Roland Assistance GmbH[535] - hohe Übersichtlichkeit der einzelnen Listen positiv auf die Aufnehmbarkeit der Informationen aus. Die gute Überschaubarkeit wurde in erster Linie dadurch erreicht, dass die Bewertungen der einzelnen Kriterien nicht anhand von Zahlenwerten, sondern mit Hilfe unterschiedlicher Symbole ausgewiesen sind, deren Skala zudem nur von 0 bis maximal drei Punkten, Häkchen, Drei- bzw. Vierecken reicht. Auch die vorgenommene Beschränkung auf die Ausweisung von nur sechs Qualitätskriterien führt zu einer guten Aufnehmbarkeit der Informationen. Insgesamt ist die vom Focus gewählte Aufbereitungsform somit als patientengerecht zu bewerten.

Berücksichtigung der Unterschiede in den Patientenpräferenzen: Die Auflistung der vom Focus empfohlenen Ärzte erfolgt in alphabetischer Reihenfolge. Der damit einhergehende Verzicht auf ein Ranking der in den Listen genannten Ärzte ermöglicht den Patienten, sich unbeeinflusst einen Arzt nach Maßgabe der eigenen Präferenzen - wenn auch eingeschränkt durch die geringe Zahl der ausgewiesenen Ärzte und Qualitätskriterien - auszuwählen. Für die geforderte Berücksichtigung der Unterschiede in den Patientenpräferenzen ist dies positiv zu bewerten.

Insgesamt bleibt festzuhalten, dass die Focus-Ärztelisten allenfalls einen geringen Beitrag zum Abbau der Qualitätsunkenntnisse von Patienten leisten können. Dies ist zum einen auf die zu niedrige Zahl der in den Listen aufgeführten Ärzte und berücksichtigten Qualitätsaspekte, auf die mangelnde Aktualität der Informationen und deren fehlende Flexibilität, auf Datenänderungen reagieren zu

---

[534] Vgl. BARTHOLOMÄUS, U., ALBERS, R. [2001], S. 10.

[535] Vgl. dazu die Abschnitte 2.4.1.2 und 2.5.6.

können, zurückzuführen. Der Hauptmangel der Listen ist allerdings, dass ihnen keine vergleichsweise „harten“ Leistungs- und Abrechnungsdaten, sondern mit Ausnahme des Kriteriums „Publikationen“ ausschließlich subjektiv geprägte Empfehlungen von Ärzten und Patienten sowie Eigenangaben der bewerteten Ärzte zu Grunde liegen.

2.5.5 Focus-Klinikführer

Der erste Klinkführer des Focus erschien im Jahr 1994.[536] Den nach eigenen Angaben bis dato „umfangreichsten Vergleich von Kliniken in Deutschland“[537] veröffentlichte der Focus im Jahr 1998 in Form einer 5-teiligen Serie, die ein Jahr später unter dem Titel „350 deutsche Kliniken im Test“[538] auch als Buch erschien. Da die Konzeption der Klinikführer deutliche Unterschiede zu den im vorigen Abschnitt untersuchten Ärzte-Listen aufweist, sind auch sie am Beispiel der Buchversion des Klinikführers im Folgenden darauf geprüft, ob sie die Qualitätsunkenntnisse der Patienten abbauen können.

Umfassende Informationen: Im Jahr 2000 gab es in Deutschland 2.242 Krankenhäuser.[539] Der Focus-Klinikführer enthält Informationen zu rund 350 von ihnen. Dies entspricht einem Anteil von rund 16 Prozent an der Gesamtzahl der deutschen Krankenhäuser. Die geringe Zahl der berücksichtigten Kliniken ist ein erster Aspekt, der den Klinikführer unzureichend macht.

Abbildung 30 zeigt als Beispiel für den Aufbau des Klinikführers die Tabelle für die Region Rheinland-Pfalz/Saarland. Wie zu sehen ist, konzentriert sich der Klinikführer auf die Fachabteilungen Chirurgie, Innere Medizin, Gynäkologie, Kinderheilkunde, Orthopädie und Urologie. Wie die geringe Zahl der berücksichtigten Kliniken wirkt sich auch das Fehlen weiterer Fachabteilungen (z. B. Radiologie, HNO, Geriatrie, Augenheilkunde, Intensivmedizin) negativ auf die Bewertung des Kriteriums „Umfassende Informationen“ aus.

---

536 Vgl. FOCUS [1994].

537 KLINKHAMMER, G. [1998], S. A-3192.

538 Vgl. zur Serie im Magazin FOCUS [1998] und zum Klinikführer in Buchformat SCHMOLLINGER, U., LANGE, K. M. [1999].

539 DEUTSCHE KRANKENHAUSGESELLSCHAFT (Hrsg.) [2002].

Abbildung 30: Focus-Klinikliste, Rheinland-Pfalz / Saarland

84 RHEINLAND-PFALZ/SAARLAND

	CHIRURGIE				INNERE MEDIZIN				FRAUENHEILKUNDE				
	Behandlungen	Ärzte	Pflegepersonal	Patientenurteil	Behandlungen	Ärzte	Pflegepersonal	Patientenurteil	Behandlungen	Ärzte	Pflegepersonal	Patientenurteil	Perinatalzentrum
Bad Ems Hufeland-Klinik					1 285	5	27	○					
					L (Asthma, allergische Erkrankungen)								
Bad Kreuznach Diakonie-Krankenhaus	3 893	13	37	○	2 897	11	38	◍	2 863	8	27	○	✓
	AB (Schilddrüse), Kc, MKG, Pl (Brust-, Gesichts-, Narbenkorrektur), U, min.-inv. OP				K (Schrittmacher, Herzkatheteruntersuch.), Ma (Magenspiegelung, Leber, Gallenwege)				B, G, Tumoren (Gebärmutter), minimal-invasive Eingriffe				
Bad Kreuznach Rheumakrankenhaus					127	8	25	◍					
					R, Osteoporose, Schuppenflechtenarthritis								
Kaiserslautern Westpfalz-Klinikum Standort Kaiserslautern Standort Kusel	9 824	55	191	◍	14 904	59	232	◍	4 117	15	52	○	✓
	AB (Dickdarm), Gf, H (Bypass, Klappen), Nc (Kinder, Tumoren, Wirbelsäule), Th, Tr, U (Gelenkersatz), Wh				D, Ge, K (interventionell, Schrittmacher), Kr (Knochenmarktransplantation), Ma, Ni, Aids, minimal-invasive Eingriffe				B (brusterhaltende OP), G, Tumoren, plastische OP, Senkungs-OP, minimal-invasive Eingriffe				
Koblenz Krankenhaus Marienhof	1 588	k.A.	k.A.	◍	4 278	k.A.	k.A.	◍	2 380	k.A.	k.A.	○	
	AB (Tumoren)				K (interventionell, Schrittmacher, Herzultraschall)				G, Tumoren				
Koblenz Städtisches Klinikum Kemperhof	4 150	19	70	◍	7 350	27	121	●	2 700	10	37	○	✓
	AB (Enddarm, Gallenblase), Gf (Halsschlagadern), Ha, Pl, U, min.-inv. Operationen				D, K (Schrittmacher), Kr, L (Bronchien), Ma (Magen-Darm-Spiegelung), Ni				B, G, Tumoren, Beckenspiegelung, minimal-invasive Eingriffe				
Ludwigshafen Berufsgenossenschaftliche Unfallklinik	8 021	43	179	●									
	Ha, Nc, Pl (Brand), U, Wh, Tumoren, Prothesenwechsel, Replantation, Infekte												
Ludwigshafen Klinikum der Stadt	5 197	23	67	●	14 311	58	153	●	2 580	9	26	●	
	AB (Schilddrüse, Gallenblase, Leistenbruch, Blinddarm), Gf, H, MKG, Th, U				D (Diabetes), K (interventionell), Kr (Knochenmarktransplantation), L, Ma, Ni (Dialyse), R, Tumoren				G (Risikoschwangerschaft), Tumoren				

Mainz Klinikum der Johannes Gutenberg-Universität	9 970	98	188	●	11 866	132	289	◍	3 582	29	75	●	✓
	AB (Speiseröhre, Leber, Bauchspeicheldrüse), Gf, H (Herzfehler), Ha, Kc (Neugeborene), MKG, Nc, Pl, Th, Tr, U (Becken, Wirbelsäule, infizierte Brüche), Wh, endokrine Chirurgie, Tumorchirurgie, minimal-invasive Operationen				D (Diabetes), K (interventionell, Schrittmacher), Kr (Knochenmarktransplantation), L (Asthma), Ma, Ni, R, Immun- und Gentherapie, Vergiftungen, Knochenstoffwechsel, minimal-invasive Eingriffe				B, G (Hochrisiko), Tumoren (Gebärmutter, Eierstöcke), plastisch-wiederherstellende OP-Techniken, Psychosomatik, minimal-invasive Eingriffe				
Mainz St.-Hildegardis-Krankenhaus	3 153	14	32	●	5 722	28	64	●	3 987	11	24	O	
	AB (Magen, Bauchspeicheldrüse), Th (Lunge), U (Gelenkers.), minimal-invasive Operationen				D (Diabetes), K (Schrittmacher), Kr, L, Ma, minimal-invasive Eingriffe				B, G, Tumoren				
Mainz St. Vincenz und Elisabeth Hospital	5 381	22	62	O	4 311	19	66	O	6 326	13	40	●	
	AB (Schilddrüse, Galle, Leistenbruch, Dickdarm), U (Gelenkersatz), WH; min.-inv. OP				D (Diabetes), K, Kr, Ma (Magen-Darm-Spiegelungen),R, minimal-invasive Eingriffe				B, G, Tumoren, plast. OP, Inkontinenz, minimal-invasive Eingriffe				
Trier Krankenhaus der Barmherzigen Brüder	7 759	40	75	◍	10 528	41	77	O					
	AB (Tumorchir., min.-inv. Chir.), Gf, H, Ha, (Mikro); Nc (Tumor, Wirbelsäule), Th, U, Wh				D (Diabetes), K, (Interventionell, Schrittmacher), Kr, L, Ma (Inv. Endoskopie, Laser)								
SAARLAND													
Homburg a. d. Saar Universitätskliniken des Saarlandes	7 364	66	299	◍	13 436	100	309	●	4 298	15	75	O	✓
	AB (kontinenzerhaltende Mastdarm-OP), Gf, H (angeborene komplexe Herzfehler), Ha, Kc, MKG, Nc, Th (Lungenkrebs), Tr, U, Wh, Tumorchirurgie, minimal-invasive Eingriffe				D, Ge, K (interventionell), Kr (Knochenmarktransplantation), L, Ma (Gallensteinzertrümmerung), Ni (verschiedene Dialyseverfahren), Infektionen, minimal-invasive Eingriffe				B (brusterhaltend), F (breites Spektrum), G (vorgeburtliche Untersuchung und Behandlung), Tumoren, plastische OP, minimal-invasive Eingriffe				
Saarbrücken Caritasklinik St. Theresia	3 100	15	41	O	5 800	24	61	O	3 550	15	37	O	✓
	AB (Tumoren), Nc, U, Wh (Sportverletzungen, Gelenkchirurgie, Endoprothetik), PL				D, K (Schrittmacher), Kr, L, Ma, min.-inv. Eingriffe, chron. entz. Darmkrankheiten				B (brusterhalt.), F, G (Risiko), Tumoren, Inkontinenz, min.-inv. OP				
Saarbrücken Saarbrücker Winterbergkliniken	4 559	22	60	O	6 342	35	114	◍	2 795	9	26	O	✓
	AB (Tumoren), Gf, Ha (Mikrochir.), Kc, MKG, Pl, U, Replantat., min.-inv. Operationen				D, K (interventionell), L, Ma (Leber), Psychosomatik, minimal-invasive Eingriffe				B, G, Tumoren, plastische OP, minimal-invasive Eingriffe				

1) Unfall-, Hand-, Plastische und Verbrennungs-Chirurgie. Künftig Universitätsstatus. Kooperation mit Uni Heidelberg

● sehr gute Erfahrungen ◍ gute und zufrieden stellende Erfahrungen O nicht beurteilt

Quelle: SCHMOLLINGER, U., LANGE, K. M. [1999], S. 84 (Original in Farbe).

Die Angaben informieren über die Anzahl der in den Fachabteilungen durchgeführten Behandlungen, der beschäftigen Ärzte und Pflegekräfte sowie über die Gesamtzahl der durchgeführten Behandlungen, aufgestellten Betten und beschäftigten Ärzte und Pflegekräfte sowie über die Behandlungsschwerpunkte der Abteilungen. Insofern erfährt der Nutzer des Klinikführers etwas über die Behandlungsstrukturen. Allerdings enthält der Klinikführer letztlich keine konkreten Informationen über die Qualität der Behandlungsprozesse und -ergebnisse, wenngleich in die ausgewiesenen Patientenurteile auch Aspekte wie die subjektive Beurteilung des Behandlungserfolgs, die Zusammenarbeit der Krankenhäuser mit niedergelassenen Ärzten, der Service und das Engagement der Kliniken für optimale Patientenzufriedenheit eingeflossen sind.[540] Der Klinikführer bleibt insoweit für die Qualitätsbeurteilung unvollständig.

Zuverlässigkeit: Mit Ausnahme der Patientenurteile, denen eine Befragung von rund 800 Selbsthilfegruppen zu Grunde liegt[541], basieren sämtliche Informationen des Klinikführers auf Eigenangaben der erfassten Krankenhäuser. Für die Zuverlässigkeit der Informationen ist dies negativ zu bewerten. Die Auswahl der 350 berücksichtigten Kliniken erfolgte auf der Basis von Empfehlungen von rund 2.000 Fachärzten und rund 800 Selbsthilfegruppen,[542] die der Focus per Fragebogen um eine entsprechende Stellungnahme gebeten hatte. Anhand welcher Kriterien die befragten Fachärzte und Selbsthilfegruppen ausgewählt wurden, ist nicht bekannt gegeben. Auch die mangelhafte Offenlegung der Informationsgewinnungsmethoden schmälert die Zuverlässigkeit des Klinikführers. Allerdings ist die Unabhängigkeit des Focus von den untersuchten Krankenhäusern und den gesetzlichen Krankenkassen positiv zu bewerten.

Aktualität und Flexibilität, Verfügbarkeit: Wie bereits oben erwähnt, erschien der hier gewürdigte Klinikführer im Jahr 1998 als Zeitschriften-Serie und im Jahr 1999 als Buch. Eine Aktualisierung der in den Listen enthaltenen Daten fand seitdem nicht statt. Die Aktualität und Flexibilität des Klinikführers, auf Datenänderungen reagieren zu können, ist somit als niedrig einzustufen. Da interessierte Patienten die Buchversion des Klinikführers grundsätzlich stets im Handel erwerben können, erfüllt er jedoch die Forderung der Verfügbarkeit.

Patientengerechte Aufbereitung: Medizinische Kenntnisse sind allenfalls zum Verständnis der in der Tabelle ausgewiesenen Schwerpunkte der Fachabteilungen notwendig. Dies wirkt sich in der Tendenz positiv auf die Aufnehm-

---

540 Vgl. SCHMOLLINGER, U., LANGE, K. M. [1999], S. 35.

541 Vgl. ebenda.

542 Vgl. ebenda.

barkeit der Informationen aus. Dass der Klinikführer das Kriterium der patientengerechten Aufbereitung dennoch nicht erfüllt, hat mehrere Gründe. Zum einen beschränkt er sich weitgehend auf die Angabe absoluter Zahlenwerte, obwohl diese für die Qualität der Behandlungsstrukturen weit weniger aussagekräftig sind als relative Angaben, wie z. B. die Anzahl der Pflegekräfte oder Ärzte pro Patient.[543] Wenig aussagekräftig sind darüber hinaus auch die Informationen zu den Behandlungsschwerpunkten der Fachabteilungen. So ist insbesondere nicht erkennbar, ob sich die von den Kliniken angegebenen Spezialisierungen auch in deren Leistungsdaten - etwa in Form von im Vergleich zu anderen Kliniken besonders hohen Fallzahlen für die betreffenden Behandlungsmethoden - niederschlagen. Negativ auf die Aufnehmbarkeit der Informationen wirkt sich außerdem aus, dass lediglich die Urteile der Patienten über die Qualität der Fachabteilungen und der Service-Angebote der Kliniken mit der Hilfe von Symbolen abgebildet sind.

Berücksichtigung der Unterschiede in den Patientenpräferenzen: Die 350 Kliniken sind nach Postleitzahlregionen in Gruppen eingeteilt und innerhalb dieser Regionen in alphabetischer Reihenfolge ausgewiesen. Ein Ranking der Kliniken findet nicht statt. Für das Kriterium Berücksichtigung der Unterschiede in den Patientenpräferenzen ist dies positiv zu beurteilen, da auf diese Weise jedem Patienten die Möglichkeit eingeräumt wird, sich nach Maßgabe seiner Präferenzen ein eigenes Klinik-Ranking zu erstellen.

Mit Ausnahme der ständigen Verfügbarkeit und der Berücksichtigung der Unterschiede in den Patientenpräferenzen erfüllt der Focus-Klinikführer - aufgrund der wenig umfassenden Informationen, der eingeschränkten Zuverlässigkeit, der fehlenden Aktualität und der nicht patientengerechten Aufbereitung - somit nicht hinreichend die gestellten Anforderungen. Einen signifikanten Beitrag zum Abbau der Qualitätsunkenntnisse der Patienten leistet er daher nicht.

2.5.6 Der Krankenhaus-Guide Köln und Umgebung

Der „Krankenhaus-Guide Köln und Umgebung“ wurde im Jahr 2000 veröffentlicht. Die Konzeption des Krankenhaus-Guides sowie die dazu notwendige Datenerhebung und -auswertung übernahm – im Auftrag der privaten Krankenversicherer Central, DKV, Globale, Inter Versicherungen und Roland Assistance

---

[543] Vgl. dazu Teil I, Kapitel A 4.2.

sowie der Versicherungskammer Bayern – die Gesellschaft für Betriebswirtschaftliche Beratung mbH (Gebera).[544]

Ziel des Krankenhaus-Guides ist es, interessierten Patienten einen umfassenden Überblick über die medizinischen Leistungsspektren und die Service-Angebote der Krankenhäuser im Großraum Köln zu ermöglichen.[545] Der Krankenhausführer ist im Wesentlichen in die zwei Abschnitte „Medizinische Fachgebiete“ (130 Seiten) und „Krankenhäuser“ (136 Seiten) untergliedert. Eine herausklappbare Tabelle im Einband des Führers gibt vorab einen ersten Überblick über alle erfassten 44 Krankenhäuser und die von ihnen abgedeckten insgesamt 65 medizinischen Fachgebiete. Tabelle 14 zeigt einen Ausschnitt der Übersichtstabelle.

Der erste Teil des Klinikführers ist nach medizinischen Fachgebieten untergliedert. Für alle der 65 Gebiete sind die Leistungs- und Serviceangebote der Kliniken vergleichend gegenübergestellt.[546] Tabelle 15 zeigt als Beispiel einen Ausschnitt der Tabelle zum Fachgebiet „Lungen- und Bronchialheilkunde“.

Im zweiten Teil des Krankenhausführers sind nacheinander alle 44 Kliniken „mit ihren wichtigsten Angaben und Preisbeispielen für Sonderleistungen“[547] vorgestellt. Abbildung 31 zeigt ein Beispiel.

Umfassende Informationen: Das medizinische Leistungsprofil der Kliniken bildet der Krankenhaus-Guide ab, indem er darüber informiert, welche der Kliniken die aufgelisteten Fachgebiete als eigenständige Hauptabteilung, als Spezialisierung innerhalb einer Hauptabteilung, als Belegabteilung oder im Rahmen des allgemeinen Leistungsspektrums anbieten und welche speziellen Diagnostik- und Therapieverfahren von den Kliniken erbracht werden. Darüber hinaus enthält er zahlreiche Angaben über die Service-Angebote der Kliniken. Im Einzelnen erfahren die Leser zum Beispiel, ob die Kliniken Einzelzimmer, die Unterbringung von Angehörigen, Zimmer mit Klimaanlage sowie persönlichem Safe, Kühlschrank, Fernsehgerät, Stereoanlage oder Fax- und Internetanschluss anbieten.[548]

---

544 Vgl. GEBERA [2002a].

545 Vgl. ebenda.

546 Vgl. ROLAND ASSSISTANCE GMBH (Hrsg.) [2000], S. 5.

547 Ebenda.

548 Vgl. GEBERA [2002a].

Der Krankenhaus-Guide bleibt somit weitgehend auf Informationen zur Strukturqualität der Kliniken beschränkt. Informationen, die Rückschlüsse auf die Qualität der Behandlungsprozesse und -ergebnisse erlauben, umfasst der Klinikführer - bis auf wenige Ausnahmen wie die Information über die Zusammenarbeit der Fachabteilungen mit Selbsthilfegruppen - nicht. Das Informationsangebot des Klinik-Guides ist deshalb als unzureichend einzustufen. Den von den Verfassern des Führers selbst formulierten Anspruch, „alljene Informationen zu sammeln, die für einen Patienten bei der Wahl eines Krankenhauses bzw. im Vorfeld eines Krankenhausaufenthaltes von Interesse sind"[549], erfüllt er daher nicht.

Neben dem hier untersuchten, im Jahr 2000 veröffentlichten Krankenhaus-Guide für „Köln und Umgebung" ist seit September 2001 im Buchhandel auch ein entsprechender Führer für die Region München erhältlich. Aufgrund der nach Angaben der Gebera positiven Resonanz seitens der Krankenhäuser sowie der Regional- und Fachpresse auf die beiden Führer steht die Veröffentlichung von Führern für die Regionen „Ruhrgebiet Mitte" und „Düsseldorf" demnächst bevor. Längerfristig ist sogar die flächendeckende Etablierung des Krankenhaus-Guides in allen deutschen Ballungszentren geplant. Wenngleich auch diese Krankenhaus-Guides nur über einige Aspekte der Behandlungsstruktur in den erfassten Kliniken berichten werden, ist die geplante bundesweite Ausdehnung der Klinikführer für die Breite des Angebots positiv zu bewerten.

Zuverlässigkeit der Informationen: Alle in den Krankenhaus-Guide aufgenommenen Informationen basieren auf Eigenangaben der Kliniken. Die Verfasser des Guides weisen deshalb darauf hin, dass eine „Gewähr für die Vollständigkeit und Richtigkeit der Angaben ... nicht übernommen werden"[550] kann. Die so erzielte Offenlegung der Informationsgewinnungsmethoden ist grundsätzlich positiv zu bewerten. Die vom Krankenhaus-Guide gewählte Form der Datenerhebung schmälert die Zuverlässigkeit des Informationsangebots jedoch gravierend.

Negativ auf die Zuverlässigkeit der Informationen wirkt sich außerdem aus, dass private Krankenversicherungen Anbieter der Qualitätsinformationen sind und diese als Kostenträger der Krankenhausaufenthalte ein Interesse daran haben, dass ihre Versicherten nicht nur qualitativ hochwertig, sondern möglichst auch zu geringen Kosten behandelt werden.

---

[549] ROLAND ASSSISTANCE GMBH (Hrsg.) [2000], S. 4.

[550] ROLAND ASSSISTANCE GMBH (Hrsg.) [2000], S. 5.

Tabelle 14: Krankenhausführer, Gesamtübersicht (Ausschnitt)

274

ÜBERSICHT

- Hauptabteilung
- Schwerpunkt
- Belegabteilung
- Allgemeines Spektrum

Krankenhäuser	Ort	Seite	1 Allergologie	2 Alterspsychiatrie	3 Augenheilkunde	4 Bauchchirurgie	5 Bluterkrankungen	6 Chirotherapie	7 Chirurgie	8 Diabetologie
				9	10	14	16	18	19	30
– im Kölner Stadtgebiet										
Alexianer Krankenhaus	Köln-Porz	139								
Dreifaltigkeits-Krankenhaus	Köln-Braunsfeld	142								
Eduardus-Krankenhaus	Köln-Deutz	144								
Evangelisches Krankenhaus gGmbH	Köln-Kalk	147								
Evangelisches Krankenhaus	Köln-Weyertal	150								
Heilig Geist-Krankenhaus	Köln-Weidenpesch	153								
Kliniken der Stadt Köln Kinderkrankenhaus	Köln-Riehl	156								
Kliniken der Stadt Köln Städt. Krankenhaus	Köln-Holweide	159								
Kliniken der Stadt Köln Städt. Krankenhaus	Köln-Merheim	163								
Krankenhaus der Augustinerinnen	Köln-Innenstadt	167								
Krankenhaus Porz am Rhein	Köln-Porz	171								
Malteser Krankenhaus St. Hildegardis	Köln-Lindenthal	175								
Medizinische Einrichtungen der Universität zu Köln	Köln-Lindenthal	178								
Privatklinik für Plastische und Ästhetische Chirurgie	Köln-Innenstadt	188								
St. Agatha-Krankenhaus	Köln-Niehl	190								
St. Antonius-Krankenhaus	Köln-Bayenthal	193								
St. Elisabeth-Krankenhaus	Köln-Lindenthal	195								
St. Franziskus-Hospital	Köln-Ehrenfeld	199								
St. Marien-Hospital	Köln-Innenstadt	202								
St. Vinzenz-Hospital	Köln-Nippes	204								
Tagesklinik Alteburger Straße gGmbH	Köln-Innenstadt	207								
Tagesklinik Pionierstraße	Köln-Riehl	209								
– außerhalb Kölns – linksrheinisch										
Krankenhaus St. Hubertus-Stift	Bedburg	210								
Maria-Hilf Krankenhaus	Bergheim	212								
Marienhospital	Brühl	215								
Marien-Hospital	Erftstadt	218								
St. Katharinen-Hospital	Frechen	220								
Sana-Krankenhaus GmbH	Hürth	224								
Dreifaltigkeits-Krankenhaus	Wesseling	226								
– außerhalb Kölns – rechtsrheinisch										
Evangelisches Krankenhaus gGmbH	Bergisch Gladbach	228								
Marien-Krankenhaus	Bergisch Gladbach	231								
Vinzenz Pallotti Hospital	Bergisch Gladbach	234								
St. Josef-Krankenhaus	Engelskirchen	238								
Kreiskrankenhaus Gummersbach	Gummersbach	242								
Klinikum Leverkusen gGmbH	Leverkusen	247								
Remigius-Krankenhaus	Leverkusen-Opladen	251								
St. Josef-Krankenhaus	Leverkusen-Wiesdorf	253								
Herz-Jesu-Krankenhaus	Lindlar	255								
Kreiskrankenhaus Gummersbach – Klinik Marienheide –	Marienheide	258								
Johanniter-Krankenhaus	Radevormwald	260								
Kreiskrankenhaus Waldbröl GmbH	Waldbröl	262								
Krankenhaus Wermelskirchen GmbH	Wermelskirchen	266								
Kliniken der Stadt Köln – Waldkrankenhaus Rosbach / Sieg –	Windeck	269								
St. Josef-Krankenhaus	Wipperfürth	271								

Quelle: ROLAND ASSISTANCE GMBH (Hrsg.) [2000], S. 274 f. (Original in Farbe)

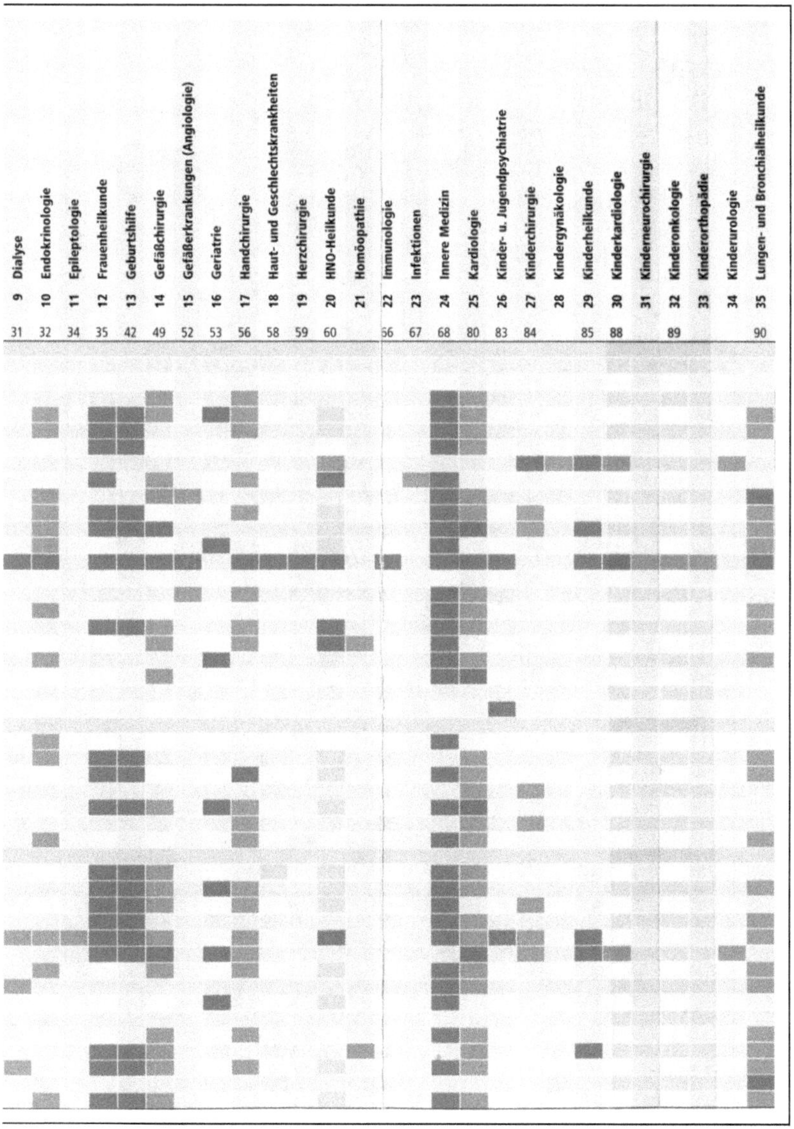
31 9 Dialyse
32 10 Endokrinologie
34 11 Epileptologie
35 12 Frauenheilkunde
42 13 Geburtshilfe
49 14 Gefäßchirurgie
52 15 Gefäßerkrankungen (Angiologie)
53 16 Geriatrie
56 17 Handchirurgie
58 18 Haut- und Geschlechtskrankheiten
59 19 Herzchirurgie
60 20 HNO-Heilkunde
21 Homöopathie
66 22 Immunologie
67 23 Infektionen
68 24 Innere Medizin
80 25 Kardiologie
83 26 Kinder- u. Jugendpsychiatrie
84 27 Kinderchirurgie
28 Kindergynäkologie
85 29 Kinderheilkunde
88 30 Kinderkardiologie
31 Kinderneurochirurgie
89 32 Kinderonkologie
33 Kinderorthopädie
34 Kinderurologie
90 35 Lungen- und Bronchialheilkunde

Tabelle 15: Krankenhausführer, Lungen- und Bronchialheilkunde

90

LUNGEN- UND BRONCHIALHEILKUNDE 35

Krankenhaus	Kliniken der Stadt Köln Städt. Krankenhaus Köln-Merheim	Krankenhaus der Augustinerinnen Köln	Malteser Krankenhaus St. Hildegardis Köln
Beschreibung Seite	163	167	175
Art der Abteilung	Hauptabteilung	Schwerpunkt	Schwerpunkt
Bettenzahl	179		
Ambulante Operationen	○	●	○
Sprechstunden (S.) / Ambulanzen (A.)			
	Ambulanz der Lungenklinik (KE)	Pneumologische Ambulanz (KE)	Pneumologische / allergologische Sprechstunde (KE)
			Masken Sprechstunde für Schlaf-Apnoe-Patienten (K)
Spezialgebiete			
	Thoraxchirurgie mit Intensivmedizin	Schlafmedizin	Schlafmedizinisches Zentrum
	Lungen / Bronchialerkrankungen inkl. TBC	Heimbeatmung	Pneumologische Onkologie
		Krebsfrüherkennung	Allergologie
Spezielle Diagnostik und Therapieverfahren			
	Bronchoskopie inkl. Laserchirurgie	Allergiediagnostik	Polysomnographie (Schlaflabor)
	Schlaflabor	Spiegelung von Lunge und Atemwegen	Große Lungenfunktionsdiagnostik
	Sauerstofflangzeitbeatmung	Asthmaschulung	Bronchiale Provokationstestungen (Allergologie)
	Lungenfunktion	Inhalationstherapie	
Ausstattung, Service			
Einzelzimmer möglich	◐	◐	◐
Angehörigenunterbring.	◐	◐	◐
Nichtraucher-/Raucherraum	●/○	●/●	◐/◐
TV-Raum für Patienten	◐	○	○
Spielmögl. für Kinder	○	○	○
Getränke nach Wahl*	○	●	●
Ausstattung der Patientenzimmer			
Dusche/WC	●/●	◐/◐	●/●
Behindertengerecht	◐	◐	●
Klimaanlage	○	○	○
Rollos, Gardinen	◐	●	●
Persönlicher Safe	◐	◐	○
Betten elek. verstellbar	◐	◐	◐
Kühlschrank	○	◐	○
Fernseher/Stereoanlage	◐/○	●/○	◐/○
Fax-/Internetanschluß	○/○	○/○	○/○
Besondere Leistungen für Privatpatienten			
Abendsprechstd. (Chefarzt)	○	○	●
Sonderzeiten Sprechstd.	●	●	●
Fernsehen kostenlos	○	●	●
Ortsgespräche kostenlos	○	○	○
Kühlschrank m. kostenl. Getr.	○	○	○
Tageszeitung kostenlos	●	●	○
Persönliche Stereoanlage	○	○	○
Sonstiges		Nachmittags Kaffee und Kuchen Kühlschrank	

(K) = auch für Kassenpatienten (KE) = eingeschränkt auch für Kassenpatienten *außerhalb der Mahlzeiten

Quelle: ROLAND ASSISTANCE GMBH (Hrsg.) [2000], S. 90 f. (Original in Farbe)

91

35 LUNGEN- UND BRONCHIALHEILKUNDE

Medizinische Einrichtungen der Universität zu Köln	Medizinische Einrichtungen der Universität zu Köln	Kreiskrankenhaus Waldbröl GmbH Waldbröl	Kliniken der Stadt Köln Waldkrankenhaus Rosbach / Sieg
178	178	262	269
Hauptabteilung 81	Schwerpunkt	Schwerpunkt	Hauptabteilung 70
○	○	○	○
Kardiologie Pneumologie Angiologie	Herzkatheter (KE) Ambulanz Kardiologie (KE) Ambulante Pneumologie (KE) Ambulante Angiologie'(KE) Sprechstunde Prof Erdmann	Onkologische und Hämatologische Ambulanz (K) Pneumologische Ambulanz (K)	Pneumologie (K)
Kardiologie Angiologie Lungen- und Bronchialheilkunde	Trachealstent-implantationen Bronchoskopie Lungentumoren	Hämatologie und internistische Onkologie Lungen / Bronchialerkrankungen	
Lungenfunktionstests Echokardiographie Herzkatheterdiagnostik Koronardilatation Schrittmacherkontrolle	Lungen- und Bronchialheilkunde mit allen Verfahren	Allergologie Bronchologie Chemotherapie Schlafmedizin	
◐	◐	●	◐
◐	◐	◐	◐
●/○	●/○	◐/○	●/●
◐	○	○	●
○	○	○	○
●	◐	◐	○
●/●	●/●	◐/◐	○/○
●	◐	○	○
●	●	○	○
●	●	◐	◐
○	○	○	●
◐	●	◐	●
○	○	○	○
◐/○	◐/○	●/○	○/○
○/○	○/○	○/○ **	○/○
●	●	●	○
●	●	○	○
○	○	○	●
○	○	○	○
○	○	○	○
○	○	○	○
○	○	○	○

● = vorhanden ◐ = je nach Station ○ = nein ** weitere Angebote sind vorhanden

Abbildung 31: Krankenhausführer, Krankenhausdarstellung

193

ST. ANTONIUS-KRANKENHAUS

St. Antonius-Krankenhaus Köln

Schillerstr. 23
50968 Köln

Telefon: 02 21-3 79 30
Telefax: 02 21-37 93 10 19
(Verwaltungsdirektion)

Personalia

Verwaltungsdirektor
Karl-Josef Diederich

Ärztlicher Direktor
Dr. med. Ernst-Albert Cramer

Pflegedienstleitung
Klaus-Dieter Becker

Öffentlichkeitsarbeit
Verwaltungsdirektion

Patientenbeschwerdestelle
Frau Weber

Angeschlossene Einrichtungen

Rehabilitationsklinik
Geriatrische Rehabilitationseinrichtung
Altenpflege
Kurzzeitpflege
Ambulanter Pflegedienst

Bettenzahl 229

Verkehrsanbindung

Buslinien	132, 133 Mannsfeld / Brühler Str.
Straßenbahnlinien Haltestelle	6 Koblenzer Str. / Tatitus Str.
U-Bahn-Linien Haltestelle	16 Schönhauser Str.
Taxi (ab Dom)	ca. 10 Min. / 14 DM
Besucher-Parkplätze	40 (kostenlos)

Service- und Freizeitangebote

Patienten- / Besuchercafeteria
Kiosk
Sonstige Einkaufsmöglichkeiten in Fußweite
Friseur
Fußpflege
Patientenbibliothek
Eigener Park / Gartenanlage
Seelsorge
Evang. und Kath. Gottesdienst
Kapelle / Gebetsraum
Öffentliche Telefonzelle
Aufenthaltsräume Raucher
Aufenthaltsräume Nichtraucher
Ehrenamtlicher Krankenhaushilfsdienst
Faxempfang / -versendung

Preise für Sonderleistungen

Einbettzimmer ohne Toilette, ohne Dusche	140,00 DM
Einbettzimmer mit Toilette und Dusche	190,00 DM
Zweibettzimmer ohne Toilette, ohne Dusche	100,00 DM
Zweibettzimmer mit Toilette und Dusche	135,00 DM
Unterbringung einer Begleitperson	110,00 DM
Telefon (Tagesmiete)	1,00 DM 0,25 DM / Einheit
Fernsehgerät (Tagesmiete)	3,00 DM
Tagesgericht im Besucherrestaurant	ab 5,00 DM
1 Tasse Kaffee und 1 Stück Kuchen (Cafeteria)	7,00 DM
Herrenhaarschnitt inkl. Waschen u. Fönen	24,00 DM
Damenhaarschnitt inkl. Waschen u. Fönen	52,00 DM
Fußpflege (Standardbehandlung)	30,00 DM (beide Füße)
Bibliothek	0,00 DM

Quelle: ROLAND ASSISTANCE GMBH (Hrsg.) [2000], S. 193 f. (Original in Farbe).

ST. ANTONIUS-KRANKENHAUS

Fachabteilungen

Augenheilkunde
(Augenheilkunde) Belegabteilung

Leitender Arzt

Dr. Carla Konen
Telefon: 02 21-37 93 15 90

Medizinische Zusatzangebote

Ambulante Operationen

Chirurgische Abteilung
(Chirurgie) Hauptabteilung

Leitender Arzt

Dr. med. Ernst-Albert Cramer
Telefon: 02 21-37 93 15 10

Medizinische Zusatzangebote

Ambulante Operationen
Möglichkeit der Eigenblutspende
Sportmedizin
Chirotherapie

Besondere Veranstaltungen / Angebote

Vorträge für Patienten
Spezielle Kursangebote
Zusammenarbeit mit Selbsthilfegruppen

Endokrinologie-Diabetologie
(Diabetologie) Schwerpunkt

Leitender Arzt

Prof. Dr. Rudolf Mies
Telefon: 02 21-37 93-15 31

Medizinische Zusatzangebote

Diabetesschulung

Besondere Veranstaltungen / Angebote

Vorträge für Patienten
Spezielle Kursangebote
Zusammenarbeit mit Selbsthilfegruppen
Kurse für Betroffene und Angehörige

Abteilung für Innere Medizin
(Innere Medizin) Hauptabteilung

Leitender Arzt

Prof. Dr. Rudolf Mies
Telefon: 02 21-37 93-15 31

Medizinische Zusatzangebote

Diabetesschulung

Besondere Veranstaltungen / Angebote

Vorträge für Patienten
Spezielle Kursangebote
Zusammenarbeit mit Selbsthilfegruppen
Kurse für Betroffene und Angehörige

Allgemeines Spektrum

Bluterkrankungen
Kardiologie
Lungen- und Bronchialheilkunde
Magen-Darm-Erkrankungen
Nierenerkrankungen
Onkologie
Rheumatologie

Aktualität und Flexibilität, Verfügbarkeit: Der Krankenhaus-Guide für „Köln und Umgebung“ wurde im Jahr 2000 veröffentlicht. Ob und ggf. für welchen Zeitpunkt eine Neuauflage des Führers geplant ist, ist derzeit nicht in Erfahrung zu bringen. Die Aktualität der in dem Führer enthaltenen Informationen und dessen Flexibilität bei der Berücksichtigung von Änderungen der Daten, die über Qualitätsaspekte der Kliniken Auskunft geben, ist somit als gering einzustufen.

Wie die bisher erschienenen werden auch die für die Zukunft geplanten Krankenhaus-Guides über das Internet abrufbar sein.[551] Wenngleich derzeit nicht absehbar ist, ob der Abruf der Informationen auch in Zukunft kostenlos sein wird, wirkt sich diese Form des Informationsangebots sowohl auf die Aktualität und die Flexibilität der Inhalte als auch auf Verfügbarkeit der Informationen für interessierte Patienten positiv aus.

Patientengerechte Aufbereitung: Der Aufbau des Krankenhaus-Guides, die farbliche Gestaltung der Tabellen und die zumindest stellenweise genutzten Symbolen lassen erahnen, dass die Verfasser des Krankenhaus-Guides um eine gute Aufnehmbarkeit der Informationen bemüht waren. Die große Zahl berücksichtigter Kliniken und Fachgebiete, die Fülle der - nur z. T. qualitätsrelevanten - Informationen zu den Behandlungsstrukturen der Kliniken und insbesondere das Fehlen einer bewertenden Aggregation der Einzelinformationen oder gar eines Rankings der Fachabteilungen führen jedoch dazu, dass es als äußerst fraglich erscheint, ob der Krankenhaus-Guide als Grundlage für rationale Entscheidungen bei der Wahl eines Krankenhauses geeignet ist.

Berücksichtigung der Unterschiede in den Patientenpräferenzen: Die Ausweisung sämtlicher Einzelinformationen ist zumindest für das Kriterium „Berücksichtigung der Unterschiede in den Patientenpräferenzen“ positiv zu bewerten, da sie den Patienten ermöglicht, eine eigene Gewichtung der einzelnen Qualitätsaspekte und deren Bewertung entsprechend ihren individuellen Präferenzen vorzunehmen.

Zusammenfassend bleibt festzustellen, dass der Krankenhaus-Guide lediglich Informationen zu einigen Aspekten der Strukturqualität der berücksichtigten Kliniken beinhaltet. Zu bemängeln ist außerdem, dass es sich bei sämtlichen Informationen um Eigenangaben der Kliniken handelt, die von den Verfassern des Guides zudem nicht auf ihre Richtigkeit geprüft wurden. Dass der Krankenhaus-Guide mit der Roland Assistance GmbH von einem privaten Krankenversicherer herausgegeben wird, fördert die Zuverlässigkeit des Informationsangebots ebenfalls nicht. Darüber hinaus ist zu kritisieren, dass die gewählte Form

---

551 Vgl. dazu http://www.krankenhausguide.com.

der Aufbereitung der Informationen wenig zu einer guten Aufnehmbarkeit der Qualitätsinformationen beiträgt, so dass der Krankenhaus-Guide letztlich ungeeignet ist, die Qualitätsunkenntnisse der Patienten abzubauen.

2.5.7 Selbsthilfegruppen, -initiativen und -organisationen

Rund 3 Millionen Menschen sind in Deutschland in Selbsthilfegruppen aktiv.[552] Von den rund 63.000 lokalen und regionalen Selbsthilfegruppen stellen die der gesundheitlichen Selbsthilfe mit schätzungsweise 50.000 Gruppen den bei weitem größten Anteil.[553] Das Hauptanliegen von Selbsthilfegruppen ist die gegenseitige emotionale und praktische Unterstützung der Mitglieder untereinander.[554] Die Arbeit der Selbsthilfegruppen und -verbände befasst sich aber auch mit den kollektiven Belangen der Menschen, die von einer bestimmten Krankheit betroffen sind.[555] Selbsthilfegruppen betreiben deshalb auch Lobbyarbeit.[556] Nachfolgend ist untersucht, inwieweit Selbsthilfegruppen als Anbieter von Informationen über die Qualität von Ärzten und Krankenhäusern geeignet sind.

Umfassende Informationen: Ihre Krankheit nimmt im Leben der Mitglieder von Selbsthilfegruppen im Regelfall einen hohen Stellenwert ein. Dementsprechend groß ist zumeist deren Bereitschaft, sich medizinisches Wissen über ihre Krankheit anzueignen. Da Selbsthilfegruppen ihren Mitgliedern außerdem die Möglichkeit des Erfahrungsaustausches mit anderen Betroffenen eröffnen, ist davon auszugehen, dass die Mitglieder von Selbsthilfegruppen zumeist gut über ihre Krankheit und die Möglichkeiten zu deren Behandlung informiert sind. Grundsätzlich sollten Selbsthilfegruppen deshalb in der Lage sein, interessierte Patienten diagnosebezogen über die Qualität der Behandlungsstrukturen und -prozesse sowie zumindest in Ansätzen der Behandlungsergebnisse von Ärzten und Kliniken zu informieren.[557]

Dass Selbsthilfegruppen dennoch allenfalls unzureichend über die Qualität von Ärzten und Kliniken informieren können, ist im Wesentlichen auf zwei Gründe zurückzuführen. Zum einen sind zahlreiche Selbsthilfegruppen nur auf lokaler

---

[552] Vgl. NATIONALE KONTAKT UND INFORMATIONSSTELLE ZUR ANREGUNG UND UNTERSTÜTZUNG VON SELBSTHILFEGRUPPEN [2004].

[553] o. V. [2002d], S. A5.

[554] Vgl. NATIONALE KONTAKT UND INFORMATIONSSTELLE ZUR ANREGUNG UND UNTERSTÜTZUNG VON SELBSTHILFEGRUPPEN [2004].

[555] Vgl. KRANICH, C. [1999], S. 340.

[556] Vgl. ebenda.

[557] Vgl. TROJAN, A. [1999], S. 234.

Ebene aktiv. Ihre Qualitätskenntnisse können deshalb auf Leistungserbringer beschränkt sein, die vor Ort angesiedelt sind. Ein überregionaler oder gar bundesweiter Vergleich von Ärzten und Krankenhäusern entzieht sich dann ihren Möglichkeiten. Zum anderen werden Selbsthilfegruppen zumeist von Patienten gegründet, die von Krankheiten betroffen sind, die Behandlungen über lange Zeiträume notwendig machen oder nicht heilbar sind oder aber in der Bevölkerung nur selten auftreten.[558]

Zuverlässigkeit, Aktualität und Flexibilität: Selbsthilfegruppen finanzieren ihre Arbeit zu einem großen Teil aus Eigenmitteln. Nach einer Untersuchung der nationalen Kontakt- und Informationsstelle zur Anregung und Unterstützung von Selbsthilfegruppen (NAKOS) aus dem Jahr 1998 machen Eigenmittel im Durchschnitt mehr als die Hälfte der zur Verfügung stehenden Finanzmittel von Selbsthilfegruppen aus.[559] Darüber hinaus nutzen Selbsthilfegruppen zahlreiche Fördermöglichkeiten. Im Einzelnen reichen diese von der kostenlosen Nutzung der Infrastruktur von Ärzten, Krankenhäusern, Krankenkassen und örtlichen Selbsthilfekontaktstellen über die Unterstützung durch Länder und Kommunen bis hin zu Stiftungsmitteln, Spenden und Sponsoring.[560] Finanzielle Unterstützung erfahren die Selbsthilfegruppen darüber hinaus auch von den gesetzlichen Krankenkassen, da diese seit Inkrafttreten der „Gesundheitsreform 2000"[561] zur finanziellen Förderung von Selbsthilfegruppen, -organisationen und –kontaktstellen verpflichtet sind.[562]

Auf welche dieser Fördermöglichkeiten die Selbsthilfegruppen im Einzelnen zurückgreifen, ist von Gruppe zu Gruppe unterschiedlich[563], so dass über deren Unabhängigkeit keine pauschalen Aussagen möglich sind. Gleiches gilt im Grundsatz für die Frage, inwieweit die Selbsthilfegruppen offen legen, auf Basis welcher Informationen sie ihre Empfehlungen aussprechen. Ein Urteil über die

---

[558] Für einen Überblick über die derzeit existierenden Selbsthilfegruppen vgl. NATIONALE KONTAKT UND INFORMATIONSSTELLE ZUR ANREGUNG UND UNTERSTÜTZUNG VON SELBSTHILFEGRUPPEN [2002].

[559] Vgl. DEUTSCHE ARBEITSGEMEINSCHAFT SELBSTHILFEGRUPPEN E. V. (Hrsg.) [2000].

[560] Vgl. ebenda.

[561] Vgl. BUNDESMINISTERIUM FÜR GESUNDHEIT UND SOZIALE SICHERUNG [1999].

[562] Der Betrag der Förderung durch die Krankenkassen sollte im Jahr 2000 0,51 € für jeden ihrer Versicherten und somit insgesamt rund 36,5 Mio. € umfassen. In den Folgejahren ist der Förderbetrag entsprechend der prozentualen Veränderung Durchschnittsentgelts der gesetzlichen Rentenversicherung anzupassen; vgl. dazu §§ 20 Abs. 4 SGB V und 18 Abs. 1 SGB IV sowie BALKE, K. [2001], S. 16. Entgegen dieser Vorgabe wurde die Selbsthilfe im Jahr 2000 jedoch nur mit 9,6 Mio. € und somit nur in Höhe von 0,13 € pro Versicherten unterstützt; vgl. dazu O. V. [2002d], S. A5.

[563] Vgl. DEUTSCHE ARBEITSGEMEINSCHAFT SELBSTHILFEGRUPPEN E. V. (Hrsg.) [2000].

Zuverlässigkeit der von einer Selbsthilfegruppe angebotenen Informationen über die Qualität von Ärzten oder Kliniken ist somit allenfalls nach Prüfung des Einzelfalls möglich. Ebenso wenig pauschal zu beurteilen ist außerdem, inwieweit Selbsthilfegruppen in der Lage sind, eine Verschlechterung der Behandlungsqualität einzelner Leistungsanbieter zeitnah wahrzunehmen und ihren Mitgliedern mitzuteilen.

Verfügbarkeit: Grundsätzlich steht jedem Patienten die Möglichkeit offen, sich einer bereits existierenden Selbsthilfegruppe anzuschließen. Auf Basis des Wissens und der Erfahrungen anderer Gruppenmitglieder kann er sich dann zumindest einen ersten Überblick über die Qualität der für ihn in Frage kommenden Ärzte oder Krankenhäuser verschaffen.

Einschränkend ist jedoch anzumerken, dass sich Selbsthilfegruppen im Regelfall nicht als Dienstleister verstehen. Im Vordergrund der Arbeit von Selbsthilfegruppen steht vielmehr das Prinzip der wechselseitigen Unterstützung. Die Beratung von Patienten, die sich selbst nicht aktiv an der Arbeit der Selbsthilfegruppe beteiligen, ist mit diesem Prinzip nicht zu vereinbaren und würde darüber hinaus vermutlich zu einer Überforderung der Selbsthilfegruppen führen.[564] Selbsthilfegruppen sind daher nur für solche Patienten eine potenzielle Informationsquelle, die zur Mitarbeit in der entsprechenden Gruppe bereit sind.

Patientengerechte Aufbereitung, Berücksichtigung der Unterschiede in den Patientenpräferenzen: Mitglieder von Selbsthilfegruppen sind (oder waren) von der gleichen Krankheit betroffen wie diejenigen, die sich über die Behandlungsqualitäten der Ärzte und Kliniken informieren möchten. Die Informationsweitergabe findet in Selbsthilfegruppen deshalb im Regelfall von Patient zu Patient statt. Von einer patientengerechten Aufbereitung der Qualitätsinformationen kann somit ausgegangen werden.

Die Präferenzen der Mitglieder von Selbsthilfegruppen über die Qualität von Behandlungsleistungen stimmen nicht zwingend überein. Da die Qualitätsinformationen jedoch zumeist in Gesprächen der Mitglieder untereinander weitergegeben werden, steht einer Gewichtung der so erhaltenen Informationen anhand der persönlichen Präferenzen nichts entgegen.

Insgesamt bleibt somit festzuhalten, dass Selbsthilfegruppen aus den zuvor genannten Gründen nur in einem sehr begrenzten Umfang als Anbieter von Qualitätsinformationen in Frage kommen. Ein Zugang zu den Erfahrungen, die die

---

564 Gemäß der Aussage von Herrn Matzat, Vorstandsmitglied der Deutschen Arbeitsgemeinschaft Selbsthilfegruppen, hier zitiert nach TK IM LAND HESSEN (Hrsg.) [2000].

Mitglieder von Selbsthilfegruppen im Rahmen der Behandlung ihrer Krankheit mit Ärzten und Kliniken gesammelt haben, könnte jedoch Patienten, die selbst nicht in Selbsthilfegruppen engagiert sind, bei der Suche nach einem für sie geeigneten Leistungserbringer sehr nützlich sein. Bei der Entwicklung eines Gesamtkonzepts zur Erhöhung der Qualitätstransparenz im Gesundheitswesen in Teil IV dieser Arbeit ist dies zu berücksichtigen.

2.5.8 Gesundheitsläden und Patientenstellen

Gesundheitsläden sind auf lokaler Ebene tätige Projekte oder Einrichtungen, die zumeist als gemeinnützige Vereine organisiert sind und sich vor allem im Bereich der kommunalen Gesundheitsförderung engagieren.[565] Sie dienen als Anlaufstelle für Ratsuchende, bieten Bildungsveranstaltungen für Patienten an und betreiben Aufklärungsarbeit.[566] Darüber hinaus sind Gesundheitsläden häufig auch als Träger unabhängiger Patientenstellen aktiv.[567]

In Deutschland gibt es derzeit neun unabhängige Patientenstellen. Sie haben sich zu der Bundesarbeitsgemeinschaft der PatientInnenstellen (BAGP) zusammengeschlossen und sind überwiegend bei Gesundheitsläden angesiedelt.[568] Patientenstellen „bieten in erster Linie Orientierung und Information im und zum Gesundheitswesen, eine erste allgemeine Beratung bei vermuteten Behandlungsfehlern sowie die psychosoziale Unterstützung und Begleitung von Ratsuchenden und Betroffenen."[569] Patientenstellen sehen es außerdem als ihre Aufgabe an, als Lobby von Patienten zu fungieren.[570]

Da derzeit weder Gesundheitsläden noch Patientenstellen Informationen über die Qualität einzelner Ärzte oder Krankenhäuser anbieten, kann im Folgenden nur ihr Potenzial als Anbieter von Qualitätsinformationen untersucht werden.

---

565 Vgl. GESUNDHEITSAKADEMIE E.V. [2002].

566 Vgl. HÖLLING, G. [1999], S. 8.

567 Typische Beispiele sind die Gesundheitsläden in Berlin, Köln und München, die als gemeinnützige Informations- und Kommunikationszentren seit Beginn der 1980er Jahre Patienten u. a. bei Verdacht auf Behandlungsfehler zur Seite stehen; vgl. für nähere Informationen www.gesundheitsladen-berlin.de, www.gesundheitsladen-koeln.de sowie www.gesundheits laden-muenchen.de.

568 Vgl. o. V. [2002c], S. 4 sowie RAMRATH, C. [2002].

569 RAMRATH, C. [2002].

570 Vgl. ebenda.

Umfassende Informationen: Die Schaffung von mehr „Transparenz bezüglich Angebot und Qualität der verschiedenen Gesundheitsdienstleister“[571] ist nach Ansicht der Träger von Patientenstellen und Gesundheitsläden eine der wichtigsten Bedingungen für eine aus Patientenperspektive zufrieden stellende Gesundheitsversorgung.[572] Aus den Problemen und Beschwerden, die die Patienten an sie herantragen, gewinnen Gesundheitsläden und Patientenstellen zudem umfassende Erkenntnisse über die Defizite innerhalb der Gesundheitsversorgung vor Ort. Dieser Informationsvorsprung hebt sie positiv von anderen potenziellen oder bereits aktiven Informationsanbietern ab.

Dass die Gewinnung und Bereitstellung von Qualitätsinformationen in der Arbeit von Gesundheitsläden und Patientenstellen derzeit dennoch allenfalls eine untergeordnete Rolle spielt, ist somit weniger auf den fehlenden Willen der Patientenstellen und Gesundheitsläden zur Ausweitung ihres Beratungsangebots, sondern vielmehr auf deren begrenzten Personalkapazitäten[573] und die Tatsache zurückzuführen, dass ihr Wissen über die Qualität von Ärzten und Kliniken - soweit vorhanden - im Regelfall auf ortsansässige Anbieter beschränkt ist.

Zuverlässigkeit, Aktualität und Flexibilität: Patientenstellen und Gesundheitsläden finanzieren sich aus Mitgliedsbeiträgen, Spenden und staatlichen Zuschüssen.[574] Die rechtliche und wirtschaftliche Unabhängigkeit von Ärzten, Kliniken und Krankenkassen wirkt sich in der Tendenz positiv auf die Glaubwürdigkeit der von ihnen bereitgestellten Informationen aus. Ob die von Patientenstellen und Gesundheitsläden in Zukunft u. U. vermehrt angebotenen Qualitätsinformationen dem Kriterium der Aktualität und Flexibilität genügen werden, lässt sich gegenwärtig nicht abschätzen.

Verfügbarkeit: Patientenstellen und Gesundheitsläden gibt es derzeit nur in wenigen Großstädten.[575] Da deren Öffnungszeiten vermutlich aufgrund der geringen Personalkapazitäten zudem zumeist sehr kurz sind[576] ist die Verfügbarkeit ihrer Informationsangebote derzeit als niedrig einzustufen.

---

571 Ebenda.

572 Vgl. ebenda.

573 Im Jahr 1999 betrug die personelle Ausstattung der fünf existierenden Patientenstellen lediglich 11 Mitarbeiter; vgl. ebenda.

574 So erhält z. B. der Münchener Gesundheitsladen Zuschüsse von der Stadt München und dem dortigen Arbeitsamt; vgl. dazu GESUNDHEITSLADEN MÜNCHEN [2004].

575 Für einen Überblick vgl BUNDESARBEITSGEMEINSCHAFT DER PATIENTINNENSTELLEN [2004].

576 So sind z. B. die Angebote des Gesundheitsladens in Berlin nur an vier Wochentagen für jeweils zwei Stunden verfügbar; vgl. GESUNDHEITSLADEN BERLIN [2004a].

Patientengerechte Aufbereitung und Berücksichtigung der Unterschiede in den Patientenpräferenzen: Patientenstellen und Gesundheitsläden unterstützen Rat suchende Patienten nicht nur über die Bereitstellung von Informationsmaterial, sondern auch in persönlichen Gesprächen vor Ort, schriftlich und telefonisch.[577] Da sie durch ihre bisherige Beratungstätigkeit zudem umfangreiche Kenntnisse über die spezifischen Wünsche und Probleme von Patienten gesammelt haben, ist davon auszugehen, dass sie in der Lage sind, ihnen vorliegende Informationen über die Qualität von Ärzten und Kliniken patientengerecht aufzubereiten und entsprechend der persönlichen Präferenzen der Patienten an diese weiterzugeben.

Insgesamt bleibt somit festzuhalten, dass Gesundheitsläden und Patientenstellen insbesondere wegen ihrer Unabhängigkeit gegenüber Leistungserbringern und Krankenkassen sowie wegen ihrer Kompetenz in der Beratung von Patienten grundsätzlich das Potenzial haben, einen Beitrag zum Abbau der Qualitätsunkenntnisse von Patienten zu leisten. Vor allem aufgrund ihrer geringen Verbreitung und ihrer zumeist nur für kurze Zeiträume gesicherten finanziellen Ausstattung[578], aber auch wegen des ihnen fehlenden Zugangs zu zuverlässigen und umfassenden Informationen über die Qualität von Behandlungsstrukturen, -prozessen und -ergebnissen ist unter den gegenwärtigen Voraussetzungen jedoch kaum zu erwarten, dass sie kurzfristig einen bedeutenden Beitrag zum Abbau der seitens der Patienten bestehenden Qualitätsunkenntnis werden leisten können.

2.5.9 Internet- und Telefon-Auskunftsdienste

Internet- und Telefon-Auskunftsdienste können eine weitere Informationsquelle für Patienten sein, die einen Arzt oder eine Klinik suchen. Neben der Unterstützung bei der Suche nach dem „richtigen" Arzt oder Krankenhaus bieten diese Dienste zumeist auch Beratungen zu bestimmten Gesundheitsproblemen oder bei Fragen zu Medikamenten an. Wie bereits in Abschnitt 2.4.1.1 erwähnt, greifen auch einige Krankenkassen auf die Angebote der privaten Telefon- und Internet-Auskunftsdienste zurück, wenn sie ihren Versicherten ein entsprechendes Informationsangebot unterbreiten.

---

577 Vgl. dazu z. B. GESUNDHEITSLADEN BERLIN [2004b].

578 Vgl. KRANICH, C. [1999], S. 319.

Gemäß einer Studie der Unternehmensberatung PricewaterhouseCoopers gibt es rund 200 deutschsprachige Internetportale zum Thema Gesundheit.[579] Ergänzt werden die Internetangebote häufig durch die Möglichkeit, sich über zumeist kostenpflichtige Callcenter persönlich und individuell beraten zu lassen.[580] Die hohe Zahl privater Anbieter solcher Internet- und Telefon-Auskunftsdienste macht pauschale Aussagen über den Beitrag, den sie zum Abbau der Qualitätsunkenntnisse von Patienten leisten können, unmöglich. Da sich die einzelnen Anbieter im Hinblick auf die für die Bewertung von Informationsangeboten aufgestellten Kriterien zum Teil deutlich voneinander unterscheiden, ist es zudem nicht sinnvoll, einen einzelnen Anbieter herauszugreifen und exemplarisch für alle anderen vertieft zu untersuchen. Die nachfolgende Bewertung der Informationsangebote von Internet- und Telefon-Auskunftsdiensten beschränkt sich deshalb im Wesentlichen auf einen Überblick über einige charakteristische Eigenschaften der Angebote.

Umfassende Informationen: Die Unterstützung bei der Arzt- oder Krankenhauswahl basiert in der Regel auf der Abfrage elektronischer Datenbanken. Die Deutsche Gesellschaft für Versicherte und Patienten (DGVP) hat im Jahr 2000 einen Test der bekanntesten Anbieter von Telefondienstleistungen für Patienten durchgeführt.[581] Sie stellte dabei fest, dass der Inhalt der Datenbanken, die zur Suche des „richtigen“ Arztes oder Krankenhauses abgefragt werden, im Regelfall nicht über die Informationen hinausgeht, die den Patienten in Form von Tele-

---

579 Vgl. FOCUS [2002].

580 Ein Beispiel für ein Internetportal ist www.netdoktor.de. Netdoktor wurde in Dänemark gegründet und agiert in mehreren Ländern Europas. Neben einem Service zur Suche von Ärzten, Kliniken und Apotheken bietet das Portal Informationen über Krankheiten sowie Erklärungen zu medizinischen Fachtermini an. Weitere Betreiber ähnlicher Internetportale sind zum Beispiel http://www.lifeline.de, ein online-Dienst der Bertelsmann-Gruppe; http://www.gesundheitsscout-24.de, ein online-Dienst der Metro-Gruppe, sowie http://www.medicine-worldwide.de. Informationen per Telefon bietet zum Beispiel die „Arztpartner almeda AG“ an. Bei diesem Anbieter stehen Information und Beratung von Patienten über kostenpflichtige Callcenter im Vordergrund. Die größten Anteilseigner der „Arztpartner almeda AG“ sind ein Verlag und ein Venture Capital Unternehmen. Nach eigenen Angaben bietet medizinisches Fachpersonal Informationen zum Umgang mit Arzneien, beantwortet Fragen zu Diagnosen und medizinischen Fachbegriffen und sucht nach Ärzten und Kliniken für die Patienten. Bei den dabei genutzten Informationen handelt es sich um Selbstauskünfte der Ärzte und Krankenhäuser; vgl. dazu VERBRAUCHERZENTRALE HAMBURG (Hrsg.) [2001], S. 153 f. Weitere Beispiele sind die Angebote der Firmen Medinform - Der schnelle Weg zum richtigen Arzt, MD Medicus, Gesundheits-Informations-Zentrum, Topmedic, Viamed, ProComed und Stiftung Gesundheit/Arzt-Auskunft; vgl. dazu DEUTSCHE GESELLSCHAFT FÜR VERSICHERTE UND PATIENTEN [2003]. Einen Überblick über die Möglichkeiten der Arztsuche im Internet ist auch zu finden in STIFTUNG WARENTEST [2002a].

581 Vgl. DEUTSCHE GESELLSCHAFT FÜR VERSICHERTE UND PATIENTEN [2003]. Die Untersuchungsergebnisse dieses Tests sind die Grundlage der folgenden Würdigung der Angebote dieser Telefondienstleister.

fonbüchern oder den Gelben Seiten ohnehin zur Verfügung stehen.[582] Zu einem ähnlichen Ergebnis kam die Verbraucherzentrale Hamburg im Jahr 2001 bei einer Untersuchung von Arzt- und Klinik-Suchdiensten zahlreicher Internet-Portale.[583] Gegenüber Telefonverzeichnissen oder den Gelben Seiten bieten die Internet- und Telefon-Auskunftsdienste den Patienten lediglich den Vorteil, dass sie neben der Anschrift des Leistungserbringers zumeist auch über die in der betreffenden Klinik zu findenden Fachabteilungen sowie über eventuelle Zusatzbezeichnungen niedergelassener Ärzte informieren.

Zuverlässigkeit: Die Anbieterstruktur auf dem Markt für telefonische und internetbasierte Patientenberatungsdienste ist gegenwärtig nicht nur aufgrund der hohen Anbieterzahl unüberschaubar.[584] Neben zahlreichen Marktein- und -austritten sind dafür insbesondere die häufigen Veränderungen in der Besitzerstruktur der Unternehmen verantwortlich. Ein Beispiel dafür ist die Datenbank „Infomed", deren Inhalte u. a. den Mitgliedern einiger Betriebskrankenkassen angeboten werden.[585] Betreiber von Infomed sind allerdings nicht die Betriebskrankenkassen selbst, sondern die Firma *Der Gesundheitswegweiser - Gesellschaft für Verbraucherinformation und Beratung in Gesundheitsfragen mbH*[586], einer Tochtergesellschaft des Unternehmens *MD Medicus*, das seine zahlreichen Serviceleistungen zum Thema Medizin insbesondere Krankenversicherungen und anderen Trägern des Gesundheitswesens anbietet.[587] Ein Kunde von *MD Medicus* war zeitweise auch die AOK, deren Callcenter in der Pilotphase von *MD Medicus* unter dem Namen *MedicusTel* betrieben wurde. Inzwischen heißt das Callcenter der AOK *Clarimedis*. Seit dem Jahr 2001 wird *Clarimedis* von der Firma *Mercur Medicity*, einer von der *Mercur Assistance AG Holding* und der *Medicity Network AG* gegründeten Gesellschaft, betrieben.[588]

Ein weiteres Beispiel für die einem ständigem Wandel unterliegende und deshalb nur schwer durchschaubare Anbieterstruktur auf dem Markt für telefonische und internetbasierte Patientenberatungsdienste ist die Firma *ProComed GmbH*,

---

582 So kann es nicht verwundern, dass z. B. die Anbieter *Viamed* und *Gesundheits-Informations-Zentrum* lediglich dazu in der Lage waren, den Testern eine Papierkopie aus einem elektronischen Telefonbuch bzw. einen Auszug aus dem Ärzte- bzw. Krankenhausranking des *Focus* zu liefern.

583 Vgl. dazu VERBRAUCHERZENTRALE HAMBURG (Hrsg.) [2001], S. 153.

584 So auch in VERBRAUCHERZENTRALE HAMBURG (Hrsg.) [2001], S. 152.

585 Vgl. BKK-NORD [2001].

586 Vgl. KRÜGER-BRAND, H. E. [1998], S. A-1514.

587 Vgl. dazu MD MEDICUS [2004].

588 Expertengespräch mit Herrn Dr. Schäfer, Marketingabteilung des AOK Bundesverbandes, am 15.02.2002 sowie RIESER, S. [2001], S. A286.

deren *Wegweiser durch das Gesundheitssystem* derzeit unter dem Namen *Comed* angeboten wird.[589] Das Angebot von *Comed* richtet sich vor allem an Krankenversicherungen. Ihnen stellt *Comed* ein umfassendes Beratungsangebot in Aussicht, „das Ihre Versicherten optimal durch das Gesundheitssystem navigiert und durch die punktgenaue Empfehlung einer individuell angemessenen, bedarfsgerechten Versorgung Zeit und Kosten spart".[590] Der Ursprung der *ProComed GmbH* liegt in dem im April 1999 gegründeten, gemeinnützigen Verein *Comed e.V.* Als unabhängige Interessensvertretung der Krankenversicherten bestand sein Gründungszweck darin, „dass Krankenversicherte mündige, gleichberechtigte Patienten ... gegenüber ... Gesundheitsindustrie und Kassen werden."[591] *Comed e.V.* wurde jedoch bereits im Jahr 2000 wieder aufgelöst.[592] Initiator von *Comed e.V.* war die die Rückversicherungsgesellschaft *ESG*, die *Comed e.V.* bei seiner Gründung mit einer Anschubfinanzierung in zweistelliger Millionenhöhe unterstützte.[593] Im Jahr der Auflösung des Vereins fusionierte die *ESG* mit dem Unternehmen *Innovacare.*[594] *Innovacare* ist ein Dienstleistungsunternehmen, dass u. a. Disease-Management-Programme entwickelt, deren Ziel es ist, nicht nur den klinischen, sondern auch den ökonomischen Verlauf eines spezifischen Krankheitsbildes oder einer Diagnose zu optimieren.[595] Aus der Fusion von *Innovacare* und *ESG* entstand - inzwischen unter dem Dach der *4sigma GmbH* als Holding - u. a. die *Procomed* GmbH.[596] Deren Gesundheitsberatung *Comed* kooperiert derzeit u. a. mit einigen Betriebskrankenkassen sowie der IKK Hamburg.[597]

Comed e.V. entwickelte sich somit innerhalb nur eines Jahres von einem ursprünglich gemeinnützigen, sowohl von den Krankenkassen als auch von den Anbietern medizinischer Leistungen unabhängigen Verein zur *Procomed GmbH*, einer Gesellschaft, die sich selbst in erster Linie als „Dienstleister für Kranken-

---

589 Vgl. PROCOMED [2002b].

590 PROCOMED [2002a].

591 O. V. [2002b].

592 Vgl. MEYER, C.-P. [2001].

593 Vgl. DEUTSCHE GESELLSCHAFT FÜR VERSICHERTE UND PATIENTEN [2003].

594 Vgl. INNOVARE [2000].

595 Vgl. INNOVARE [2002].

596 Vgl. INNOVARE [2000] sowie COMED [2003].

597 Vgl. COMED [2003].

versicherungen“ versteht und Tochtergesellschaft eines Anbieters von Disease Management Programmen ist.[598]

Dass die kaum durchschaubaren Abhängigkeitsverhältnisse von *Infomed* und *Comed* keine Einzelfälle, sondern vielmehr typisch für den Markt der Internet- und Telefon-Auskunftsdienste sind, zeigt auch das Beispiel der *Stiftung Gesundheit*. Ihre Aufgabe sieht die Stiftung darin, „Verbrauchern in dem unübersichtlichen Feld von Medizin und Gesundheit verlässliche, auch für Laien verständliche Informationen sowie praktische Orientierungshilfe zu bieten“[599]. Einen Hinweis darauf, dass sich die Stiftung über Gebühren von Ärzten und Kliniken finanziert, die über die einfachen Telefonbuchdaten hinausgehende Informationen in die Datenbank eintragen lassen möchten, erhalten die Rat suchenden Patienten nicht.[600] Und auch über „die Stifter des hinter der Stiftung stehenden Kapitals schweigt man sich aus - beides keine Anzeichen für einen unabhängigen und seriösen Anbieter.“[601]

Somit bleibt festzuhalten, dass insbesondere die Besitzerstrukturen der Informationsanbieter und die resultierenden Abhängigkeitsverhältnisse durch die Patienten, die sich Internet- und Telefon-Auskunftsdienste bei der Arzt- oder Kliniksuche bedienen, zumeist nicht nachvollziehbar sind.[602] Auf die Zuverlässigkeit der Angebote dieser Informationsquellen wirkt sich dies tendenziell negativ aus.

Die Zuverlässigkeit dieser Informationsangebote ist darüber hinaus aus zwei weiteren Gründen eingeschränkt. So finanzieren sich insbesondere die internetbasierten Auskunftsdienste häufig nicht nur aus Nutzungsgebühren von Krankenversicherungen, Ärzten und Kliniken, sondern auch über Werbeeinnahmen, die sie u. a. von Anbietern von Gesundheitsdienstleistungen und -produkten erzielen. Darüber hinaus ist für die Patienten im Regelfall nicht nachvollziehbar, welcher Datenbanken sich die einzelnen Anbieter letztlich bedienen.

---

598 Dass die von der Procomed GmbH betriebene Datenbank Comed auch noch drei Jahre nach der Auflösung des Vereins Comed e.V. unter dessen ehemaliger Internet-Adresse „www.comed-ev.de“ aufzurufen ist, deutet im Übrigen nicht darauf hin, dass die Procomed GmbH bemüht ist, Klarheit über deren Betreiber herzustellen.

599 STIFTUNG GESUNDHEIT [2003].

600 Vgl. VERBRAUCHERZENTRALE HAMBURG (Hrsg.) [2001], S. 154.

601 Ebenda.

602 Zu einem ähnlichen Ergebnis gelangte die DGVP in ihrem bereits oben zitierten Anbietertest; vgl. dazu DEUTSCHE GESELLSCHAFT FÜR VERSICHERTE UND PATIENTEN [2003].

Aktualität und Flexibilität: Patienten, die zur Arzt- oder Klinikwahl die Angebote von Internet- oder Telefon-Auskunftsdiensten in Anspruch nehmen, greifen dabei im Regelfall direkt oder indirekt auf elektronische Datenbanken zurück. Diese Datenbanken haben gegenüber Ärzte- und Kliniklisten in Zeitschriften oder Büchern den Vorteil, dass die Aktualisierung ihrer Inhalte keine komplette „Neuauflage" notwendig macht und somit auch die Erfassung von Datenänderungen mit vergleichsweise geringem Aufwand möglich ist. Inwieweit die derzeit am Markt aktiven Anbieter von Internet- oder Telefon-Auskunftsdiensten von dieser Möglichkeit tatsächlich Gebrauch machen, ist allerdings von außen nicht abzuschätzen.

Verfügbarkeit: Die Angebote der internetbasierten Auskunftsdienste stehen im Regelfall allen interessierten Patienten zumeist kostenlos und 24 Stunden am Tag zur Verfügung. Wenngleich persönliche Beratungen per Telefon oft nur gegen Gebühr erhältlich sind und einige Krankenkassen, wie z. B. die AOK, einen Teil ihrer Telefon- und Online-Services nur exklusiv ihren Versicherten anbieten, ist die Verfügbarkeit der Internet- und Telefon-Auskunftsdienste insgesamt als hoch einzustufen.

Patientengerechte Aufbereitung und Berücksichtigung der Unterschiede in den Patientenpräferenzen: Wie bereits diskutiert, unterstützen die unterschiedlichen Internet- und Telefon-Dienste die Patienten bei ihrer Arzt- oder Kliniksuche lediglich mit Auskünften, deren Inhalt allenfalls geringfügig größer ist als der der Informationen, die die Patienten über Verzeichnisse wie das Telefonbuch oder die Gelben Seiten abrufen können. Dementsprechend niedrig sind die Komplexität der bereitgestellten Informationen und damit auch die Notwendigkeit einer patientengerechten Aufbereitung und einer Berücksichtigung der Unterschiede in den Patientenpräferenzen.

Insgesamt bleibt somit festzuhalten, dass der Hauptvorteil, den die Internet- und Telefon-Auskunftsdienste gegenüber den meisten anderen Informationsquellen besitzen, in ihrer guten Verfügbarkeit für die Patienten sowie in ihrer Möglichkeit liegt, Datenänderungen prinzipiell zeitnah und kostengünstig erfassen zu können. Aufgrund des derzeit geringen Informationsgehalts ihrer Auskünfte und wegen der zumeist intransparenten Abhängigkeitsverhältnisse ihrer Betreiber, können Internet- und Telefon-Auskunftsdienste gegenwärtig keinen wesentlichen Beitrag zum Abbau der Qualitätsunkenntnisse der Patienten leisten.

2.6 Zwischenfazit

Das Ergebnis der vorangegangenen Analyse ist, dass keines der derzeitigen Informationsangebote über die Qualität von Ärzten und Krankenhäusern auch nur annähernd geeignet ist, die Qualitätsunkenntnisse der Patienten in wünschenswertem Maße abzubauen.

Besonders negativ wirkt sich auf den potenziellen Beitrag zur Schaffung von mehr Qualitätstransparenz aus, dass keines der Angebote Informationen über alle der in dieser Arbeit als qualitätsrelevant eingestuften Aspekte der Behandlungsstrukturen, -prozesse und -ergebnisse enthält. ***Umfassende Informationen*** liefern die derzeitigen Informationsangebote auch deshalb nicht, weil sie im Regelfall nur über eine eng begrenzte Auswahl von Leistungserbringern informieren. Negativ auf die ***Zuverlässigkeit*** der Informationen wirken vor allem die bei einigen Anbietern fehlende oder zumindest fragliche Unabhängigkeit von den Leistungserbringern und den Trägern der Behandlungskosten sowie die Art der Datenquelle, auf die zur Informationsgewinnung zurückgegriffen wurde. Vergleichsweise gute Ergebnisse - mit Ausnahme der Internet- und Telefon-Auskunftsdienste sowie der Zeitschrift Öko-Test - lieferte hingegen die Prüfung der Offenlegung der angewendeten Methoden zur Informationsgewinnung. Im Gegensatz zur ***Aktualität*** der angebotenen Informationen, die im Regelfall zu Wünschen übrig lässt, ist die ***Verfügbarkeit*** der meisten Angebote als hoch einzustufen. Während sich bei dem Kriterium der ***patientengerechten Aufbereitung*** der Informationen zwischen den Anbietern ein geteiltes Bild ergibt, zeigt die Untersuchung, dass sich der überwiegende Teil der Informationsanbieter der ***Unterschiede in den Patientenpräferenzen*** bewusst ist und dies auch bei der Darstellung der Qualitätsinformationen berücksichtigt.

Ein weiteres wichtiges Ergebnis der Analyse der Informationsangebote ist, dass es grundsätzlich durchaus möglich ist, nicht nur die qualitätsrelevanten Aspekte der Behandlungsstrukturen, sondern auch solche der Behandlungsprozesse und -ergebnisse zu erfassen und abzubilden. Auch in der Tatsache, dass bei der Beurteilung der Qualität eines Arztes oder Krankenhauses aus Patientenperspektive nicht zuletzt subjektive Faktoren von großer Bedeutung sein können und dass es sich bei den hier betrachteten Gütern um Dienstleistungen handelt, kann nicht der Grund für den fehlenden Handel mit Informationen über die Qualität von Ärzten und Kliniken sein. So gibt es schließlich für andere Güter, deren Qualität aus Konsumentenperspektive ebenfalls von subjektiven Elementen abhängt - wie im Falle von Autos -, oder bei denen es sich auch um Dienstleistungen handelt - wie bei den Angeboten von Restaurants oder Hotels - durchaus einen Markt für entsprechende Qualitätsinformationen.

Somit stellt sich die Frage, welche Faktoren für das festgestellte Wettbewerbsversagen auf dem Markt für Informationen über die Qualität von Ärzten und Krankenhäusern in Deutschland verantwortlich sind. Bevor diese Frage - unter besonderer Berücksichtigung der institutionellen Rahmenbedingungen des deutschen Gesundheitswesens - in Teil III beantwortet werden soll, erweist es sich als fruchtbar, im nachfolgenden Kapitel D vorab den US-amerikanischen Markt für Informationen über die Qualität von Ärzten und Krankenhäusern zu analysieren.

D Der US-amerikanische Markt für Informationen über die Qualität von Ärzten und Krankenhäusern

1 Vorbemerkungen

Das US-amerikanische Gesundheitssystem ist im Gegensatz zum deutschen Gesundheitswesen überwiegend wettbewerblich organisiert.[603] So wird auf eine staatliche Rahmensetzung für einen „regulierten Wettbewerb" weitgehend verzichtet und staatliche Eingriffe finden allenfalls punktuell statt.[604] Die Dominanz des Wettbewerbsprinzips spiegelt sich darüber hinaus in einer Vielzahl von Versicherungs- und Versorgungsformen, zwischen denen die Bürger grundsätzlich frei wählen können, wider.

Das resultierende Bedürfnis der Bürger an Informationen über die Qualität der angebotenen Leistungen sowie die seit den 1990er Jahren zunehmenden Bemühungen, im Gesundheitsbereich durch Stärkung der Konsumentensouveränität Anreize zur Qualitätsverbesserung und Kostensenkung zu schaffen, haben ein breites Spektrum entsprechender Informationsangebote hervorgebracht.[605] Exemplarisch für alle anderen Angebote, die vergleichend über die Qualität einzelner Anbieter medizinischer Leistungen informieren, sind in Abschnitt 3 die ***Report Cards*** des ***National Committee for Quality Assurance*** (NCQA) kritisch gewürdigt.

Das Ziel dieser Würdigung ist es, die in den USA mit Patienteninformationssystemen seit den 1990er Jahren gesammelten Erfahrungen für die Ableitung eines Gesamtkonzepts für das deutsche GKV-System nutzbar zu machen. Ein

---

[603] Vgl. BAUR, R., HEIMER, A., WIESELER, S. [2000], S. 113.

[604] Vgl. ebenda.

[605] Vgl. HARRIS, K. [2002], S. 552. Ein Überblick über die existierenden Informationsangebote findet sich z. B. auf den Internetseiten der *Agency for Health Care Research and Quality* (http://www.ahrq.gov).

besonderes Augenmerk liegt dabei auf den Fragen, (a) welche Informationen das NCQA im Einzelnen anbietet, (b) wie es an die dafür benötigten Daten gelangt, (c) mit welchem Instrumentarium das NCQA aus diesen Daten Qualitätsinformationen gewinnt, (d) wie es diese Informationen für die Patienten aufbereitet und (e) auf welche Weise es seine Aktivitäten finanziert. Außerdem ist zu beleuchten, (f) wie sich das Informationsangebot des NCQA in den USA auf den Anbieterwettbewerb ausgewirkt hat.

Da das US-amerikanische Gesundheitssystem deutliche Unterschiede zum deutschen Gesundheitswesen aufweist, ist vorab dessen grundlegende Organisation und Funktionsweise dargestellt.

2 Das US-amerikanische Gesundheitssystem

Ein prägendes Merkmal des US-amerikanischen Gesundheitswesens ist die fehlende Krankenversicherungspflicht. Anstelle der zwangsweisen Mitgliedschaft in einer Pflichtversicherung - wie der deutschen GKV - stehen den Bürgern neben der Möglichkeit, unversichert zu bleiben, unterschiedliche Versicherungsoptionen offen (vgl. dazu Abbildung 32).

Abbildung 32: Versicherungsoptionen in den USA

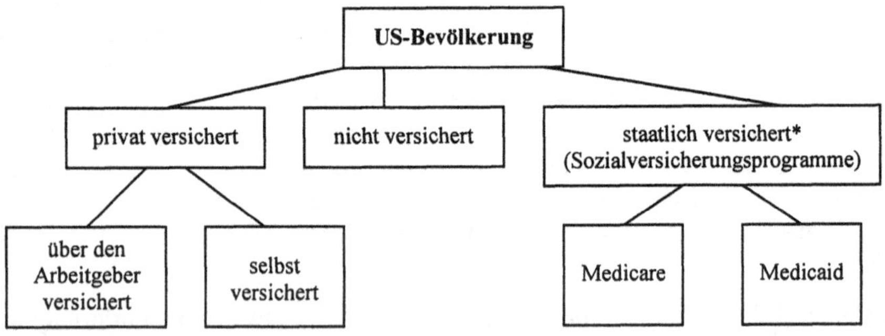

* Neben Medicare und Medicaid gibt es zwei weitere staatliche Versorgungsprogramme. Diese setzen eine Militärzugehörigkeit voraus und spielen im Vergleich zu Medicare und Medicaid nur eine untergeordnete Rolle; vgl. SATTLER, C. [2000], S. 11.

Quelle: Eigene Darstellung.

Im Regelfall bieten die Arbeitgeber ihren Beschäftigten eine oder mehrere Krankenversicherungen an, von denen diese dann eine auswählen.[606] Im Jahr 1997 traf dies auf rund 80 Prozent der mittleren und großen Unternehmen und rund 50 Prozent der kleinen Unternehmen zu, so dass rund 60 Prozent der US-amerikanischen Bevölkerung und rund 90 Prozent der unter 65-jährigen privat Krankenversicherten über ihren Arbeitgeber versichert waren.[607]

Arbeitnehmer, denen ihr Arbeitgeber keinen Versicherungsschutz anbietet, können sich wie Selbständige selbst versichern. Eine solche Individualversicherung ist allerdings vergleichsweise teuer und deshalb für die Mehrzahl der Arbeitnehmer nicht finanzierbar.[608]

Neben den über ihren Arbeitgeber versicherten Arbeitnehmern und den Selbstversicherten gibt es die Gruppe der durch Sozialversicherungsprogramme Versicherten. So besteht insbesondere für über 65-jährige Personen, die nicht mehr erwerbstätig sind, sowie für Behinderte und chronisch nierenkranke Personen die Möglichkeit, sich im Rahmen des bundesstaatlichen ***Medicare***-Programms zu versichern.[609]

Als bedürftig anerkannte Geringverdiener bzw. Nichterwerbstätige werden in von den Bundesstaaten aufgelegten ***Medicaid***-Programmen versichert.[610] Im Jahr 1997 waren 13 Prozent der US-amerikanischen Bevölkerung über Medicare und 11 Prozent über Medicaid versichert.[611]

---

[606] Um ihren Beschäftigten eine oder mehrere Krankenversicherungen anbieten zu können, wählen die Arbeitgeber entweder unter den am Markt bereits existierenden Versicherungsoptionen oder sie schließen mit den Versicherungsanbietern Verträge mit unternehmensspezifischen Konditionen ab („Direct Contracting"). Aufgrund dieser Vorauswahl der Versicherungsoptionen durch die Arbeitgeber lässt sich der Wettbewerb der Krankenversicherer als ein Wettbewerb um Unternehmen charakterisieren. Vgl. ROTHFUß, A. M. [1997], S. 13. Zu den Ursachen, weshalb die Arbeitgeber ihren Arbeitnehmern freiwillig Krankenversicherungsschutz anbieten, vgl. FOLLAND, S., GOODMAN, A. C., STANO, M. [2004], S. 228 ff.

[607] Vgl. BAUR, R., HEIMER, A., WIESELER, S. [2000], S. 112 f. sowie PEELE, P. et al. [2000], S. 6.

[608] Vgl. BAUR, R., HEIMER, A., WIESELER, S. [2000], S. 112.

[609] Medicare besteht aus drei Modulen (A, B, C). Medicare A umfasst grundlegende Gesundheitsdienstleistungen wie stationäre Behandlungskosten, während Medicare B eine freiwillige Zusatzversicherung mit monatlicher Prämienzahlung ist, die z. B. ambulante Behandlungskosten abdeckt. Fast alle in Medicare A Versicherten - und teilweise auch ältere Privatversicherte - versichern sich zusätzlich durch Medicare B. Seit 1998 hat jeder durch die Module A und B Versicherte durch Medicare C („Medicare&Choice") zusätzlich die Möglichkeit, unter verschiedenen den gesetzlich definierten Standards entsprechenden Health Plans zu wählen; vgl. FOLLAND, S., GOODMAN, A. C., STANO, M. [2004], S. 459 ff.

[610] Vgl. FOLLAND, S., GOODMAN, A. C., STANO, M. [2004], S. 460 ff.

[611] Vgl. BAUR, R., HEIMER, A., WIESELER, S. [2000], S. 112.

Völlig unversichert blieben - vor allem aufgrund der fehlenden Krankenversicherungspflicht und wegen der für breite Bevölkerungsschichten nicht finanzierbaren Prämien der Individualversicherungen - rund 16 Prozent der Bevölkerung.[612]

Innerhalb der Versorgungsformen sind im Wesentlichen zwei Typen voneinander zu unterscheiden. Die traditionelle Versorgung ist dadurch gekennzeichnet, dass sie auf einem *fee-for-service*-Vergütungssystem basiert und die Versicherten das Recht der freien Arzt- und Klinikwahl besitzen.[613]

Medicare und Medicaid haben weder eigene Versorgungsstrukturen noch spezielle Vertragspartner.[614] Bei Medicare findet die Vergütung der Leistungserbringer zumeist über diagnosebezogene Fallpauschalen (stationäre Versorgung) bzw. auf der Basis der erbrachten Einzelleistungen (ambulante Versorgung) statt.[615] Für Medicaid gibt es ebenfalls keinen einheitlichen Vergütungsmodus. Vielmehr ist die Form der Vergütung den Einzelstaaten freigestellt.[616]

Wie die über ihren Arbeitgeber versicherten Arbeitnehmer und die Selbstversicherten können auch Medicare- und Medicaid-Versicherte Mitglied einer so genannten ***Managed Care Organization*** (MCO) werden. MCOs schließen im Regelfall nur mit einer begrenzten Auswahl an Ärzten und Kliniken Verträge ab, in denen diese sich verpflichten, vorab definierte Leistungen für die Versichertengemeinschaft zur Verfügung zu stellen und bestimmte Nutzungs- und Qualitätskontrollen zu akzeptieren.[617] Das zentrale Merkmal von MCOs ist somit, dass sie Versicherungsleistung und Gesundheitsdienstleistungen aus einer Hand anbieten.[618] Der Versicherte (bzw. dessen Arbeitgeber oder das für ihn zuständige Medicare- oder Medicaid-Programm) bezahlt pro Monat oder Jahr eine fixe Prämie an die MCO, die ihm als Gegenleistung dafür eine Behandlung im

---

612 Vgl. ebenda, S. 113.

613 Vgl. SATTLER, C. [2000], S. 122.

614 Vgl. BAUR, R., HEIMER, A., WIESELER, S. [2000], S. 115.

615 Vgl. ebenda, S. 115 f.

616 Teilweise schreibt der Medicaid anbietende Einzelstaat die medizinische Versorgung aus, auf jeden Fall aber entscheidet der Staat ebenso wie die anderen Nachfrager auf Basis der am Markt erhältlichen Informationen über die vorliegenden Versicherungsangebote; vgl. NEIPP, J. [1988], S. 89.

617 Vgl. SATTLER, C. [2000], S. 122 sowie NCQA [2004d].

618 Üblicherweise werden - mit fließenden Übergängen zwischen den einzelnen Varianten - die folgenden drei MCO-Ausprägungen unterschieden: Health Maintenance Organizations (HMOs), Preferred Provider Organizations (PPOs) und Point of Service Organizations (POS-Organizations); vgl. MÜHLENKAMP, H. [2000], S. 31.

Krankheitsfall garantiert.[619] Auf ihr Recht der freien Arzt- und Klinikwahl müssen die Mitglieder einer MCO typischerweise weitgehend verzichten. Insbesondere der Umfang der versicherten Leistungen und die Höhe der Selbstbeteiligung, die die MCO-Mitglieder entrichten müssen, wenn sie Ärzte oder Kliniken in Anspruch nehmen, die nicht bei der MCO unter Vertrag stehen, variieren in Abhängigkeit von der jeweiligen MCO-Ausprägung zum Teil erheblich.[620]

Seit Anfang der 1990er Jahre ist in den USA eine deutliche Expansion der MCOs zu Lasten der traditionellen Versorgungsformen zu verzeichnen.[621] Verantwortlich dafür ist zum einen der aus den steigenden Gesundheitsausgaben resultierende Druck zur Kostensenkung seitens der Arbeitgeber. So schließen diese immer häufiger Verträge mit MCOs ab, da MCOs zumeist geringere Prämien als traditionelle Versicherungen bieten können.[622] Zum anderen ist die steigende Bedeutung der MCOs auf verschiedene gesetzgeberische Initiativen des Bundes und der Einzelstaaten, die eine Ausdehnung von *managed care* innerhalb von Medicare und Medicaid vorsehen, zurückzuführen.[623]

Mit dem starken Wachstum der MCOs auf dem amerikanischen Gesundheitsmarkt hat sich nicht nur der Wettbewerb zwischen einzelnen Ärzten und Krankenhäusern sowie zwischen den Anbietern von Versicherungsleistungen intensiviert.[624] Vielmehr führte das Wachstum auch zu einer Zunahme der Komplexität und Intransparenz des Marktes, weshalb der Bedarf an qualifizierter, unabhängiger und entscheidungsrelevanter Information über die Qualität der angebotenen Versicherungs- und Gesundheitsdienstleistungen bei allen Entscheidungsträgern spürbar gestiegen ist.[625]

Vor allem aus zwei Gründen sind Informationen über die Qualität der medizinischen Versorgung einzelner MCOs für die Versicherten von besonderer Bedeutung. Ein erster Grund liegt in dem Umstand, dass die in der MCO mit der

---

619 Vgl. BREYER, F., ZWEIFEL, P. S., KIFMANN, M. [2003], S. 409.

620 Vgl. dazu MÜHLENKAMP, H. [2000], S. 31 ff. So wird beispielsweise innerhalb der HMOs zwischen dem Angestellten- und Gruppenpraxis-Modell, dem Netzwerk-Modell sowie dem Ärzteverbands-Modell unterschieden; vgl. MÜHLENKAMP, H. [2000], S. 32 ff. Zu den einzelnen MCO-Ausprägungen vgl. darüber hinaus insbesondere BREYER, F., ZWEIFEL, P. S., KIFMANN, M. [2003], S. 409 ff. sowie NEIPP, J. [1988], S. 64 ff.

621 Vgl. SATTLER, C. [2000], S. 122.

622 Ebenda,

623 Vgl. ebenda.

624 Zur genauen Entwicklung der Marktanteile von MCOs vgl. MÜHLENKAMP, H. [2000], S. 59 ff.

625 Vgl. ISAACS, S. L. [1996], S. 31 f., MILLER, T. E., HOROWITZ, C. R. [2000], S. 154 und CHERNEW, M., GOWRISANKARAN, G., SCANLON, D. P. [2001], S. 2.

Erbringung der medizinischen Leistungen betrauten Ärzte im Regelfall am finanziellen Erfolg der MCO direkt oder indirekt beteiligt sind - sei es, weil sie selbst Teilhaber der MCO sind[626], sei es, weil sie nicht nach den von ihnen im Einzelfall erbrachten Leistungen vergütet, sondern mit einem fixen Einkommen zuzüglich einer Gewinnbeteiligung entlohnt werden. Unabhängig davon, ob sie Teilhaber oder Angestellter einer MCO sind, geht mit einer solchen Entlohnung für die Ärzte der Verhaltensanreiz, die Behandlungskosten pro Versicherten zu minimieren, und damit für die Versicherten die Gefahr der Unterversorgung mit Gesundheitsdienstleistungen einher.[627]

Ein zweiter Grund für die besondere Rolle der Informationen über die Qualität der medizinischen Versorgung einzelner MCOs ist, dass - anders als bei traditionellen Versicherungen, die dem Versicherten die Arzt- und Klinikwahl weitgehend überlassen - die Krankenversicherungsentscheidung eines MCO-Versicherten gleichzeitig eine bindende Auswahl der medizinischen Leistungserbringer mit sich bringt.

Mit den Informationsbedürfnissen der Versicherten nahm in den USA auch das wissenschaftliche Interesse an den spezifischen Problemen des Gesundheitsmarktes und besonders an der Entwicklung eines Instrumentariums zur Messung der Qualität stark zu.[628] Diese Entwicklung ermöglichte es an der Erstellung von Gesundheitsdienstleistungen unbeteiligten Dritten, z. B. kommerziellen Versicherungsagenten und Nonprofit-Organisationen, die entstandene Marktlücke für unparteiische und vergleichende Information durch entsprechende Dienstleistungsangebote auszufüllen.

Die Angebote umfassen im Einzelnen Informationen über Preise, Qualitäten und Leistungspaletten von MCOs und Einzelanbietern von Gesundheitsdienstleistungen, teilweise aber auch allgemeine Informationen über die Organisation des Gesundheitsmarktes, Prävention, Krankheiten sowie alternative Diagnose- und Therapiemethoden. Die Informationsprodukte werden in Form von Report Cards, Akkreditierungen und „E-Health"[629] direkt und über das Internet angeboten und richten sich an unterschiedliche Zielgruppen. Nachfrager sind - neben über ihren Arbeitgeber oder individuell versicherten Arbeitnehmern - vor allem

---

626 Dies ist vor allem bei Preferred Provider Organizations der Fall; vgl. MÜHLENKAMP, H. [2000], S. 41 ff.

627 Vgl. FOLLAND, S., GOODMAN, A. C., STANO, M. [2004], S. 266 ff.

628 Vgl. BRENNAN, T. [1998], S. 709.

629 Unter dem Begriff „E-Health" werden neben Informationsnetzwerken im Allgemeinen auch diejenigen Informationen und Serviceleistungen zusammengefasst, die im Internet angeboten bzw. erbracht werden; vgl. EYSENBACH, G. [2001].

Arbeitgeber, die für ihre Verhandlungen mit MCOs oder die Auswahl von Versicherungsoptionen detaillierte Informationen benötigen, und diese anschließend ihren Arbeitnehmern als Grundlage für deren Versicherungsentscheidung zur Verfügung stellen möchten.[630] Zu den Interessenten zählen auch zahlreiche bundesstaatliche und einzelstaatliche Behörden, die die gesundheitliche Versorgung von Medicare- bzw. Medicaid-Versicherten organisieren und entsprechende Aufträge an MCOs vergeben.[631] Wegen der dominanten Marktposition einiger solcher Informationsprodukte und ihrer zunehmenden Bedeutung für Versicherungsentscheidungen zählen inzwischen auch die MCOs selbst zu den Nachfragern der Informationen. Sie übernehmen die Qualitätsstandards der wichtigsten Informationsanbieter und implementieren diese öffentlichkeitswirksam zur Qualitätssicherung ihrer eigenen Leistungen.

Die bekanntesten Anbieter von Report Cards und Akkreditierung sind neben der ***Foundation for Accountability*** (FACCT) die ***Joint Commission on Accreditation of Health Care Organizations*** (JCAHO) sowie das ***National Committee for Quality Assurance*** (NCQA).[632] Die JCAHO akkreditiert vor allem Anbieter stationärer Gesundheitsdienstleistungen und nimmt in diesem Bereich eine Marktführerposition ein.[633] Zwar konkurrieren JCAHO und NCQA auch bei der Akkreditierung von MCOs; die stärkere Wettbewerbsposition hat in diesem Bereich allerdings die NCQA.

Das starke Wachstum der MCOs auf dem amerikanischen Gesundheitsmarkt hat dazu geführt, dass immer weniger Ärzte ihre Leistungen rechtlich und finanziell unabhängig von Versicherungsunternehmen und anderen Leistungserbringern anbieten. Aufgrund der abnehmenden Bedeutung der Einzelanbieter hat sich das Informationsinteresse der Versicherten in den letzten Jahren zunehmend auf die mit den Einzelanbietern Verträge abschließenden MCOs verlagert. Neben der steigenden Bedeutung der MCO und der Marktführerschaft des NCQA im Bereich der Informationen über die Qualität von MCOs spricht auch die Tatsache, dass die Informationsangebote der FACCT und des JCAHO inhaltlich nur Bruchteile der Report Cards des NCQA enthalten, dafür, die folgende Untersuchung auf die Report Cards des NCQA zu fokussieren. Exemplarisch für alle anderen US-amerikanischen Informationsangebote sind deshalb im Folgenden die Report Cards des NCQA anhand der in Kapitel C 2.3 in Teil II dieser Arbeit

---

630 Vgl. HIBBARD, J. H. et al. (1997), S. 172.

631 Vgl. FELDMAN, R., CHRISTIANSON, J., SCHULTZ, J. [2000], S. 47.

632 Vgl. SHORTELL, S. M., BENNETT, C. L., BYCK, G. R. [1998], S. 593 und EDDY, D. M. [1998], S. 24.

633 Vgl. MÜLLER, J. [2000], S. 4 f. und BRENNAN, T. [1998], S. 714.

aufgestellten Kriterien gewürdigt. Dabei ist auch untersucht, inwieweit die Informationsangebote des NCQA von den Rat suchenden Bürgern im Rahmen ihrer Entscheidungsfindung tatsächlich berücksichtigt werden.

3 Würdigung der Report Cards des National Committee for Quality Assurance

Das National Committee for Quality Assurance ist eine nach eigenen Angaben unabhängige, private, nicht-gewinnorientierte Organisation, deren erklärtes Ziel die Verbesserung der Qualität der medizinischen Versorgung in den USA ist.[634] Zu diesem Zweck untersucht das NCQA seit dem Jahr 1990 die Qualität der von Managed Care Organisationen erbrachten Leistungen.[635]

Für diese Untersuchungen bedient sich das NCQA dreier Instrumente. Grundlage der Bewertungen ist der zu Beginn der 1990er Jahre konzipierte und seitdem kontinuierlich weiterentwickelte ***Health Plan Employer Data and Information Set*** (HEDIS). HEDIS umfasst in seiner aktuellen Version *HEDIS 2004* rund 60 Maßstäbe, mit deren Hilfe die Leistungen einzelner MCOs qualitativ bewertet und verglichen werden können.[636] Tabelle 16 gibt einen Überblick über die in *HEDIS 2004* berücksichtigten Qualitätsmaßstäbe.

Darüber hinaus greift das NCQA mit dem ***Consumer Assessment of Health Plans*** (CAHPS) auf die Ergebnisse von Befragungen zur Patientenzufriedenheit zurück. CAHPS ist ein Informationsangebot der ***Agency for Healthcare Research and Quality*** (AHRQ), einer Bundesbehörde, die jährlich Patienten nach ihrer Zufriedenheit mit der ihnen angebotenen medizinischen Versorgung befragt. Wie aus den zwei Positionen am Ende der Tabelle 16 ersichtlich ist, sind Bestandteile der aktuellen Version *CAHPS 3.0H* in *HEDIS 2004* integriert.

Ergänzt werden die mit HEDIS und CAHPS gewonnenen Informationen durch unabhängige Prüfer, die auf der Basis von Vor-Ort-Untersuchungen unter anderem die Qualität der Behandlungsabläufe und administrativen Prozesse der MCOs bewerten.[637]

---

634 Vgl. NCQA [2004d].

635 Vgl. ebenda.

636 Vgl. NCQA [2004f].

637 Vgl. NCQA [2004d].

Die Ergebnisse seiner Untersuchungen bietet das NCQA interessierten Patienten und Arbeitgebern, die ihren Arbeitnehmern Krankenversicherungsschutz anbieten und diesen darüber hinaus eine gut informierte Entscheidungsfindung ermöglichen möchten, sowie MCOs, die ihre Behandlungsqualitäten mit denen ihrer Wettbewerber vergleichen wollen, an.

Um die Inanspruchnahme seines Angebots zu fördern, beschränkt sich das NCQA weder auf den Verkauf des jährlich erscheinenden *Quality Compass*, der die Untersuchungsergebnisse aller teilnehmenden MCOs für jedes der berücksichtigten Qualitätskriterien umfasst, noch auf die Veräußerung der entsprechend den Wünschen von Arbeitgebern oder Patienten individuell aufbereiteten Report Cards. Vielmehr stellt das NCQA der Öffentlichkeit sowohl inhaltlich reduzierte Online-Versionen seiner Report Cards als auch einen jährlichen Bericht zum Stand der Qualität der medizinischen Versorgung in den USA kostenlos über das Internet zur Verfügung.[638]

Abbildung 33 zeigt als Beispiel die Online-Version einer Report Card, die über die Bewertungen der im Bundesstaat Connecticut akkreditierten *Health Maintenance Organizations* (HMO) und *Point of Service*-Pläne (POS) informiert.[639]

Abbildung 34 illustriert eine von der MCO „ConnectiCare, Inc.“ auf Basis des *Quality Compass 2002* erstellte „Corporate Report Card“. Sie soll einen Vergleich der von ConnectiCare in den einzelnen HEDIS-Kategorien erzielten Bewertungen mit den entsprechenden Bewertungen ihrer Wettbewerber in Connecticut gestatten.

Wenngleich Abbildung 34 nur ein Beispiel für einen mit Hilfe des *Quality Compass* erstellten MCO-Vergleichs ist und der *Quality Compass* grundsätzlich ein breites Spektrum anderer Aufbereitungsformen ermöglicht, ist er im Folgenden gemeinsam mit der entsprechenden Online-Version als Prototyp einer auf dem *Quality Compass* basierenden Report Card gewürdigt.

---

638 Vgl. dazu z. B. NCQA [2003b].

639 HMOs und POS sind zwei Typen von Managed Care Organisationen. Sie unterscheiden sich im Wesentlichen dadurch, dass im Fall der POS dem Versicherten selbst dann ein Teil seiner Behandlungskosten erstattet wird, wenn er sich ohne Überweisung außerhalb des Netzes hat behandeln lassen. Demgegenüber sehen HMOs eine Behandlung außerhalb des Netzes grundsätzlich nicht vor, es sei denn, der Versicherte ist bereit, die Behandlungskosten voll zu übernehmen. Vgl. zu den Details FOLLAND, S., GOODMAN, A. C., STANO, M. [2004], S. 257 f.

Tabelle 16: Qualitätsmaßstäbe in HEDIS 2004*

HEDIS 2004 Measure	
Effectivence of Care	**Health Plan Stability**
Childhood Immunization Status	Practitioner Turnover
Adolescent Immunization Status	Years in Business/Total Membership
Appropriate Treatment for Children With Upper Respiratory Infection	**Use sof Services**
Appropriate Testing for Children With Pharyngitis	Frequency of Ongoing Prenatal Care
Colorectal Cancer Screening	Well-Child Visits in the First 15 Months of Life
Breast Cancer Screening	Well-Child Visits in the Third, Forth, Fifth and Sixth Years of Life
Cervical Cancer Screening	Adolescent Well-Care Visit
Chlamydia Screening in Women	Frequency of Selected Procedures
Osteoporosis Management in Women Who Had a Fracture	Inpatient Utilization – General Hospital/Acute Care
Controlling High Blood Pressure	Ambularoty Care
Beta-Blocker Treatment After a Heart Attack	Inpatient Utilization – Nonacute Care
Cholesterol Management After Acute Cardiovascular Event	Discharge and Average Length of Stay – Maternity Care
Comprehensive Diabetes Care	Cesarean Section Rate
Use of Appropriate Medications for People With Asthma	Vaginal Birth After Cesarean Rate (VBAC Rate)
Follow-Up after Hospitalization for Mental Illness	Births and Average Length of Stay, Newborns
Antidepressant Medication Management	Mental Health Utilization – Inpatient Discharges and Average Length of Stay
Medical Assistance with Smoking Cessation	Mental Health Utilization – Percentage of Members receiving Services
Flu Shots for Adults Age 50 – 64	Chemical Dependency Utilization – Inpatient Discharges and Average Length of Stay

Flu Shots for Older Adults	Chemical Dependency Utilization – Percentage of Members receiving Services
Pneumonia Vaccination Status for Older Adults	Identification of Alcohol and Other Drug Services
Medicare Health Outcomes Survey	Outpatient Drug Utilization
Management of Urinary Incontinence in Older Adults	**Health Plan Descriptive Information**
Access/Available of Care	Board Certification
Adults' Access to Preventive/Ambulatory Health Services	Total Enrollment by Percentage
Children's and Adolescents' Access to Primary Care Practitioners	Enrollment by Product Line
Prenatal and Postpartum Care	Unduplicated Count of Medicaid Members
Annual Dental Visit	Diversity of Medicaid Membership
Initiation and Engagement of Alcohol and Other Drug Dependence Treatment	Weeks of Pregnancy at Time of Enrollment in the MCO
Claims Timeliness	
Call Answer Timeliness	
Call Abandonment	
Satisfaction with the Experience of Care	
CAPHS 3.0H Adult Survey	
CAPHS 3.0H Child Survey	
ECHO™ 3.0H Survey for MBHOs	

* Eine detaillierte Beschreibung der einzelnen HEDIS-Maßstäbe findet sich u. a. in BLUE CROSS BLUE SHIELD OF MONTANA [2004].

Quelle: Modifiziert nach NCQA [2004i].

Abbildung 33: Bewertungen der im Bundesstaat Connecticut akkreditierten, HMOs und POS

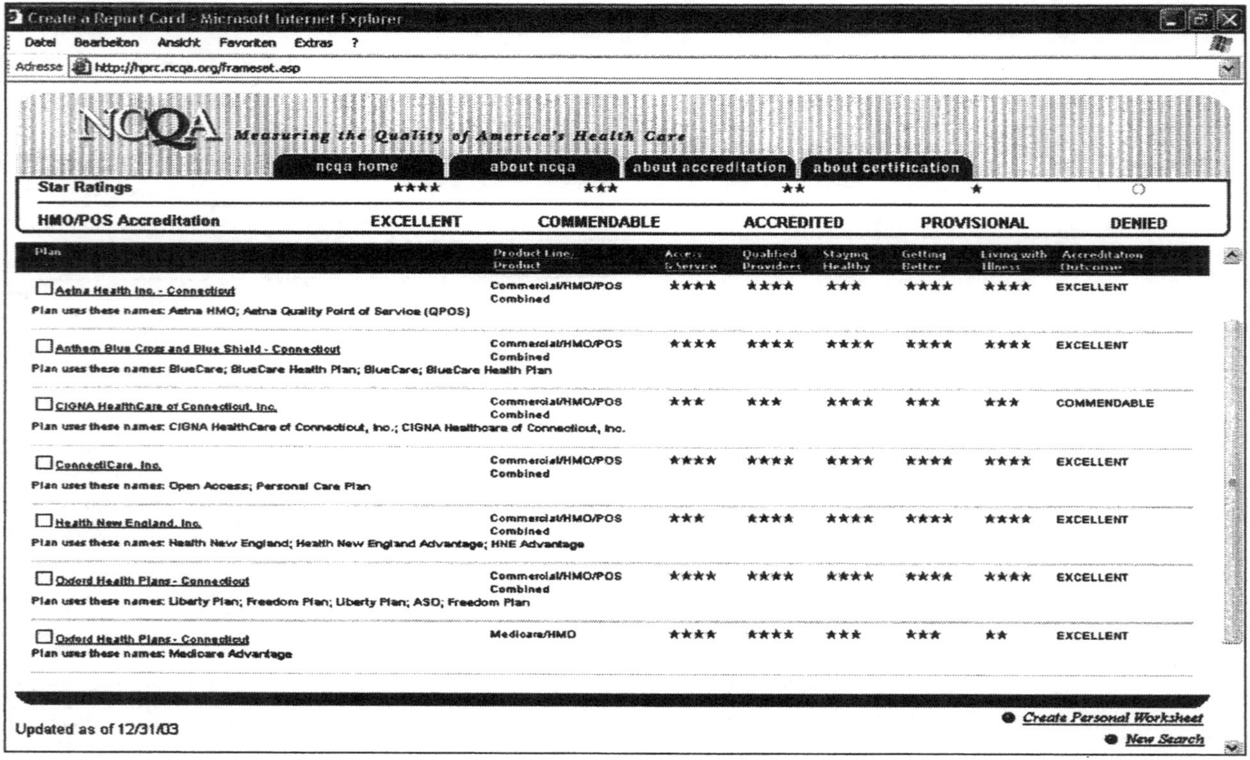

Quelle: NCQA [2004a].

Umfassende Informationen: Das NCQA bewertet nur die Qualität der Leistungen jener MCOs, die dies ausdrücklich wünschen. In seinem jüngsten Jahresbericht gibt das NCQA die Zahl der akkreditierten MCOs mit 513 an.[640] Damit erfasst das Informationsangebot des NCQA derzeit nur rund die Hälfte der am Markt befindlichen MCOs.[641] Für die Zukunft ist allerdings davon auszugehen, dass der Anteil der akkreditierten MCOs in Zukunft weiter steigen wird, da immer mehr Arbeitgeber nur noch Verträge mit MCOs, die vom NCQA akkreditiert sind, abschließen.[642]

Wie aus Abbildung 34 ersichtlich ist, illustriert der *Quality Compass* sämtliche Ergebnisse, die die untersuchten MCOs in den einzelnen HEDIS-Kategorien erzielt haben. Im Gegensatz dazu fassen die Online-Versionen der Report Cards die HEDIS-Einzelergebnisse mit Hilfe der Kategorien ***Access and Service***, ***Qualified Providers***, ***Staying Healthy***, ***Getting Better*** und ***Living with Illness*** zusammen und bewerten diese mit maximal vier (für HMOs und POS) bzw. drei (PPOs) Sternen. Bei der Akkreditierung - als der Gesamtbewertung eines Anbieters - reicht das Spektrum bei HMOs und POS von „Excellent", „Commendable", „Accredited", „Provisional" bis hin zu „Denied". Die bestmögliche Bewertung einer PPO ist dagegen „Full"; darüber hinaus unterscheidet sich die PPO nur noch durch das vorläufige Rating „One Year".[643]

In die Bewertung der Kategorie ***Access and Service*** fließt vor allem ein, ob die MCO eine im Verhältnis zur Zahl der eingeschriebenen Patienten ausreichende Anzahl von Primär- und Fachärzten und Spezialisten bereithält, in welchem Umfang die MCO für Notfälle Bereitschaftsdienste vorsieht, wie sie auf Beschwerden der Patienten reagiert, ob ein hinreichender Schutz der Patienten- und Behandlungsdaten gewährleistet ist und inwieweit die Patienten über die besonderen Leistungsangebote der MCO informiert werden. Darüber hinaus ist für die Bewertung z. B. auch die Auskunftsbereitschaft der Leistungserbringer und die Freundlichkeit des sonstigen Personals von Bedeutung.[644]

---

640 Vgl. NCQA [2003b], S. 5.

641 Vgl. NCQA [2004g].

642 Vgl. COURTÉ-WIENECKE, S. [2002], S. 55.

643 Vgl. NCQA [2004d].

644 Vgl. NCQA [2004l].

Abbildung 34: Corporate Report Card der ConnectiCare Inc.

Board Certification							
Measure	**2002 Rate**	**2001 Rate**	**2000 Rate**	**Internal Goal**	**NCQA Accreditation Benchmark[1]**	**Competitor Average[2]**	**NEHC Average[3]**
Childhood Immunizations	85.1%[4]	85.1%	83%	90%	National – 79% NE Region – 82%	80.7%	76.6%
Adolescent Immunization	70.1%[4]	38.7%	27.7%	85%	National – 46% NE Region – 43%	65.6%	59.3%
Breast Cancer Screening	83.2%[4]	83.2%	79.3%	80%	National – 81% NE Region – 81%	79.3%	77.5%
Cervical Cancer Screening	86.2%[4]	86.2%	81.7%[4]	85%	National – 81% NE Region – 84%	84.5%	80.6%
Prenatal Care in 1st Trimester	93.1%[4]	93.1%	94.3%[4]	90%	National – 95% NE Region – 95%	94.4%	88.6%
Postpartum Care	88.4%[4]	88.4%	72.4%[4]	90%	National – 87% NE Region – 86%	86.2%	79.6%
Beta Blocker after Heart Attack	99.2%	97.1%	90.9%	95%	National – 95% NE Region – 97%	94.9%	89.0%
Ambulatory Follow Up After Mental Health Hospitalization	81.1%	79.8%	81.5%	87%	National – 87% NE Region – 87%	80.3%	78.4%
Management of Hypertension	68.1%	31.6%	45.9%	not yet established		61.2%	56.4%
Appropriate Medications for Asthmatics							
5 – 9 years	69.9%	66.2%	64.1%	not yet established		71.9%	68.3%
10 – 17 years	65.7%	67.7%	65.9%			66.3%	62.6%
18 – 56 years	72.4%	68.6%	70.9%			68.4%	64.5%
Combination	70.8%	68.1%	69.0%	not yet established		68.5%	63.6%
Cholesterol Management after Cardiac Event					National – 83% NE Region – 82%		
Screening	80.9%	75.0%	62.6%	83%		81.5%	78.1%
Lipid Control	70.6%	48.0%	53.5%	73%		60.9%	62.0%
Diabetic Care							
HgA1c Testing	86.9%	82.5%	85.4%	90%		82.1%	82.4%
HgA1c Poor Control	27.3%	37.5%	33.3%	25%		36.9%	28.1%
Eye Exam	69.8%	58.2%	60.1%	70%	National – 66% NE Region – 66%	60.8%	61.7%
Lipid Prifile	87.1%	84.7%	82.0%	90%		84.7%	77.3%
Lipid Control	57.9%	40.2%	35.5%	50%		49.1%	47.0%
Nephropathy Screening	56.0%	51.1%	61.3%	60%		47.4%	47.6%
Antidepressant Medication Management							
Practitioner Contacts	54.5%	18.9%	17.0%	60%	National – 34% NE Region – 33%	30.1%	27.6%
Acute Phase Treatment	55.5%	57.8%	28.7%	71%	National – 70% NE Region – 71%	61.2%	65.1%
Continuation Phase Treatment	44.0%	45.6%	19.6%	59%	National – 54% NE Region – 59%	48.1%	49.9%

Quelle: CONNECTICARE [2003], S. 5 f. (Abschrift)

Board Certification

Measure	**2002**	**2001**	**2000**	**Internal Goal**	**Competitor Average**[2]	**New England Average**[5]	**National Average**[6]
PCPs	91.9%	91%	89.8%	85%	86.9%	87.4%	82.4%
OB/Gyns	87.5%	88%	89.0%	85%	85.6%	82.9%	80.0%
Pediatric Specialists	77.0%	79%	79.8%	90%	81.6%	77.1%	79.3%
Geriatric Specialists	94.1%	97%	100.0%	90%	87.5%	78.7%	79.0%
Specialists	91.5%	91%	91.5%	90%	85.5%	83.3%	81.8%

Consumer Assessment of Health Plant Satisfaction (CAHPS) Survey 2002
Rating Scores
Members were asked to evaluate overall satisfaction with their health plan, all health care received, their personal doctor and the specialist they most frequently visited in the past 12 months on a scale from 0 to 10, 10 being the best rating. The percentages represent those respondents answering 8, 9 or 10.

Measure of Overall Satisfaction with	**2002**	**2001**	**2000**	**Competitor Average**[2]
Health Plan	72.77%	67.71%	61.50%	66.78%
Health Care	78.59%	79.34%	77.10%	77.86%
Personal Doctor	79.70%	76.65%	79.00%	77.62%
Specialist	78.83%	80.11%	79.80%	80.67%

Composite Scores
Composite scores are based on the unweighted average of selected question by NCQA, and are reported for six key measures of member satisfaction with their health plan and their physician in the past 12 months. Members were asked to evaluate on a scale from 0 to 10, 10 being the best rating. The percentages represent those respondents answering 8, 9, or 10.

Measure	**2002**	**2001**	**2000**	**Competitor Average**[2]
Customer Service	75.50%	75.20%	60.10%	70.75%
Claims Processing	87.12%	89.75%	89.40%	87.27%
Getting Needed Care	86.46%	82.75%	79.80%	82.64%
Getting Care Quickly	82.40%	84.17%	79.70%	83.95%
How Well Doctors Communicate	90.96%	92.69%	89.30%	92.70%
Courteous & Helpful Office Staff	93.91%	93.19%	91.30%	93.46%

Footnotes:
[1] When comparing a rate to benchmarks, NCQA adds 5 percentage points to the health plan rate to allow for sampling variation
[2] Competitor Average: Aetna U.S. Healthcare, CT, Anthem BC/BS CT, Health New England, CIGNA Healthcare of CT, Oxford Health Plans, CT, and Health Net CT based on 2002 Quality Compass
[3] NEHC Avg. = Average of the 16 health plans that are part of the New England HEDIS Coalition
[4] Measure was rotated in 2002, 2001 rate reported to NCQA
[5] New England Average – based on 28 plans in the New England region who reported HEDIS rates in 2002 Quality Compass
[6] National Average – based on 293 plans nationwide that reported in 2002 Quality Compass

Die Kategorie ***Qualified Providers*** bewertet in erster Linie, ob und wie die MCO sicherstellt, dass die dort tätigen Ärzte über die notwendigen Qualifikationen und Lizenzen verfügen. Außerdem wird berücksichtigt, ob sich die Ärzte regelmäßig fortbilden und inwieweit die MCO prüft, ob gegen ihre Ärzte in der Vergangenheit Klagen erhoben und Sanktionen verhängt wurden.[645]

Maßgeblich für die Kategorie ***Staying Healthy*** sind die Aktivitäten der MCO, die ihre Mitglieder präventiv vor Krankheiten schützen sollen. So wird beispielsweise geprüft, ob und in welcher Form die MCO ihren Ärzten konkrete Vorgaben über bestimmte Präventionsmaßnahmen macht, die den MCO-Mitgliedern angeboten werden sollen. Außerdem wird bei der Bewertung dieser Kategorie die Anzahl der MCO-Mitglieder berücksichtigt, die tatsächlich an den Präventionsmaßnahmen teilgenommen haben. So sieht das NCQA (bzw. HEDIS) beispielsweise beim Impfschutz für zweijährige Kinder sechs, für Erwachsene (ab dreizehn Jahren) drei spezielle Schutzimpfungen vor. Ausschlaggebend für die Performance in der Unterkategorie Impfschutz ist dann der nach einer von HEDIS vorgegebenen Methode gemessene Prozentsatz tatsächlich geimpfter Patienten im Vergleich zu einer vorgegebenen Benchmark. Die Performancewerte der Unterkategorien führen wiederum zu einer Bewertung der Gesamtqualität der medizinischen Leistungen des Anbieters.

In der Kategorie ***Getting Better*** bewertet das NCQA, wie die MCOs für die Wiederherstellung der Gesundheit ihrer Mitglieder sorgen. So wird beispielsweise untersucht, ob und in welcher Form neue Methoden und Medikamente von den MCOs auf ihre spezifischen Vor- und Nachteile geprüft werden, um ihren Versicherten eine Behandlung anbieten zu können, die dem jeweils aktuellen Stand der medizinischen Erkenntnisse entspricht. Geprüft wird außerdem, ob und inwieweit die für die MCOs tätigen Ärzten angehalten werden, sich an konkrete Behandlungsleitlinien zu halten.[646]

Im Vordergrund der Kategorie ***Living with Illness*** steht die Frage, wie gut sich die MCOs um die besonderen Bedürfnisse ihrer chronisch kranken Mitglieder - z. B. Diabetes-, Asthma- oder Bluthochdruckpatienten - kümmern. So wird z. B. untersucht, bei wie viel Prozent der diagnostizierten Bluthochdruckpatienten es den Ärzten der betreffenden MCO gelungen ist, den Blutdruck dieser Patienten über einen längeren Zeitraum auf ein Niveau von maximal 140/90 mm Hg abzusenken.[647]

---

645 Vgl. NCQA [2004b].

646 Vgl. NCQA [2004m].

647 Vgl. BLUE CROSS BLUE SHIELD OF MONTANA [2004], S. 3.

Für die NCAQ- Akkreditierung sind somit nicht nur Aspekte der Strukturqualität, sondern auch solche der Prozess- und Ergebnisqualität relevant. Wenngleich das NCQA nicht alle der in dieser Arbeit als qualitätsrelevant eingestuften Aspekte erfasst, bieten die Report Cards den Patienten somit dennoch umfassende Informationen über die Qualität der untersuchten MCOs an.

Zuverlässigkeit: Das NCQA greift für seine Untersuchungen auf das *Health Plan Employer Data and Information Set*, auf das *Consumer Assessment of Health Plans* und auf Vor-Ort-Kontrollen zurück. Sowohl die rund 60 HEDIS-Maßstäbe als auch der Aufbau der CAHPS-Patientenbefragungen sind vom NCQA und der AHRQ für die Öffentlichkeit gut zugänglich dokumentiert. Auch das Vorgehen der unabhängigen Prüfer, die die Vor-Ort-Kontrollen durchführen, ist hinreichend transparent gemacht. Auf die Zuverlässigkeit der Report Cards wirkt sich die Offenlegung der Informationsgewinnungsmethoden positiv aus. Negativ ist allerdings zu bewerten, dass das NCQA keine genaue Angaben darüber macht, mit welcher Gewichtung die einzelnen HEDIS-Maßstäbe in die Bewertung der fünf Kategorien der Online-Report Cards und in die Gesamtbewertung der MCOs einfließen.

Grundlage der meisten Performancemaße sind administrative, also von dem zu beurteilenden Anbieter selbst erstellte Daten und Aufzeichnungen. Im Regelfall liegt allerdings nur ein Teil der benötigten Grunddaten der Versicherten und der zu Verwaltungs- und Abrechnungszwecken dokumentierten Daten in elektronischer Form vor.[648] Für den Fall, dass die für den jeweiligen Indikator benötigten Daten durch die betreffende MCO nur in papierbasierten Patientenakten dokumentiert sind, wertet das NCQA zur Vermeidung eines zu großen Aufwandes - soweit möglich - nur eine Zufallsstichprobe der interessierenden Personengruppe aus.[649]

Um den Spielraum der MCOs zur Manipulation ihrer Daten zu beschränken[650], überprüft das NCQA regelmäßig die Aufzeichnungen, mittels derer eine MCO die erbrachten Gesundheitsleistungen dokumentiert bzw. Patientendaten erfasst, auf ihre Übereinstimmung mit den Erfordernissen von HEDIS.[651] So werden durch einen vom NCQA autorisierten unabhängigen Prüfer die Angaben der

---

648 Vgl. COURTÉ-WIENECKE, S. [2002], S. 54.

649 Vgl. ebenda.

650 Zu den Möglichkeiten der Manipulation der Daten vgl. ILL, A. G. M., TALBERT, J. [1998], S. 411, ROPER, W., CUTLER, C. M. [1998], S. 153 und MCLAUGHLIN C., GINSBURG, P. B. [1998], S. 741.

651 Vgl. EDDY, D. M. [1998], S. 9.

MCOs - soweit möglich - kontrolliert und mit den Gegebenheiten vor Ort abgeglichen.

Die Patientenzufriedenheit ermittelt das NCQA auf der Basis von CAHPS. Um eine Verzerrung der Befragungsergebnisse zu vermeiden, werden die Versicherten, die in Interviews nach ihren persönlichen Erfahrungen mit der MCO befragt werden, mittels einer Stichprobenauswahl bestimmt.[652] Da die aus den administrativen Daten und den Patienteninterviews gewonnenen Informationen durch Vor-Ort-Untersuchungen ergänzt werden[653], wirkt auch die vom NCQA getroffene Auswahl der Informationsquellen positiv auf die Zuverlässigkeit der Report Cards.

Das NCQA bezeichnet sich als private, unabhängige, nicht-gewinnorientierte Organisation.[654] Eine nähere Betrachtung der Finanzierungsquellen des NCQA führt allerdings zu dem Ergebnis, dass dieser Selbsteinschätzung nicht uneingeschränkt zugestimmt werden kann. So finanziert sich das NCQA erstens aus dem Verkauf des HEDIS-Instrumentariums an MCOs, die auf diese Weise ihre Qualität verbessern bzw. sich bestmöglich auf die Akkreditierung durch das NCQA vorbereiten wollen. Nach Angaben des NCQA nutzen bereits 90 Prozent aller US-amerikanischen MCOs HEDIS als Instrument des Qualitätsmanagements.[655] Einnahmen erzielt das NCQA zweitens durch den Verkauf des *Quality Compass* an Arbeitgeber, Patienten und MCOs.

Eine dritte Einnahmenquelle sind die Sponsorengelder, die das NCQA von Unternehmen erhält, die sich als Gegenleistung dafür als „Platin-, Gold-, Silber- oder Bronze-Sponsor" bezeichnen dürfen.[656] Im Gegensatz zu den beiden zuvor genannten ist diese Einnahmequelle nicht ohne weiteres als unproblematisch für die Zuverlässigkeit der Informationen einzustufen. Da in den Jahresberichten des NCQA jedoch keine Angaben darüber zu finden sind, welchen Anteil die Sponsorengelder an den Gesamteinnahmen des NCQA in Höhe von rund 23 Mio. US-$ (im Jahr 2002)[657] stellen, ist eine Aussage über die tatsächliche wirtschaftliche Abhängigkeit des NCQA von seinen Sponsoren derzeit nicht möglich.

---

[652] Vgl. NCQA [2004d].

[653] Vgl. ebenda.

[654] Vgl. ebenda.

[655] Vgl. NCQA [2004j].

[656] Zu den weiteren Vorteilen der Sponsoren vgl. NCQA [2004n]. Die Höhe der Sponsorengelder reicht von „250.000$/Jahr und darüber" für den Platin-Status bis zu „49,999$/Jahr oder weniger", die für den Bronze-Status zu zahlen sind; vgl. ebenda.

[657] Vgl. NCQA [2003a], S. 35.

In der Gesamtbetrachtung bleibt somit festzuhalten, dass die Zuverlässigkeit der Report Cards aufgrund der umfassend dokumentierten Informationsgewinnungsmethoden und der Bemühungen des NCQA, eine Manipulation der herangezogenen Daten zu vermeiden, als hoch eingestuft werden kann. Der in seiner Höhe ungeklärte Einfluss der Sponsoren auf die wirtschaftliche Unabhängigkeit des NCQA wirkt sich auf die Zuverlässigkeit der Report Cards allerdings negativ aus.

Aktualität und Flexibilität: Die hinter den Report Cards stehenden Qualitätsberichte werden jährlich erstellt.[658] Das für die Untersuchungen zentrale Messinstrumentarium HEDIS wird vom NCQA kontinuierlich weiterentwickelt, um sowohl medizinische Erkenntniszuwächse als auch die bei den Akkreditierungen gesammelten Erfahrungen berücksichtigen zu können.[659] Da zudem auch die von der AHRQ durchgeführten Befragungen zur Patientenzufriedenheit fortwährend verfeinert werden[660], sind die Report Cards als hinreichend aktuell und flexibel einzustufen.

Verfügbarkeit: Wie bereits erläutert stellt das NCQA über das Internet eine inhaltlich reduzierte Version seiner Report Cards der Öffentlichkeit kostenlos zur Verfügung. Darüber hinaus erscheinen diese Report Cards sowohl in lokalen Tageszeitungen als auch in überregionalen Magazinen.[661] Die Online-Ausgabe der Report Cards ist somit für interessierte Patienten gut verfügbar.

Differenzierter zu bewerten ist die Verfügbarkeit der im *Quality Compass* enthaltenen Report Cards. Im Gegensatz zur Online-Version können diese nicht kostenlos vom NCQA bezogen werden. Vielmehr kostet z. B. die CD-ROM-Version des *Quality Compass* 2003, die - wenn auch in begrenztem Umfang - das Erstellen individualisierter Report Cards ermöglicht, für einen einzelnen Nutzer 2.750 US-$.[662] Den kompletten Datensatz des *Quality Compass* in Form einer Microsoft Excel- oder SAS-Datei bietet das NCQA für Einzelnutzer zu einem Preis von 15.400 US-$ an.[663] Insbesondere für Arbeitnehmer, denen die vollständigen Report Cards nicht von ihrem Arbeitgeber zur Verfügung gestellt

---

658 Vgl. Courté-Wienecke, S. [2002], S. 55.

659 Vgl. NCQA [2004j].

660 Vgl. AHRQ [2004].

661 NCQA [2004d].

662 Mit steigender Nutzerzahl reduziert sich der Preis pro Nutzer; vgl. NCQA [2004k].

663 Auch hier sinkt der Preis pro Nutzer mit steigender Nutzerzahl; vgl. ebenda.

werden, und für Selbst-Versicherte sind die inhaltlich nicht reduzierten Report Cards somit nur unter erheblichen finanziellen Aufwendungen verfügbar.[664]

Berücksichtigung der Unterschiede in den Patientenpräferenzen: Auf seiner Internetseite bietet das NCQA jedem die Möglichkeit an, anhand der Suchkriterien Name und Region sowie Form des Versicherungsschutzes (z. B. Commercial, Medicare und Medicaid) und Versorgungsform (HMO/POS und PPO) Report Cards zu erstellen.[665] Da die resultierende (Online-)Report Card nicht nur die Gesamtbewertung der ausgewählten MCOs, sondern auch deren Einzelbewertungen für die fünf Qualitätskategorien (Access and Service, Qualified Providers, Staying Healthy, Getting Better, Living with Illness) ausweist, ermöglicht das NCQA den Informationsnachfragern auch eine Gewichtung der Einzelbewertungen anhand ihrer persönlichen Präferenzen. Eine noch umfassendere Auswertung der Untersuchungsergebnisse eröffnet sich naturgemäß denjenigen, denen der gesamte Datensatz des *Quality Compass* zur Verfügung steht.

Patientengerechte Aufbereitung: Die Frage nach der patientengerechten Aufbereitung des NCQA-Informationsangebots ist für die Online-Version der Report Cards und den *Quality Compass* getrennt voneinander zu beantworten. Wie in Abbildung 33 zu sehen ist und bereits erläutert wurde, beschränken sich die Online-Report Cards auf die Darstellung der Gesamtbewertungen und der Ergebnisse, die die MCOs in den oben genannten fünf Qualitätskategorien erzielt haben. Da das NCQA für die Abbildung der fünf Einzelergebnisse auf Symbole zurückgreift und den Patienten außerdem die Möglichkeit bietet, durch einfaches Anklicken der Spaltenbezeichnungen genauere Informationen über die jeweils zu Grunde gelegten Bewertungskriterien zu erhalten, ist der Komplexitätsgrad des Informationsangebots niedrig, so dass die Aufbereitung der Online-Version der Report Cards als patientengerecht eingestuft werden kann.

---

664 Im Zuge des 1997 verabschiedeten Balanced Budget Act, der Medicare-Versicherten die Möglichkeit bietet, im traditionellen FFS-System zu bleiben oder zwischen verschiedenen MCOs zu wählen, wurde von den für Medicare zuständigen staatlichen Behörden das „National Medicare Education Program" (NMEP) entwickelt. Zweck dieser Initiative ist es, Medicare-Versicherte durch die Bereitstellung von relevanten Informationen bei ihrer Versicherungsentscheidung zu unterstützen. Seit 2000 wird den Versicherten dazu das so genannte „Medicare Handbook" zur Verfügung gestellt, welches auf HEDIS und CAHPS basierende Report Cards enthält. Im Gegensatz zu über ihren Arbeitgeber versicherten Arbeitnehmern haben Medicare-Versicherte also generell Zugang zu dieser Informationsquelle. Vgl. dazu HIBBARD, J. H. et al. [1998], S. 181 sowie MCCORMACK, L. et al. [2001], S. 134.

665 Vgl. NCQA [2004a].

Eine andere Einschätzung ergibt sich für den *Quality Compass*. Da in ihm die Bewertungen der rund 60 HEDIS-Maßstäbe in ihrer Gesamtheit und für alle teilnehmenden MCOs ausgewiesen sind, besteht grundsätzlich die Gefahr, dass die Nachfrager der Informationen von der Vielzahl der Einzelinformationen überfordert werden und sie deshalb entweder uninformierte Entscheidungen treffen oder auf andere Quellen zurückgreifen.

Dass diese Gefahr nicht nur theoretischer Natur ist, zeigen Studien, die die Bedeutung der in den Report Cards enthaltenen Informationen für die Versicherungsentscheidungen der US-Bürger untersuchen.[666] So wird insbesondere festgestellt, dass mit der ständig steigenden Zahl von HEDIS-Performancemaßen auch die Gefahr zunimmt, dass die ohnehin häufig falsch interpretierten Standards an Relevanz für die Entscheidung des durchschnittlichen HEDIS-Nutzers verlieren.[667] Obwohl Konsumenten zusätzliche Informationen in der Regel begrüßten, seien sie häufig nicht in der Lage, diese dann auch in einem konsistenten System zu bewerten und in ihre Entscheidung einfließen zu lassen. Mit einem entsprechenden Informationsangebot konfrontiert äußerten dementsprechend viele Verbraucher den Wunsch, jemand möge ihnen diese komplexen Entscheidungen abnehmen.[668] Darüber hinaus zeigen die Untersuchungen, dass die Mehrzahl der Bürger nicht die Report Cards des NCQA, sondern ihren Arzt oder ihre Verwandten und Bekannten für die beste Informationsquelle bei der Wahl ihrer Versicherung bzw. MCO hält.[669]

4 Fazit und Schlussfolgerungen für das deutsche Gesundheitswesen

Insgesamt bleibt festzuhalten, dass die Angebote des NCQA für die US-Bürger eine gute Basis sind, wenn sie sich über die Qualität von Managed Care Organisationen informieren möchten. Allerdings beinhaltet selbst der *Quality Compass* des NCQA nicht alle Kriterien, die in dieser Arbeit als qualitätsrelevant identifiziert wurden. Da der für die Qualitätsbewertungen zentrale *Health Plan Employer Data and Information Set* bereits in der Vergangenheit kontinuierlich um neue

---

666 Vgl. dazu z. B. die Arbeiten von HIBBARD, J. H., JEWETT, J. J. [1997], HIBBARD, J. H., SLOVIC, P., JEWETT, J. J. [1997], FELDMAN, R., CHRISTIANSON, J., SCHULTZ, J. [2000], PEELE, P. et al. [2000], MILLER, T. E., HOROWITZ, C. R. [2000], sowie HARRIS, K. [2002].

667 Vgl. HIBBARD, J. H., SLOVIC, P., JEWETT, J. J. [1997], S. 397.

668 Vgl. ebenda, S. 398.

669 Vgl. FELDMAN, R., CHRISTIANSON, J., SCHULTZ, J. [2000], S. 52 sowie die Arbeit von ISAACS, S. L. [1996].

Qualitätsindikatoren ergänzt wurde und das NCQA auch aktuell eine entsprechende Erweiterung ihres Informationsangebots plant, ist jedoch davon auszugehen, dass sich die Transparenz über die Qualität der MCOs in Zukunft weiter erhöhen wird.

Die Untersuchung hat gezeigt, dass auch das NCQA zur Gewinnung der Qualitätsinformationen in erster Linie auf Daten zurückgreifen muss, die von den MCOs selbst erstellt wurden. Der resultierenden Gefahr der Datenmanipulation begegnet das NCQA, indem es erstens den MCOs genaue Vorgaben zur Leistungsdokumentation, die durch regelmäßige Vor-Ort-Kontrollen überprüft werden, macht. Zweitens ergänzt sie die auf den Leistungsdaten gewonnenen Informationen durch Vor-Ort-Untersuchungen der Behandlungs- und Qualitätsmanagementprozesse und durch Befragungen zur Patientenzufriedenheit.

Auch für das deutsche Gesundheitswesen erscheint dieses Vorgehen grundsätzlich geeignet, um die Zuverlässigkeit von Qualitätsinformationen, die überwiegend auf Leistungs- und Abrechnungsdaten beruhen, zu gewährleisten. Allerdings ist das vom NCQA gewählte Verfahren der Datenbeschaffung und Informationsgewinnung nicht ohne Änderungen auf Deutschland übertragbar. So ist vor allem zu berücksichtigen, dass in den USA für die Gewinnung von Informationen über die Qualität von MCOs keine patientenbezogene Datenzusammenführung nötig ist, da im Regelfall alle Behandlungen der Mitglieder innerhalb der jeweiligen MCOs stattfinden und die Patienten nur in Ausnahmefällen Leistungserbringer aufsuchen, die der MCO nicht angeschlossen sind. Darüber hinaus hat das NCQA den Vorteil, dass es nicht die Frage zu beantworten hat, wie groß der Anteil bzw. die Verantwortung der einzelnen Leistungserbringer an den erzielten Behandlungsergebnissen ist, da das NCQA bis auf Ausnahmen[670] nicht einzelne Ärzte oder Kliniken bewertet, sondern die MCOs als Einheit betrachtet und beurteilt.

Als fruchtbar erweist sich die vorangegangene Untersuchung auch insofern, als sie auf potenzielle Quellen zur Finanzierung der Maßnahmen, die zum Abbau der im deutschen Gesundheitswesen bestehenden Qualitätsintransparenz in Teil IV der Arbeit vorgeschlagen werden, hinweist. Inwieweit die vom NCQA erschlossenen Einnahmequellen (Sponsoring, Verkauf der Instrumentariums zur Qualitätsmessung und der Untersuchungsergebnisse an Leistungserbringer, Arbeitgeber, Patienten, Konsumentenverbände und Medien) auch in Deutschland genutzt werden können, wird deshalb zu prüfen sein.

---

670 Ausnahmen stellen das *Diabetes Physician Recognition Program* und das *Heart/Stroke Recognition Program* dar, da diese Programme auch einzelnen Ärzten eine gesonderte Akkreditierung ermöglichen. Vgl. NCQA [2004c] sowie NCQA [2004h].

Darüber hinaus verdeutlichen die in den USA gesammelten Erfahrungen, dass der zwischen den Zielen „Patientengerechte Aufbereitung“ und „Berücksichtigung der Unterschiede in den Patientenpräferenzen“ bestehende Konflikt nicht gelöst werden kann. So geht die durch den geringen Komplexitätsgrad erzielte gute Verständlichkeit der Online-Version der Report Cards eindeutig zu Lasten des Ziels, jedem Patienten alle Einzelergebnisse der Qualitätsbewertung bereit zu stellen, um ihm eine Gewichtung anhand seiner persönlichen Präferenzen uneingeschränkt zu ermöglichen. Andererseits belegen die anhand des *Quality Compass* durchgeführten Studien, dass die Patienten im Regelfall nicht in der Lage sind, auf Basis der vielen im *Quality Compass* enthaltenen Einzelergebnisse eine für ihre Qualitätspräferenzen „optimale“ Entscheidung zu treffen.[671] Der vom NCQA gewählte Ansatz, die Qualitätsbewertungen in unterschiedlichen Komplexitätsgraden anzubieten, erscheint insofern auch für Deutschland als sinnvoll.

Ein weiteres Untersuchungsergebnis ist, dass sich die Bemühungen des NCQA, die Qualitätstransparenz zu erhöhen, positiv auf den Wettbewerb zwischen den MCOs auswirken konnten, ohne dass den MCOs dazu die Teilnahme an der Akkreditierung gesetzlich vorgeschrieben werden musste. So spiegelt sich die Tatsache, dass der Wettbewerb zwischen den MCOs nicht mehr ausschließlich anhand des Aktionsparameters Preis, sondern auch anhand der Qualität der angebotenen Leistungen stattfindet[672], insbesondere darin wider, dass sich inzwischen 50 Prozent der US-amerikanischen MCOs freiwillig bewerten lassen und rund 90 Prozent der MCOs HEDIS als Instrument des Qualitätsmanagements nutzen.

Auch für das deutsche Gesundheitswesen ist eine solche Stimulierung des Wettbewerbs zwischen Ärzten und Kliniken, die den Leistungserbringern insbesondere Anreize zur Verbesserung ihrer Behandlungsqualitäten setzt, wünschenswert. Wie ein dafür geeignetes Gesamtkonzept ausgestaltet sein sollte, ist in Teil IV der Arbeit untersucht. Die Frage, welche Faktoren für das festgestellte Wettbewerbsversagen auf dem Markt für Informationen über die Qualität von Ärzten und Kliniken in Deutschland verantwortlich sind, ist Untersuchungsgegenstand des folgenden Kapitels.

---

671 Vgl. HIBBARD, J. H., SLOVIC, P., JEWETT, J. J. [1997], S. 398.

672 Vgl CHERNEW, M., GOWRISANKARAN, G., SCANLON, D. P. [2001], S. 28.

Teil III: Analyse verbleibenden Wettbewerbsversagens auf dem Markt für Informationen über die Qualität von Ärzten und Krankenhäusern in Deutschland

A Vorbemerkungen

In der ökonomischen Literatur finden sich unterschiedliche Ursachen für ein Versagen des Wettbewerbs. Es gibt Ursachen, die zwar ein Wettbewerbsversagen auslösen können, denen jedoch durch geeignete wirtschaftspolitische Maßnahmen effektiv entgegengewirkt werden kann. Davon zu unterscheiden sind Faktoren, die ein fundamentales Wettbewerbsversagen verursachen und Wettbewerb prinzipiell unmöglich machen. Abbildung 35 gibt einen Überblick über die möglichen Ursachen und Folgen eines Wettbewerbsversagens.

Abbildung 35: Überblick über mögliche Ursachen und Folgen eines Wettbewerbsversagens auf dem Markt für Informationen

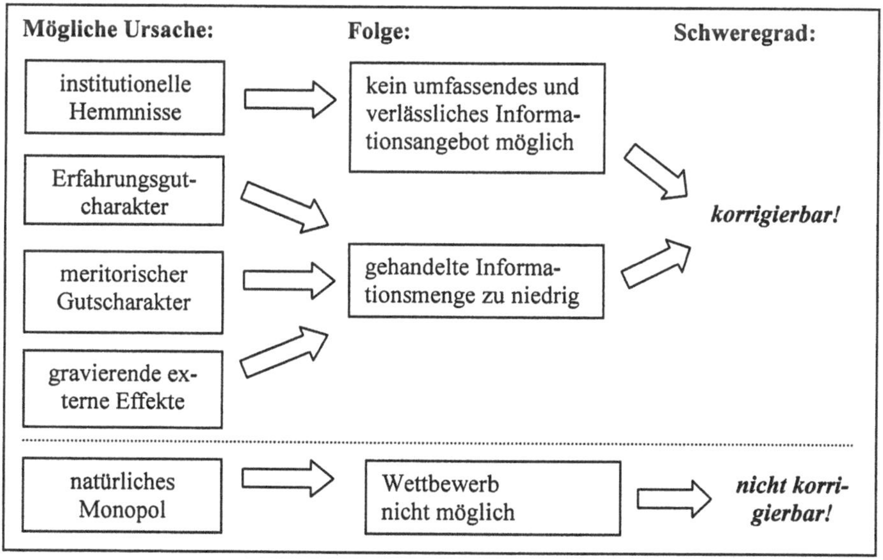

Quelle: Eigene Darstellung.

Für den Markt für Informationen über die Qualität von Ärzten und Kliniken ist zunächst zu untersuchen, inwieweit institutionelle Hemmnisse derzeit ein Zustandekommen eines umfassenden und verlässlichen Informationsangebots verhindern. Anschließend ist zu prüfen, ob Qualitätsinformationen den Charakter von Erfahrungsgütern oder meritorischen Gütern aufweisen und ob auf dem betreffenden Informationsmarkt gravierende externe Effekte auftreten. Im Gegensatz zu den institutionellen Hemmnissen bewirken diese Faktoren in erster Linie, dass die auf dem Markt gehandelte Menge an Informationen aus gesamtwirtschaftlicher Perspektive zu gering ist. Wie die institutionellen Hemmnisse sind sie als korrigierbare Ursachen für ein Wettbewerbsversagen einzustufen.

Aus dem Vorliegen eines natürlichen Monopols resultiert bei hohen Marktzutrittsschranken und ohne staatliches Eingreifen im Regelfall nicht nur eine zu geringe Handelsmenge. Vielmehr bedingt die Erfüllung der marktstrukturellen Voraussetzungen für ein natürliches Monopol auch, dass unter dem Gesichtspunkt der Allokationseffizienz das gesamte Angebot von nur einem Unternehmen zu erstellen ist. Entsprechend kommt hier Wettbewerb[673] zur Erfüllung der Funktionen, die in Marktwirtschaften üblicherweise durch wettbewerbliche Selbststeuerung verwirklicht werden, nicht in Frage.

B Institutionelle Hemmnisse

Verlässliche und umfassende Informationen über die Qualität von Ärzten und Kliniken können nur auf einer breiten Datengrundlage gewonnen werden. Wie die Patienten, die sich die Qualitätsinformationen selbst beschaffen möchten, stehen auch alle (potenziellen) Anbieter von Qualitätsinformationen vor dem Problem, dass ein Großteil der dazu benötigten Daten derzeit für sie nicht zugänglich ist. Dies zeigte nicht zuletzt die Würdigung der bisherigen Informationsangebote. Wie bereits erörtert[674], ist einer der Gründe dafür die fehlende Bereitschaft der Ärzte und Kliniken, die ihnen vorliegenden Daten weiterzugeben. Ein zweiter Grund ist, dass die Leistungserbringer häufig selbst nicht über die gewünschten Daten, wie die Indikatoren der Ergebnisqualität, verfügen.[675]

Neben den zuvor genannten Gründen sind vor allem institutionelle Hemmnisse dafür verantwortlich, dass die potenziellen Informationsanbieter derzeit nicht an die Daten gelangen können, die sie zur Gewinnung aussagekräftiger und verläss-

673 „Wettbewerb *um* den Markt" durch periodische Ausschreibung des privatwirtschaftlichen Betriebs eines natürlichen Monompolbereichs seitens staatlicher Einrichtungen ist eine Form der Regulierung des Nichtwettbewerbbereichs. Diese Regulierungsform steht neben dem unmittelbaren Staatsbetrieb sowie der Überwachung von Privatbetrieben durch spezielle Regulierungskommissionen.

674 Vgl. dazu Kapitel C 1.3.2.

675 Vgl. dazu Kapitel C 1.3.2.

licher Informationen über die Qualität von Ärzten und Kliniken benötigen. Besonders gravierend wirken sich hier die Vorgaben des zehnten Kapitels des SGB V aus. Zum Schutz der Leistungs- und Versicherungsdaten ist dort genau geregelt, welche Daten von den Krankenkassen und den KVen zu welchem Zweck und in welcher Form erhoben, gespeichert und ausgewertet werden dürfen.[676] Eine Übermittlung der unter dem Gesichtspunkt des Datenschutzes zum Teil äußerst sensiblen Leistungs- und Abrechnungsdaten durch die KVen oder die Krankenkassen an Personen oder Unternehmen, die anhand dieser Daten Informationen über die Qualität einzelner Ärzte oder Kliniken gewinnen möchten, sieht das Gesetz nicht vor. Auch ein Gebot zur Veröffentlichung der Ergebnisse der gesetzlich vorgeschriebenen Qualitätsprüfungen[677] oder der von den Leistungserbringern zwingend zu ergreifenden Maßnahmen „zur Sicherung und Weiterentwicklung der Qualität der von ihnen erbrachten Leistungen"[678] enthält das SGB V nicht.

Die Weitergabe von qualitätsrelevanten Daten und Informationen wird darüber hinaus - und zwar seit der Lockerung der Vorgaben zur ärztlichen Werbung in den Berufsordnungen - institutionell von den Vorschriften des Heilmittelwerbegesetzes beschränkt. So unterliegt vor allem die Werbung „außerhalb der Fachkreise" nach wie vor restriktiven Bestimmungen.[679] Dies kann dazu führen, dass ein Leistungserbringer „durch das weit geöffnete Tor des Berufsrechts hindurchstürmt und sich an der dahinter aufgebauten Mauer des HWG die Nase blutig stößt"[680], wenn er mit oder ohne direkte Werbeabsicht qualitätsrelevante Informationen über seine angebotenen Behandlungsleistungen an (potenzielle) Informationsanbieter weitergibt.

Die genannten Gesetzesvorschriften erschweren den von Leistungserbringern, Krankenkassen, KVen und Ärztekammern unabhängigen Informationsanbietern den Zugang zu den benötigten Daten erheblich. Als Folge dessen stehen den Anbietern von Qualitätsinformationen derzeit nur wenige Möglichkeiten offen, um an Daten zu gelangen, mit deren Hilfe sie Qualitätsinformationen gewinnen können: Erstens können sie die Leistungserbringer selbst um Informationen über qualitätsrelevante Aspekte ihrer eigenen Behandlungsstrukturen, -prozesse und -ergebnisse bitten. Zweitens können sie die Vertragsärzte über ihre Erfahrungen mit Kollegen und einzelnen Krankenhausabteilungen befragen. Neben Studien

[676] Vgl. §§ 284-305b SGB V.

[677] Vgl. § 136 SGB V.

[678] § 135a SGB V.

[679] Vgl. Kapitel B 4.

[680] o. V. [2003a].

zur Patientenzufriedenheit mit bestimmten Leistungserbringern können die potenziellen Informationsanbieter darüber hinaus in geringem Umfang auf die Daten zu den Behandlungsstrukturen ihrer Mitglieder zurückgreifen, die von den KVen und Krankenhausgesellschaften teilweise öffentlich bereitgestellt werden.

In Teil IV dieser Arbeit ist eingehend untersucht, wie die Daten, die Aufschluss über den Gesundheitszustand einzelner Patienten und deren Verhalten bei der Inanspruchnahme medizinischer Leistungen geben, vor unrechtmäßigem Zugriff und Missbrauch geschützt werden können. Außerdem ist dabei zu erörtern, wie sich zugleich das Anliegen potenzieller und schon am Markt tätiger Informationsanbieter gewährleisten lässt, den Zugang zu den von ihnen benötigten Leistungs- und Abrechnungsdaten zu erhalten.

C Informationen als Erfahrungsgüter

Eine erste ökonomische Begründung für ein Handelsniveau unterhalb des gesellschaftlichen Optimums liegt in dem Erfahrungsgutcharakter von Informationen. Diese Eigenschaft von Informationen wurde bereits im Rahmen der Würdigung der Kritikpunkte an der Annahme rationalen Konsumentenverhaltens diskutiert[681] und resultiert daraus, dass die Qualität der Informationen und damit deren Wert typischerweise „nicht vor dem Kauf getestet werden kann, sondern sich erst bei der Nutzung herausstellt."[682]

Der Erfahrungsgutcharakter hat in zweierlei Hinsicht Auswirkungen auf das Niveau der Nachfrage nach Informationen. Zum einen können die Konsumenten die für sie optimale Nachfragemenge nicht exakt bestimmen, wenn sie die Qualität und den Nutzen der Informationen vorab nicht einschätzen können. Bei risikoaversem Informationsnachfrageverhalten kann dies eine im Vergleich zum gesellschaftlichen Optimum zu niedrige Nachfrage zur Folge haben. Darüber hinaus birgt der Erfahrungsgutcharakter auch bei dem Gut Information - analog zu anderen Märkten, auf denen Erfahrungsgüter gehandelt werden - die von Akerlof analysierte Gefahr eines vollständigen Marktzusammenbruchs als Folge adverser Selektionsprozesse in sich.[683]

Bereits zu Beginn dieser Arbeit ist allerdings darauf hingewiesen, dass der Gefahr eines vollständigen Marktzusammenbruchs durch Einführung entsprechen-

---

681 Vgl. Kapitel C 1.2.

682 Vgl. HOPF, M. [1983], S. 75 ff.

683 Vgl. Teil I, Kapitel B.

der Mindestqualitätsstandards effektiv entgegengewirkt werden kann.[684] Solche Mindeststandards für die Angebote auf dem Markt für Informationen über die Qualität von Ärzten und Krankenhäusern könnte der Gesetzgeber z. B. gewährleisten, indem er den Informationsanbietern im Sinne einer Produktkennzeichnungspflicht zur Auflage macht, stets konkrete Angaben darüber zu machen, ob die von ihnen berücksichtigten Ärzte und Kliniken eine nach regionalen Gesichtspunkten oder anderen Kriterien getroffene Auswahl darstellen oder ob ihre Informationsangebote sämtliche in Deutschland tätigen Erbringer von Gesundheitsdienstleistungen umfassen. Darüber hinaus könnte eine Verpflichtung der Informationsanbieter zur Offenlegung ihrer rechtlichen und wirtschaftlichen Beziehungen zu den erfassten Ärzten und Kliniken sowie der von ihnen verwendeten Datenerhebungs- und Informationsgewinnungsmethoden einen erheblichen Beitrag zur Sicherung eines Mindestqualitätsniveaus der Informationsangebote leisten.

Insgesamt bleibt somit festzuhalten, dass der Erfahrungsgutcharakter von Informationen über die Qualität von Ärzten und Kliniken tendenziell ein im Vergleich zum gesellschaftlichen Optimum zu niedriges Nachfrageniveau bewirkt. Da sich ein vollständiger Zusammenbruch des Marktes durch die genannten Maßnahmen zur Absicherung eines Mindestqualitätsniveaus verhindern lässt, ist allerdings davon auszugehen, dass der Erfahrungsgutcharakter von Informationen nicht der entscheidende Auslöser für das Wettbewerbsversagen auf dem betrachteten Markt ist.

D Informationen als meritorische Güter

Eine weitere potenzielle Ursache für ein Wettbewerbsversagen auf dem Markt für Informationen liegt in der Möglichkeit, dass Informationen die Eigenschaften meritorischer Güter besitzen.[685] Im Gegensatz zu öffentlichen Gütern können meritorische Güter grundsätzlich auf dem Markt gehandelt werden.[686] Aus der Perspektive der politischen Entscheidungsträger ist die im Marktgleichgewicht gehandelte Menge jedoch zu gering, wenn sich das private Angebot ausschließlich entsprechend den individuellen Präferenzen der Konsumenten herausbildet.[687]

---

[684] Vgl. Teil I, Kapitel B.

[685] Vgl. MITROPOULOS, S. [1997], S. 329.

[686] Vgl. PEFFEKOVEN, R. [1990], S. 487.

[687] Vgl. ebenda sowie HOPF, M. [1983], S. 88-94.

Wenngleich zumeist offen bleibt, „wer nach welchen Kriterien darüber entscheiden soll, was das „richtige Ausmaß“ der Bedürfnisbefriedigung ist“[688], werden in der Finanzwissenschaft im Zusammenhang mit meritorischen Gütern im Wesentlichen drei Gründe zur Rechtfertigung staatlicher Eingriffe in die betreffenden Märkte diskutiert.[689] Ein erster Grund ist die Möglichkeit des Vorliegens verzerrter Konsumentenpräferenzen. Für den Markt für Informationen über die Qualität von Ärzten und Krankenhäusern ist deshalb als erstes zu prüfen, ob die Patienten den Nutzen umfassender, verlässlicher und gut verständlicher Informationen möglicherweise zu niedrig einschätzen und auf diese Weise ein zu geringes Informationsangebot induzieren.

„Wir alle leben in Lemon-Gleichgewichten und wissen gar nicht, welche Gutsqualitäten wir entbehren. Warum bleiben die Langzeitautos auf dem Reißbrett, warum scheuert der Anzug so schnell durch, warum verglimmen Glühbirnen so bald?“[690]

Dieses Zitat bezieht sich ursprünglich auf das Akerlof-Modell und damit auf die Besonderheiten von Märkten, auf denen Erfahrungsgüter gehandelt werden. Übertragen auf den Markt für Informationen über die Qualität von Ärzten und Krankenhäusern birgt das Zitat jedoch auch ein Argument für das Vorliegen verzerrter Patientenpräferenzen in sich. So leitet sich aus ihm die Frage ab, ob die Patienten für die bestehenden Qualitätsunterschiede zwischen Ärzten und Kliniken eventuell unzureichend sensibilisiert sind und sie aus diesem Grund den Nutzen von Qualitätsinformationen zu niedrig einschätzen.

Für fundierte Aussagen zum Wissen der Patienten über die bestehenden Qualitätsunterschiede zwischen Ärzten und zwischen Kliniken fehlt es an einschlägigen empirischen Studien. Der Zuspruch, über den die Anbieter der in dieser Arbeit gewürdigten Qualitätsinformationen berichten,[691] entkräftet jedoch den Verdacht der unzureichenden Sensibilisierung der Patienten. So können der Erfolg der Ärzte- und Kliniklisten des Focus und die positive Resonanz der Patienten auf den Krankenhaus-Ratgeber der DAK und ähnliche Informationsangebote als Indizien dafür gewertet werden, dass sich zumindest ein Teil der Patienten durchaus der existierenden Qualitätsunterschiede zwischen einzelnen Ärzten und Kliniken und der potenziellen Nutzen entsprechender Informationen bewusst ist. Bei der Arzt- oder Klinikwahl würde er zwar gern verlässliche Informa-

---

688 PEFFEKOVEN, R. [1990], S. 487.

689 Vgl. MITROPOULOS, S. [1997], S. 329.

690 SINN, H. W. [1988], S. 2.

691 Vgl. Kapitel C 2.4 und 2.5.

tionsangebote in Anspruch nehmen, jedoch muss er derzeit noch auf die zuvor genannten, weitgehend unzureichenden Informationsquellen zurückgreifen.

Darüber hinaus ist zu berücksichtigen, dass durch die in der Öffentlichkeit breit geführte Diskussion über die Defizite der Gesundheitsversorgung in Deutschland immer mehr Patienten den potenziellen Nutzen von Qualitätsinformationen richtig einzuschätzen lernen. Insgesamt erscheint das Argument, dass die Präferenzen der Patienten im Hinblick auf Informationen über die Qualität von Ärzten und Krankenhäusern verzerrt sind, somit nicht haltbar.

Dass nicht die Präferenzen aller Patienten, eventuell aber bestimmter Patientengruppen verzerrt sein könnten, lenkt die Aufmerksamkeit auf den zweiten Grund, der im Zusammenhang mit meritorischen Gütern als Rechtfertigung für staatliche Eingriffe in die Konsumentenpräferenzen diskutiert wird. Er beinhaltet die Vermutung, dass vor allem Konsumenten „mit geringer Bildung den Wert von Marktinformationen unterschätzen, sie in zu geringem Maße nachfragen und dadurch ... Nachteile erleiden“[692]. Darin lässt sich ein verteilungspolitisches Argument sehen.

Geht man - in Kenntnis der Gewagtheit dieser These - davon aus, dass die Höhe des Haushaltseinkommens positiv mit dem Bildungsniveau korreliert, so legt eine Betrachtung des Leserspektrums der Zeitschriften „Focus“ und „Öko-Test“ nahe, dass die zuvor ausgesprochene Vermutung tatsächlich zutrifft.[693] So war der Anteil der Bezieher von (Netto-)Haushaltseinkommen von mehr als 3.000 EUR/Monat innerhalb der Focus-Leser um 66 Prozent höher und innerhalb der Öko-Test-Leser um 74 Prozent höher als deren Anteil in der Gesamtbevölkerung (über 14 Jahre).[694] Zudem ist der Anteil der Personen mit Abitur und Studium bei den Öko-Test-Lesern mehr als doppelt so hoch wie in der Gesamtbevölkerung.[695] Für die Aussagekraft der genannten Zahlen über die typischen Eigenschaften der Nachfrager von Qualitätsinformationen ist allerdings einschränkend zu berücksichtigen, dass Produkt- und Dienstleistungstests nur ein kleiner Bestandteil des Inhalts der Zeitschrift Focus sind und die Leserstruktur

---

[692] MITROPOULOS, S. [1997], S. 330.

[693] Der Stiftung Warentest liegen - gemäß telefonischer Auskunft ihrer Presseabteilung am 21.02.2003 - keine genauen Angaben über die Struktur ihrer Leser vor.

[694] Vgl. FOCUS [2003] sowie ÖKO-TEST [2004b].

[695] Vgl. dazu ÖKO-TEST [2004b].

des Öko-Tests auch auf dessen Schwerpunktsetzung zu Gunsten ökologischer Produkte zurückzuführen sein könnte.[696]

Ein dritter Grund, der im Zusammenhang mit meritorischen Gütern als Rechtfertigung für ein staatliches Eingreifen in Märkte angeführt wird, ist das Vorliegen externer Effekte.[697] Die Problematik externer Effekte lässt sich allerdings auch als eigenständige Ursache für ein Wettbewerbsversagen ansehen. Die Frage, inwieweit externe Effekte auf dem Markt für Qualitätsinformationen auftreten, ist deshalb im nächsten Abschnitt gesondert untersucht.

E Externe Effekte

Externe Effekte treten immer dann auf, wenn von der Erzeugung oder dem Konsum eines Gutes Wirkungen auf andere Wirtschaftssubjekte ausgehen.[698] Externe Effekte sind aus wettbewerbspolitischer Perspektive allerdings nur dann problematisch, wenn sie nicht durch den Marktmechanismus erfasst und - z. B. durch eine preisliche Kompensation - nicht internalisiert werden können.[699] Ist eine Internalisierung nicht möglich, so gehen von den externen Effekten gesamtwirtschaftlich falsche Allokationssignale und -anreize aus, die eine Fehlallokation von Ressourcen und damit ein Versagen des wettbewerblichen Selbststeuerungsmechanismus zur Folge haben.[700] Dies ist darauf zurückzuführen, dass ohne einen geeigneten Ausgleich zwischen den beteiligten Wirtschaftssubjekten der individuelle Grenznutzen (-ertrag) des einzelnen Wirtschaftssubjekts vom sozialen Grenznutzen (-ertrag) abweicht, weshalb der Konsument (das Unternehmen) nicht bereit sein wird, die Höhe seiner Nachfrage (seines Angebots) auf das gesellschaftlich optimale Niveau zu bringen.[701]

---

[696] Das „meist äußerst simple Informationsniveau der kommerziellen Werbung (ist) den Verarbeitungsniveaus der meisten Konsumenten offenbar eher adäquat, während das Informationsniveau der Verbraucherinformation die Verarbeitungsniveaus der Konsumenten häufig überfordert und nur denen einer Minderheit entspricht. (...) Dies wird im Ergebnis auch durch die Test-Leser-Analyse bestätigt, die einen überproportionalen Anteil von Personen aufzeigt, bei denen ein hohes Verarbeitungsniveau vermutet werden muss"; KRUSE, J. [1979], S. 22.

[697] Vgl. PEFFEKOVEN, R. [1990], S. 488. In der Literatur werden in der Regel als die zentralen Merkmale von meritorischen Gütern das Problem vermeintlich verzerrter Konsumentenpräferenzen und die erörterten verteilungspolitischen Argumente hervorgehoben; vgl. FRITSCH, M., WEIN, T., EWERS, H.-J. [2003], S. 357.

[698] Vgl. BÖGELEIN, M. [1990], S. 132.

[699] Vgl. FRITSCH, M., WEIN, T., EWERS, H.-J. [2003], S. 91.

[700] Vgl. BARTLING, H. [1983], S. 331.

[701] Vgl. HOPF, M. [1983], S. 93.

Externe Effekte, die der Marktprozess nicht erfasst und ausgleicht, werden in der Literatur als ***technologisch*** bezeichnet.[702] ***Pekuniäre*** externe Effekte sind im Gegensatz zu technologischen definitionsgemäß internalisiert und aus gesamtwirtschaftlicher Sicht unproblematisch, da sie „normale Begleiterscheinungen von Anpassungsvorgängen"[703] einer nicht-statischen Wirtschaft sind und nicht zu allokationsineffizienten Wettbewerbsergebnissen führen. Da es kaum Güter gibt, deren Konsum oder Produktion keine externen Effekte mit sich bringt, ist ein staatliches Eingreifen in den wettbewerblichen Selbststeuerungsmechanismus allerdings selbst bei technologischen externen Effekten nur dann gerechtfertigt, wenn ihre Auswirkungen gravierend sind.[704]

Externe Effekte liegen auch auf dem Markt für Informationen über die Qualität von Ärzten und Krankenhäusern vor (vgl. dazu Abbildung 36). So profitieren von dem Austausch der Informationen nicht nur die Anbieter und Nachfrager der Informationen, sondern auch jene Patienten, die selbst nicht bereit sind, die angebotenen Informationen - u. U. entgeltlich - nachzufragen. Im Wesentlichen besteht für diese Patienten in zweierlei Hinsicht die Möglichkeit, aus dem Informationsangebot einen Nutzen zu ziehen.

Als erstes ist zu berücksichtigen, dass Patienten, die vor der Wahl eines Arztes oder Krankenhauses Informationen über deren Qualität nachfragen, den Leistungserbringern Anreize zur Erstellung qualitativ höherwertiger Behandlungsleistungen setzen.[705] Von dem resultierenden Anstieg der durchschnittlichen Versorgungsqualität profitieren jedoch nicht nur die Patienten, die Qualitätsinformationen nachgefragt und so den Prozess der Qualitätsverbesserung ausgelöst haben, sondern auch jene Patienten, die selbst keinerlei Informationsbemühungen auf sich genommen haben.[706] Die prognostizierte Reaktion der Anbieter auf das Vorhandensein qualitätsbewusster und informierter Nachfrager ist ein für Wettbewerbsmärkte typisches Anpassungsverhalten bei Verbesserung der Markttransparenz. Der beschriebene externe Effekt ist somit der Kategorie der pekuniären externen Effekten zuzuordnen und rechtfertigt deshalb keine staatlichen Markteingriffe.

---

702 Vgl. dazu z. B. FRITSCH, M., WEIN, T., EWERS, H.-J. [2003], S. 92.

703 SOHMEN, E. [1976], S. 222.

704 Vgl. PEFFEKOVEN, R. [1990], S. 488.

705 Vgl. VAHRENKAMP, K. [1991], S. 37 f.

706 Vgl. ebenda.

Abbildung 36: Externe Effekte auf dem Markt für Informationen über die Qualität von Ärzten und Kliniken

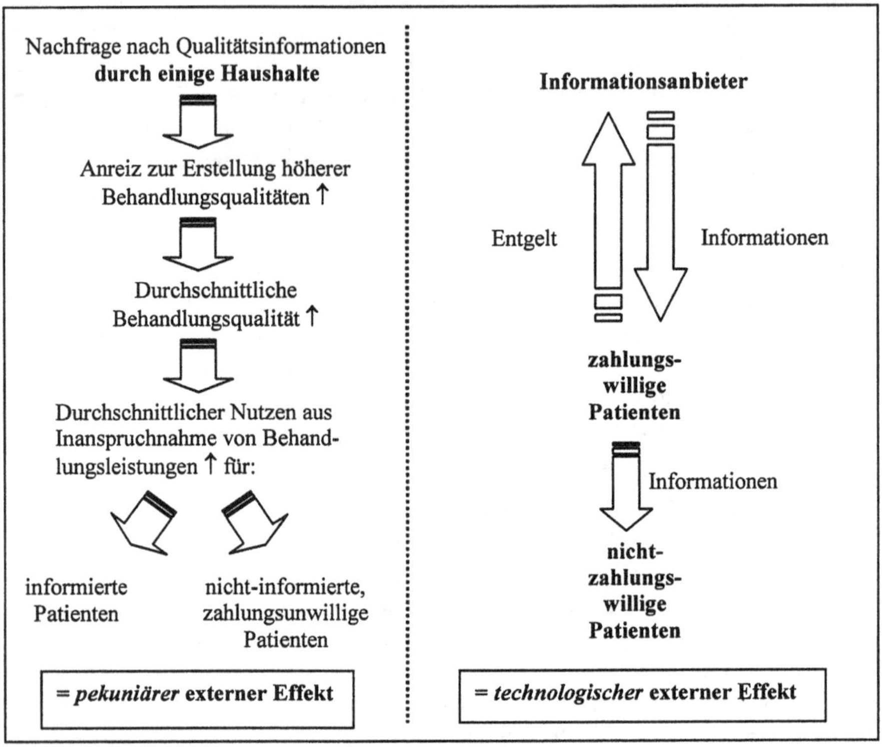

Quelle: Eigene Darstellung.

Nicht-zahlungswillige Patienten können von der Existenz eines Informationsangebots darüber hinaus profitieren, wenn sie - z. B. über Verwandte oder Freunde, die die Informationen zuvor erworben haben - unentgeltlich an die gewünschten Informationen gelangen können. Diese Möglichkeit des Trittbrettfahrertums - also das fehlende Ausschlussprinzip - führt dazu, dass nur vergleichsweise wenige Patienten ihre Zahlungsbereitschaft in Form einer Informationsnachfrage auf dem Markt äußern werden und als Folge dessen für die Informationsproduzenten nur geringe Anreize bestehen, Informationen anzubieten, da sie diese nur unvollständig bezahlt bekommen.[707] Für die Frage nach der

[707] Vgl. MITROPOULOS, S. [1997], S. 327.

Notwendigkeit staatlicher Markteingriffe ist es also von zentraler Bedeutung, inwieweit es den Anbietern möglich ist, jene Patienten von der Nutzung der Informationen auszuschließen, die nicht bereit sind, den Kaufpreis dafür zu entrichten.

Eine Betrachtung der existierenden Informationsmärkte zeigt schnell, dass das Ausschlussprinzip dort zumindest teilweise durchsetzbar ist. Wäre das Ausschlussprinzip nämlich nicht anwendbar, so gäbe es kaum ein so umfangreiches Angebot an Zeitschriften, die z. B. über Qualitätsaspekte von Autos, Computer-Hard- und -Software oder von Finanzdienstleistungen informieren. Darüber hinaus verdeutlicht auch der beachtliche Erfolg des Angebots an kostenpflichtigen Informationen, die über die Internet-Seiten der Stiftung Warentest abgerufen werden können, dass das Ausschlussprinzip auf Informationsmärkten zumindest begrenzt durchsetzbar ist. Qualitätsinformationen sind somit nicht als reine öffentliche Güter anzusehen. Vielmehr sind sie dem breiten Bereich so genannter Mischgüter zuzuordnen, „die zwischen den Polen (rein) privater und öffentlicher Güter“[708] angesiedelt sind.[709]

Wie bereits angedeutet wurde, ist der Ausschluss von zahlungsunwilligen Nachfragern allerdings nur begrenzt möglich, weil die Übermittlung der zuvor gekauften Informationen aufgrund der Möglichkeit der mündlichen Weitergabe der Informationen und der Vervielfältigung der Zeitschriften sowie aufgrund der Existenz von Büchereien, über die die Testzeitschriften ebenfalls erhältlich sind, nicht vollständig verhindert werden kann. Dass die Informationsproduzenten grundsätzlich die Eigentumsrechte über die von ihnen gewonnenen und angebotenen Informationen besitzen, beschränkt diese Möglichkeiten allenfalls theoretisch.

Die Möglichkeit, das Ausschlussprinzip als Trittbrettfahrer zu umgehen, ist allerdings vergleichsweise unproblematisch, wenn es sich um personalisierte Informationen handelt, die auf die besonderen Wünsche oder Bedürfnisse einzelner Nachfrager zugeschnitten sind.[710] Für andere potenzielle Nutzer sind diese Informationen nämlich von nur geringem Wert.[711] Insgesamt stellt sich somit die

---

708 Ebenda, S. 328.

709 Als Mischgüter werden die Güter bezeichnet, die entweder die Bedingung der Nicht-Rivalität oder der Nichtausschließbarkeit erfüllen und Träger externer Effekte sind; vgl. HOPF, M. [1983], S. 86.

710 Vgl. ebenda, S. 84.

711 Hat beispielsweise ein Patient, der von einer seltenen Krankheit betroffen ist, die Information erworben, welcher Arzt in der Nähe seines Wohnorts zur Behandlung seiner Krankheit am besten qualifiziert ist, so kann die Weitergabe dieser Information nur den wenigen anderen Patienten einen Nutzen stiften, die ebenfalls von der seltenen Krankheit betroffen sind.

Frage, ob die dargestellten positiven technologischen externen Effekte auf dem Markt für Informationen über die Qualität von Ärzten und Krankenhäusern so gravierend sind, dass sie ein staatliches Eingreifen notwendig machen.

Grundsätzlich ist es schwierig, objektiv darüber zu entscheiden, ab welchem Ausmaß ein auftretender externer Effekt so gravierend ist, dass er staatliches Eingreifen rechtfertigt. Für das Vorliegen schwerwiegender externer Effekte der Nachfrage nach Informationen über die Qualität von Ärzten und Kliniken sprechen im Wesentlichen zwei Gründe. Erstens ist eine im Vergleich zur derzeitigen Situation verbesserte Qualitätstransparenz die Voraussetzung für wirksamen Wettbewerb sowohl zwischen Ärzten und Krankenhäusern als auch zwischen den gesetzlichen Krankenkassen.[712] Da der Markt für Gesundheitsdienstleistungen und -produkte ein volkswirtschaftlich sehr bedeutender Markt ist - so wurden alleine im Jahr 2002 in Deutschland rund 234 Mrd. Euro und damit 11 Prozent des Bruttoinlandsprodukts (BIP) für Gesundheit ausgegeben[713] - ist es unter dem Gesichtspunkt der Allokationseffizienz besonders wichtig, dass der Wettbewerb auf diesem Markt seine ihm zugedachten Funktionen erfüllt. Zweitens ist zu berücksichtigen, dass viele Konsumenten Gesundheit als das höchste Gut einstufen. Einer bei wirksamem Wettbewerb gewährleisteten qualitativ hochwertigen Gesundheitsversorgung kommt deshalb eine im Vergleich zu anderen Gütern besondere Bedeutung zu.

Gegen die Behauptung, dass die auf dem Markt für Qualitätsinformationen auftretenden externen Effekte gravierend sind, spricht allerdings, dass sich die Präferenzen über die Qualität von Ärzten und Krankenhäusern von Patient zu Patient unterscheiden. Qualitätsinformationen, die auf die persönlichen Präferenzen eines Patienten abgestimmt sind, stiften anderen Patienten deshalb allenfalls einen geringen Nutzen. Dementsprechend gering sind die externen Effekte, die ohnehin nur dann entstehen, wenn zahlungsunwillige Patienten nicht vom Konsum der Nutzung der Informationen ausgeschlossen werden können.

Somit bleibt festzuhalten, dass mit dem Angebot von Qualitätsinformationen zweifellos technologische externe Effekte einhergehen können. Diese sind umso größer, je höher die Anzahl der Patienten ist, für die die Möglichkeit besteht, daraus Informationen zu ziehen, ohne dem Informationsanbieter dafür ein entsprechendes Entgelt zu entrichten. Da die Präferenzen der Patienten über die Qualität von Ärzten und Kliniken jedoch im Regelfall nicht identisch sind, ist davon auszugehen, dass die aus Trittbrettfahrer-Verhalten eventuell resultieren-

[712] Vgl. dazu umfassend Teil I, Kapitel B.

[713] Vgl. STATISTISCHES BUNDESAMT [2004a-b].

den externen Effekte nicht hinreichend gravierend sind, um den Markt für Qualitätsinformationen zusammenbrechen zu lassen und damit ein staatliches Eingreifen in den Markt zu rechtfertigen.

F Vorliegen eines natürlichen Monopols

Eine weitere mögliche Ursache für das Versagen des Wettbewerbs auf dem Markt für Informationen über die Qualität von Ärzten und Krankenhäusern ist die Existenz bedeutender Größenvorteile der Produktion („economies of scale") aufgrund subadditiver Kostenfunktionen. Subadditive Kostenfunktionen liegen immer dann vor, wenn „die Gesamtkosten für die Produktion von Teilmengen eines Gutes (oder mehrerer Güter) höher sind als bei der Produktion der gesamten Menge, in einer Hand'."[714]

Abbildung 37: „Natürliches" Monopol bei konstanten Grenzkosten und deutlich sinkenden Durchschnittskosten im Bereich der relevanten Nachfrage

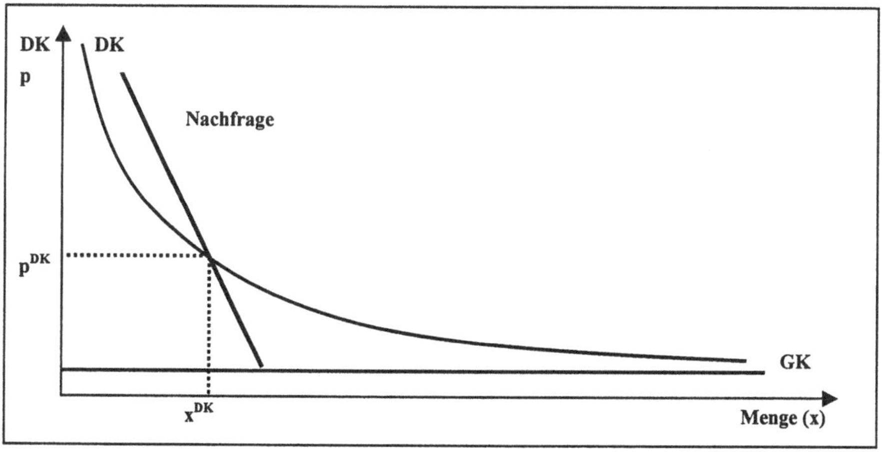

Quelle: In Anlehnung an FRITSCH, M., WEIN, T., EWERS, H.-J. [2003], S. 193.

Die Gründe für eine subadditive Kostenstruktur sind in dem Vorliegen eines hohen Fixkostenanteils an den Gesamtkosten sowie in konstanten oder gar sin-

[714] FRITSCH, M., WEIN, T., EWERS, H.-J. [2003], S. 186.

kenden Grenzkosten zu finden.[715] Die resultierenden Größenvorteile können bewirken, dass die Durchschnittskosten der Produktion bis zum Erreichen der auf dem Markt nachgefragten Menge sinken. Dies führt unter Umständen dazu, dass „nur ein Unternehmen allokationseffizient wirtschaften kann ... (und) eine Tendenz zu einem „natürlichen Monopol" vorliegt."[716] Abbildung 37 veranschaulicht eine solche Situation.

Aus wettbewerbspolitischer Perspektive ist eine solche Tendenz zu einem natürlichen Monopol aufgrund subadditiver Kostenfunktionen allerdings weitgehend unproblematisch, wenn die Zutrittsschranken des betreffenden Marktes niedrig sind. So läuft der Monopolist unter dieser Voraussetzung bei zu hohen Preisen oder zu geringer Qualität stets Gefahr, von potenziellen Konkurrenten, die den gesamten Markt übernehmen, verdrängt zu werden.

Abbildung 38: „Natürliches" Monopol bei konstanten Grenzkosten und flachem Verlauf der Durchschnittskostenkurve im Bereich der relevanten Marktnachfrage

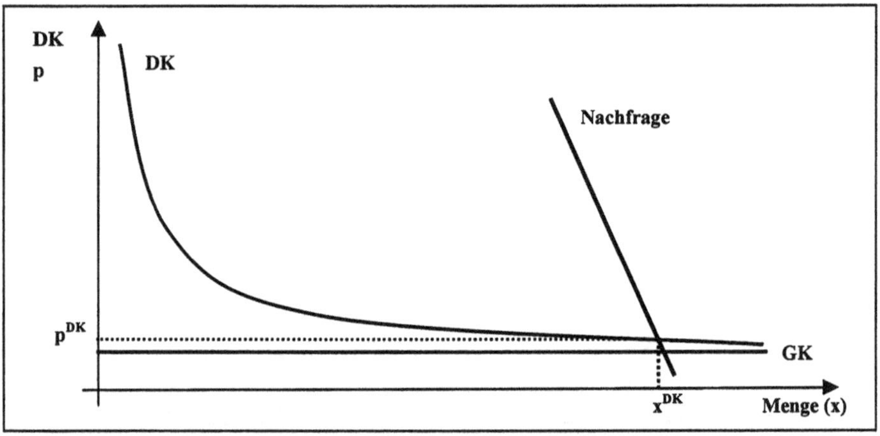

Quelle: Eigene Darstellung.

Darüber hinaus ist zu berücksichtigen, dass es, soweit möglich, selbst bei bestehenden Subadditivitäten sinnvoll sein kann, nicht nur einem, sondern mehreren Unternehmen den Marktzutritt zu ermöglichen. Dies gilt insbesondere dann, wenn aufgrund eines flachen Verlaufs der Durchschnittskostenkurve eine Aus-

715 Vgl. dazu umfassend FRITSCH, M., WEIN, T., EWERS, H.-J. [2003], S. 185 ff.

716 BARTLING, H. [1983], S. 334.

dehnung der Produktionsmenge mit einem nur geringen Rückgang der Stückkosten einhergeht und zu erwarten ist, dass von einem Anstieg der Anbieterzahl starke Anreize für Produkt- und Prozessinnovationen ausgehen (vgl. dazu Abbildung 38).

Zur Beantwortung der Frage, ob das Angebot an Informationen über die Qualität von Ärzten und Kliniken von subadditiven Kostenfunktionen geprägt ist, erweist es sich als sinnvoll, zwischen der ***Datensammlung***, der ***Datenauswertung***, der ***Informationsaufbereitung*** sowie der ***Weitergabe der Informationen*** an die Patienten zu unterscheiden (vgl. dazu Abbildung 39).

Abbildung 39: Phasen der Erstellung eines Angebots an Qualitätsinformationen

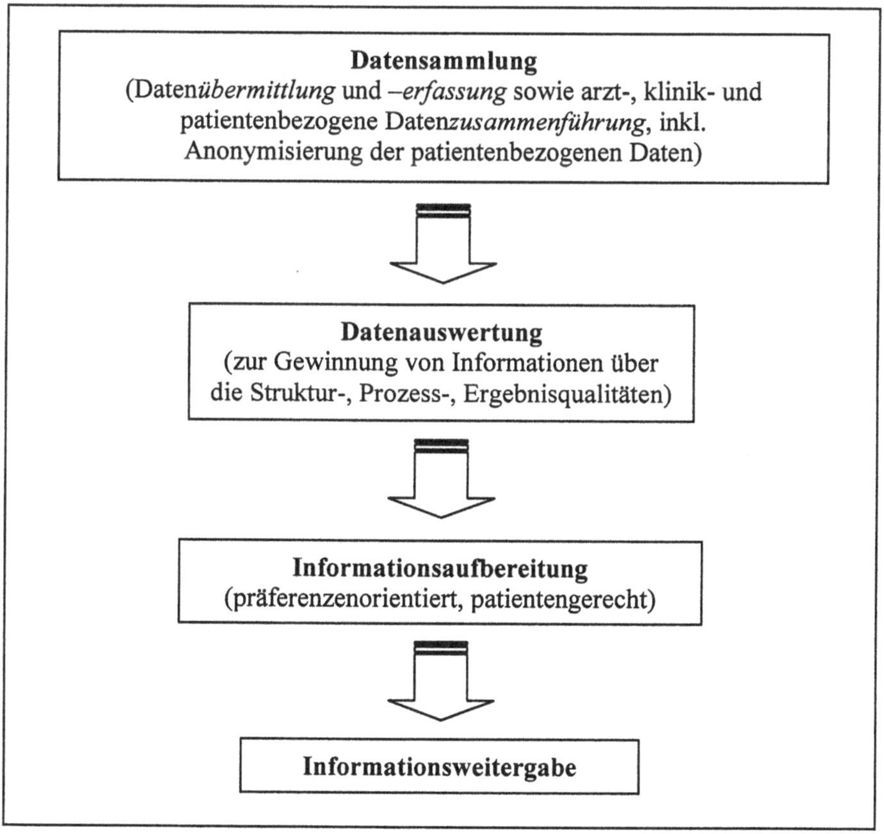

Quelle: Eigene Darstellung.

Datensammlung: Die Gewinnung verlässlicher und umfassender Informationen über die Qualität von Ärzten und Kliniken erfordert zunächst die Sammlung von Daten, die Aufschluss über die Behandlungsstrukturen, -prozesse und -ergebnisse der einzelnen Leistungserbringer geben. Wie viele Einzeldaten insgesamt gesammelt werden müssen, um verlässliche Qualitätsinformationen gewinnen zu können, ist derzeit nicht absehbar. Die Tatsache, dass alleine die Analyse der Effizienz und Behandlungsqualität vernetzter Praxen im Rahmen eines Modellprojektes der AOK und des VdAK in Schleswig-Holstein mit der Auswertung von 2,1 Mrd. Daten im ambulanten und 24 Mio. Daten im akutstationären Versorgungsbereich einherging,[717] lässt allerdings darauf schließen, dass die Zahl beträchtlich sein wird.

Aufgrund der immensen Zahl an qualitätsrelevanten Daten ist davon auszugehen, dass die Datensammlung hohe Investitionen in den Aufbau einer Infrastruktur zur Datenübermittlung und -erfassung notwendig macht. Für (potenzielle) Informationsanbieter haben diese Investitionen weitgehend den Charakter von Fixkosten.

Wie bereits umfassend erörtert,[718] sind insbesondere für die Behandlungsergebnisse aus den Leistungs- und Abrechnungsdaten von Ärzten und Kliniken nur dann verlässliche und aussagekräftige Qualitätsinformationen gewinnbar, wenn die dazu erfassten Daten zuvor arzt-, klinik- und patientenbezogen zusammengeführt wurden. Nicht zuletzt aufgrund der Anforderungen, die dabei aus datenschutzrechtlichen Gründen zu erfüllen sind, ist davon auszugehen, dass auch dieser Schritt auf dem Weg zu einem umfassenden Informationsangebot über die Qualität von Ärzten und Kliniken mit beträchtlichen Fixkosten - u. a. aufgrund der nötigen Investitionen in Ver- und Entschlüsselungstechniken - verbunden ist. Ist die Infrastruktur zur Datensammlung jedoch erst einmal aufgebaut, so dürfte die Berücksichtigung zusätzlicher Leistungserbringer mit vergleichsweise niedrigen Grenzkosten verbunden sein.

Datenauswertung: Um aus den arzt-, klinik- und patientenbezogen zusammengeführten Daten Informationen über die Qualität einzelner Ärzte und Kliniken gewinnen zu können, ist es vorab notwendig, geeignete Methoden zur Messung von Struktur-, Prozess- und Ergebnisqualitätsaspekten zu entwickeln. Insbesondere die Würdigung des Projektes „Qualitätsmodell Krankenhaus“[719], das

---

[717] Die Analyse der Arzneimittelversorgung war mit mehr als 10 Mio. Datensätzen verbunden; vgl. RÜSCHMANN, H.-H., ROTH, A., KRAUSS, C. [2000], S. 91.

[718] Vgl. Teil I, Kapitel A 4.4.

[719] Vgl. Teil II, Kapitel C 2.4.4.2.

sich auf die Messung von Ergebnisqualitäten konzentrierte, zeigte, dass die Entwicklung solcher Methoden sehr anspruchsvoll und mit hohem Aufwand verbunden ist.

Aufwendig ist allerdings nicht nur die Messung von Ergebnisqualitäten, die neben der Auswahl geeigneter Indikatoren die Entwicklung entsprechender Vergleichsmaßstäbe (benchmarks) und vor allem eine Risikoadjustierung der Ergebnisse erfordert. Vielmehr ist auch die Ermittlung der Ausprägungen einzelner Aspekte der Prozessqualität mit hohem Aufwand verbunden. So erforderte zum Beispiel die Bewertung des Qualitätsmanagements von Ärzten innerhalb der Focus-Ärzteliste die Entwicklung eines Qualitätsmanagement-Scores durch das Kölner Institut für Gesundheitsökonomie. Ein weiteres Indiz dafür, dass mit der Ermittlung von Behandlungsqualitäten hohe Aufwendungen einhergehen, ist der Verzicht der DAK Hamburg auf eine Neuauflage ihres Krankenhaus-Ratgebers.[720] So begründet die DAK ihre Entscheidung mit dem Hinweis darauf, dass sie eine Wiederholung ihres Hamburger Projektes oder gar dessen bundesweite Ausdehnung für nicht finanzierbar hält.[721]

Als sehr aufwendig dürfte sich bei der Bestimmung von Prozessqualitäten nicht zuletzt die Entwicklung von Methoden erweisen, anhand derer auf Basis von Leistungs- und Abrechnungsdaten zuverlässige Erkenntnisse darüber gewonnen werden können, inwieweit einzelne Leistungserbringer bei der Behandlung ihrer Patienten anerkannte Behandlungsleitlinien beachten.

Wie die Aufwendungen zur Errichtung einer Infrastruktur zur Datensammlung haben auch die zuvor genannten Aufwendungen, die im Rahmen der Entwicklung von Konzepten und Methoden zur Qualitätsmessung entstehen, für potenzielle Informationsanbieter den Charakter von Fixkosten. Stehen den Informationsanbietern die benötigten Informationsgewinnungsmethoden jedoch zur Verfügung, so verursacht die Berücksichtigung bzw. Bewertung zusätzlicher Leistungserbringer nur noch vergleichsweise geringe (Grenz-)Kosten. Die beiden ersten Schritte zur Erstellung eines Informationsangebots über die Qualität von Ärzten und Krankenhäusern sind somit aufgrund eines hohen Fixkostenanteils und vergleichsweise niedriger Grenzkosten von bedeutenden Größenvorteilen geprägt. Welche Konsequenzen daraus für ein Gesamtkonzept zur Schaffung von mehr Qualitätstransparenz für Patienten zu ziehen sind, ist in Teil IV dieser Arbeit untersucht.

---

720 Vgl. Teil II, Kapitel C 2.4.1.2.

721 Vgl. RIEDIGER, A. [1998] sowie NICKEL, S., HILDEBRANDT, H., TROJAN, A. [1999], S. 191.

Informationsaufbereitung und -weitergabe: Informationen über die Qualität von Ärzten und Kliniken können nur dann zu einem Abbau der Qualitätsintransparenz beitragen, wenn sie entsprechend der von Patient zu Patient unterschiedlichen Präferenzen aufbereitet sind. Dies ist eines der Ergebnisse der vorliegenden Arbeit.[722] Darüber hinaus muss sich die Aufbereitung der Informationen an den individuellen Informationsverarbeitungskapazitäten der Patienten orientierten. Nur wenn diese beiden Voraussetzungen vor der Weitergabe der Informationen an die Patienten erfüllt sind, lässt sich die Qualitätstransparenz für die Patienten verbessern.

Inwieweit bei der Aufbereitung der Informationen und deren Weitergabe an die Patienten Größenvorteile realisierbar sind, dürfte in erster Linie davon abhängen, wie spezifisch die Informationswünsche der Patienten sind. Handelt es sich um vergleichsweise allgemeine Informationen, an denen entsprechend viele Patienten interessiert sind, so ist davon auszugehen, dass infolge niedriger Grenzkosten der Informationsweitergabe bei Einsatz moderner Informationstechnologien Größenvorteile erzielbar sind. Mit der Aufbereitung und Weitergabe der Informationen sind im Vergleich zur Datensammlung und –auswertung allerdings nur geringe Fixkosten verbunden. Trotz der äußerst niedrigen Grenzkosten der Informationsweitergabe sind deshalb selbst bei vergleichsweise allgemeinen Qualitätsinformationen keine bedeutenden Größenvorteile zu erwarten. Eine Tendenz zu einem natürlichen Monopol ist auf dieser Stufe der Erstellung eines Informationsangebots somit nicht festzustellen. Ein wettbewerbliches Angebot erscheint vielmehr grundsätzlich möglich.

G Fazit

Ein umfassendes und verlässliches Angebot auf dem Markt für Informationen über die Qualität von Ärzten und Krankenhäusern fehlt aus verschiedenen Gründen. Als erstes wurde deutlich, dass potenziellen Anbietern der Zugang zu den von ihnen zur Informationsgewinnung benötigten Leistungs- und Abrechnungsdaten sowie zu den Ergebnissen von Maßnahmen der externen Qualitätssicherung[723] nicht nur aufgrund der stellenweise mangelnden Bereitschaft der Leistungserbringer zur Weitergabe der ihnen vorliegenden Informationen, sondern auch aufgrund institutioneller Hemmnisse derzeit weitgehend versperrt ist.

---

[722] Vgl. dazu insbesondere Teil I, Kapitel A.

[723] Vgl. dazu Kapitel C 2.4.4.3.

Ein weiteres Ergebnis der Analyse ist, dass aufgrund des Erfahrungsgutcharakters von Informationen und des Auftretens gravierender externer Effekte - selbst bei Abbau der identifizierten institutionellen Hemmnisse - ohne ein staatliches Eingreifen auf dem Markt für Qualitätsinformationen nicht mit einer Handelsmenge zu rechnen ist, die aus gesellschaftlicher Perspektive als optimal bezeichnet werden könnte. Allerdings kann dem Wettbewerbsversagen, das aus dem Erfahrungsgutcharakter der Informationen möglicherweise resultiert, durch eine Verpflichtung der Informationsanbieter, genaue, nachvollziehbare und überprüfbare Mindestangaben über die von ihnen verwendeten Informationsgewinnungs- und -aufbereitungsmethoden zu machen, effektiv entgegengewirkt werden.

Auch die durch Trittbrettfahrer-Verhalten auftretenden externen Effekte verursachen kein fundamentales Wettbewerbsversagen, das staatlichen Handlungsbedarf verursachen würde. So ist ein Trittbrettfahrer-Verhalten auf dem Markt für Qualitätsinformationen zwar nicht auszuschließen, doch ist der Nutzen von Qualitätsinformationen, die nicht auf die persönlichen Präferenzen des betreffenden Patienten abgestimmt sind, im Regelfall so gering, dass die aus dem Trittbrettfahrer-Verhalten resultierenden externen Effekte kaum als gravierend eingestuft werden können.

Für die Angebotsseite des Marktes für Qualitätsinformationen ist in Abschnitt 6 zwischen der Sammlung und Aufbereitung der Daten sowie der Informationsaufbereitung und -weitergabe unterschieden. Für die Bereiche „Datensammlung“ und „Datenauswertung“ wurde aufgrund der Existenz bedeutender Größenvorteile eine Tendenz zu einem natürlichen Monopol und damit ein fundamentales Wettbewerbsversagen festgestellt. Wettbewerb ist in diesen Bereichen somit nicht möglich. Im Gegensatz dazu stehen einer wettbewerblichen Organisation der patientengerechten und präferenzorientierten Aufbereitung der Qualitätsinformationen und deren Weitergabe an die Patienten keine marktstrukturellen Besonderheiten entgegen. Bei der Ableitung eines Konzeptes zur Schaffung von mehr Qualitätstransparenz für die Patienten in Teil IV dieser Arbeit ist dies zu berücksichtigen.

Teil IV: Schlussfolgerungen für ein Gesamtkonzept zum Abbau der Qualitätsunkenntnisse von Patienten

A Vorbemerkungen

Im Folgenden soll aufbauend auf den Ergebnissen der vorangegangenen Untersuchungen ein Gesamtkonzept zum Abbau der derzeitigen Qualitätsunkenntnisse von Patienten entwickelt werden. Ziel des Konzeptes ist es, die Voraussetzungen dafür zu schaffen, dass sich die Patienten in Zukunft vor der Wahl eines Arztes oder Krankenhauses weit besser als bisher über die bei den einzelnen Leistungserbringern vorzufindenden Behandlungsqualitäten informieren können.[724] Dabei gilt es insbesondere zu gewährleisten, dass die Kosten, die mit der Schaffung der verbessserten Qualitätstransparenz einhergehen, in einem vertretbaren Verhältnis zum resultierenden Nutzen stehen. Nicht zuletzt aus diesem Grund sollte das Konzept nicht in Stufen, sondern im Sinne einer Gestaltungsintervention in einem Schritt umgesetzt werden.

In Kapitel B ist zunächst erläutert, welchen Anforderungen das Konzept im Einzelnen genügen muss. Den Patienten sollen in Zukunft qualitativ und quantitativ wesentlich verbesserte Informationen angeboten werden. Außerdem geht es darum, dass die Patienten diese Angebote tatsächlich in Anspruch nehmen. Darüber hinaus ist erörtert, welche Kriterien das Konzept erfüllen muss, damit die angestrebten Informationsbedingungen effizient und damit zu gesellschaftlich minimalen Kosten hergestellt werden.

Auf dem Markt für Qualitätsinformationen ist zwischen der „Datensammlung und -aufbereitung" sowie der „Informationsaufbereitung und -weitergabe" unterschieden. Für diese Wertschöpfungsstufen ist anschließend nach geeigneten institutionellen Lösungen zu fragen. Dabei spielt eine besondere Rolle, inwieweit wettbewerbliche Selbststeuerungsprozesse ausreichen oder spezielle staatliche Rahmensetzungen und Maßnahmen zu empfehlen sind.

B Forderungen an das Konzept

Zunächst muss sich das Gesamtkonzept daran messen lassen, ob die gesundheitsmarktbezogenen Informationen, die es ermöglicht und induziert, die Anfor-

---

[724] Wie in Kapitel B in Teil I dieser Arbeit erörtert, ist dies eine der zentralen Voraussetzungen für einen steuerungswirksamen Wettbewerb zwischen niedergelassenen Ärzten, zwischen Krankenhäusern und zwischen den Krankenkassen, sobald der Gesetzgeber diesen mehr Handlungsfreiheiten einräumt als bisher.

derungen erfüllen, anhand derer die Informationsangebote zu bewerten sind.[725] Im Einzelnen bedeutet dies, dass das Konzept die Voraussetzungen dafür schaffen muss, dass die Informationsangebote (a) umfassend über die Behandlungsqualitäten der Leistungserbringer informieren und außerdem (b) verlässlich, (c) aktuell und flexibel sowie (d) für die Patienten gut zugänglich sind. Außerdem müssen die Qualitätsinformationen so aufbereitet sein, dass sie (e) sowohl die von Patient zu Patient unterschiedlich verlaufenden Grenzen der Informationsverarbeitungs- und -speicherkapazität beachten als auch (f) den patientenindividuellen Qualitätspräferenzen Rechnung tragen.

Die Ermittlung von Behandlungsqualitäten erfordert den Rückgriff auf Patientendaten, die aus datenschutzrechtlicher Perspektive zum Teil hoch sensibel sind. Bei Entwicklung des Konzepts ist daher außerdem zu berücksichtigen, dass das Recht der Patienten auf informationelle Selbstbestimmung gewahrt bleibt.[726]

Aus ökonomischer Perspektive ist das Konzept so auszugestalten, dass die angestrebten Informationsbedingungen nicht nur kurzfristig zu niedrigen Kosten verwirklicht werden. Vielmehr ist dafür zu sorgen, dass sich das Verhältnis zwischen Input und Output der Erzeugung der Informationsbedingungen auf Basis eines dynamischen Prozesses auch kontinuierlich verbessert. Grundsätzlich ist davon auszugehen, dass wirksamer Wettbewerb für alle diese Dimensionen tendenziell zu einer Erhöhung der statischen und dynamischen Allokationseffizienz führt. Deshalb sollte die Bereitstellung der Qualitätsinformationen soweit wie möglich wettbewerblich erfolgen. Die staatlichen Eingriffe in den resultierenden „Markt für Qualitätsinformationen" sollten demzufolge auf den Bereich begrenzt bleiben, der als nicht bestreitbares natürliches Monopol identifiziert wurde. Für jenen Bereich der Erstellung von Qualitätsinformationen, in dem „Wettbewerb *im* Markt" aufgrund marktstruktureller Besonderheiten nicht möglich ist, wird allerdings im Folgenden[727] erörtert, inwieweit sich die Rahmenordnung einer staatlichen Dauerregulierung, z. B. durch die spezifische Einrichtung eines „Wettbewerbs *um* den (Teil-)Markt" als vorteilhaft erweist.

Wie im Laufe der vorangegangenen Untersuchungen bereits mehrfach ausgeführt, sind schon heute einige Erfahrungen durch verschiedene Maßnahmen und (Modell-)Projekte zur Sicherung der Qualität der medizinischen Versorgung innerhalb der GKV und in den USA gesammelt. Deshalb stellt sich für das Ge-

---

725 Zu den einzelnen Kriterien vgl. Teil II, Kapitel C 2.3.

726 Das Recht der Patienten auf informationelle Selbstbestimmung ist umfassend diskutiert in LANG, F. [1997].

727 Vgl. S. 255 ff.

samtkonzept die Frage, ob und ggf. auf welche Weise die in den einzelnen Qualitätssicherungsmaßnahmen und -projekten bereits gewonnenen Qualitätsinformationen und die dazu erhobenen Daten zukünftig genutzt werden können. Außerdem ist zu prüfen, ob und gegebenenfalls in welcher Form die innerhalb der zahlreichen Selbsthilfegruppen vorliegenden Erfahrungen der Patienten mit der Qualität einzelner Leistungserbringer für die Schaffung von mehr Qualitätstransparenz nutzbar gemacht werden können.

C Datensammlung

Die Sammlung der Daten, die zur Gewinnung von Qualitätsinformationen benötigt werden, und deren anschließende patienten-, arzt- und klinikbezogene Zusammenführung ist der erste Schritt auf dem Weg zu einem zufrieden stellenden Informationsangebot. Wie bereits angesprochen,[728] handelt es sich bei diesen Daten in erster Linie um die von den Leistungserbringern an die Kassenärztlichen Vereinigungen und gesetzlichen Krankenkassen zu übermittelnden Leistungs- und Abrechnungsdaten (vgl. dazu Abbildung 40).

Darüber hinaus sind auch jene Daten zentral zu sammeln, die aufgrund der gesetzlichen Vorschriften zur „Sicherung der Qualität der Leistungserbringung“[729] insbesondere bei den KVen, den Ärztekammern, den Krankenhausgesellschaften und den Krankenkassen anfallen, derzeit aber im Regelfall für die Öffentlichkeit nicht anbieterbezogen zugänglich sind. Auf bereits existierende Daten der Ärztekammern, KVen und Krankenhausgesellschaften kann außerdem bei der Sammlung von Daten, die Aufschluss über die von den einzelnen Leistungserbringern erworbenen (Zusatz-)Qualifikationen und (Qualitäts-)Zertifikate oder über besondere Service-Angebote und Ausstattungen von Arztpraxen und Krankenhäusern geben, zurückgegriffen werden.[730]

---

[728] Vgl. Teil III, Kapitel F.

[729] Vgl. dazu §§ 135-139c SGB V.

[730] Zur Frage, wer innerhalb der GKV derzeit über welche Daten verfügt vgl. 284-305b SGB V sowie SCHOLZ, H. [2001].

Abbildung 40: Datensammlung

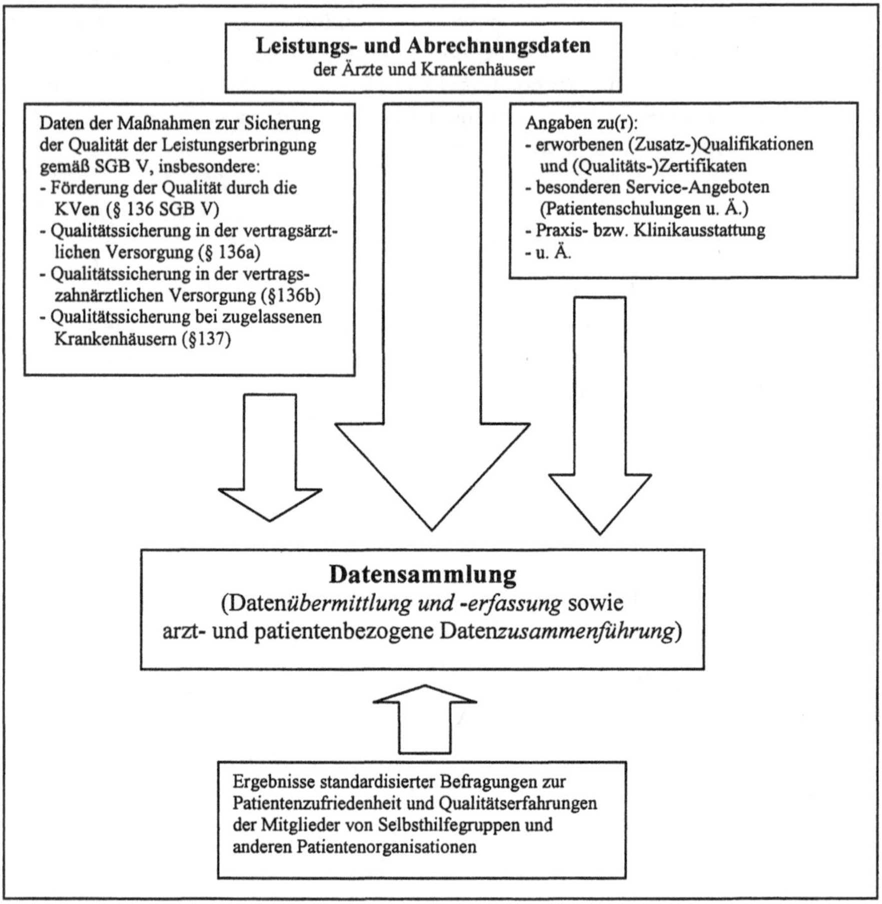

Quelle: Eigene Darstellung.

Das Ausmaß der Kundenzufriedenheit hat im Gesundheitswesen nicht zuletzt aufgrund des gewissen Wettbewerbsdrucks in den letzten Jahren an Bedeutung gewonnen.[731] Insbesondere Krankenhäuser fragen heute die Zufriedenheit ihrer Patienten zumeist routinemäßig ab. Wegen der Vielzahl der Befragungsmethoden und -inhalte sind die resultierenden Ergebnisse derzeit jedoch kaum ver-

[731] Vgl. HILDEBRANDT, H., MARTINI, O. [1999], S. 21 ff.

gleichbar und somit nicht als zuverlässiger Indikator für die Qualität der Arzt-Patient-Beziehungen geeignet. Um dem hohen Stellenwert, den die Qualität der Arzt-Patienten-Beziehungen aus Patientenperspektive einnimmt, dennoch Rechnung zu tragen, erscheint eine Verpflichtung der Leistungserbringer zur Durchführung standardisierter Patientenbefragungen und die zentrale Sammlung der resultierenden Ergebnisse wünschenswert. Ebenso wertvoll können außerdem die Erfahrungen sein, die die Mitglieder von Selbsthilfegruppen und anderen Patientenorganisationen in der Vergangenheit mit einzelnen Ärzten oder Kliniken gemacht haben. Auch diese Informationen sollten deshalb zentral gesammelt und zur Gewinnung der Qualitätsinformationen genutzt werden.

Für den Bereich „Datensammlung" wurde in dieser Arbeit die Tendenz zur Herausbildung eines natürlichen Monopols, und zwar eines nicht bestreitbaren, konstatiert.[732] Ein „Wettbewerb *im* Markt" zwischen Unternehmen, die auf die Sammlung von qualitätsrelevanten Daten spezialisiert sind, ist innerhalb dieses Sektors des (Gesamt-)Marktes für Qualitätsinformationen daher aus marktstrukturellen Gründen nicht möglich. Grundsätzlich besteht die Möglichkeit, die Datensammlung einer zentralen staatlichen Institution zu übertragen oder für diesen Teilmarkt einen privaten Monopolisten zu etablieren, der zur Vermeidung des Missbrauchs seiner Marktmacht dann allerdings einer Dauerregulierung unterworfen werden müsste. Gegen ein Monopol in Staatshand und die Dauerregulierung eines etablierten Monopolisten spricht jedoch die in der Literatur überwiegend als gering eingestufte Wirtschaftlichkeit im öffentlichen Sektor, die nicht zuletzt auf die dort nur schwach ausgeprägten Anreizmechanismen (mangelnde Ergebnisverantwortung) zurückzuführen ist.[733] Insofern erscheint es sinnvoller, zur Durchführung der Datensammlung periodisch wiederkehrend einen „Wettbewerb *um* den Markt" zu initiieren.

Die Entscheidung für „Wettbewerb *um* den Markt" impliziert, dass der Auftrag zur Datensammlung jeweils öffentlich ausgeschrieben und anschließend für eine bestimmte Laufzeit an denjenigen Bewerber vergeben wird, dessen Angebot die beste Leistung im Sinne einer hochwertigen Dienstleistung und dafür günstigen Kompensationsforderung enthält.[734] Die Vergabe des Auftrags zur Sammlung der Daten an ein einziges Unternehmen über ein Ausschreibungsverfahren er-

---

[732] Vgl. Teil III, Kapitel F.

[733] Vgl. SNETHLAGE, W.-H. [2001], S. 85 f. Zu weiteren Vorteilen einer Verlagerung der wirtschaftlichen Aktivitäten in den privaten Sektor vgl. ebenda, S. 5 ff.

[734] Zu den möglichen Formen von Ausschreibungen vgl. SNETHLAGE, W.-H. [2001] sowie KRÄKEL, M. [1992], S. 107 ff. Zum typischen Ablauf von Ausschreibungen vgl. SNETHLAGE, W.-H. [2001], S. 94 f. oder FINSINGER, J. [1985], S. 302.

möglicht, die identifizierten Größenvorteile vollständig zu realisieren und durch die regelmäßige Neuausschreibung des Auftrags „gleichzeitig Anreize zu einem effizienten Angebot durch den Wettbewerb um den Zuschlag zu schaffen.“[735]

„Wettbewerb *um* den Markt“ kann allerdings dann problematisch sein, wenn die Leistungserstellung signifikante langlebige, „versunkene“ Investitionen erfordert.[736] Die Sammlung der Arzt-, Klinik- und Patientendaten macht aufgrund der großen Menge relevanter Daten und der unabdingbaren arzt- und patientenbezogene Zusammenführung sowie Anonymisierung der Daten beträchtliche Investitionen notwendig. In erster Linie handelt es sich bei diesen Investitionen um den Aufbau ausreichender EDV-Kapazitäten und die Entwicklung geeigneter Software-Lösungen. Da insbesondere die EDV-Kapazitäten auch zur Erstellung anderer Marktleistungen eingesetzt werden können und somit nicht „versinken“, stehen die genannten Investitionen einem „Wettbewerb *um* den Markt“ allerdings nicht entgegen.

Um die Leistungsanreize für das mit der Datensammlung beauftragte private Unternehmen konstant aufrecht zu erhalten, sollte die entsprechende Vertragslaufzeit relativ kurz sein.[737] Gleichzeitig dürfen die Vergabeintervalle jedoch auch nicht zu kurz sein, da mit der Ausschreibung und dem Vergabeverfahren nicht unerhebliche Transaktionskosten verbunden sein dürften und das Investitionsrisiko bei zu kurzen Vertragslaufzeiten für die Unternehmen zu groß wird.[738] Welche Laufzeit für die Unternehmen noch akzeptabel ist, könnte durch einen Markttest ermittelt werden.[739]

Für den Bereich der Datensammlung bleibt der staatliche Handlungsbedarf somit auf die Durchführung des Ausschreibungsverfahrens (einschließlich exakter Leistungsdefinition und sachgerechter Auflagen z. B. zum Datenschutz) und die anschließende Kontrolle, ob das beauftragte Unternehmen die ausgeschriebenen Leistungen in der gewünschten Weise erstellt, beschränkt.

D Datenauswertung

Auf der Stufe der zielbezogenen Datenauswertung gilt es vor allem, die zuvor gesammelten Daten zur Gewinnung konkreter Informationen über die Qualität

[735] SNETHLAGE, W.-H. [2001], S. 91.

[736] Vgl. ebenda, S. 91 f.

[737] Vgl. ebenda, S. 476.

[738] Vgl. ebenda, S. 477.

[739] Vgl. ebenda, S. 477 f.

der Behandlungsstrukturen, -prozesse und -ergebnisse einzelner Ärzte und Krankenhäuser zu verarbeiten. Wie für die Datensammlung wurde auch für die Datenauswertung das Vorliegen einer Tendenz zu einem nicht bestreitbaren natürlichen Monopol festgestellt.[740] Die im vorangegangenen Abschnitt erörterten Vorteile sprechen dafür, auch für die Datenauswertung einem „Wettbewerb *um* den Markt" den Vorrang gegenüber einer staatlichen Leistungserstellung oder einer Dauerregulierung eines Monopolisten einzuräumen. Die Datenauswertung sollte deshalb wie die Datensammlung öffentlich ausgeschrieben werden.

Somit wurde für zwei direkt aufeinander folgende Stufen der Leistungserstellung ein „Wettbewerb *um* den Markt" als sinnvoll eingestuft. Aufgrund der Verbundvorteile, die zu erwarten sind, wenn ein Unternehmen sowohl die Datensammlung als auch die anschließende Datenauswertung vornimmt, erscheint es zweckmäßig, die auf diesen Stufen zu erfüllenden Aufgaben gemeinsam auszuschreiben und den Auftrag an nur ein Unternehmen zu vergeben.

Der Aufgabenbereich des Unternehmens, das mit der Datensammlung und der zielbezogenen Datenauswertung beauftragt ist, umfasst auch, die von ihm gewonnenen Informationen sämtlichen Unternehmen, die diese Informationen den Patienten in aufbereiteter Form anbieten möchten, gegen ein Entgelt zur Verfügung zu stellen. Grundsätzlich bietet es sich an, dieses Entgelt so zu bemessen, dass die Erlöse die Kosten der Datensammlung und -auswertung decken. Über die Höhe der so bemessenen Entgelte ist derzeit keine Prognose möglich.

Allerdings gilt es auch darauf zu achten, dass die Entgelte das Informationsangebot nicht so sehr verteuern, dass die (End-)Nachfrager letztlich nicht mehr bereit sind, die Informationen in einer für den Wettbewerb ausreichenden Menge nachzufragen. Für den Fall, dass sich die nach dem Kostendeckungsprinzip bemessenen Entgelte als so hoch erweisen, dass die angestrebte Handelsmenge auf dem Markt für Qualitätsinformationen nicht zu Stande kommt, besteht die Möglichkeit, den Bereich der Datensammlung und -auswertung zu subventionieren. Die Subventionierung einzelner Unternehmen, die beabsichtigen, die Qualitätsinformationen in aufbereiteter Form an die Patienten weiterzuverkaufen, ist aufgrund der dabei zwangsläufig auftretenden Wettbewerbsverzerrungen hingegen abzulehnen.

Ausdrücklich nicht die Aufgabe des mit der Informationsgewinnung beauftragten Unternehmens ist es, die ihm vorliegenden Qualitätsinformationen entsprechend den Wünschen der Patienten aufzubereiten. Dies bedeutet insbesondere, dass auf dieser Stufe keine Aggregation, Gewichtung oder Bewertung der Infor-

[740] Vgl. dazu Teil III, Kapitel F.

mationen (bzw. der Leistungserbringer) stattfinden sollte. Notwendig ist dieser Verzicht, damit jenen Unternehmen, die den Patienten auf dem Markt aufbereitete Qualitätsinformationen anbieten möchten, ein möglichst breites Spektrum an Aktionsparametern - und damit an Möglichkeiten, sich im Wettbewerb positiv von ihren Konkurrenten abzusetzen - offen steht.

Ebenso abzulehnen ist, dass das Unternehmen, das den Auftrag zur primären Datensammlung und -auswertung erhält, anschließend als Anbieter patientengerecht aufbereiteter und an die unterschiedlichen Präferenzen angepasster Informationen auf dem Markt für Qualitätsinformationen auftritt. Eine solche Mitanbieterschaft auf der nächsten Wertschöpfungsstufe birgt stets die Gefahr in sich, dass das mit der Datensammlung und -auswertung beauftragte Unternehmen seine Monopolstellung auf der ersten Wertschöpfungsstufe nutzt, um auch auf der nachgelagerten Stufe eine herausragende Marktstellung zu erreichen. Bereits in der Ausschreibung des Auftrags zur Datensammlung und -aufbereitung sollte deshalb die Mitanbieterschaft auf dem Markt für Qualitätsinformationen ausgeschlossen werden.

E Informationsaufbereitung und -weitergabe

Auf den Stufen „Informationsaufbereitung" und „Informationsweitergabe" liegen weder Größenvorteile noch sonstige Besonderheiten vor, die ein fundamentales Wettbewerbsversagen bedingen könnten.[741] Ein „Wettbewerb *im* Markt" zwischen den Anbietern von Qualitätsinformationen ist deshalb marktstrukturell möglich. Unter der Voraussetzung, dass die Unternehmen, die die Qualitätsinformationen am Markt patientengerecht aufbereitet und an die individuellen Präferenzen der Patienten angepasst anbieten möchten, von der vorgelagerten Stufe der Datensammlung und -aufbereitung die entsprechenden Informationen beziehen können, steht einem Zustandekommen eines Marktes für Qualitätsinformationen und dessen Etablierung im Zeitablauf somit nichts mehr im Wege.

Aus der Möglichkeit, gegen ein geringes Entgelt an - wenn auch unaufbereitete - Informationen über die Qualität von Ärzten und Kliniken zu gelangen, resultieren niedrige Zutrittsschranken des Marktes für Qualitätsinformationen. Als Wettbewerber auf dem Markt für Qualitätsinformationen kommt deshalb ein breites Spektrum von Unternehmen in Frage. Als Erstes sind die Verbraucherzentralen zu nennen. Aufgrund ihrer Erfahrungen in der verbrauchergerechten Aufbereitung von Informationen und ihrer Beratungskompetenz sowie wegen

---

[741] Vgl. Teil III, Kapitel F.

dem großen Vertrauen, dass die Patienten ihnen in Beratungsfragen entgegenbringen[742], sind sie geradezu prädestinierte Anbieter von Informationen über die Qualität von Ärzten und Krankenhäusern. Um die Chancengleichheit im Wettbewerb zu gewährleisten, sollten die Subventionen, die die Verbraucherzentralen zur Erfüllung ihrer Aufgaben erhalten, in Zukunft allerdings nur noch zweckgebunden für solche Beratungsangebote gezahlt werden, in denen die Verbraucherzentralen nicht mit anderen Anbietern in Konkurrenz stehen.

Darüber hinaus erscheint es als wahrscheinlich, dass die meisten der Unternehmen, die bereits heute Qualitätsinformationen anbieten (Focus, Öko-Test, Stiftung Warentest, Betreiber von Gesundheitsportalen im Internet und telefonischen Auskunftsdiensten) ihr Engagement auf dem Markt für Qualitätsinformationen fortsetzen oder gar verstärken werden.

Die Untersuchung in Teil II hat gezeigt, dass die Patienten sehr an Qualitätsinformationen interessiert und daher auch bereit sind, sie am Markt nachzufragen. Deshalb ist davon auszugehen, dass sich neben den bisherigen Anbietern weitere Unternehmen dafür entscheiden werden, von ihnen aufbereitete Qualitätsinformationen anzubieten. Außer weiteren Zeitschriften könnten insbesondere lokale und überregionale Tageszeitungen von den niedrigen Zutrittsschranken des Marktes für Informationen über die Qualität von Ärzten und Kliniken profitieren. So ist gut denkbar, dass in Zukunft auch Tageszeitungen vermehrt über die Qualität einzelner Ärzte und Kliniken in ihrem Einzugsgebiet informieren werden. Geschehen könnte dies beispielsweise in Form von Serien, in deren einzelnen Folgen die niedergelassenen Ärzte oder Krankenhausabteilungen der betreffenden Region nach Fachrichtungen vergleichend gegenübergestellt werden.

Als Anbieter von Qualitätsinformationen kommen außerdem vor allem Unternehmen in Betracht, die sich auf die persönliche Beratung von Patienten zur Arzt- und Klinikwahl spezialisieren könnten. Durch besondere Zusatzleistungen, wie die Vereinbarung von Behandlungsterminen oder die Organisation von Transport und Unterkunft von Angehörigen, könnten diese Unternehmen ihre Leistungen positiv von denen jener Anbieter abheben, die weniger individuelle Leistungen anbieten.

Auch die gesetzlichen Krankenkassen sind potenzielle Anbieter von Qualitätsinformationen. Sie könnten ihren Mitgliedern eigens aufbereitete Qualitätsinformationen z. B. als exklusive Service-Leistung anbieten, um sich im Wettbewerb der Krankenkassen positiv von der Konkurrenz abzusetzen. Die damit bei den

---

742 Vgl. Teil II, Kapitel C 2.5.1.

Krankenkassen möglicherweise auftretenden Interessenskonflikte[743] wirken allerdings negativ auf die Zuverlässigkeit und Aussagekraft dieser Informationen. Als weitere Anbieter patientengerecht aufbereiteter Qualitätsinformationen kommen außerdem Krankenhausgesellschaften, Kassenärztliche Vereinigungen, Ärztekammern sowie sonstige Verbände und Organisationen von Ärzten und Krankenhäusern in Frage. Da jedoch auch bei ihnen mit der Veröffentlichung von Informationen über die Qualität einzelner Leistungserbringer Interessenskonflikte einhergehen, sind auch sie keine ernsthaften Konkurrenten der übrigen Anbieter auf dem betreffenden Markt.

Auch inhaltlich ist ein breites Spektrum unterschiedlicher Informationsangebote zu erwarten. Im Wesentlichen ist eine Differenzierung der Informationsangebote anhand von drei Parametern möglich. Der Grad, in dem die Anbieter die individuellen Präferenzen und Wünsche der Patienten berücksichtigen, ist ein erster Parameter, anhand dessen sich die Informationsanbieter im Wettbewerb positiv von ihren Konkurrenten absetzen können. So steht es den Anbietern beispielsweise frei, ob die von ihnen angebotenen Qualitätsinformationen auf die Behandlung bestimmter Krankheiten oder die Durchführung besonderer Diagnose- oder Operationsverfahren abzielen oder sie den Patienten lediglich einen vergleichsweise undifferenzierten allgemeinen Überblick über die Ärzte und Klinikabteilungen unterschiedlicher Fachrichtungen ermöglichen sollen.

Darüber hinaus können die Informationsanbieter ihr Angebot bewusst auf Informationen über die Leistungserbringer ausgewählter Regionen oder Städte beschränken. Umfassender ist das Angebot, wenn die Patienten bundesweit vergleichende Informationen über die Ärzte oder Kliniken erhalten.

Die Art, in der die zumeist komplexen Informationen aufbereitet sind, damit sie von den Patienten aufgenommen, verstanden und als Basis ihrer Arzt- oder Klinikwahl genutzt werden können, ist der zweite Aktionsparameter. So gibt es vielfältige Ansätze, um die Komplexität der von den Patienten gewünschten Informationen zu reduzieren und deren Verständlichkeit zu verbessern.[744] Neben einer unterschiedlich tiefen Aggregation der Informationen sei hier nur auf die zahlreichen Möglichkeiten verwiesen, die Verständlichkeit und Aufnehmbarkeit der Informationen mit Hilfe der farblichen Gestaltung sowie der Verwendung von Symbolen innerhalb der Qualitätsabbildungen zu erhöhen.

---

743 Vgl. Teil II, Kapitel C 2.4.

744 Vgl. Teil II, Kapitel C 2 und D.

Abbildung 41: Szenario eines Marktes für Qualitätsinformationen

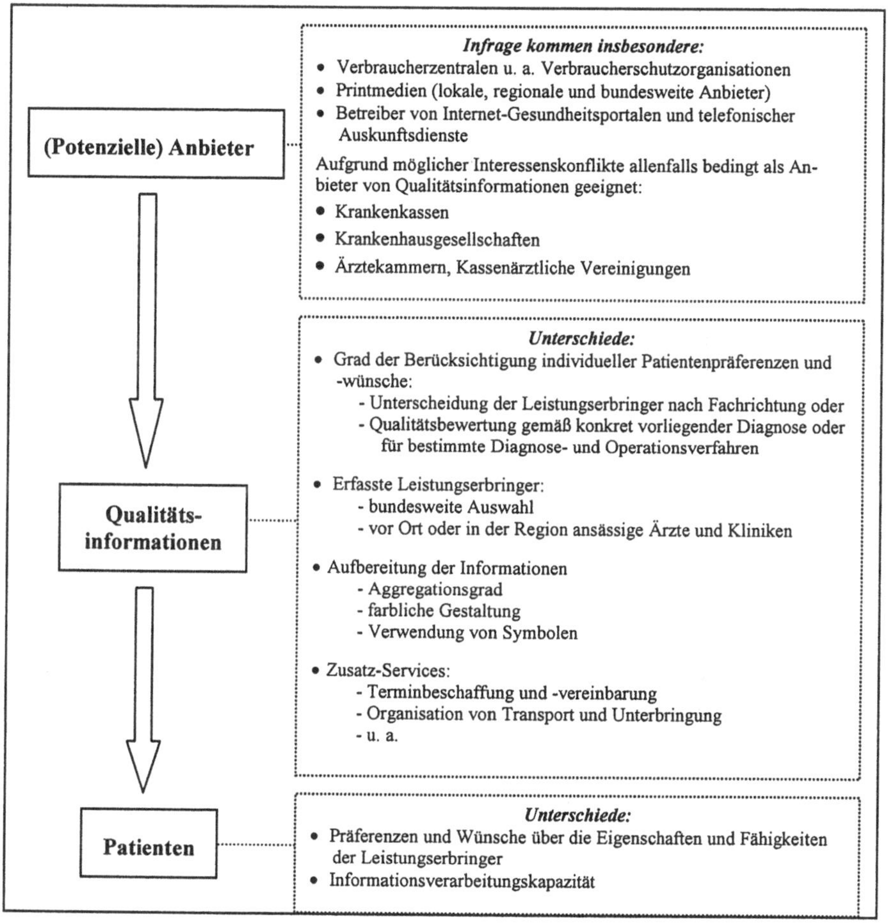

Quelle: Eigene Darstellung.

Dienstleistungen, die über die Bereitstellung aufbereiteter Qualitätsinformationen hinausgehen, sind weitere Aktionsparameter, die den Informationsanbietern zur Verfügung stehen. So könnten insbesondere die Anbieter, die sich auf patientenindividuelle Informationen konzentrieren, ihren Kunden anbieten, zugleich einen Behandlungstermin mit dem ausgewählten Arzt oder der ausgewählten Klinik zu vereinbaren und auch den Transport dorthin sowie die Unterkunft des Patienten (für den Fall einer ambulanten Behandlung) und/oder seiner Angehörigen zu organisieren. Einen Überblick über das geschilderte Markt-Szenario gibt Abbildung 41.

F Ergebnis und Ausblick

Patienten, die sich über die Qualität einzelner Ärzte oder Krankenhäuser informieren möchten, stehen in Deutschland derzeit auf verlorenem Posten. Diese Qualitätsintransparenz ist einer der zentralen Gründe dafür, dass sowohl der Wettbewerb zwischen einerseits den niedergelassenen Ärzten und andererseits den Krankenhäusern als auch der Wettbewerb zwischen den gesetzlichen Krankenkassen gegenwärtig seine Funktionen, die von ihm in Marktwirtschaften üblicherweise erwartet werden, nicht ausreichend erfüllen kann. Weder die in dieser Arbeit untersuchten Signaling-Instrumente „Aufbau von Reputation", „Einräumen freiwilliger Garantien" und „Werbung" noch die analysierte Screening-Alternative „Selbstinformation" erscheinen geeignet, in Zukunft eine deutliche Verbesserung dieser Situation herbeizuführen. In der Gesamtbetrachtung verspricht allerdings das Screening-Instrument „Einschaltung spezialisierter Dritter" den größten - wenn auch begrenzten - Erfolg bei der Schaffung von mehr Qualitätstransparenz.

Die gesetzlichen Krankenkassen, die Kassenärztlichen Vereinigungen, die Ärztekammern, die Krankenhausgesellschaften sowie einige Zeitschriften und zahlreiche Betreiber von Internetportalen und Callcentern bieten Rat suchenden Patienten bereits heute Informationen über die Qualität einzelner Ärzte und Kliniken an. Wie im Verlauf der Analyse deutlich wurde, können diese Informationsangebote indessen derzeit allenfalls einen sehr geringen Beitrag zum Abbau der bestehenden Qualitätsintransparenz leisten. Dies ist nicht darauf zurückzuführen, dass für die Qualität von Gesundheitsdienstleistungen insbesondere aus Patientenperspektive neben objektiven auch subjektive Maßstäbe ausschlaggebend sind. Auch die aus der Mehrdimensionalität des Qualitätsbegriffs von Gesundheitsdienstleistungen resultierende Komplexität ist dafür nur in beschränktem Umfang verantwortlich. Denn dass die für die Gesamtqualität einer Gesundheitsdienstleistung relevanten Aspekte der Behandlungsstrukturen, -prozesse und -ergebnisse grundsätzlich ermittel- bzw. messbar sind, zeigte sowohl die Analyse der derzeitigen deutschen Informationsangebote als auch die Untersuchung der US-amerikanischen Informationsangebote. Trotz der identifizierten inhaltlichen Mängel sind die meisten der untersuchten Informationsangebote in der Öffentlichkeit auf positive Resonanz gestoßen. Dies verdeutlicht, dass das bisherige Ausbleiben eines überzeugenden Informationsangebots auch nicht auf ein möglicherweise fehlendes Interesse der Patienten an den entsprechenden Informationen zurückzuführen ist.

Als verantwortlich für die derzeitige Situation auf dem Markt für Informationen über die Qualität von Ärzten und Krankenhäusern wurden im Wesentlichen zwei Gründe identifiziert. Zum einen ist den potenziellen Anbietern von Qualitätsinformationen in Deutschland der Zugang zu den Daten, die sie zur Gewinnung vollständiger und zuverlässiger Informationen benötigen, aufgrund institutioneller Hemmnisse und der zum Teil fehlenden Bereitschaft der Ärzte und Kliniken zur Herausgabe der Daten weitgehend verstellt. Zum anderen sind sowohl die Sammlung der Daten und deren arzt- und patientenbezogene Zusammenführung als auch die anschließende Gewinnung der gewünschten Qualitätsinformationen von subadditiven Kostenfunktionen geprägt, die bedeutende Größenvorteile der Produktion („economies of scale") und damit eine Tendenz zu einem natürlichen Monopol verursachen.

Das aus den Untersuchungsergebnissen abgeleitete Gesamtkonzept zur Schaffung von mehr Qualitätstransparenz trägt dem Rechnung und sieht vor, für die zuvor genannten Bereiche mittels Ausschreibung einen „Wettbewerb *um* den Markt" zu initiieren. „Wettbewerb *im* Markt" ist hingegen bei der patientengerechten Aufbereitung der Qualitätsinformationen und bei der Anpassung der Informationen an die individuell unterschiedlichen Präferenzen der Patienten sowie bei der Weitergabe der Informationen an die Patienten möglich und anzustreben.

Die Umsetzung des vorgeschlagenen Gesamtkonzepts erfordert eine Festlegung auf jene Qualitätsinformationen, die zentral gewonnen werden sollen. Ein Schwerpunkt sollte dabei auf solche Qualitätsinformationen gelegt werden, die seitens der Leistungserbringer und Krankenkassen schon heute vorliegen. Durch die im Ergebnis resultierende Übertragung bereits vorhandener Informationen von der besser informierten Marktseite auf die bislang schlechter informierte Marktseite wird sichergestellt, dass das angestrebte Ausmaß an Qualitätstransparenz zu einem günstigen Kosten-Nutzen-Verhältnis realisiert wird. Darüber hinaus ist denkbar, die Datenauswertung zunächst auf die vergleichsweise leicht zu ermittelnden Informationen über die Qualität von Behandlungsstrukturen und -prozessen zu beschränken. Auf die im Regelfall wesentlich anspruchsvollere und aufwendigere Ermittlung risikoadjustierter Indikatoren über die Qualität der Behandlungsergebnisse könnte so lange verzichtet werden, bis sich die Verfahren zur Sammlung und Auswertung der Daten zur Struktur- und Prozessqualität etabliert haben. Gegen einen solchen schrittweisen Abbau der Qualitätsintransparenz spricht jedoch, dass die Unternehmen auf dem Markt für Qualitätsinformationen dann auch nur ein dementsprechend kleineres Leistungsspektrum anbieten könnten und fraglich ist, ob ein solches Angebot von den Nachfragern als hinreichend attraktiv eingestuft würde. Darüber hinaus ist eine schrittweise Umsetzung auch wegen der in diesem Fall weitgehend fehlenden Planungssicherheit für die potenziellen Anbieter von Qualitätsinformationen und der damit einhergehenden Transaktionskosten abzulehnen. Das hier vorgeschlagene Konzept sollte deshalb nicht in Stufen, sondern im Sinne einer Gestaltungsintervention in einem Schritt umgesetzt werden. In diesem Fall ist insbesondere gewährleistet, dass die bestehende Informationsasymmetrie zu geringen Grenzkosten und mit hohen Grenzerträgen abgebaut wird und die bei den Leistungserbringern bereits vorhandenen Qualitätsinformationen in Zukunft auch den Patienten zur Verfügung stehen.

Weitere Aspekte, die die Bedeutung der Qualitätstransparenz für die Patienten verstärken, bleiben als ergänzende Rahmenbedingungen für eine Verbesserung der wettbewerblichen Selbststeuerung im Gesundheitssektor wünschenswert und vorteilhaft.[745] Dazu gehören (a) die Einführung einer Versicherungspflicht anstelle der dominanten Zwangsversicherung in der GKV, (b) eine steuerungswirksame Selbstbeteiligung der Versicherten, (c) mehr Spielraum für den Wettbewerb der Krankenversicherungen sowie (d) die wettbewerbliche Herausbildung effizienter Strukturen in der ambulanten und stationären Versorgung (z. B. mittels Anbieter-Vernetzungen, Case-Management, Gatekeeper).

Entgegen der derzeitigen Situation hätten die Patienten in Deutschland in einem wettbewerbsgesteuerten Gesundheitssystem dann erstmals die Möglichkeit, sich vor einer Behandlung gezielt und umfassend über die Qualität der in Frage kommenden Ärzte oder Kliniken zu informieren. So stünde ihnen unabhängig von ihren persönlichen Entscheidungssituationen (Gesundheitszustand, Art der vorliegenden Krankheit oder benötigten Behandlung, persönliche Präferenzen, etc.) ein breites Spektrum unterschiedlicher Informationsangebote und -quellen zur Verfügung. Die positiven Effekte einer verbesserten Qualitätstransparenz blieben jedoch nicht auf die Patienten beschränkt. In Form erhöhter Kapazitätsauslastungen und/oder Vergütungen, die der Qualität der angebotenen Leistungen gerecht werden, könnten vielmehr auch jene Ärzte und Kliniken profitieren, die überdurchschnittliche Behandlungsqualitäten anbieten können und möchten. Diese Qualitätskonkurrenz käme auf Dauer wiederum allen Patienten zu Gute.

[745] Vgl. dazu vertiefend WALLAU, D. [2003], S. 320 ff.

Literaturverzeichnis

ACHENBACH, T., BETZ, A. u. a. [2000], Leistungserfassung in der Intensivpflege, in: Die Schwester - Der Pfleger, 02/2000, S. 147-153.

AHRQ [2004], Consumer Assessment of Health Plans (CAHPS): Overview, URL: http://www.ahrq.gov/qual/cahps/dept1.htm (Stand: 10.02.2004).

AKERLOF, G. A. [1970], The Market for ‚Lemons': Quality Uncertainty and the Market Mechanism, in: Quarterly Journal of Economics, vol. 84, no. 3, S. 488-500.

AMERICAN THORACIC SOCIETY [1995], Hospital-acquired pneumonia in adults: diagnosis, assessment of severity, initial antimicrobial therapy, and preventive strategies, in: American Journal of Respiratory & Critical Care Medicine 153, S. 1711-1725.

ANDERSEN, H. H., SCHWARZE, J. [1997], Angebotsinduzierte Nachfrage bei zunehmendem Wettbewerb, Eine empirische Analyse der Inanspruchnahme ambulanter ärztlicher Leistungen, 97-5, Veröffentlichungsreihe des Berliner Zentrums Public Health, Berlin.

AOK BUNDESVERBAND [2001], Stichwort: Gesundheitswesen, Ein Lexikon für Einsteiger und Insider, URL: http://www.aok.de/bundesverband/index.htm (Stand: 26.06.2001).

ARBEITSGEMEINSCHAFT DER SPITZENVERBÄNDE DER GESETZLICHEN KRANKENKASSEN [2002], Gemeinsame Empfehlungen der Spitzenverbände der Krankenkassen gemäß § 124 Abs. 4 SGB V zur einheitlichen Anwendung der Zulassungsbedingungen nach § 124 Abs. 2 SGB V für Leistungserbringer von Heilmitteln, die als Dienstleistung an Versicherte abgegeben werden, in der Fassung vom 15. April 2002, URL: http://www.ikk.de/ikk/generator/IKK/Downloads/Leistungserbringer/Heilmittel/Gem__Empfehlungen__124__150402.pdf (Stand: 04.02.2003).

ARBEITSGEMEINSCHAFT DER VERBRAUCHERVERBÄNDE [2002a], Unabhängige Patientenunterstützung vernetzen! Konzept zum Aufbau einer Infrastruktur vernetzter Kompetenzzentren unabhängiger Information, Beratung und Unterstützung für Patienten und Verbraucher, URL: http://www.agv.de/politik/patientenschutz/polpatientberat.doc (Stand: 29.04.2002).

ARBEITSGEMEINSCHAFT DER VERBRAUCHERVERBÄNDE [2002b], Das sind wir, URL: http://www.agv.de (Stand: 26.04.2002).

ÄRZTEKAMMER BADEN-WÜRTTEMBERG [2004], Modellprojekt Freiwillige Fortbildungszertifizierung, URL: http://www.aerztekammer-bw.de/25/05modell/index.html#Vorbemerkung (Stand: 12.03.2004).

ÄRZTLICHE ZENTRALSTELLE QUALITÄTSSICHERUNG [1998], Positionspapier der Planungsgruppe der Zentralstelle vom 28.1.1998 zur Kritischen Bewertung und zur Erstellung von Leitlinien durch Bundesärztekammer und Kassenärztliche Bundesvereinigung, Köln.

ÄRZTLICHE ZENTRALSTELLE QUALITÄTSSICHERUNG [2001], Tätigkeitsbericht 2000, Köln.

ÄRZTLICHE ZENTRALSTELLE QUALITÄTSSICHERUNG [2002a], Beurteilung der Qualität von Leitlinien, Richtlinien, Standards, URL: http://www.q-m-a.de/qm5_3_leitlinien.htm (Stand: 04.07.2002).

ÄRZTLICHE ZENTRALSTELLE QUALITÄTSSICHERUNG [2002b], Q-M-A, Das Informations- und Fortbildungsprogramm der ÄZQ zum Qualitätsmanagement in der Ambulanten Versorgung, URL: http://www.q-m-a.de (Stand: 9.7.2002).

ÄRZTLICHE ZENTRALSTELLE QUALITÄTSSICHERUNG [2002c], Struktur-, Prozess- und Ergebnisqualität, URL http://www.q-m-a.de/qm2_2_strproergqual.htm, (Stand: 15.07.2002).

BAHRS, O., KLINGENBERG, A. [1995], Die Beurteilung ärztlicher Arbeit durch Teilnehmer von Selbsthilfegruppen, in: Szecsenyi, J., Gerlach, F. [1995], Stand und Zukunft der Qualitätssicherung in der Allgemeinmedizin, Stuttgart, S. 81-96.

BALKE, K. [2001], Selbsthilfeförderung durch die Krankenkassen nach § 20, Abs. 4 SGB V, in: Nakos-Info 68, 09/2001, S. 16-18.

BARTHOLOMÄUS, U., ALBERS, R. [2001], Focus, Die große Ärzte-Liste: 1200 Spezialisten aus 69 Fachgebieten, München.

BARTLING H., LUZIUS, F. [2002], Grundzüge der Volkswirtschaftslehre: Einführung in die Wirtschaftstheorie und Wirtschaftspolitik, 14. Auflage, München.

BARTLING, H. [1980], Leitbilder der Wettbewerbspolitik, München.

BARTLING, H. [1983], Wettbewerbliche Ausnahmebereiche - Rechtfertigungen und Identifizierung, in: Feldsieper, M., Groß, R. (Hrsg.), Wirtschaftspolitik in weltoffener Wirtschaft, Festschrift für R. Meimberg, Berlin, S. 325-346.

BAUER, H. [1998], Leitlinien als Grundlage rationalen ärztlichen Handelns, in: Bayerisches Ärzteblatt, Heft 1/1998, Seite 3-8.

BAUR, R., HEIMER, A., WIESELER, S. [2000], Gesundheitssysteme und Reformansätze im internationalen Vergleich, in: Böcken, J., Butzlaff, M., Esche, A. (Hrsg.) [2000], Reformen im Gesundheitswesen: Ergebnisse der internationalen Recherche, Gütersloh, S. 23-149.

BAYERISCHE KRANKENHAUSGESELLSCHAFT E.V. [2002], Bayerisches Krankenhausregister, URL: http://www.bkg-online.de (Stand: 22.11.2002).

BECKMAN, H. B., FRANKEL, R. M. [1984], The effect of physician behavior on the collection of data, in: Annals of Internal Medicine 101, S. 692-696.

BECKMAN, H. B., MARVEL, M. K., EPSTEIN, R. M., FLOWERS, K. [1999], Soliciting the patient's agenda. Have we improved?, in: Journal of the American Medical Association 281 (3), S. 283-287.

BERWICK, D. M., KNAPP, M. G. [1987], Theory and practice for measuring health care quality, in: Health Care Financing Review, Annual Supplement, S. 49-55.

BKK-NORD [2001], Erfolg ist, wenn man kopiert wird, INFOMED - Der Gesundheitswegweiser der Betriebskrankenkassen, Pressemitteilung der BKK-Nord vom 16.03.2001, URL: http://www.bkk-nord.de/presse/press010316.html (Stand: 5.3.2003).

BLUE CROSS BLUE SHIELD OF MONTANA [2004], HEDIS 2004 Measure Description, URL: http://www.bcbsmt.com/Providers/Assets-Providers/Downloads-Providers/Source-Provider_Publications/report_hedis_measure description04.pdf (Stand: 7. Januar 2004).

BORCHARDT, K., FARHAUER, O. [2003], Der kausale Zusammenhang zwischen demografischer Entwicklung, medizinisch-technischem Fortschritt und den Wirkungen auf die Ausgabenseite der Gesetzlichen Krankenversicherung (GKV), in: Wirtschaftswissenschaftliches Studium, Heft 11, November 2003, S. 665-667.

BRENNAN, T. [1998], The Role of Regulation in Quality Improvement, in: Milbank Quarterly, vol. 76, no. 4, S. 709-731.

BRENNER, G. [1998], Kurzzusammenfassung der Ergebnisse der Kostenstrukturanalyse 1996, Köln.

BREYER, F., ZWEIFEL, P. S., KIFMANN, M. [2003], Gesundheitsökonomie, 4. Auflage, Berlin u. a.

BRUCKENBERGER, E. [2002], Die Folgen des Fallpauschalengesetzes für die Krankenhausfinanzierung, Fassung vom 23.01.2002 (Euroversion), Hannover 2002, URL: http://www.bruckenberger.de/doc/planung/fpg_aufsatz/fpg_fin.pdf (Stand: 18.06.2003).

BUNDESARBEITSGEMEINSCHAFT DER PATIENTINNENSTELLEN [2004], BAGP-Mitglieder, Kontaktadressen und Öffnungszeiten der Beratungsstellen, URL: http://patientenstellen.de/kontakte.html (Stand: 12.03.2004).

BUNDESÄRZTEKAMMER (Hrsg.) [1994], Richtlinie der Bundesärztekammer zur Qualitätssicherung endoskopischer Eingriffe, Stand: 13.04.1994, URL: http://www.bundesaerztekammer.de/30/Richtlinien/Richtidx/endoskop.html (Stand: 01.07.2003).

BUNDESÄRZTEKAMMER (Hrsg.) [2002a], Ärztestatistik vom 31.12.2001, Ärztinnen/Ärzte nach Bezeichnungen und Tätigkeitsarten, URL: http://www.baek.de/30/Aerztestatistik/042001Kurz/20011231Kurz.pdf (Stand: 07.03.2002).

BUNDESÄRZTEKAMMER (Hrsg.) [2002b], Richtlinie der Bundesärztekammer zur Qualitätssicherung quantitativer laboratoriumsmedizinischer Untersuchungen, URL: Deutsches Ärzteblatt 99, Heft 17 vom 26. April 2002, Seite A 1187.

BUNDESÄRZTEKAMMER [1998], Zur Frage der Verbindlichkeit von Richtlinien, Leitlinien, Empfehlungen und Stellungnahmen, Stand: 01.06.1998 URL: http://www.baek.de/30/Richtlinien/90Verbindlich.html (Stand: 02.07.2002).

BUNDESÄRZTEKAMMER [2003a], Ärztekammern, URL: http://www.baek.de/05/60Kammern/index.html (Stand: 18.03.2003).

BUNDESÄRZTEKAMMER [2003b], Aufgaben der Ärztekammern, URL: http://www.baek.de/05/60Kammern/Kammern.html (Stand: 18.03.2002).

BUNDESAUSSCHUSS DER ÄRZTE UND KRANKENKASSEN (Hrsg.) [1997], Richtlinien des Bundesausschusses der Ärzte und Krankenkassen über Kriterien zur Qualitätsbeurteilung in der radiologischen Diagnostik, in: Deutsches Ärzteblatt 94, Heft 12 vom 21. März 1997, S. A779-787.

BUNDESGESCHÄFTSSTELLE QUALITÄTSSICHERUNG [2003], Qualität sichtbar machen, BQS-Qualitätsreport 2002, Düsseldorf.

BUNDESGESCHÄFTSSTELLE QUALITÄTSSICHERUNG [2004a], Externe vergleichende Qualitätssicherung, URL: http://www.bqs-online.de (Stand: 12.03.2004).

BUNDESGESCHÄFTSSTELLE QUALITÄTSSICHERUNG [2004b], Gesellschafter, URL: http://www.bqs-online.de (Stand: 12.03.2004).

BUNDESGESCHÄFTSSTELLE QUALITÄTSSICHERUNG [2004c], Laufende Projekte, URL: http://www.bqs-online.de (Stand: 12.03.2004).

BUNDESGESCHÄFTSSTELLE QUALITÄTSSICHERUNG [2004d], Über die BQS, URL: http://www.bqs-online.de (Stand: 12.03.2004).

BUNDESGESCHÄFTSSTELLE QUALITÄTSSICHERUNG [2004e], Verfahrensentwicklung, URL: http://www.bqs-online.de (Stand: 12.03.2004).

BUNDESGESCHÄFTSSTELLE QUALITÄTSSICHERUNG [2004f], Vision und Selbstverständnis, URL: http://www.bqs-online.de (Stand: 12.03.2004).

BUNDESMINISTERIUM FÜR GESUNDHEIT UND SOZIALE SICHERUNG [1999], Gesetz zur Reform der gesetzlichen Krankenversicherung ab dem Jahr 2000 (GKV-Gesundheitsreform 2000), Stand: 17.12.1999, URL: http://www.bmgs.bund.de/download/gesetze/gkv/2000/uebergkv.htm (Stand: 29.04.2002).

BUNDESMINISTERIUM FÜR GESUNDHEIT UND SOZIALE SICHERUNG [2002], Informationen zum Gesetz zur Einführung des diagnose-orientierten Fallpauschalensystems für Krankenhäuser (Fallpauschalengesetz – FPG) vom 26. März 2002, Berlin, URL: http://www.dkgev.de/pub/newpdf/BMGzuFPG_2002-03-26.pdf (Stand: 18.06.2003).

BUNDESMINISTERIUM FÜR GESUNDHEIT UND SOZIALE SICHERUNG [2003], Gesundheitsfachberufe, URL: http://www.bmgesundheit.de/bmg-text/themen/gesundheitsberufe/dokumente/gesundheitsberufe.htm (Stand: 26.06.2003).

CHERNEW, M., GOWRISANKARAN, G., SCANLON, D. P. [2001], Learning and the Value of Information: The Case of Health Plan Report Cards, Working Paper 8589, National Bureau of Economic Research, Cambridge, MA.

COMANOR, W. S., WILSON, T. A. [1979], The Effect of Advertising on Competition: A Survey, in: Journal of Economic Literature, Vol. XVII, Juni 1979, S. 453-476.

COMED [2003], Unsere Kooperationspartner, URL: http://www.comed-ev.de (Stand: 05.02.2003).

CONNECTICARE [2003], 2002 Corporate Report Card, URL: http://www.connecticare.com/GlobalFiles/ReportCard/corporatereport2002.pdf (Stand 05.02.2004).

COURTÉ-WIENECKE, S. [2002], Externe Qualitätssicherung für Managed Care Organisationen - Erfahrungen aus den USA, in: Gesundheitsökonomie und Qualitätsmanagement, 7. Jg., Nr. 7, S. 52-59.

CUTLER, D. M., ZECKHAUSER R. J. [2000], The Anatomy of Health Insurance, in: Culyer, A. J., and Newhouse, J. P. (Hrsg.), Handbook of Health Economics, Band 1A, Amsterdam, S. 563-643.

DARBY, M. R., KARNI, E. [1973], Free Competition and the optimal amount of fraud, in: Journal of law and economics, Vol. 16, S. 67-88.

DEMMLER, H. [2000], Grundlagen der Mikroökonomie, 4. Auflage, München.

DER SENATOR FÜR FRAUEN, GESUNDHEIT, JUGEND, SOZIALES UND UMWELTSCHUTZ DER FREIEN HANSESTADT BREMEN (Hrsg.) [1999], Patientenrechte in Deutschland heute, Beschluss der 72. Konferenz der für das Gesundheitswesen zuständigen Ministerinnen und Minister, Senatorinnen und Senatoren vom 9./10. Juni 1999 in Trier, Bremen.

DEUTSCHE ANGESTELLTEN KRANKENKASSE (Hrsg.) [1997], Wohin in Hamburg? Der DAK-Krankenhaus-Ratgeber, Hamburg.

DEUTSCHE ARBEITSGEMEINSCHAFT SELBSTHILFEGRUPPEN E.V. (Hrsg.) [2000], Stellungnahme an die Enquête-Kommission des Deutschen Bundestags „Zukunft des Bürgerschaftlichen Engagements“ zur Vorbereitung einer Anhörung bundesweit tätiger Verbände am 12. und 13. 11. 2000, URL: http://zdfonl3.zdf.de/download/ratgeber/praxis/nakos/downloads/dagshg_stell_enq.pdf (Stand: 5.2.2002).

DEUTSCHE GESELLSCHAFT FÜR OSTEOGENESIS IMPERFECTA BETROFFENE E.V. [2002], Was ist Osteogenesis imperfecta (OI oder auch Glasknochen genannt)?, URL: http://www.oi-gesellschaft.de (Stand: 26.11.2002).

DEUTSCHE GESELLSCHAFT FÜR VERSICHERTE UND PATIENTEN [2003], DGVP-Test medizinischer Auskunfts- und Beratungsdienste, URL: http://www.dgvp.de/presse/testmedausk/pk130400.htm (Stand: 07.07.2003).

DEUTSCHE KRANKENHAUSGESELLSCHAFT (Hrsg.) [2002], Krankenhausstatistik: Grunddaten der Krankenhäuser 2000, URL: http://www.dkgev.de/1_edv/edv-2002_001.htm (Stand: 11.03.2002).

DEUTSCHE KRANKENHAUSGESELLSCHAFT (Hrsg.) [2003a], Krankenhausstatistik: Kostendaten der Krankenhäuser 2001, Düsseldorf.

DEUTSCHE KRANKENHAUSGESELLSCHAFT [2003b], Krankenhausplanung und Investitionsfinanzierung in den Bundesländern, Stand September 2003, URL: http://www.dkgev.de/pdf/125.pdf (Stand: 18.03.2004).

DEUTSCHES ÄRZTENETZ [2002a], Arztsuche in Deutschland, URL: http://www.arzt.de/Arztsuche/index.html (Stand: 15.03.2002).

DEUTSCHES ÄRZTENETZ [2002b], Informationen zur Arztsuche von Ärztekammer und / oder Kassenärztlicher Vereinigung in den Bundesländern, URL: http://www.arzt.de/Arztsuche/index.html (Stand: 15.03.2002).

DEUTSCHES INSTITUT FÜR NORMUNG E.V. (Hrsg.) [1994], Normen zum Qualitätsmanagement und zur Qualitätssicherung, QM-Darlegung EN ISO 9000-1, Berlin.

DEUTSCHES KRANKENHAUSINSTITUT E.V. (Hrsg.) [2002], Krankenhaus-Barometer, Frühjahrsumfrage 2002, Düsseldorf.

DGB-BUNDESVORSTAND [1996], Für die Sicherung der sozialen Krankenversicherung, Vorschläge des DGB zur Weiterentwicklung des Gesundheitswesens, Berlin 1996, URL: http://www.dgb.de/idaten/gesundh.doc (Stand: 05.08.2003).

DIRSCH, W. K. A. [1997], Der "sechste Kondratieff": Fünf Kandidaten, die den neuen langen Aufschwung tragen, in: Marketing Journal (4), S. 216-220.

DONABEDIAN, A. [1966], Evaluating the quality of medical care, in: Milbank Memorial Fund Quarterly, Vol. 44, S. 166-206.

DONABEDIAN, A. [1980], The definition of quality and approaches to its assessment, Ann Arbor, Mich.

ECKERT, H. [1999], Die ISO 9001:2000 - Reform der QM-Normenfamilie, in: Gesellschaft für Qualitätsmanagement in der Gesundheitsversorgung e.V. (Hrsg.): Qualität in der Gesundheitsversorgung, Newsletter der GQMG, 3 (6), S. 40-43.

EDDY, D. M. [1998], Performance Measurement: Problems and Solutions, in: Health Affairs, vol. 17, no. 4, S. 7-25.

EICHHORN, S. [1991], Qualitätssicherung im Krankenhaus heute - ordnungspolitische Aspekte und betriebspolitische Aspekte, in: Hauke, E. [1991], Qualitätssicherung im Krankenhaus. Ansätze zur Evaluation und Verbesserung der Krankenhausversorgung, Wien, S. 29-59.

EPPLEN, J. T., PRZUNTEK, H. [1998], Morbus Huntington: Im Spannungsfeld zwischen Klinik, Gendiagnostik und ausstehender Gentherapie, in: Deutsches Ärzteblatt 95, Heft 1-2 vom 05.01.1998, Seite A-32-36.

EYSENBACH, G. [2001], What is E-Health? [editorial], in: Journal of Medical Internet Research, vol. 3, no. 2, S. 1-3.

FACK-ASMUTH, W, ROBBERS, J. [1993], Gesetz zur Sicherung und Strukturverbesserung der Gesetzlichen Krankenversicherung, Düsseldorf.

FELDMAN, R., CHRISTIANSON, J., SCHULTZ, J. [2000], Do Consumers Use Information to Choose a Health-Care Provider System?, in: Milbank Quarterly, vol. 78, no. 1, S. 47-77.

FINSINGER, J. [1985], Die Ausschreibung, in: Jahrbuch für Sozialwissenschaft, Band 36, S. 302-321.

FLINTROP, J. [2001], Qualitätssiegel für Krankenhäuser: Chance, sich am Markt zu positionieren, in: Deutsches Ärzteblatt 98, Heft 46 vom 16.11.01, Seite A 3002.

FLINTROP, J. [2002], Praxisgründungen: Teurer Goodwill, in: Deutsches Ärzteblatt 99, Heft 31-32 vom 05.08.02, Seite A-2127.

FOCUS [1993], Die 500 besten Ärzte, Teile 1 bis 14, Ausgaben 06 vom 08. Februar 1993 bis 19 vom 10.05.1993.

FOCUS [1994], Deutschlands Top-Kliniken im Vergleich, Der Krankenhaus-Report, Teile 1 bis 5, Ausgaben 38 vom 19.09.1994 bis 42 vom 17.10.1994.

FOCUS [1997], Die große Ärzte-Liste, 750 Empfehlungen, Spezialisten aus 67 Fachrichtungen, Medizin-Serie in 12 Folgen, Teile 1 bis 12, Ausgaben 39 vom 22.09.1997 bis 49 vom 08.12.1997.

FOCUS [1998], Die große Klinik-Liste, Ausgaben 42 vom 12.10.1998 bis 47 vom 16.11.1998 , S. 176-186.

FOCUS [2000], Die große Ärzte-Liste 2000, 1200 Spezialisten aus 69 Fachgebieten, Teile 1 bis 10, Ausgaben 43 vom 23.10.2000 bis 52 vom 22.12.2000.

FOCUS [2002], Medizinportale, Mit Risiken und Nebenwirkungen, URL: http://www.Focus.de/F/2002/11/Internet/gesundheit/gesundheit.htm, (Stand: 16.04.2002).

FOCUS [2003], Focus in der AWA 2002 (Allensbacher Markt- und Werbeträgeranalyse), URL: http://medialine.focus.de (Stand: 22.02.2003).

FOLLAND, S., GOODMAN, A. C., STANO, M. [2004], The economics of health and health care, 4. Auflage, New Jersey.

FRAUENKLINIK LINZ [2003], Erfolgreiche Herzklappensprengung bei einem Feten in der 27. SSW, URL: http://www.frauenklinik-linz.at/aktuelles/herz_op/herz_op.htm (Stand: 12.05.2003).

FRETER, H., GLASMACHER, C. [1996], Messung der Patientenzufriedenheit im Krankenhaus, in: Führen und Wirtschaften im Krankenhaus, 13. Jg., Nr. 5, S. 436-441.

FRITSCH, M., WEIN, T., EWERS, H.-J. [2003], Marktversagen und Wirtschaftspolitik, Mikroökonomische Grundlagen staatlichen Handelns, 5. Auflage, München.

GARVIN, D. A. [1984], What Does „Product Quality" Really Mean?, in: Sloan Management Review, Fall 1984, S. 25-43.

GARVIN, D. A. [1988], Managing Quality, The Strategic and Competitive Edge, New York.

GEBERA [2002a], Krankenhaus-Guide, URL: http://www.gebera.de (Stand: 11.04.2002).

GEBERA [2002b], Krankenhausguide, Weitere Regionen, URL: http://www.gebera.de/p/KHguide-Regionen.htm (Stand: 15.04.2002).

GEMEINSCHAFT FACHÄRZTLICHER BERUFSVERBÄNDE (Hrsg.) [2001], Inanspruchnahme von Fachärzten, Studie zum Patientenverhalten unter besonderer Berücksichtigung des Überweisungsverhaltens von Hausärzten, Bremen, Cottbus, Hamburg.

GESCHÄFTSSTELLE QUALITÄTSSICHERUNG HESSEN [2002], League tables, URL: http://www.gqhnet.de/methodik/league.html (Stand: 16.07.2002).

GESUNDHEITSAKADEMIE E.V. [2002], Gesundheitshäuser, Gesundheitsläden, Gesundheitszentren und Frauengesundheitszentren, URL: http://www.gesund heits.de/g-haeuser/BAG-GH-html/bagGH-rahmen.html (Stand: 13.03.2002).

GESUNDHEITSLADEN BERLIN [2004a], ohne Titel, URL: http://www.gesundheitsladen-berlin.de/index.php (Stand: 12.03.2004).

GESUNDHEITSLADEN BERLIN [2004b], Patientenberatung, URL: http://www.gesundheitsladen-berlin.de/patstelle.php (Stand: 12.03.2004).

GESUNDHEITSLADEN MÜNCHEN [2004], Der Verein, URL: http://www.gesundheitsladen-muenchen.de/verein.html (Stand: 12.03.2004).

HARRIS, K. [2002], Can High Quality Overcome Consumer Resistance to Restricted Provider Access? Evidence from a Health Plan Choice Experiment, in : Health Services Research, vol. 37, no. 3, S. 551-571.

HAUSER, H. [1979], Qualitätsinformationen und Marktstrukturen, in: Kyklos, Jg. 32 (1979), S. 739-763.

HELLBRÜCK, R. P. [1997], Qualität und Ausgaben in der medizinischen Versorgung: von Qualitätssicherung und Kosteneffizienz zu Konkurrenz im Gesundheitswesen?, Berlin.

HIBBARD, J. H. et al. (1997), Choosing a Health Plan: Do Large Employers Use the Data? in: Health Affairs, vol. 16, no. 6, S. 172-180.

HIBBARD, J. H. et al. [1998], Can Medicare Beneficiaries Make Informed Choices?, in: Health Affairs, vol. 17, no. 6. S. 181-193.

HIBBARD, J. H., JEWETT, J. J. [1997], Will Quality Report Cards Help Consumers?, in: Health Affairs, vol. 16, no. 6, S. 172-180.

HIBBARD, J. H., SLOVIC, P., JEWETT, J. J. [1997], Informing Consumer Decisions in Health Care: Implications form Decision-Making Research, in: The Milbank Quarterly, vol. 75, no. 3, S. 395-414.

HILDEBRANDT, H., MARTINI, O. [1999], Weshalb müssen Krankenhäuser wissen, wie ihre Patienten sie beurteilen?, in: Schupeta, E., Hildebrandt, H. (Hrsg.) [1999], Patientenzufriedenheit messen und steigern, Was Krankenhäuser von Patienten lernen können, Erfahrungen und Folgerungen aus einem Vergleich von 45 Krankenhäusern durch Versicherte der DAK, St. Augustin, S. 13-37.

HILDEBRANDT, H., NICKEL, S. [1999], Krankenhäuser im Vergleich – anonymisiert, in: Schupeta, E., Hildebrandt, H. (Hrsg.) [1999], Patientenzufriedenheit messen und steigern, Was Krankenhäuser von Patienten lernen können, Erfahrungen und Folgerungen aus einem Vergleich von 45 Krankenhäusern durch Versicherte der DAK, St. Augustin, S. 138-152.

HILDEBRANDT, H., NICKEL, S., TROJAN, A. [1999], Planung, Methodik und Durchführung der DAK-Patientenbefragung, in: Schupeta, E., Hildebrandt, H. (Hrsg.) [1999], Patientenzufriedenheit messen und steigern, Was Krankenhäuser von Patienten lernen können, Erfahrungen und Folgerungen aus einem Vergleich von 45 Krankenhäusern durch Versicherte der DAK, St. Augustin, S. 56-81.

HILDEBRANDT, H., STURM, H. [1999], Wie antworteten die Hamburger DAK-Patienten auf die Fragen?, in: Schupeta, E., Hildebrandt, H. (Hrsg.) [1999], Patientenzufriedenheit messen und steigern, Was Krankenhäuser von Patienten lernen können, Erfahrungen und Folgerungen aus einem Vergleich von 45 Krankenhäusern durch Versicherte der DAK, St. Augustin, S. 82-137.

HÖLLING, G. [1999], Patientenorientierung aus der Sicht eines Gesundheitsladens, in: Angerhausen, S. [1999], Die Vielfalt zur Stärke machen, Start des PatientInnen-Netzwerks Nordrhein-Westfalen im August 1999 in Witten, Kurzdokumentation der Tagung, Wuppertal, S. 8-9.

HOPF, M. [1983], Informationen für Märkte und Märkte für Informationen, Frankfurt.

HOPP, F.-P. [2000], Qualitätscontrolling im Krankenhaus, Die Gewinnung von Qualitätsindikatoren durch Befragungen zur Patientenzufriedenheit, Bayreuth.

ILL, A. G. M., TALBERT, J. [1998], Assessing Quality of Care Via HEDIS 3.0: Is There a Better Way?, in: Archives of Family Medicine, vol. 7, S. 410-413.

INNOVARE [2000], Presseinformation vom 17.04.2000, URL: http://www.innovacare.de/innovacare/presse/archiv/fusion.html (Stand: 15.02.2002).

INNOVARE [2002], Disease Management - Mehr Lebensqualität und Wirtschaftlichkeit, URL: http://www.innovacare.de/innovacare/home/patienten.html (Stand: 15.02.2002).

INSTITUT FÜR ANGEWANDTE SOZIALWISSENSCHAFT [1998], Gesundheitsdienstleistungen im Urteil der hessischen Bevölkerung, Ergebnisse einer Repräsentativbefragung, Bonn 1998.

ISAACS, S. L. [1996], Consumer's Information Needs: Results of a National Survey, in: Health Affairs, vol. 15, no. 4, S. 31-41.

JACOBY, J. [1977], Information Load and Decision Quality: Some Contested Issues, in: Journal of Marketing Research, 14, November 1977, S. 569-573.

JASTER, H.-J. [1997], Von der Bedeutung der Qualität in der Industrie zum Qualitätsbegriff in der Medizin, in: Jaster, H.-J. (Hrsg.), Qualitätssicherung im Gesundheitswesen. Stuttgart u. a., S. 9-32.

KASSENÄRZTLICHE BUNDESVEREINIGUNG (Hrsg.) [2003a], Vereinbarung von Qualifikationsvoraussetzungen gemäß § 135 Abs. 2 SGB V für die Durchführung von Untersuchungen zur Herzschrittmacher-Kontrolle vom 12. Dezember 1991, URL: http://www.kbv.de/themen/QS/3832.htm#infos (Stand: 26.06.2003).

KASSENÄRZTLICHE BUNDESVEREINIGUNG (Hrsg.) [2003b], Vereinbarung von Qualifikationsvoraussetzungen gemäß § 135 Abs. 2 SGB V zur Ausführung und Abrechnung arthroskopischer Leistungen (Arthroskopie-Vereinbarung) vom 8. September 1994, URL: http://www.kbv.de/themen/QS/3827.htm (Stand: 26.06.2003).

KASSENÄRZTLICHE BUNDESVEREINIGUNG (Hrsg.) [2003c], Vereinbarung von Qualifikationsvoraussetzungen gemäß § 135 Abs. 2 SGB V zur Durchführung von Untersuchungen in der diagnostischen Radiologie und Nuklearmedizin und von Strahlentherapie (Vereinbarung zur Strahlendiagnostik und -therapie) vom 10. Februar 1993, URL: http://www.kbv.de/themen/QS/3851.htm#infos (Stand: 26.06.2003).

KASSENÄRZTLICHE BUNDESVEREINIGUNG (Hrsg.) [2003d], Ultraschall-Vereinbarung gemäß § 135 Abs. 2 SGB V, URL: http://www.kbv.de/themen/QS/3853.htm (Stand: 26.06.2003).

KASSENÄRZTLICHE BUNDESVEREINIGUNG (Hrsg.) [2003e], Vereinbarung von Qualifikationsvoraussetzungen gemäß § 135 Abs. 2 SGB V zur Durchführung von Untersuchungen in der Kernspintomographie (Kernspintomographie-Vereinbarung) vom 10. Februar 1993 in der Fassung vom 17. September 2001, URL: http://www.kbv.de/themen/QS/3723.htm (Stand: 26.06.2003).

KASSENÄRZTLICHE BUNDESVEREINIGUNG [2002a], Grunddaten zur Vertragsärztlichen Versorgung in der BRD 2000/2001, Tabellen A12 und A13, URL: http://www.kbv.de/publikationen/grunddaten.htm (Stand: 4.9.2002).

KASSENÄRZTLICHE BUNDESVEREINIGUNG [2002b]: Institution, URL: http://www.kbv.de/wir_ueber_uns/institution.htm (Stand: 18.03.2002).

KASSENÄRZTLICHE VEREINIGUNG NORDRHEIN [2004a], Online-Arztverzeichnis der Kassenärztlichen Vereinigung Nordrhein, URL: http://www.kvno.de/buerger/arztsuche/index.html (Stand 12.03.2004).

KASSENÄRZTLICHE VEREINIGUNG NORDRHEIN [2004b], Patienteninformationsdienst der KV Nordrhein berät persönlich, URL: http://www.kvno.de/buerger/pid.html (Stand: 12.03.2004).

KLEMPERER, D. [2003], Ärzte-TÜV oder Kompetenz-Erhaltung?, in: Dr. Med. Mabuse 143, Mai/Juni 2003, S. 44-46.

KLINGENBERG, A., BAHRS, O., SZECSENYI, J. [1999], Wie beurteilen Patienten Hausärzte und Praxen?, in: Zeitschrift für ärztliche Fortbildung und Qualitätssicherung, 93. Jg., Heft 6, S. 437-446.

KLINKHAMMER, G. [1998], Umstrittene Wegweiser für Patienten, in: Deutsches Ärzteblatt 95, Heft 50 vom 11.12.1998, S. A-3192.

KLINKHAMMER, G. [2002], TOP V - (Muster-)Berufsordnung: Werbeverbot für Ärzte gelockert, in: Deutsches Ärzteblatt 99, Heft 23 vom 07.06.2002, S. A 1571.

KLOSE, J. [1993], Leistungsreport Ärzte. Arztprofile der wichtigsten Fachgruppen niedergelassener Ärzte. Ein Kompendium zur ambulanten Versorgung in den westlichen Bundesländern, Stuttgart u. a.

KNAPPE, E. [2001], Auswirkungen des demographischen Wandels : gesetzliche Pflege- und Krankenversicherung im Vergleich, in: Schmähl, W. (Hrsg.), Soziale Sicherungssysteme und demographische Herausforderungen, Tübingen, S. 95-120.

KNORR, G. (Hrsg.) [2003], Krankenhausrecht, München.

KNÜPPEL, D. [2003], Die DRG-Einführung und ihre Folgen - Lehren aus den USA, in: Das Krankenhaus 5/2003, S. 387-391.

KOCHEN, M. M. [1999], Erwartungen von Patienten an die ärztliche Ausbildung, in: Zeitschrift für ärztliche Fortbildung und Qualitätssicherung, 93. Jg., Heft 8, S. 599-604.

KOOPERATION FÜR TRANSPARENZ UND QUALITÄT IM KRANKENHAUS [2002a], Transparent, Informationsdienst der KTQ, Ausgabe 3/2002.

KOOPERATION FÜR TRANSPARENZ UND QUALITÄT IM KRANKENHAUS [2002b], Transparent, Informationsdienst der KTQ, Ausgabe 2/2002.

KOOPERATION FÜR TRANSPARENZ UND QUALITÄT IM KRANKENHAUS [2002c], KTQ-Qualitätsbericht, Kreiskrankenhaus Eichstätt, Siegburg.

KOOPERATION FÜR TRANSPARENZ UND QUALITÄT IM KRANKENHAUS [2004a], Projektbeschreibung, URL: http://www.ktq.de (Stand: 16.03.04).

KOOPERATION FÜR TRANSPARENZ UND QUALITÄT IM KRANKENHAUS [2004b], Qualitätsberichte, URL: http://www.ktq.de (Stand: 16.03.04).

KOPETSCH, T. [2001], Gesundheitswesen am Scheideweg, in: Wirtschaftsdienst 2001/X, S. 589-594.

KOPETSCH, T. [2001], Zur Rationierung medizinischer Leistungen: Ein Modell für die Gesetzliche Krankenversicherung, in: Sozialer Fortschritt, 50. Jg., Heft 1, S. 20-29.

KOSINSKI, A., RASPE, H. [1998], Patientenzufriedenheit nach einer stationären Rehabilitation: Unterschiedliche Ergebnisse bei unterschiedlichen Befragungszeitpunkten?, in: Das Gesundheitswesen, 60. Jg., Heft 2, Februar 1998, S. 75-79.

KRÄKEL, M. [1992], Auktionstheorie und interne Organisation, Wiesbaden.

KRANICH, C. [1999], Patientenunterstützung in Deutschland, in: Minister für Arbeit, Gesundheit und Soziales des Landes Nordrhein-Westfalen (Hrsg.), Bürgerorientierung im Gesundheitswesen: Selbstbestimmung, Schutz, Beteiligung, Baden-Baden, S. 305-348.

KROEBER-RIEL, W., WEINBERG, P. [2003], Konsumentenverhalten, 8. Auflage, München.

KRÜGER-BRAND, H. E. [1998], Datenbank "Infomed": Beratung bei Arzt- und Krankenhauswahl, in: Deutsches Ärzteblatt 95, Heft 24 vom 12.06.98, Seite A-1514.

KRUKEMEYER, H. [1985], Vergleichende Systemanalyse des Krankenhauswesens in den OECD-Ländern, Bremen.

KRUSE, J. [1979], Informationspolitik für Konsumenten, Göttingen.

KUHLMANN, E., BRÜNNE, M., SOWARKA, B. H. [1992], Interaktive Informationssysteme in der Marktkommunikation, Heidelberg.

KUNZ, H. [1985], Marktsystem und Information, Tübingen.

KV HESSEN [2002], Wir über uns – ein Einstieg, URL: http://www.kvhessen.de (Stand: 20.03.2002).

LACOUR, M., DETTENKOFER M., RÜDEN, H., DASCHNER, F. [2001], Qualitätsmanagement in der Krankenhaushygiene, in: Gesundheitsökonomie und Qualitätsmanagement, 6. Jg, Nr 5, S. 138-144.

LAMOUROUX, H. [1979], Das Informationsverhalten der Konsumenten: Eine mikroökonomische Analyse, Göttingen.

LAMPERT, H., ALTHAMMER, J. [2001], Lehrbuch der Sozialpolitik, 6. Auflage, Berlin u. a.

LANDESÄRZTEKAMMER RHEINLAND-PFALZ (Hrsg.) [2002], Weiterbildungsordnung für die Ärztinnen und Ärzte in Rheinland-Pfalz i. d. F. der 9. Änderung vom 15.05.2002, Mainz.

LANDESZENTRALE FÜR GESUNDHEITSFÖRDERUNG IN RHEINLAND-PFALZ E.V. [2001], „Blickpunkt Patient“: Programm der Landeszentrale für Gesundheitsförderung in Rheinland-Pfalz, Standpunkt der Verbraucherzentrale Rheinland-Pfalz, URL: http://www.blickpunkt-patient.de/Standpunkt/Verbraucherzentrale/verbraucherzentrale.pdf (Stand: 08.05.2001).

LANG, F. [1997], Das Recht auf informationelle Selbstbestimmung des Patienten und die ärztliche Schweigepflicht in der gesetzlichen Krankenversicherung, Baden-Baden.

LANG, H. [2001], Die Vergütung der Vertragsärzte und Psychotherapeuten im Recht der gesetzlichen Krankenversicherung, Berlin.

LBK HAMBURG GRUPPE [2001], Neue Wege in der Patientenversorgung, DAK und LBK Hamburg schließen Einzelvertrag, Presseinformation der LBK Hamburg Gruppe vom 20. Dezember 2001, URL: http://www.lbk-hh.de/orga/pressemit/pm201201.htm (Stand: 22.02.2002).

LBK HAMBURG GRUPPE [2003], Die LBK Hamburg Gruppe im Überblick, URL: http://www.lbk-hh.de/struktur/lbk.htm (Stand: 22.02.02).

McCORMACK, L. et al. [2001], Health Plan Decision Making in the Medicare Population: Results from a National Randomized Experiment, in: Health Services Research, vol. 36, no. 6, S. 133-149.

MCLAUGHLIN C., GINSBURG, P. B. [1998], Competition, Quality of Care, and the Role of the Consumer, in: Milbank Quarterly, vol. 76, no. 4, S. 737-743.

MD MEDICUS [2004], Das Unternehmen, URL: http://www.md-medicus.net/index2.html (Stand: 12.03.2004).

MEFFERT, H. [1979], Die Beurteilung und Nutzung von Informationsquellen beim Kauf von Konsumgütern. Empirische Ergebnisse und Prüfung ausgewählter Hypothesen, in: Meffert, H., Steffenhagen, H. u. a., Konsumentenverhalten und Information, Wiesbaden, S. 39-65.

METNITZ, P. G. H., VESELY, H., VALENTIN A. et al. [2000], Ratios of observed to expected mortality are affected by differences in case mix and quality of care, in: Intensiv Care Medicine 2000, 26, S. 1466-1472.

MEYER, C.-P. [2001], Interessensgemeinschaft der Krankenversicherten aufgelöst, in: Versicherungsjournal vom 01.01.2001, URL: http://www.versicherungsjournal.de (Stand: 15.02.2002).

MILLER, G. A. [1956], The Magical Number Seven, Plus or Minus Two: Some Limits in Our Capacity for Processing Information, in: Psychological Review, Vol. 63, S. 81-97.

MILLER, T. E., HOROWITZ, C. R. [2000], Disclosing Doctor's Incentives: Will Consumers Understand and Value the Information?, in: Health Affairs, vol. 19, no. 4, S. 149-155.

MITROPOULOS, S. [1997], Verbraucherpolitik in der Marktwirtschaft, Konzeptionen und internationale Erfahrungen, Berlin.

MONOPOLKOMMISSION [1998]: Marktöffnung umfassend verwirklichen, Hauptgutachten XII 1996/97, Baden-Baden.

MÜHLENKAMP, H. [2000], Die Rolle von Managed Care im US-amerikanischen Gesundheitswesen, Aktuelle Entwicklungen und gegenwärtige Erkenntnisse, Arbeitsbericht Nr. 3/2000, Institut für Haushalts- und Konsumökonomik der Universität Hohenheim, Stuttgart-Hohenheim.

MÜLLER, J. [2000], Die Akkreditierung der JAHCO: Ein umfassendes Verfahren der externen Qualitätssicherung im US-amerikanischen Gesundheitswesen, Nürnberg.

NATIONALE KONTAKT- UND INFORMATIONSSTELLE ZUR ANREGUNG UND UNTERSTÜTZUNG VON SELBSTHILFEGRUPPEN [2002], Die richtigen Kontakte im Bereich der Selbsthilfe, URL: http://www.nakos.de (Stand: 12.12.2002).

NATIONALE KONTAKT- UND INFORMATIONSSTELLE ZUR ANREGUNG UND UNTERSTÜTZUNG VON SELBSTHILFEGRUPPEN [2004], Das Spektrum der Selbsthilfe in Deutschland, URL: http://www.nakos.de (Stand: 15.03.2004).

NCQA [2003a], Annual Report 2002, Washington, D.C.

NCQA [2003b], The State of Health Care Quality, Industry Trends and Analysis, Washington, D.C.

NCQA [2004a], Create Report Card, URL: http://hprc.ncqa.org/frameset.asp (Stand: 10.02.2004).

NCQA [2004b], Definitions, URL: http://hprc.ncqa.org/definitions.asp (Stand: 08.02.2003).

NCQA [2004c], Diabetes Physician Recognition Program, URL: http://www.ncqa.org/DPRP/dprpmain.htm (Stand: 10.02.2004).

NCQA [2004d], HealthChoices, About NCQA, URL: http://www.healthchoices.org/about (Stand: 7. Januar 2004).

NCQA [2004e], HealthChoices, Definitions, URL: http://www.healthchoices.org/Glossary (Stand: 7. Januar 2004).

NCQA [2004f], HealthChoices, Measuring Quality, URL: http://www.healthchoices.org/about/HEDIS.asp (Stand: 09.02.2004).

NCQA [2004g], HealthChoices, NCQA Accreditation, URL: http://www.healthchoices.org/about/accredit.asp (Stand: 08.02.2004).

NCQA [2004h], Heart/Stroke Recognition Program, URL: http://www.ncqa.org/HSRP/index.htm (Stand: 10.02.2004).

NCQA [2004i], HEDIS 2004 Summary Table of Measures and Product Lines, URL: http://www.ncqa.org/Programs/HEDIS/Hedis%202004%20Summary %20Table.pdf (Stand: 04.02.2004).

NCQA [2004j], The Health Plan Employer Data and Information Set (HEDIS®), URL: http://www.ncqa.org/Programs/HEDIS (Stand: 04.02.2004).

NCQA [2004k], NCQA's Quality Compass, URL: http://www.ncqa.org/Info/QualityCompass/index.htm (Stand: 05.02.2004).

NCQA [2004l], What NCQA looks for in a health plan, Access & Service, URL: http://hprc.ncqa.org/access.asp (Stand: 08.01.2004).

NCQA [2004m], What NCQA looks for in a health plan, Getting Better, URL: http://hprc.ncqa.org/gettingbetter.asp (Stand: 10.02.2004).

NCQA [2004n], Guidelines for Corporate Sponsorship, URL: http://www.ncqa.org/Main/guidelines_sponsor.htm (Stand: 30.01.2004).

NEFIODOW, L. A. [1997a]: Der Gesundheitsmarkt - die Lokomotive für Wachstum und Beschäftigung, Was kommt nach der Informations- und Kommunikationstechnik?, in: Merke, K. (Hrsg.): Umbau oder Abbau im Gesundheitswesen? Berlin 1997, S. 354-362.

NEFIODOW, L. A. [1997b], Der sechste Kondratieff - Die großen neuen Märkte des 21. Jahrhunderts, in: Oppenländer, K. H. (Hrsg.), ifo Studien : Zeitschrift für empirische Wirtschaftsforschung, Bd. 43, Berlin u. München, S. 253-286.

NEFIODOW, L. A. [2000], Der sechste Kondratieff-Zyklus: Moderne Biotechnologie als Grundlage für die psychosoziale Gesundheit, in: GOING PUBLIC, Sonderausgabe Biotechnologie, 2000, S. 8-10.

NEIPP, J. [1988], Das Gesundheitswesen der USA: Ein Vorbild für die Gesetzliche Krankenversicherung?, Baden-Baden.

NELSON, P. [1970], Information and Consumer Behaviour, in: Journal of Political Economy, Jg. 78 (1970), S. 311-329.

NELSON, P. [1974], Advertising as Information, in: Journal of Political Economy, 3/4 1974, S. 729-754.

NEUBAUER, G. [2003], Zur ökonomischen Steuerung der Krankenhausversorgung unter DRG-Fallpauschalen, in: Klauber, J., Robra, B.-P., Schellschmidt, H. (Hrsg.), Krankenhaus-Report 2003, Schwerpunkt: G-DRGs im Jahre 1, Stuttgart, S. 101-119.

NICKEL, S., HILDEBRANDT, H., TROJAN, A. [1999], Patientenbefragungen im Spannungsfeld von Wissenschaft und Praxis, in: Schupeta, E., Hildebrandt, H. (Hrsg.) [1999], Patientenzufriedenheit messen und steigern, Was Krankenhäuser von Patienten lernen können, Erfahrungen und Folgerungen aus einem Vergleich von 45 Krankenhäusern durch Versicherte der DAK, St. Augustin, S. 153-192.

O. V. [1995], Modellversuch zur Qualitätsversicherung, in: PulsSchlag, Informationsblatt der Medizinischen Einrichtungen der Universität Münster, Ausgabe 8/1995, URL: http://www.uni-muenster.de/Rektorat/pulsschlag/ps9508a.htm (Stand: 16.06.2003).

O. V. [1998], Clearingstelle für Leitlinien gegründet, in: Deutsches Ärzteblatt 95, Heft 37 vom 11.09.98, Seite A-2235.

O. V. [2002a], Berater lotsen Patienten durch das Gesundheitssystem, in: Ärzte Zeitung vom 11.10.2002, URL: http://www.aerztezeitung.de/docs/2002/10/11/183a1501.asp (Stand: 21.11.2002).

o. V. [2002b], COMED - Die neue Interessengemeinschaft der Krankenversicherten e.V., URL: http://www.med-diabetes.de/zucker/2000-02/s31.htm (Stand: 18.02.2002).

o. V. [2002c], Mitgliedsorganisationen der BAGP, in: Bundesarbeitsgemeinschaft der PatientInnenstellen (Hrsg.) [2002], Gesundheitsladen-Rundbrief 1/2002, S. 4.

o. V. [2002d], Selbsthilfegruppen - Schleppende Förderung, in: Deutsches Ärzteblatt 99, Heft 1-2 vom 07. Januar 2002, S. A5.

o. V. [2002e], Zeitschrift Öko-Test recherchierte auf geheimen Wegen, in: Frankfurter Rundschau vom 31.10.2002, Nr. 253, S. 31.

o. V. [2003a], Ärzte müssen Grenzen bei Werbung weiterhin beachten, in: Ärzte Zeitung vom 20.02.2003, in: http://www.aerztezeitung.de/docs/2003/02/20/033a1301.asp (Stand: 20.02.2003).

o. V. [2003b], Im Dienste der Patienten, in: Deutsches Ärzteblatt 100, Heft 20 vom 16. Mai 2003, S. A 1332-1338.

OBERENDER, P., DAUMANN, F. [1997], Ökonomische Aspekte der Qualitätssicherung, in: Jaster, H. J. (Hrsg.) [1997], S. 209-248.

OBERENDER, P., HEBBORN, A., ZERTH, J. [2002], Wachstumsmarkt Gesundheit, Stuttgart.

ÖKO-TEST [2002a], Die besten Geburtskliniken in Deutschland, ÖKO-TEST Juni 2002, S. 28-34.

ÖKO-TEST [2002b], Die besten Kliniken für Frauenheilkunde, ÖKO-TEST Juli 2002, S. 32-39.

ÖKO-TEST [2002c], Die besten Kliniken für Orthopädie, ÖKO-TEST August 2002, S. 26-34.

ÖKO-TEST [2002d], Die besten Kliniken für Onkologie, ÖKO-TEST September 2002, S. 28-37.

ÖKO-TEST [2004a], Die Struktur des ÖKO-TEST-Verlages, URL: http://www.oekotest.de/oeko/imp/imp-struktur.html (Stand: 12.03.2004).

ÖKO-TEST [2004b], Mediadaten 2004, URL: http://www.oekotest.de/oeko/bin/media/04/oet_media_magazin.pdf (Stand: 12.03.2004).

ÖKO-TEST [2004c], Online-Shop, URL: http://shop.oekotest.de/cgi/best.cgi (Stand: 12.03.2004).

ÖKO-TEST [2004d], Über ÖKO-TEST: Selbstdarstellung, URL: http://www.oekotest.de/oeko/imp/imp-uuns.html (Stand: 12.03.2004).

OLANDT, H., KRENTZ, H. [1998], Patientenzufriedenheit - Subjektive Qualitätswahrnehmung der Patienten und Erfolgsfaktor für Kliniken, in: Das Gesundheitswesen, 60. Jg., Heft 12, Dezember 1998, S. 721-728.

OLLENSCHLÄGER, G., THOMECZEK, C., BUNGART, B., LAMPERT, U., ARNDT, S., KOLKMANN, F.W., OESINGMANN, U. [1999], Das Leitlinien-Clearingprogramm der Selbstverwaltungskörperschaften im Gesundheitswesen - Ein Projekt zur Qualitätsförderung in der Medizin, in: Das Gesundheitswesen, 61. Jg., Heft 3, März 1999, S. 105-117.

OSTERKAMP, R. [2003], German public health insurance: higher co-payments and everybody is better off; the case for differentiated co-payment rates, München.

ÖSTERREICHISCHES ZENTRUM FÜR DOKUMENTATION UND QUALITÄTSSICHERUNG IN DER INTENSIVMEDIZIN (Hrsg.) [o. J.], Projektbeschreibungen, URL: http://www.asdi.ac.at/txt_wissenschaft_projekt.htm (Stand: 16.07.2002).

PEELE, P. et al. [2000], Employer-Sponsored Health Insurance: Are Employers Good Agents for Their Employees?, in: Milbank Quarterly, vol. 78, no. 1, S. 5-21.

PEFFEKOVEN, R. [1990], Öffentliche Finanzen, in: Vahlens Kompendium der Wirtschaftstheorie und Wirtschaftspolitik, 4. Auflage, München, S. 475-555.

PIFFL, S. [1990], Eigenbeteiligung in der ambulanten Gesundheitsversorgung. Möglichkeiten gesundheitsökonomischer Ausgestaltung, München.

POPP; W. [2001], Nosokomiale Infektionen, Dezember 2001, URL: http://www.uni-essen.de/krankenhaushygiene/skripte/nosokomial2.htm (Stand: 12.03.2004).

PRINZ, A., VOGEL, A. [2000], Ergebnisorientierte Vergütung von niedergelassenen Ärzten, in: Sozialer Fortschritt, 49. Jg., Heft 10, S. 233-237.

PRINZ, A., VOGEL, A. [2001], Medizin mit Management, in: Frankfurter Allgemeine Zeitung vom 17. November 2001, Nr. 268, S. 15.

PROCOMED [2002a], COMED - Der Dienstleister für Krankenversicherungen, URL: http://www.procomed.de (Stand: 15.02.2002).

PROCOMED [2002b], Unsere Leistungen, Wegweisend: die telefonische Gesundheitsberatung eines Gatekeepers, URL: http://www.procomed.de (Stand: 15.02.2002).

QUALITÄTSMODELL KRANKENHAUS [2002a], Bericht über die Ergebnisqualität der Abteilung für Innere Medizin, Musterklinik, URL: http://www.qmk-online.de/musterbericht/musterbericht.html (Stand: 6.12.2002).

QUALITÄTSMODELL KRANKENHAUS [2002b], Das QMK - Forschungsprojekt, URL: http://www.qmk-online.de/beschreibung/beschreibung.html (Stand: 25.01.2002).

R+V-VERSICHERUNG [2001], Gesundheit und Frieden sind die Herzenswünsche der Deutschen, URL: http://www.ruv.de/infos/presse/kurztraeume.html (Stand: 16.01.2001).

RAMRATH, C. [2002], Die Arbeit von Patientenstellen in Deutschland. Was tun Patientenstellen?, URL: http://www.gesundheits.de/bag-patientenstellen/BAG-PS-html/bagPS-infothek/bagPS-info-rahmen/bagPS-medioD-rahmen.html (Stand: 12.03.2002).

RIEDIGER, A. [1998], Hintergrund - Kommt der TÜV für's Krankenhaus?, URL: http://www.mdr.de/fakt/archiv/inhalt_210998_4.html (Stand 08.02.2002).

RIESER, S. [2000], Bürgerinformation von Kammern und KVen: Von Arztfindex bis Telefondoktor, in: Deutsches Ärzteblatt 97, Heft 31-32 vom 07.08.00, Seite A-2080-2083.

RIESER, S. [2001], Modellprojekt in fünf Bundesländern: AOK baut eine telefonische Patientenberatung auf in: Deutsches Ärzteblatt 98, Heft 6 vom 09. Februar, S. A286.

RIESER, S. [2003], Patientenrechte: 20 Seiten Übereinkunft - anstelle eines Gesetzes, in: Deutsches Ärzteblatt 100, Heft 4 vom April 2003, S. 156.

ROCHE [2004], Roche-Lexikon der Medizin, 5. Auflage, München, Online-Version, URL: http://www.roche.de/lexikon/suche.html (Stand: 12.03.2004).

ROHDE, E.-R. [2003], Der Abbruch einer zahnärztlichen Behandlung und die Rechtsfolgen, URL: http://forum-med.de/anwalt/medizin/er10.htm (Stand: 25.06.2003).

ROLAND ASSSISTANCE GMBH (Hrsg.) [2000], Krankenhaus-Guide, Köln und Umgebung, Köln.

ROPER, W., CUTLER, C. M. [1998], Health Plan Accountability and Reporting: Issues and Challenges, in: Health Affairs, vol. 17, no. 2, S. 152-155.

ROTHFUß, A. M. [1997], Das Gesundheitswesen in den USA: Reformoptionen für die Bundesrepublik Deutschland, Göttingen.

RÜDEN, H., DASCHNER, F., SCHUMACHER, M. [1995], Nosokomiale Infektionen in Deutschland: Erfassung und Prävention. Teil 1: Prävalenz nosokomialer Infektionen: Qualitätssicherung in der Krankenhaushygiene, Schriftenreihe des Bundesministeriums für Gesundheit, Band 56, Baden-Baden.

RUPRECHT, T. M. [1998], Experten Fragen, Patienten antworten. Patientenzentrierte Qualitätsbewertung von Gesundheitsdienstleistungen - Konzepte, Methoden, praktische Beispiele. Schriftenreihe Forum Sozial- und Gesundheitspolitik, Bd. 12., Sankt Augustin.

RÜSCHMANN, H.-H., ROTH, A., KRAUSS, C. [2000], Vernetzte Praxen auf dem Weg zu Managed Care?, Aufbau-Ergebnisse-Zukunftsvisionen, Berlin u. a.

SACHVERSTÄNDIGENRAT FÜR DIE KONZERTIERTE AKTION IM GESUNDHEITSWESEN [2001a], Gutachten 2000/2001 des Sachverständigenrates für die Konzertierte Aktion im Gesundheitswesen, Bedarfsgerechtigkeit und Wirtschaftlichkeit, Band II, Qualitätsentwicklung in Medizin und Pflege, Bundestags-Drucksache 14/5661, Berlin.

SACHVERSTÄNDIGENRAT FÜR DIE KONZERTIERTE AKTION IM GESUNDHEITSWESEN [2001b], Gutachten 2000/2001 des Sachverständigenrats für die Konzertierte Aktion im Gesundheitswesen, Bedarfsgerechtigkeit und Wirtschaftlichkeit, Band III: Über-, Unter- und Fehlversorgung, Berlin.

SACHVERSTÄNDIGENRAT ZUR BEGUTACHTUNG DER GESAMTWIRTSCHAFTLICHEN ENTWICKLUNG [2000], Chancen auf einen höheren Wachstumspfad, Jahresgutachten 2000/01, Stuttgart.

SANGHA, O., SCHNEEWEISS, S. [2000], Weiterentwicklung von Krankenhausbetriebsvergleichen. Wie wichtig ist die Risiko-Adjustierung für den Krankenhausvergleich?, in: Sieben, G., Litsch, M. (Hrsg.) [2000], Krankenhausbetriebsvergleiche, Berlin und Heidelberg, S. 131-148.

SATTLER, C. [2000], Public Policy and Private Forces, Das Gesundheitssystem der USA in den 1990ern, Hannover.

SAUERLAND, D. [2001], Wege zur Sicherung der Qualität im Gesundheitswesen: Theorie und Praxis, in: Perspektiven der Wirtschaftspolitik, 2/2001, S. 211-227.

SCHELLHORN, M. [2002], Auswirkungen wählbarer Selbstbehalte in der Krankenversicherung : Lehren aus der Schweiz?, in: Vierteljahrshefte zur Wirtschaftsforschung, Jahrgang 71 (2002), S. 411-426.

SCHERHORN, G. [1975], Verbraucherinteresse und Verbraucherpolitik, Bd. 17 der Schriften der Kommission für wirtschaftlichen und sozialen Wandel, Göttingen.

SCHMOLLINGER, U., LANGE, K. M. [1999], Focus Fakten, 350 deutsche Kliniken im Test: die Focus-Klinikliste mit dem Lexikon für Patienten und ihre Angehörigen, Mannheim u. a.

SCHNEEWEISS S., SANGHA, O., MANSTETTEN, A. [2001], Patientenzentrierte Evaluation des Gesundheitszustands in einem longitudinalen Qualitätsmanagementsystem im Krankenhaus (QMK), in: Das Gesundheitswesen, 63. Jg., Heft 4, S. 205-211.

SCHNEEWEISS S., SANGHA, O., MANSTETTEN, A. et al. [2000], Identifikation von medizinischen Indikatoren für Ergebnisqualität in der internistischen Krankenhausversorgung: Ergebnisse der QMK Pilotstudie, in: Gesundheitsökonomie und Qualitätsmanagement, 5. Jg., Nr. 6, S. 173-182.

SCHNEEWEISS, S. [2002], Ergebnismessung im Krankenhaus: Das Qualitätsmodell Krankenhaus (QMK), in: G&G Wissenschaft 2002;2(4), S. 7-15.

SCHNEEWEISS, S., EICHENLAUB, A., SCHELLSCHMIDT, H., WILDNER, M. [2003], Qualitätsmodell Krankenhaus (QMK), Ergebnis-Messung in der stationären Versorgung, Abschlussbericht, Bonn.

SCHNEEWEISS, S., SANGHA O. [2001], Leistungsvergleiche in der Medizin: Bedarf, Anforderungen und Wege zur Akzeptanz, in: Deutsche Medizinische Wochenschrift 2001;126, S. 918-924.

SCHNEIDER, U. [2002], Theorie und Empirie der Arzt-Patient-Beziehung, Frankfurt.

SCHOLZ, H. [2001], Datenmanagement im Gesundheitswesen: Transparente Zukunft?, in: Arbeit und Sozialpolitik, 5-6/2001, S. 22-27.

SCHOPPE, C. [2000], Vorbereitung und Durchführung der Fremdbewertung nach KTQ, Vortrag anlässlich des 2. Forums der Kooperation für Transparenz und Qualität im Krankenhaus am 12. Oktober 2000 in Kassel, URL: http://www.ktq.de/Homepage/Publikationen/Forum2/Schoppe.pdf (Stand: 07.07.2003).

SCHUMACHER, A. [1994], Unvollkommene Information in der neoklassischen Informationsökonomik und im evolutionsökonomischen Ansatz, Frankfurt a. M. u. a.

SCHUPETA, E., HILDEBRANDT, H. (Hrsg.) [1999], Patientenzufriedenheit messen und steigern, Was Krankenhäuser von Patienten lernen können, Erfahrungen und Folgerungen aus einem Vergleich von 45 Krankenhäusern durch Versicherte der DAK, St. Augustin.

SELBSTHILFE KONTAKT- UND INFORMATIONSSTELLE (Hrsg.) [1999], Mängelliste, Qualitätsanforderungen aus Patientensicht, Berlin.

SHORTELL, S. M., BENNETT, C. L., BYCK, G. R. [1998], Assessing the Impact of Continous Quality Improvement on Clinical Practice: What It Will Take to Accelerate Progress, in: Milbank Quarterly, vol. 76, no. 4, S. 593-624.

SIEBIG, J. [1999], Krankenhausfinanzierung - Quo vadis? Bestimmungsgründe des Finanzierungsbedarfs und Möglichkeiten der Mittelaufbringung, in: Braun, G. E. (Hrsg.), Handbuch Krankenhausmanagement, Bausteine für eine moderne Krankenhausführung, Stuttgart S. 35-39.

SINN, H. W. [1988], Verbraucherschutz als Problem asymmetrischer Informationskosten, Münchner wirtschaftswissenschaftliche Beiträge Nr. 6/88, München.

SNETHLAGE, W.-H. [2001], Privatisierung durch Ausschreibungsverfahren, Berlin.

SOHMEN, E. [1976], Allokationstheorie und Wirtschaftspolitik, Tübingen.

STATISTISCHES BUNDESAMT [2003a], 11 % des BIP für Gesundheit – jeder Zehnte arbeitet im Gesundheitswesen, Pressemitteilung vom 24. April 2003, URL: http://www.destatis.de/presse/deutsch/sach/pm09.htm (Stand: 11. August 2003).

STATISTISCHES BUNDESAMT [2003b], Entwicklung der Gesundheitsausgaben am Bruttoinlandsprodukt, URL: http://www.destatis.de/basis/d/gesu/gesugra2.htm (Stand: 11.08.2003).

STATISTISCHES BUNDESAMT [2003c], Entwicklung der Gesundheitsausgaben in Deutschland (nominal), URL: http://www.destatis.de/basis/d/gesu/gesugra1.htm (Stand: 11.08 2003).

STATISTISCHES BUNDESAMT [2003d], Gesundheitswesen, Grunddaten der Krankenhäuser und Vorsorge- oder Rehabilitationseinrichtungen, Fachserie 12, Reihe 6.1, Wiesbaden.

STATISTISCHES BUNDESAMT [2003e], „Informationstechnologie in Haushalten und Unternehmen", Pressegespräch am 06. Februar 2003 in Frankfurt am Main, Wiesbaden, URL: http://www.destatis.de/presse/deutsch/pm2003/p0511024.htm (Stand: 13.03.2004).

STATISTISCHES BUNDESAMT [2004a], Entwicklung der Gesundheitsausgaben, Anteil am Bruttoinlandsprodukt, URL: http://www.destatis.de/basis/d/gesu/gesugra2.htm (Stand: 12.02.2004).

STATISTISCHES BUNDESAMT [2004b], Entwicklung der Gesundheitsausgaben in Deutschland (nominal), URL: http://www.destatis.de/basis/d/gesu/gesugra1.htm (Stand: 12.02.2004).

STATISTISCHES BUNDESAMT [2004c], Gesundheitspersonal nach Berufen, URL: http://www.destatis.de/basis/d/gesu/gesutab1.htm (Stand: 12.02.2004).

STAUSS, B. , HENTSCHEL, B. [1990], Die Qualität von Dienstleistungen: Konzeption, Messung und Management, Diskussionsbeiträge der Wirtschaftswissenschaftlichen Fakultät Ingolstadt Nr. 10, Ingolstadt.

STIFTUNG GESUNDHEIT [2003], Über uns, URL: http://www.arzt-auskunft.de/Wir_ueber_uns/Wer_ist_die_Stiftung_Gesundheit/stiftung.htm (08.07.2003).

STIFTUNG WARENTEST [1997], Test Krankenhäuser (Berlin): Gute Besserung, in: test, Heft 11, November 1997, S. 97-105.

STIFTUNG WARENTEST [1999], Hitliste der Hospitäler, Krankenhäuser: Chirurgie in NRW, in: test, Heft 11, November 1999, S. 89-95.

STIFTUNG WARENTEST [2002a], Arztsuche im Internet, Datenbank mit Krankenhäusern, Meldung vom 08.02.2002, URL: http://www.warentest.de (Stand: 12.03.2004).

STIFTUNG WARENTEST [2002b], Vorstoß in die Top Twenty der Medienportale, Pressemitteilung vom 12.02.2002, URL: http://www.warentest.de/ (Stand: 05.04.2002).

STIFTUNG WARENTEST [2004a], Daten und Fakten, Wirtschaftsdaten 2002, URL: http://www.warentest.de (Stand: 12.03.2004).

STIFTUNG WARENTEST [2004b], Die Aufgaben der Stiftung Warentest, URL: http://www.warentest.de (Stand: 12.03.2004).

STIFTUNG WARENTEST [2004c], Finanzierung der Stiftung, URL: http://www.warentest.de (Stand: 12.03.2004).

STÖTZNER, K. [2001], Einbindung von Patienten und ihren Anliegen in die evidenzbasierte Medizin, in: Zeitschrift für ärztliche Fortbildung und Qualitätssicherung, 95. Jg., Heft 2, S. 131-136.

STURM, H., TROJAN, A., HILDEBRANDT, H. [1999], Wie reagierten die Hamburger Krankenhäuser auf ihre Beurteilung durch die DAK-Patientenbefragung, in: Schupeta, E., Hildebrandt, H. (Hrsg.) [1999], Patientenzufriedenheit messen und steigern, Was Krankenhäuser von Patienten lernen können, Erfahrungen und Folgerungen aus einem Vergleich von 45 Krankenhäusern durch Versicherte der DAK, St. Augustin, S.193-211.

TK IM LAND HESSEN (Hrsg.) [2000], Vernetzung statt zusätzlicher Patientenberatungsstellen - Angebote müssen sich an Bedürfnissen orientieren, Informationen für die Presse, URL: http://www.tk-lokal.de/hessen/presse/ patient.html (Stand: 14.11.2000).

TROJAN, A. [1999], Beteiligung von Patienten an der Qualitätsverbesserung im Gesundheitswesen, Erfahrungen und Ergebnisse aus sechs Selbsthilfe-Foren der Ärztekammer Hamburg, in: Schmacke, N. (Hrsg.) [1999], Gesundheit und Demokratie: von der Utopie der sozialen Medizin, Frankfurt a. M., S. 231-243.

TROJAN, A., NICKEL, S., SCHNEIDER-KASTNING, P. [1997], Qualitätsbeurteilung aus Patientensicht - exemplarische Ergebnisse aus dem europäischen WHO-Projekt "Gesundheitsfördernde Krankenhäuser", in: Das Gesundheitswesen, Heft 12, 59. Jg., Dezember 1997, S. 720-725.

TROMMSDORFF, V. [2002], Konsumentenverhalten, 4. Auflage, Stuttgart u. a.

VAHRENKAMP, K. [1991], Verbraucherschutz bei asymmetrischer Information. Informationsökonomische Analysen verbraucherpolitischer Maßnahmen, München.

VARIAN, H. R. [2001], Grundzüge der Mikroökonomik, 5. Auflage, München.

VARLAM, D. [2000], Die Liberalisierung vergleichender Werbung in Deutschland, Erste empirische Befunde und wettbewerbspolitische Beurteilung, Frankfurt am Main u. a.

VERBRAUCHERZENTRALE HAMBURG (Hrsg.) [1998], Zehn Jahre Patientenberatung 1988-1998, Hamburg.

VERBRAUCHERZENTRALE HAMBURG (Hrsg.) [2001], Patientennavigation, Verbraucherinformation über Leistungen und Qualität der Anbieter von Gesundheitsdienstleistungen in Europa, Band 2: Die Länderberichte, Hamburg.

VERBRAUCHERZENTRALE HAMBURG (Hrsg.) [2002a], Publikationen rund um das Patientsein, Informationsblatt der Patientenberatungsstelle der VZHH, Hamburg.

VERBRAUCHERZENTRALE HAMBURG (Hrsg.) [2002b], Wie finde ich den richtigen Arzt? Kriterien für eine gute Arzt-Patient-Beziehung, 4. Auflage, Hamburg.

VERBRAUCHERZENTRALE HAMBURG (Hrsg.) [2002c], Wir über uns, URL: http://www.vzhh.de (Stand: 03.05.2002).

VERBRAUCHERZENTRALE HESSEN (Hrsg.) [2002], Über uns, URL: http://www.verbraucher-zentrale-hessen.de/ueber_uns/index.html (Stand: 26.04.2002).

VOGEL, H. R. (Hrsg.) [1999], Selbstbeteiligung im deutschen Gesundheitswesen: Sachstand, Ausblick und internationaler Vergleich, Stuttgart.

WALLAU, D. [2003], Strukturvergleich zwischen Berufsgenossenschaften und Krankenkassen - mit Schlussfolgerungen für Effizienzsteigerungen im Gesundheitswesen, Gutachten im Auftrag des Ministeriums für Wirtschaft, Verkehr, Landwirtschaft und Weinbau des Landes Rheinland-Pfalz, Mainz.

WELTGESUNDHEITSORGANISATION [2003], WHO definition of Health, URL: http://www.who.int/about/definition/en (Stand: 16.06.2003).

WERBLOW, A. [2002], Alles nur Selektion? Der Einfluss von Selbstbehalten in der gesetzlichen Krankenversicherung, in: Vierteljahreshefte zur Wirtschaftsforschung, Jahrgang 71, Berlin, S 427-436.

WESSLING, E. [1991], Individuum und Information, Tübingen.

WISSENSCHAFTLICHES INSTITUT DER AOK [2002], Krankenhaus-Report 2001 - Kapitel 17, Zusammenfassung, URL: http://www.wido.de/Krankenhaus/Krankenhausreport/Report2001/Zusammenfassung/ZusKap17.html (Stand: 28.01.2002).

ZASTROW, K. D., SCHÖNEBERG, I. [1994], Die nosokomiale Infektion als Todesursache, in: Das Gesundheitswesen, 56. Jg., Heft 3, S. 122-125.

ZENTRALINSTITUT FÜR DIE KASSENÄRZTLICHE VERSORGUNG (Hrsg.) [1998], Arbeitsrecht für den niedergelassenen Arzt, Beratungsservice für Ärzte - Band 3, Köln.

ZENTRALINSTITUT FÜR DIE KASSENÄRZTLICHE VERSORGUNG [2002a], Kostenstrukturanalyse 1999, Finanzlage der Radiologen, URL: http://www.zi-koeln.de (Stand: 10.09.2002).

ZENTRALINSTITUT FÜR DIE KASSENÄRZTLICHE VERSORGUNG [2002b], Kostenstrukturanalyse 1999, Finanzlage der Allgemeinärzte, URL: http://www.zi-koeln.de (Stand: 10.09.2002).

ZENTRALINSTITUT FÜR DIE KASSENÄRZTLICHE VERSORGUNG, WISSENSCHAFTLICHES INSTITUT DER AOK (Hrsg.) [1999], Frühinformationen zur Fallzahlenentwicklung, Bonn und Köln 1999, URL: http://www.wido.de/ambulanteVersorgung/Aerzte/Fallzahlen/index.html (Stand: 25.06.2003).

ZORN, U., OLLENSCHLÄGER, G. [1999], Qualitätsbestimmung in der medizinischen Versorgung – ein universelles Entwicklungsschema für Qualitätsindikatoren, in: Zeitschrift für ärztliche Fortbildung und Qualitätssicherung, 93. Jg., Heft 2, S. 123-128.

ZYPRIES, B. [2003], Mehr Transparenz im medizinischen Behandlungsverhältnis, in: Deutsches Ärzteblatt, PP, Heft 4, April 2003, S. 154-155.

Studien zur Wirtschaftspolitik

Herausgeber:
Forschungsinstitut für Wirtschaftspolitik an der Universität Mainz e.V.
55099 Mainz

Band 1 bis 34 im Selbstverlag, Band 35 bis 44 im Verlag Minerva Publikation, München, Band 45 bis 63 im Selbstverlag. Die Bände 45 bis 63 sind noch über das Institut zu beziehen.

Band 81 Qualitätstransparenz für ambulante und stationäre Gesundheitsleistungen. Wirtschaftpolitische Handlungsempfehlungen zur Ergänzung der wettbewerblichen Selbststeuerung von *Michael Mörsch* (2005)

Band 80 Liberalisierung von Monopolmärkten von *Clemens Christmann* (2004)

Band 79 Zukunft des Franchising in Deutschland. Analyse von Beschäftigungspotenzialen mit Vorschlägen für verbesserte Wachstumsbedingungen von *Patrick Dieses* (2004)

Band 78 Effizienzfördernde Reformen im Gesundheitswesen. Analytischer Vergleich der gesetzlichen Unfall- und Krankenversicherung von *Dominik Wallau* (2004)

Band 77 Konflikte im Steuerrecht. Empirische Analyse von Streitpotenzialen im Einkommen-, Körperschaft- und Gewerbesteuerrecht mit Vorschlägen zur Konfliktreduzierung von *Bernhard G. Funck* (2004)

Band 76 Erfolgsfaktoren des Stadtmarketing. Eine theoretische und empirische Analyse mit wirtschaftspolitischen Schlußfolgerungen von *Urban Mauer* (2003)

Band 75 Regionalentwicklung durch Konversionspolitik von *Bernd Werner* (2002)

Band 74 Die Umsatzbesteuerung des elektronischen Handels mit digitalen Produkten von *Anja Altmann* (2002)

Band 73 Wirtschaftsräumliche Dezentralisierungstendenzen und ihre Ursachen. Eine Untersuchung unter besonderer Berücksichtigung der wirtschaftlichen Entwicklung ländlicher Räume in der Bundesrepublik Deutschland von *Ralf Stahl* (2002)

Band 72 Strukturwandel im Einzelhandel: Herausforderung für die Raumordnungspolitik von *Stefan Linz* (2002)

Band 71 Nachhaltige Entwicklung. Grenzen monetärer Operationalisierung und konzeptionelle Folgerungen von *Andreas A. Busch* (2001)

Band 70 Entwicklungs- und Beschäftigungsperspektiven für den mittelständischen Einzelhandel. Analyse rechtlicher Rahmensetzungen und wirtschaftspolitische Schlußfolgerungen von *Margarete Keßler* (2001)

Band 69 Abbau der Langzeitarbeitslosigkeit. Auswertung praktischer Erfahrungen von Einrichtungen außerhalb der öffentlichen Arbeitsvermittlung von *Christine M. Helbig* (2001)

Band 68 Verbesserung der Motivation und Wissensvermittlung zur Selbständigkeit. Möglichkeiten der Förderung von unternehmerischem Interesse und unternehmerischem Handeln bei Jugendlichen von *Vera Döring* (2001)

Band 67 Der Dienstleistungsstandort Rheinland-Pfalz. Bestandsanalyse, Perspektiven und wirtschaftspolitische Handlungsempfehlungen von *Claus Bauer* (2001)

Band 66 Mittlere Kommunen als Dienstleistungsstandorte. Empirische Bestandsanalyse, Entwicklungspotentiale und wirtschaftspolitische Handlungsmöglichkeiten von *Alexander Klein* (2001)

Band 65 Die Liberalisierung vergleichender Werbung in Deutschland. Erste empirische Befunde und wettbewerbspolitische Beurteilung von *Dorothea Varlam* (2000)

Band 64 Risikokapital und Neuer Markt. Die Aktie als Instrument der Risikokapitalbeschaffung für junge Wachstumsunternehmen von *Susanne Knips* (2000)

Band 63 Hindernisse für Teilzeitarbeit und flexible Arbeitsorganisation in der Bundesrepublik Deutschland von *Kerstin Altendorf* (1999)

Band 62 Wandel des Verhaltens von Frauen und Männern in Führungspositionen – Ökonomische Analyse empirischer Daten und eigener Befragungsergebnisse von *Birgit Mohneck* (1998)

Band 61 Die Bedeutung der Lohnnebenkosten für die Entwicklung der Arbeitskosten in Deutschland – Empirische Befunde und wirtschaftspolitische Handlungsempfehlungen von *Oliver Fink* (1998)

Band 60 Mittelstandsentwicklung im Transformationsprozeß der Reformstaaten Polen, Ungarn und Tschechien – Bestandsaufnahme, Finanzierungsprobleme und wirtschaftspolitischer Handlungsbedarf von *Arina Freitag* (1998)

Band 59 Lage und Perspektiven der Textil- und Bekleidungsindustrie von *Roman Riesch* (1998)

Band 58 Transfomation der Wirtschaftsordnung und politisches System – Anspruch und Wirklichkeit der Wirtschaftsreformen in Ungarn 1968 – 1996 von *Martin Hock* (1998)

Band 57 Die Glasindustrie in der Bundesrepublik Deutschland von *Peter Willett* (1998)

Band 56 Die Rolle des Mittelstandes beim Aufbau der Marktwirtschaft in der Tschechischen Republik – Eine empirische Analyse im Vergleich mit entwickelten Industrieländern unter besonderer Berücksichtigung des sektoralen Strukturwandels von *Christian Franckenstein* (1997)

Band 55 Aufbau von Altersversorgungssystemen im Transformationsprozeß der Reformstaaten Polen, Ungarn und Tschechien von *Eberhard Boller* (1997)

Band 54 Indikatoren der Systemtransformation – Kritische Analyse unter besonderer Berücksichtigung der Privatisierung in 26 Staaten von *Gunther Quidde* (1997)

Band 53 Arbeitsmarktpolitik in der Systemtransformation – Kritische Analyse für Polen, die Tschechische Republik und Ungarn von *Eckhard Schulte* (1997)

Band 52 Umweltpolitik im Transformationsprozeß der Reformstaaten Tschechien, Polen und Ungarn von *Bettina Naß* (1996)

Band 51 Die Zukunft der deutschen Textil- und Bekleidungsindustrie – Auswirkungen der Integration des Welttextilabkommens in die allgemeinen GATT-Regeln von *Kay M. Rathke* (1996)

Band 50 Lohnpolitik in der Systemtransformation – Kritische Analyse für Polen, die Tschechische Republik und Ungarn von *Mario Müller* (1996)

Band 49 Innerstädtische Standortprobleme von Einzelhandelsbetrieben – Situationsalalyse und wirtschaftspolitischer Handlungsbedarf von *Gabriele Speth* (1994)

Band 48 Die Schaffung wettbewerblicher Strutkuren im Transformationsprozeß – Eine vergleichende Analyse für die Visegrád-Staaten von *Jörg Henzler* (1994)

Band 47 Duales System, Rücknahmepflicht und Pfandregelung – Eine vergleichende Untersuchung unter besonderer Berücksichtigung des Einzelhandels von *Andrea Philipp* (1993)

Band 46 Gesamtwirtschaftliche Wirkungen staatlicher Ausfuhrgewährleistungen – Das Beispiel der Hermes-Deckungen von *Bernd Halfen* (1991)

Band 45 Das Zonenrandgebiet nach der deutschen Einigung – Wirtschaftliche Entwicklung und regionalpolitische Implikationen von *Michael Offer* (1991)

Band 44 Marktwirtschaftliche Innovationspolitik durch Outputorientierung staatlicher Förderung von *Dieter Kern* (1991)

Band 43 Tarifpolitik in strukturschwachen Branchen – Eine empirische Untersuchung der Druckerei- und der Textilindustrie in der Bundesrepublik Deutschland von *Andrea Beyer* (1991)

Band 42 Quantitative und qualitative Beschäftigungswirkungen neuer Technologien – Eine Analyse für Rheinland-Pfalz von *Florian Cantzler* (1991)

Band 41 Die deutsche Rundfunkordnung nach der Zulassung privater Anbieter – Absehbare Entwicklungen und medienpolitischer Handlungsbedarf von *Lukas Weber* (1990)

Band 40 Realisierungschancen einer Privatisierung öffentlicher Dienstleistungen von *Michaela Metzger* (1990)

Band 39 Die Bankdienste der Deutschen Bundespost in ordnungspolitischer Sicht von *Stefan Beckers* (1990)

Band 38 Der Markt für Übertragungseinrichtungen der Telekommunikation – Struktur, Entwicklung, Perspektiven von *Wolfgang Kopp* (1990)

Band 37 Eigenbeteiligung in der ambulanten Gesundheitsvorsorge – Möglichkeiten gesundheitsökonomischer Ausgestaltung von *Stefan Piffl* (1990)

Band 36 Deregulierung im Verkehr als politische Aufgabe von *Walter Hamm* (1989)

Band 35 Strukturwandel ohne Staatshilfe – Das Beispiel der Holzverarbeitenden Industrie in der Bundesrepublik Deutschland (1976-1985) von *Berthold Morschhäuser* (1988)

Band 34 Mitanbieterschaft der Deutschen Bundespost auf Endgerätemärkten von *Harry Rendel* (1988)

Band 33 Staatliche Eingriffe in den Mietwohnungsmarkt – Erfolgskontrolle und Reformvorschläge von *Waltraud Eucker-Herresthal* (1986)

Band 32 Die Gebührenpolitik der Deutschen Bundespost im Kleingut- und Fernmeldebereich – Analyse und kritische Würdigung ihrer Marktgerechtigkeit von *Jörg Rohde* (1986)

Band 31 Wettbewerb und Strukturwandel bei internationaler Marktverflechtung – Das Beispiel der Papier erzeugenden Industrie der Bundesrepublik Deutschland 1970-1983 von *Bernhard Neef* (1985)

Band 30 Die gruppenspezifische Be- und Entlastung von Klein-, Mittel- und Großunternehmen durch staatliche Abgaben und Transferzahlungen von *Gerhard Kern* (1984)

Band 29 Auswirkungen der 1977 neugefaßten Baunutzungsverordnung auf die Ansiedlung von Handelsbetrieben und die räumliche Struktur des Handels von *Kurt Hoffmann* (1984)

Band 28 Markttransparenz in der Lebensversicherung – Analyse bisheriger Erfahrungen und Empfehlungen für die Weiterentwicklung sektorspezifischer Regelungen aus wettbewerbs- und verbraucherpolitischer Sicht von *Michael Stöffler* (1983)

Band 27 Wettbewerbsregeln für den Luftverkehr in der EG von *Michael Hammes* (1982)

Band 26 Wettbewerbliche Wirkungen publizierter Jahresabschlüsse von *Klaus Höflich* (1981)

Band 25 Staatliche Ausbildungsplatzpolitik – Angebots- und Nachfrageanalyse, Überlegungen zum ordnungspolitischen Rahmen, Vorschläge zum Abbau eines Lehrstellenmangels von *Martin Weiblen* (1981)

Band 24 Währungszuschläge in der Seeschiffahrt und ihre Auswirkungen auf die Exportwirtschaft von *Helmut Reitze* (1981)

Band 23 Prämienanpassungsklauseln in der privaten Versicherungswirtschaft – Eine Analyse ihrer gesamtwirtschaftlichen Wirkungen von *Waltraud Eucker* (1980)

Band 22 Auslandsinvestitionspolitik und Außenhandelspolitik im Konflikt – Eine wirtschaftspolitische Studie auf Branchenebene von *Wolfgang Koch* (1980)

Band 21 Die Wettbewerbsverhältnisse auf dem Markt für Papier und Pappe in der Bundesrepublik Deutschland von *Paul Bernhard Mohr* (1977)

Band 20 Schwierigkeiten internationaler Vergleiche von Preisen und Kosten im Post- und Fernmeldebereich von *Bodo Fuchs* (1976)

Band 19 Branchenbezogene Investitionsplanung als Alternative zur unternehmerischen Kapazitätspolitik von *Ulrich Rosenkranz* (1975)

Band 18 Preis- und wettbewerbspolitische Problematik staatlicher Gebührenordnungen für freie Berufe von *Michael Knümann* (1975)

Band 17 Frankostationspreise der deutschen Zementindustrie in wettbewerbspolitischer Sicht von *Rolf Dieter Kretzer* (1969)

Band 16 Kann man mit "armen" Ländern Handel treiben? von *Hans Haupt* (1969)

Band 15 Subventionswirkungen: Ein Beitrag zur Systematisierung und wirtschaftspolitischen Beurteilung von Hilfen aus dem Staatshaushalt von *Rolf Schorn* (1967)

Band 14 Die deutsche Notenbank als Instrument sowjetzonaler Wirtschaftspolitik von *Hans-Joachim Schroeter* (1967)

Band 13 Spannen und Wettbewerb auf den Absatzwegen landwirtschaftlicher Erzeugnisse von *Horst Dohm* (1967)

Band 12 Der Wettbewerb zwischen der Deutschen Bundesbahn und den Luftfahrtunternehmen im innerdeutschen Eisenbahn- und Flugreiseverkehr von *Gerd Müller* (1967)

Band 11 Sachliche Lohnbestimmung – Das Ordnungsproblem auf dem Arbeitsmarkt von *Hans Georg Kloos* (1966)

Band 10 Staatliche Einkaufsmethoden in den Vereinigten Staaten von Amerika von *Sigurd Dülz* (1958)

Band 9 Vom Teilauftrag zum Vollauftrag von *Erich Welter* (1958)

Band 8 Rheinland-Pfalz: Eine Analyse seiner wirtschaftlichen Struktur von *Werner Bosch* (1957)

Band 7 Öffentliche Beteiligung an wirtschaftlichen Unternehmen. Ein Verzeichnis der Beteiligungen der öffentlichen Hand in der Bundesrepublik (1957)

Band 6 Die amerikanische Post als Auftraggeber von *Margaret Berry* (1956)

Band 5 Eifel – Hunsrück – Oberwesterwald: Analyse der Wirtschaftsstruktur, Möglichkeiten der wirtschaftlichen Intensivierung von *Werner Bosch* (1955)

Band 4 Einige Gedanken zum Thema der Preis-Kosten-Schere im Verkehrswesen von *Werner Fricke* (1954)

Band 3 Die Carl-Zeiss-Stiftung im Lichte der Wettbewerbsordnung von *Helmut Troeger* (1954)

Band 2 Mainz – Wiesbaden und das Mainmündungsgebiet – Eine Betrachtung über die wirtschaftliche Struktur und die Möglichkeiten einer engeren Zusammenarbeit von *Werner Bosch* (1954)

Band 1 Kreditorganisation und industrielle Kapitalversorgung von *Max Bliesener* (1953)

Peter Lang · Europäischer Verlag der Wissenschaften

Ralf Hafner

Stationäre Einrichtungen im Wettbewerb

Steuervergünstigungen für Wohlfahrtsverbände im Bereich des Gesundheits- und Sozialwesens im Lichte des EG-Beihilferechts

Frankfurt am Main, Berlin, Bern, Bruxelles, New York, Oxford, Wien, 2004.
228 S., 10 Abb., 11 Tab.
Europäische Hochschulschriften: Reihe 2, Rechtswissenschaft. Bd. 4013
ISBN 3-631-52921-X · br. € 42.50*

Die stationären Einrichtungen der Wohlfahrtsverbände erhalten eine Reihe von Steuervergünstigungen. Zumeist knüpfen diese an die Gemeinnützigkeit an. Vor dem Hintergrund des innerstaatlichen Wettbewerbs und der zunehmenden Internationalisierung der sozialen Dienste stellt sich die Frage der Vereinbarkeit der Bevorzugung der Wohlfahrtsverbände mit dem europäischen Gemeinschaftsrecht. Der Autor geht dieser Fragestellung an Hand der Rechtsprechung des EuGH und der Kommissionspraxis nach und stellt dabei die Leistungen der Wohlfahrtsverbände in den größeren Zusammenhang des Dritten Sektors, der Économie Sociale und der Leistungen der Daseinsvorsorge. Die Arbeit kommt zu dem Ergebnis, dass die momentane Ausgestaltung der Steuervergünstigungen großteils gegen das Gemeinschaftsrecht verstößt.

Aus dem Inhalt: Wohlfahrtsverbände als Teil der Gesellschaft und Wirtschaft · Aufbau und Organisation · System der Steuervergünstigungen · Beihilfe im Sinne des Art. 87 Abs. 1 EGV · Dienstleistungen von allgemeinem wirtschaftlichen Interesse · Zukunftsperspektive

Frankfurt am Main · Berlin · Bern · Bruxelles · New York · Oxford · Wien
Auslieferung: Verlag Peter Lang AG
Moosstr. 1, CH-2542 Pieterlen
Telefax 00 41 (0) 32 / 376 17 27

*inklusive der in Deutschland gültigen Mehrwertsteuer
Preisänderungen vorbehalten

Homepage http://www.peterlang.de

Kolibri 360 GmbH
Ferdinand-Jühlke-Straße 7
99095 Erfurt, Deutschland
produktsicherheit@kolibri360.de

Druck:
CPI Druckdienstleistungen GmbH
im Auftrag der
Kolibri 360 GmbH
Ferdinand-Jühlke-Str. 7
99095 Erfurt